동양의 행복담론과 전환기의 인성교육

동양의 행복담론과 전환기의 인성교육

— 장승희 지음 —

제주대학교출판부
JEJU NATIONAL UNIVERSITY PRESS

| 책머리에 |

　코로나19의 전환기 경험은 필자가 30년 넘게 교육하며 겪은 가장 큰 역사적 변화였다. 대처에 당황하던 사람들도 점차 적응한 듯하고, '레테의 강'을 건넌 우리는 이전으로는 되돌아갈 수 없게 되었다. 비대면 강의로 교수들은 기계문명을 익히면서 적응하기가 쉽지 않았으며, 직접적 소통이 어려워진 대학생들의 일상은 삭막해지고 삶의 질은 평소와 비교할 수 없을 정도로 낮아졌다. 지금도 대면강의 첫날, 조용하다 못해 숙연하던 수업 분위기를 잊을 수 없다. 첫 대면강의를 접한 한 학기 동안 결석이나 지각이 손에 꼽을 정도였다. 강의에서 제대로 된 토론·발표를 하기는 어려웠지만 시·공간의 공유로 소통이 가능해지자 학생들에게서 삶의 여유와 연대감을 느낄 수 있었다.

　올해, 철학적 인간학 연구에 일생을 바치며 인간 존재의 의미를 끊임없이 묻고 찾으셨던 진교훈 교수님께서 선종하셨다. 교수님과는 대학 입학부터 박사 이후 지금까지 사제의 인연을 이어왔다. 스승으로 항상 그 자리에 계시면서 함께 하시리라 믿어 의심치 않았던 분이셨는데, 갑작스런 부음을 접하고 제자들은 황망함 속에 슬픔의 시간을 견디어야 했다. 제자들이 서울대 명예교수 연구실을 정리하면서 공유한 사진들—벽에 걸려있는 마른 카네이션, 당신의 손때 묻은 서적과 사전, 집필 작업 중이 셨던 원고 등—은 후학들에게 학자로서의 삶을 보여주고 있었다. 이러한 시간 속에서 얻은 정답은 바로 '행복'이었다. 그리고 3년여의 코로나19 팬데믹은 '행복'은 무엇이고, 어떻게 사는 것이 행복한 것인지를 진지하게 돌아보는 성찰의 계기였다.

   이 책은 대학생들을 교육하며 나온 결과물로, 행복은 과연 무엇이고 행복하게 사는 것은 무엇인지, 왜 행복하게 살아야 하는지에 대하여, 동양적 지혜에서 답을 찾아본 것이다. 필자는 2000년대 행복담론 형성기에 "인성과 행복" 강좌를 개설하고, 강의에 도움이 되는 요가와 명상을 수련하며 행복담론을 탐구해왔다. 인생에서 행복을 헤아릴 수 있게 된 계기도 본 강좌였다. 강의하면서 행복의 개념과 역사 등 행복담론이 대부분 서양윤리 중심이고, 최근에는 긍정심리학에 치중되어 있음을 알게 되었고, 이 책은 동양의 행복은 무엇인지에 대한 질문을 계기로 동양의 행복담론을 가르치며 연구한 내용들을 수정하고 보완한 결과물이다.

   제1부는 행복담론에 대한 이론적 고찰로 동양사상의 행복담론에 중점을 두었고, 제2부는 이것을 인성담론과 연계시켜 교육에 적용한 내용들이다. 책 제목의 키워드를 '행복'과 '인성'으로 삼은 이유는 강좌 제목이기도 하지만, 전환기에 삶을 버거워하는 젊은 세대와 예비교사들에게 도움이 되었으면 하는 바람이 더 컸기 때문이다.

제1부 "동양의 행복담론과 윤리적 성찰"에서는 유교·불교·도가에서의 행복이 무엇인지를 살펴보았다.

제1장(현대행복담론에 대한 비판적 성찰)은 필자의 행복담론에 대한 연구의 결론과도 같은 논문이다. 현대행복담론의 문제점을 성찰하고 윤리교육의 관점에서 대안을 찾아본 것으로, 긍정심리학 중심의 행복담론이 지닌 문제점을 분석하고 이에 대한 대안으로 비판적 사고와 공동체의식을 강조하였다.

제2장(유교의 행복담론과 윤리교육)에서는, 먼저 도덕과 교육과정에서 행복관련 내용체계가 어떻게 전개되었는지 살펴보았다. 행복담론의 역사에서 보통사람들의 행복을 본격적으로 다루게 된 것은 1990년대 후반 긍정심리학에 의해서이며, 한국 도덕교육에서 행복이란 주제는 2007 개정 교육과정에 와서야 처음 등장하였다. 유교를 전통사회의 유물이라고 비판하지만, 유교의 행복담론 특히 안빈낙도의 행복개념, 도덕적 수양과 관계성, 중용 실천 등의 행복추구방법은 오늘날도 의미를 지니는 담론들이다.

제3장(불교의 행복담론과 윤리교육)에서는, 삶은 괴로움이라는 고성제(苦聖諦)를 넘어서 불교는 괴로움에서 벗어나 행복을 찾는, 이고득락(離苦得樂)의 사상임을 보여주기 위해 노력하였다. 초기불교 니까야 경전을 중심으로 초기불교의 행복개념과 행복추구방법을 사마타와 위빠사나 수행, 즉 심해탈(心解脫)과 혜해탈(慧解脫)로 구조화했다. 이는 도덕교육에서 인지적 도덕성과 정서적 도덕성의 조화를 통하여 행동적 도덕성으로 연계하고자 하는 통합적 도덕성 구조와도 유사하다. 초기불교 행복담론의 한계는 개인적 측면의 깨달음에 행복의 초점이 가있는 것으로, 대

승의 불성사상에서 중생구제의 보살사상과 자비에서 이러한 측면이 극복되고 있음을 파악할 필요가 있다. 아쉬운 점은 여래장·불성에 기초하여 상락아정(常樂我淨)을 사전도(四顚倒)가 아닌 정견(正見)으로 이해한 대승불교의 행복까지는 포함하지 못한 부분이다. 이에 대해서는 차후 연구로 탐구할 계획이다.

제4장(도가의 행복담론과 윤리교육)은 필자의 소속대학 교수님들의 학문공동체인 "천봉리좀학당"에서 들뢰즈의 '의미의 논리'를 강독하는 과정에서의 배움을 도가행복담론과 연계시킨 논문이다. 이 글에서 필자는 팬데믹 이후의 윤리적 상황을 '윤리적 특이점'으로 규정하고, 욕망과 해체개념을 중심으로 노자와 장자의 행복을 분석하였다. 특히 도가사상에서 가져온 '양생(養生)'과 '인순(因循)' 개념을 자포자기가 아닌 하나의 방편으로 강조하였는데, 이 내용은 젊은 세대들이 괴로운 현실을 극복하기 위해 노력하되 그것이 쉽지 않을 때 생존을 위해 필요한 덕목으로 일종의 가르치는 선생으로서의 조언과도 같다.

제2부 "전환기의 인성교육과 행복담론"은 행복담론과 인성담론의 만남으로, 행복을 추구하면서도 어떻게 인성함양과 조화할 수 있을지를 모색한 내용들이다.

제5장(다산 정약용의 행복담론과 인성함양)은 다산 정약용의 유배생활을 코로나 팬데믹 상황의 이동제한과 유사하다고 보고 긍정심리학의 행복공식을 적용하여 다산의 행복추구에 대하여 탐구한 논문이다. 다산사상에서 개념을 가져와 신독(愼獨), 호학(好學), 여유(與猶)를 핵심개념

으로 삼아 다산이 어떻게 자신의 18년 유배생활에서 행복을 위해 노력하였는지 다루고, 이를 바탕으로 젊은 세대에게 고난극복을 위한 마음공부, 성격강점 발휘로 삶의 의미 찾기, 인문학적 마음치유방법을 제시하면서 코로나 세대들의 행복추구방법을 제시해 보았다.

제6장(전환기 예비교사들의 행복담론과 인성교육)은 "인성과 행복" 강좌를 운영한 후 분석한 내용으로, 코로나 세대들에게 행복프로젝트를 구상하여 실시한 결과물이다. 도덕과 내용체계 구성은 나로부터 자연초월에 이르기까지 관계영역이 확대되는데, 이를 행복프로젝트에 적용하여 구체화시켜 실천하도록 한 것이다. 결론에서는 예비교사들에게 행복교육이 왜 중요한지, 이들이 훗날 학생들을 교육하며 어떻게 교육해야 하는지에 대한 고민도 담아보았다.

제7장(윤리상담을 통한 행복추구 사례)은 세 명의 윤리교사들의 윤리상담 경험과 내용을 분석한 것이다. 대부분 윤리교사들은 학교현장에서 가치관과 철학에 대한 상담을 통하여 학생들이 행복해지도록 노력하고 있지만 구체적인 내용을 살펴보기는 쉽지 않다. 장기 출장은 경험 많은 윤리교사분들을 직접 면담하며 그분들의 윤리교사로서의 사명감과 교육철학, 학생관을 분석하고 구체화할 수 있었던 소중한 기회였다. 윤리교사의 상담은 결국 윤리적 철학상담이자 행복상담임을 파악할 수 있었고, 상담내용을 분석하며 윤리교사로서의 사명감에 숙연해지기도 했었다.

제8장(원효의 지관명상을 통한 인성과 행복의 추구)은 원효의 대승기신론소와 별기에 드러난 지관(止觀)명상을 분석한 것인데, 이것은 지관명상이 오늘날 보편화된 명상의 내용 및 방법과 다름없음을 제시하고자

한 논문이다. 원효의 경우 여래장 사상을 받아들이고 본격적으로 선종을 접하지는 못하였지만 그의 사상과 지관명상이 한국불교의 수행으로 이어지고 있음을 살펴볼 수 있었다.

    세상의 다양한 학문 가운데 왜 그 전공을 선택하였는지 명확하게 설명하기는 쉽지 않다. 기질과 전망을 세밀하게 분석하여 선택한 전공자도 있겠지만, 대부분은 드러나지 않는 인연화합과 시절인연으로 자신의 전공을 선택하여 지금에 이르렀을 것이기 때문이다. 필자가 윤리교육을 공부하고 동양철학을 대표하는 유교철학·불교철학·도가철학을 연구하게 된 것도 배움과 가르침의 과정에서 만난 수많은 학자분들과 동학들 덕분이다. 그 덕분에 나의 부족한 능력으로나마 미진의 결과라도 얻을 수 있었던 것임을 새삼 깨닫는다. 그 소중한 모든 인연들에 감사드린다.
    본서를 꼼꼼하게 편집해주신 디자인 신우의 임은미 편집실장님께 고마움을 전한다. 항상 정신적 지지를 보내주는 남편과 아이들에게도 감사함을 표한다.

도덕산 아래 이택당(麗澤堂)에서
2022년 겨울 장승희

책머리에 / 2

제1부 동양의 행복담론과 윤리적 성찰 / 13

제1장 현대행복담론에 대한 비판적 성찰 / 14
  Ⅰ. 서론: 행복교육의 방향성
  Ⅱ. 한국사회 행복담론의 주요쟁점
  Ⅲ. 현대행복담론에 대한 윤리적 성찰
    1. 긍정심리 중심의 행복 개념
    2. 긍정강박과 인공행복의 문제
    3. 행복의 질과 불평등 문제
  Ⅳ. 행복교육을 위한 윤리교육적 대안
    1. 삶의 지혜와 연계된 행복추구
    2. 긍정심리와 비판적 사고의 조화
    3. 소아(小我)를 넘어 공동체로의 확대
  Ⅴ. 결론: 행복한 인성을 위하여

제2장 유교의 행복담론과 윤리교육 / 43
  Ⅰ. 서론: 행복담론과 도덕교육
  Ⅱ. 도덕교육에서의 행복 논의
    1. 도덕과 교육과정의 행복 논의
    2. 행복 논의의 특성과 보완점
  Ⅲ. 유교의 사유구조와 행복
    1. 유교적 행복이란?
    2. 유교의 행복과 추구방법
  Ⅳ. 유교행복담론의 도덕교육적 시사점
    1. 도덕적 수양과 행복
    2. 관계성 본질과 행복
    3. 중용의 실천과 행복
  Ⅴ. 결론

제3장 불교의 행복담론과 윤리교육 - 초기불교를 중심으로 / 75

Ⅰ. 서론: 현대행복담론과 불교
Ⅱ. 초기불교의 행복, 이고득락(離苦得樂)의 구조
Ⅲ. 초기불교에서 행복의 의미
  1. 현세적 행복과 궁극적 행복
  2. 행복의 개념과 본질 분석
Ⅳ. 초기불교에서 행복에 이르는 방법
  1. 사마타 수행: 심해탈(心解脫)과 열락(悅樂)
  2. 위빠사나 수행: 혜해탈(慧解脫)과 열반(涅槃)
Ⅴ. 결론: 초기불교 행복담론의 한계

제4장 도가의 행복담론과 윤리교육 - 해체론에 근거하여 / 113

Ⅰ. 서론: 윤리적 특이점
Ⅱ. 해체론과 욕망문제
Ⅲ. 욕망해체로서 도가의 행복
  1. 도가와 도교의 해체
  2. 무위·무욕의 해체방향
  3. 유(遊)·제물(齊物)의 해체방법
Ⅳ. 도가행복담론의 윤리교육적 함의
  1. 불언지교(不言之敎)의 제고
  2. 개성존중과 자유정신 추구
  3. 양생(養生)과 인순(因循)의 방편
Ⅴ. 결론: 한계와 유의점

제2부 전환기의 인성교육과 행복담론 / 143

제5장 다산 정약용의 행복담론과 인성함양 / 144
    Ⅰ. 서론: 코로나19와 행복담론
    Ⅱ. 행복학의 행복공식과 다산의 삶
        1. 행복공식: $H=S+C+V$
        2. 유배이전 다산의 행복과 불행
    Ⅲ. 유배생활에서 다산의 행복추구노력
        1. 신독(愼獨): 외경의 마음공부
        2. 호학(好學): 삶의 의미와 성취
        3. 여유(與猶): 인간관계의 원리
    Ⅳ. 다산 행복담론의 윤리교육적 함의
        1. 고난극복을 위한 마음공부
        2. 성격강점 발휘로 삶의 의미 찾기
        3. 인문학적 마음치유방법
    Ⅴ. 결론: M-세대, 행복교육의 필요성

제6장 전환기 예비교사들의 행복담론과 인성교육 / 183
    Ⅰ. 서론: 코로나 세대의 행복이란?
    Ⅱ. "인성과 행복" 강좌목표와 행복프로젝트
    Ⅲ. 행복프로젝트 내용분석
        1. 행복의 의미와 한계
        2. 행복프로젝트의 확대: 관계영역 넓히기
    Ⅳ. 결론: 예비교사 행복교육 제언

제7장 윤리상담을 통한 행복추구 사례 / 204

　Ⅰ. 서론: 왜 '윤리'상담인가?
　Ⅱ. 윤리상담의 의미와 윤리교사의 특수성
　Ⅲ. 상담사례에서 찾아본 윤리상담의 본질
　　1. 윤리교사들의 교육철학과 상담철학
　　2. 윤리교사들의 상담사례와 특징
　Ⅳ. 사례를 통한 윤리상담의 방향 탐색
　　1. 윤리상담의 목표와 방법
　　2. 제도화보다 자율상담
　Ⅴ. 결론: 행복교육을 위한 시사점

제8장 원효의 지관명상을 통한 인성과 행복의 추구 / 253

　Ⅰ. 서론
　Ⅱ. 초기불교명상과 불교명상의 발전
　　1. 사마타와 위빠사나
　　2. 불교명상의 발전과 불성(佛性)사상
　Ⅲ. 『대승기신론』과 그에 대한 원효의 이해
　Ⅳ. 『대승기신론』과 원효의 지관(止觀)명상 분석
　　1. 지관명상의 목적
　　2. 지명상의 의미와 방법
　　3. 관명상의 의미와 방법
　Ⅴ. 지관명상의 윤리교육적 시사점
　Ⅵ. 결론

◆ 참고문헌 / 286
◆ 글의출처 / 297
◆ 찾아보기 / 298

제1부

동양의 행복담론과 윤리적 성찰

제1장

현대행복담론에 대한 비판적 성찰

I. 서론: 행복교육의 방향성

행복을 가르칠 수 있을까? 행복한 학교, 행복한 교실, 행복한 학생 등 교육에서 행복을 슬로건으로 내세우는 것을 보면, 교육에서 행복은 핵심가치로 수용된 듯하다. 행복을 교육내용으로 가르치는 것도 불가능하지는 않다. 피상적이긴 해도 2007 개정 교육과정 도덕과 내용요소에는 행복이 포함되었고, 2015 개정 교육과정에서는 중요한 내용요소로 자리 잡았다.[1] 그러나 개개인의 내면에서 포착되는 행복의 주관성과 광대한 개념적 스펙트럼을 감안하면, 무엇을 어떻게 가르쳐야 할지 경계 짓고 방향잡기가 쉽지 않다. 개념사에 의하면, 하나의 개념은 정의의 대상이 아니라 해석의 대상이다. 니체의 말처럼, 정의될 수 있는 것은 '비역사적 개념'일 뿐이어서, 언어의 변화는 현실의 변화에 현실의 변화는 언어의 변화에 영향을 미친다.[2] 하나의 개념은 규정될 수는 있지만, 사회변화에 의해 끊임없이 변화하는 일종의 살아있는 생물과 같다. 이것은 오늘날 담론을 형성한 '행복'에도 해당된다. 행복은 규정될 수는 있지만 사회변화에 따라 해석이 달라질 수 있다는 것이다.

---

1) 장승희, "유교 행복담론의 도덕교육적 함의", 『윤리연구』 127(한국윤리학회, 2019), pp.4~11.
2) 나인호, 『개념사란 무엇인가』(고양: 역사비평사, 2018), p.29.

아리스토텔레스 이후 행복은 철학자들의 주된 관심주제였고, 그들은 행복이 무엇이고 어떻게 행복을 추구할지 끊임없이 탐구해왔다. 그러나 근대에 이르기까지도 행복은 철학적 개념으로만 존재하였지, 보통사람들의 일상적 행복에까지는 이르지 못하였다. 1990년대 후반 등장한 긍정심리학 덕분에 행복은 본격적으로 보통사람들의 삶의 영역 안으로 들어오게 된다. 기존심리학이 치료·치유를 위한 부정심리 중심이었다면, 긍정심리학은 성격강점과 다양한 긍정심리 기제들을 활용하여 현실적 행복추구방법을 제시하였다. 긍정심리학은 철학적 행복을 일상적 행복으로 끌어내림으로써 구체적·현실적 행복추구에 기여하였던 것이다.

2000년대 중반 한국에 『긍정심리학』과 『행복의 공식』이 소개된 후, 성격강점과 긍정심리, 명상과 행복을 중심으로 한 자기계발서가 폭발적으로 증가한다.[3] 더불어 미국의 긍정심리학 이론이 소개된 이후에는 이와 관련된 연구들이 더욱 본격화된다. 긍정심리학에 대한 신뢰도와 타당도, 긍정심리학의 인간이해, 긍정심리로서 감사와 자기존중감, 긍정심리를 적용한 정신의학적 의미, 명상과 긍정적 정서 등이 다루어진다.[4] 행복은 교육에서도 중시되기는 하였지만 주로 이념 혹은 방향으로서의 행복에 그칠 뿐이었다.[5] 긍정심리학 행복이 소개된 이후 교육에서도 본격적으로 내용과 방법으로 구체화되기 시작한다.[6] 2007 도덕과 교육과정 행복 내용이 피상적이었던 이유는 이처럼 행복교육이 초기단계였기 때문이다.

이후 한국의 출판계, 교육계, 심지어 학계에서도 긍정심리학의 행복 열풍으로 담론이 형성된다. 2006년 이후 10년은 가히 긍정심리학 행복과 명상의 전성기였다. 이러한 분위기는 IMF의 경험, 새로운 세기의 대두, 신자유주의 경쟁체제의 본격화 등 역사적·사회적 필요에 따른 것이었다. 사회정치적 격변기, 개인들의 위기

---

[3] 김인자 역, 마틴 셀리그만, 『긍정심리학』(서울: 물푸레, 2006); 김영옥 역, 슈테판 클라인, 『행복의 공식: 인생을 변화시키는 긍정의 심리학』(서울: 웅진지식하우스, 2006).
[4] 이희경, "부정에서 긍정으로: 심리학의 새로운 접근", 『한국심리학회 학술대회 자료집』(2006)/ 권선중·김교헌·이홍석, "한국판 감사 성향 척도(K-GQ-6)의 신뢰도 및 타당도", 『한국심리학회지: 건강』 11(1)(한국심리학회, 2006)/ 이희경·이동귀, "긍정심리학적 인간이해와 변화", 『인간연구』 13(가톨릭대학교 인간학연구소, 2007)/ 최경숙, "자기존중감과 긍정심리학", 『스트레스연구』 15(3)(대한스트레스학회, 2007)/ 채정호, "긍정심리학과 행복학의 함입을 통한 정신의학의 새로운 패러다임", 『스트레스연구』 15(3)(대한스트레스학회, 2007).
[5] 신득렬, "행복과 교육", 『교육철학』 18(한국교육철학회, 2000).
[6] 김은미·최명구, "청소년의 여가활동과 행복과의 관계", 『아동교육』 16(1)(한국아동교육학회, 2007).

의식과 불안감 고조 등의 당시 상황에서 긍정심리학의 행복은 혁명적 패러다임으로 다가왔다. 또한 치열한 무한경쟁의 교육환경에서 행복은 매력적인 대안적 이념이었다. 인간의 부정심리나 약점보다 긍정심리와 강점에 주목함으로써, '잘할 수 있다'는 만족, 위안, 용기를 북돋아주는 것이 핵심이었다.

서울대는 2010년 현대인의 가장 중요한 가치로 자리 잡은 '행복'을 체계적으로 연구하고 가르치기 위해 '행복연구센터'를 설립하였다. 개인, 단체, 시대, 연령 등에 따른 한국인의 행복실현방식과 차이에 대한 연구를 바탕으로, 과학적 행복추구 및 증진방법을 찾아내는 것이 목표였다.[7] 이후 행복은 대학 강좌, 초중등학교 교육의 핵심주제로 부상한다. 당시 분위기를 잘 보여주는 사례가 『아프니까 청춘이다』라는 책이다.[8] "시작하는 존재는 늘 아프고 불안하다. 하지만 기억하라 그대는 눈부시게 아름답다"라는 표제어를 필두로, 이 책은 젊은이들을 사로잡았고, 이후 논란의 중심에 서게 된다.[9] 사회정치적 혼란기와 위기상황에서 수용만 되던 행복은 점차 타당성을 점검받게 된다. 양적 연구가 축적되어 질적 연구로 발전되면서 비판적 수용이 이루어진 것이다.

긍정심리학에 대한 비판적 관점은, 긍정심리만 추구하는 경향에 대한 비판,[10] 성격강점과 덕목에 대한 비판,[11] 인공행복에 대한 비판,[12] 긍정심리학의 행복개념에 대한 비판,[13] 행복의 상업주의화에 대한 비판[14] 등이다. 주로 철학과 윤리교육계에서 개념적·방법론적 비판에 중점을 두고 이루어졌다. 반면, 미국에서 긍정심리학에 대한 비판은 역사적·문화적 배경은 물론 자본주의와 결탁된 미국심리학, 그리고 그 전개과정도 비판대상에 포함시킨다. 비판의 핵심은 긍정심리학의 행복

---

7) https://www.yna.co.kr, "행복해지려면… 서울대 행복연구센터 설립"(2009.12.31.)(검색일: 2021.02.05.)
8) 김난도, 『아프니까 청춘이다』(서울: 쌤앤파커스, 2010).
9) https://namu.wiki, "아프니까 청춘이다-비판 및 논란"(2021.01.31.수정)(검색일: 2021.02.05.)
10) 전미영 역, 바버라 에런라이크, 『긍정의 배신』(서울: 부키, 2011)/ 이종인 역, 가브리엘 외팅겐, 『무한긍정의 덫』(서울: 세종서적, 2015).
11) 추병완, "긍정심리학의 덕 가설에 대한 비판적 평가", 『도덕윤리과교육』 39(도덕윤리교육학회, 2013).
12) 박한신·이수인 역, 로널드 W. 드워킨, 『행복의 역습』(서울: 아로파, 2014).
13) 이진남, "긍정심리학의 행복 개념에 대한 비판적 고찰", 『철학논집』 44(서강대학교 철학연구소, 2016).
14) 황성원 역, 윌리엄 데이비스, 『행복산업』(파주: 동녘, 2015).

추구와 방법이 개인의 만족과 위안에 그칠 뿐만 아니라, 과학적 맹신과 자본주의와 맞물려 세속적 상업주의로 흘렀다는 것이다. 결국 바람직한 행복담론을 위해 긍정심리학 중심의 행복담론에서 전환이 필요하다는 주장이다.

한국사회가 행복담론을 토대로 미래를 구상하는 점은 매우 바람직하다. 그러나 긍정심리에만 치우친 행복은 삶의 불균형, 본말전도의 위험성을 초래할 수 있다. 긍정심리학 출발이 1990년대 후반임을 감안하면, 서구학문이 한국에 보편화하는 격차는 8,9년 정도이다. 서구학자들이 비판하는 행복추구의 문제들이-동일하지는 않을지라도-앞으로 한국에서도 가시화될 수 있다. 미래세대의 가치관 교육을 담당한 윤리교육에서 이에 대해 고민하지 않을 수 없다. 행복이 도덕교육 내용으로 포함된 이상, 행복담론의 성숙기에 방향설정이 시급하다 하겠다. 코로나19를 경험하며 개인적 고립, 공동체적 위기, 문명적 변화가 급격한 상황에서, 행복은 중요한 삶의 토대이자 작동기제이기 때문이다. 행복은 단순히 개인의 심리적 문제에 국한되지 않는다. 인생관 및 세계관과 연관된 철학적 문제이자 개인의 도덕성과 사회적 윤리의식과 밀접히 연관된다. 윤리교육에서 행복교육의 방향성 설정이 필요한 이유는 다음과 같다.

첫째, 개인의 삶에서 행복이 지니는 위상을 고려할 때, 바람직한 행복관이 정립되어야 조화로운 삶을 위한 행복추구가 가능하다. 청소년기 가치관 형성의 중요성은 아무리 강조해도 지나치지 않다. 윤리교육의 관점에서 행복은 단순한 순간적 쾌락이나 만족을 넘어, 총체적 삶의 지혜와 연계됨을 교육할 필요가 있다. 행복의 두 가지 층위, 즉 철학적·심층적 행복과 심리적·표층적 행복의 조화를 위해 본질에 대한 이해가 중요해진다.

둘째, 행복의 주관적 성격과 다양성을 고려할 때, 삶의 목표로서 보편적인 행복에 대한 지향점이 필요하다. 개념사의 주장처럼 행복은 사회적 요구 및 역사적 변화에 따라 다양한 해석이 가능하다. 행복은 개인의 가치관 및 세계관과 연계되기 때문에 보편적 행복에 대한 이해는 매우 중요하다. 행복추구의 보편성 속에서 특수성과 다양성을 수용할 수 있어야 하기 때문이다.

셋째, 자본주의를 반영한 행복산업의 결과 긍정강박과 인공행복이 보편화되고 있다. 이와 같은 행복의 홍수 속에서 올바른 행복추구의 방향을 제시해줄 필요가 있다. 개인적 위안과 만족, 물질적 탐욕과 세속적 안정에만 치우친 행복은, 대아(大我)로 확대되지 못하여 이기적인 소아(小我)에 머물 위험성이 존재한다. 그 결과 이기적 쾌락을 행복으로 잘못 인식하여 올바른 인격함양을 저해할 수 있다. 따라서 수용적 자세와 함께 비판적 태도도 교육해야 한다.

 이러한 문제의식에서 출발하여, 본 연구는 한국사회 행복담론과 주요쟁점을 분석한 후, 현대행복담론에서 나타나는 문제점을, 긍정심리 중심의 행복 개념, 긍정강박과 인공행복 추구의 문제, 행복의 질과 불평등 문제 중심으로 성찰해 보았다. 행복교육을 위해, 삶의 지혜를 바탕으로 한 행복추구 방향을 설정하고, 긍정심리와 비판적 사고의 조화를 바탕으로, 소아(小我)를 넘어 공동체로 확대되는 실천적 지향을 탐색해 볼 것이다. 결론에서는 도덕성을 기반으로 한 행복추구, 즉 행복한 인성을 위해 나아가야 할 윤리교육의 과제를 제시해 보았다.

Ⅱ. 한국사회 행복담론의 주요쟁점

행복교육은 문명사적 흐름, 한국사회의 특성, 개인적 지향을 반영하여 바람직한 가치지향에 의거해야 한다. 여기서는 한국사회 행복담론에 나타난 주요쟁점들을 선행연구 중심으로 파악해 보았다.

6.25 이후 근대화와 경제발전을 이룩한 한국은 올림픽 개최 후 급격한 경제성장을 이룬다. IMF를 겪으면서 그동안 쌓였던 압축근대화의 문제점들과 신자유주의 경제체제의 부작용이 드러났고, 이후 경제적 불평등이 심화되면서 행복에서 '이스털린의 역설'을 경험하게 된다. 월드컵 개최 이후 선진국 반열에 들어서지만, 물질적 행복에 비해 주관적 행복은 낮은 특성이 드러난다. 세월호 사건 이후 인성교육진흥법이 만들어지고 삶의 가치에 대한 재정립이 이루어진다. 정치사회적 혼란기와 촛불혁명을 겪으며 민주화 과정을 경험하였고, 2020년 코로나19로 팬데믹 상황에 이르렀다.

2018년 유엔행복보고서에 의하면, 한국의 행복지수는 156개 국가 중 57위에 머물고 있다. 다음은 현재 한국사회에 대한 진단이다.

> 한국은 2018년 1인당 국민소득이 3만 달러를 넘어선 결과 세계에서 7번째로 30-50클럽에 가입했다. (…) 그러나 **OECD의 '더 나은 삶 지수'나 유엔의 '행복지수' 등에서 우리나라의 순위는 경제력과 비교하면 상당히 낮게 나온다.** 사회적 지지, 선택의 자유, 관대함 등에서 순위가 떨어지는 것으로 나온다. 환경오염이나 온실가스 배출 등도 선진국과는 거리가 멀다. **누구나 알고 있듯이 돈만 많이 번다고 진짜 잘 사는 것이 아니다.** (…) 평균적인 소득 수준이 높은데도 불구하고 많은 국민이 소득 때문에 불행하다고 느끼는 이유는 극심한 불평등 때문이다. **노인 빈곤 등 빈곤 문제를 해결하고, 상대적 빈곤도 축소하기 위해서는 재분배를 늘려야 한다.** 복지 확대는 가장 유효한 소득 재분배 수단이다. 기본소득 도입, 고용보험 확대, 제대로 된 연금개혁까지 소득보장체제를 전면 확충하고 개혁해야 한다.

공교육·공공의료·주거복지 등에 재정 투입을 확대해야 한다.[15]

　강조에서 드러난 것처럼 한국사회의 행복양상은 단순하지 않다. 선진국 반열에 올라선 후 절대적 행복은 올라간 듯 보이지만, 일정 시점 이후 소득이 늘어도 행복이 증가하지 않는 '이스털린의 역설(Easterlin Paradox)'에 직면한다. 절대적 행복 이후의 문제는 행복의 상대적 성격이 강해진다는 것이다. '절대적 상대성'은 행불행이라는 상대성은 있지만, 행복과 불행으로 크게 나뉠 뿐 상세하게 구별되지 않는다. '특수상대성'으로, 비교주체가 비교대상이므로 과거와의 비교로 행불행이 문제 될 뿐이다. 반면 '일반상대성'은, 비교대상에 의한 비교 우위의 행불행이 문제된다. 특수상대성이 행불행 두 가지 등가 조건 속에서 자기만족 혹은 자기불만족에 머무는 반면, 일반상대성은 행불행을 '비교'에 의해 상대적 상대성으로 인식하기 때문에 순간순간 행불행을 경험한다. 따라서 행복하기 위해서는 '상대적 상대성'에 머물지 말고 '절대적 상대성'에 머물러야 한다는 주장이다.[16] 결국 서로 비교하지 말고 살라는 말이다. 그러나 불행의 원인에 따라 해법이 달라질 수 있기 때문에, 이 주장이 옳다고만 할 수는 없다. 선행연구에 나타난 한국인들의 행불행의 스펙트럼이 그렇게 단순하지 않기 때문이다.

　국민행복지표 개발연구에서, 모든 연령층에서 남성보다 여성이 더 행복도가 높고, 20~40대 여성의 행복도가 상대적으로 더 높다. 문화·예술 분야의 소비를 비롯하여 생활을 즐길 수 있는 경제적·시간적·정신적 여유가 드러난 것이고, 남성은 가족 부양의 부담감, 20대 남성들은 미래 가장으로서의 부담감이 강하기 때문이라고 분석한다.[17] 필자의 관점에서 20대 남성들의 군대문제가 불안감으로 작용한 것이 아닌가 여겨진다. 한국인의 삶에서 중요한 5가지 요인, 성공·가족·관계·여가·종교

---

15) 유종일, "[신년특집] 선진국으로 가는 마지막 조건: 경제-발전국가 잔재 치우고 복지국가 완성하는 게 출발점", 『중앙시사매거진』, 202102호(2021.01.17.), http://jmagazine.joins.com/monthly/view/332669(검색일: 2021.02.04.): "소득 3만 달러를 넘어서는 국가 중 인구가 5000만 명을 넘는 규모의 경제를 가진 일곱 나라 중 하나가 됐다. 내로라하는 경제력의 수준과 크기를 갖췄다는 의미다. 선진국클럽이라는 OECD(경제협력개발기구) 회원국이며, 일본 외에 아시아의 유일한 원조 공여국이다."
16) 정세근, "행복의 상대성과 균등성", 『철학연구』 104(대한철학회, 2014), pp.13~15.
17) 이용수, "한국인의 행복과 행복 요인", 『보건복지포럼』 265(한국보건사회연구원, 2018), pp.20~31.

에 대해, 1996·2005·2014년의 세 시점을 비교한 결과, 종교가 행복요인에서 가장 낮은 순위여서 종교의 위상이 낮아지고 있다고 분석한다. 반면, 종교인과 비종교인의 행복도 차이에서는, 여전히 종교가 유효하기는 하지만 명상의 보편화로 인해 기존종교와는 결이 다른 영적 욕구에 대한 갈망이 드러나고 있다고 분석하였다.[18] 또한 가족해체문제가 대두되지만, 여전히 가족은 가장 중요한 행복요인이었다. 청소년들의 '삶'의 질을 보면,[19] 여학생에 비해 남학생이, 중고등학생들에 비해 초등학생들이, 경제적 수준이 높을수록 살의 질 수준이 높았다. 반면 종교가 없는 학생들에 비해 유종교 학생들의 삶의 질이 더 낮은 결과는 어른들과는 상반된다.

행복의 맥락과 패턴에 대한 연구는, 사람들이 살아가는 시간과 공간, 사람들 사이 관계에 따라 행복이 달라진다는 점을 반영한 것이다.[20] 초점집단면접 방법으로, "10점 척도를 기준으로 행복 수준을 측정해 달라."는 답변에서, 세대별 총점은 7.36이었다. 추상적 개념으로서 행복은 "각 개인이 관계 및 조건·관점·의미·요소들을 통합하거나 조합하거나 그중에서 선택하여 경험하고 표현하는 어떤 것"이라고 본다. 즉 맥락과 패턴에 대한 개인의 '관점' 차이에서 '의미'의 차이가 나오기 때문에, 행복의 이해는 이러한 의미를 파악해내는 것이 중요하다는 것으로, 질적 연구의 특징을 잘 보여준다.

한국인들의 행복에 외적 혹은 상황적 요인보다 성격 특성과 긍정성 등 개인의 심리적 특성이 더 중요하게 작용한다고 보는 관점은, 긍정심리학 이론과 부합한다.[21] 그러나 한국인들의 행복 불평등은 보다 구조적인 문제로 복잡한 양상을 띤다. 소득과 자산 등 경제력이 삶의 만족과 행복에 영향을 주고 있으며, 소득이 낮은 집단이 불만족이 더 크다.[22] 즉 소득 불평등이 행복 불평등으로 이어지고 있었

---

18) 이민정, "한국인의 행복과 종교의 관계", 『사회사상과 문화』 19(4)(동양사회사상학회, 2016), pp.321~322.
19) 신승배, "한국 청소년 삶의 질 결정요인", 『사회과학연구』 29(1)(충남대학교 사회과학연구소, 2018), pp.211~213.
20) 권지성·정선욱·정해식·김성아, "한국인들이 경험하는 행복의 맥락과 패턴", 『한국사회복지질적연구』 14(3)(한국사회복지절적연구학회, 2020), pp.65~94.
21) 구재선·서은국, "한국인, 누가 언제 행복한가?", 『한국심리학회지』 25(2)(한국심리학회, 2011), p.160.
22) 정해식·김성아, "한국인의 행복: 소득 및 자산 격차의 영향 분석", 『사회복지정책』 46(1)(한국사회복지정책학회, 2019), p.205.

던 것이다. 이 경우 다른 사람들과의 비교에 의한 격차가 클수록 삶의 만족도가 낮아지는 특성을 보인다. 40대보다 60대가 행복 불평등 정도가 크게 나오는데, 이는 자산의 규모와 소득의 편차에 의한 것이다.[23] 사회적 불평등 혹은 양극화 현상을 행복지표에 포함시킨 연구에서, 한국인들은 비교대상 국가들과 달리 긍정적 요인(물질적 기반, 사회적 기반)보다 부정적 요인(소득과 고용 등의 물질적 격차, 성별 격차와 세대갈등의 사회적 격차)이 행복수준 결정에 중요하게 작용하고 있었다.[24] 또 선진국들과 달리 물질적 영역(소득, 고용, 건강, 주거, 환경)보다 사회적 영역(가족, 사회관계, 공동체생활, 문화여가생활, 안전)이 취약한 것으로 나타났다. 사회시스템에 대한 인식과 행복과의 관련을 보면, 생활여건이나 상황이 아주 좋은 사람들도 성과 및 기회상실에 대한 불안감으로 불행하고, 패자부활이 불가능한 사회시스템에 대한 불안과 불신이 크다고 나타났다.[25]

한국사회 행복담론의 특성을 보면, 과거에 비해 절대적 행복은 상승하였지만, 다른 선진국과 비교하면 행복도가 낮은 편이다. 행복도에서는 세대별·성별로 차이가 드러난다. 행복에 대한 종교의 영향이 과거에 비하여 줄었지만 종교여부에 따라 행복도가 차이가 있으며, 청소년들은 종교유무의 행복도가 성인들과 상반됨을 볼 수 있었다. 행복연구의 초기에는 행복지표 및 행복도 등 양적 연구 중심이었다면, 최근에는 행복의 질에 대한 연구들이 정책제안으로까지 이어지고 있음을 확인할 수 있다. 한국사회 행복담론에 나타난 주요쟁점은 행복강박과 행복 불평등 문제이다.

첫째, 한국의 행복담론은 긍정심리학의 행복에 집중되어 있다. 긍정심리학의 일상적 행복에 대한 기여는 무시할 수 없다. 무한경쟁, 신자유주의 분위기에서 경쟁에 지친 개인들에게 긍정과 만족을 위한 행복방법을 제시함으로써 위안을 주었기 때문이다. 사람들은 그들이 제시한 행복추구방법을 통하여 행복도가 증가하기도 하였다. 그러나 지나친 행복에 대한 강요와 긍정과잉의 결과는 또 다른 문제들

---

23) 최유석, "행복 불평등", 『한국인구학』 41(4)(한국인구학회, 2018), p.58.
24) 박명호·박찬열, "행복지수를 활용한 한국인의 행복 연구", 『한국경제포럼』 12(4)(한국경제학회, 2020), p.21.
25) 이용수, "한국인의 행복과 행복 요인", 『보건복지포럼』 265(한국보건사회연구원, 2018), p.28.

을 야기하고 있다.

둘째, 행복 불평등 문제이다. 현재 한국 사람들은 '절대적 행복'과 '상대적 불행'을 동시에 경험한다. 과거에 비해 경제적 수준이 높아져서 행복해졌지만, 지식정보의 격차, 자산의 격차로 행복 불평등이 심화되고 있다. 전반적인 '평균' 행복도가 낮기도 하지만 한국은 '행복의 편차가 심각한 사회'이다.[26] 전반적 행복도가 낮은 이유는 사회적으로 복합적이고 구조적인 문제에 기인한다. 이에 더하여 사회적 자산 불평등이 행복 불평등으로 이어지고 있었다. 사회연금정책과 복지의 차이가 노년의 삶의 질은 물론 행복 불평등으로 이어지고, 상황이 좋은 사람들마저 불안감으로 불행하다고 느낀다. 전반적인 사회구조적 모순과 경제적 불평등이 결국 행복 불평등으로 이어져 고착화되고 있는 것이다. 대부분 연구에서 행복 불평등 완화를 위해 복지정책 등 정부의 적극적 대응이 필수라는 결론을 볼 때, 행복은 개인적 문제가 아니라 사회구조적 문제로 확대됨을 알 수 있다.

---

[26] 위의 논문, p.21.

III. 현대행복담론에 대한 윤리적 성찰

　긍정심리학의 한계, 행복 불평등은 한국만의 문제는 아니다. 미국의 긍정이데올로기 비판을 보면, 역사적·문화적 배경에서 출발하여 행복의 질은 물론 구조적 불평등 문제까지 다루고 있다. 서구에서 발생하는 행복문제 양상들은 앞으로 한국사회에서도 예견된다. 긍정심리 중심의 행복 개념, 긍정강박과 인공행복의 문제, 그 결과로 나타난 세속적·물질적으로 치우친 행복의 질 문제, 사회구조적 행복 불평등 문제를, 윤리적 관점에서 비판적으로 성찰해 보았다.

1. 긍정심리 중심의 행복 개념

　긍정심리학은 『진정한 행복(Authentic Happiness)』(2002), 이후 제기된 비판을 수용한 『플로리시(Flourish)』(2009)를 통하여 완성된다. 마틴 셀리그먼은 전자에서는 삶의 만족도를 증가시키는 6가지 덕과 24가지 성격강점을 제시하고, 이런 강점들을 연마함으로써 행복에 도달할 수 있다고 하였다. 후자에서는 삶의 만족도로서 행복 대신 '다원적 웰빙' 개념으로 'PERMA'라는 행복요소를 제시한다. 그것은 '긍정적 정서(Positive emotion)', '몰입(Engagement)', '관계(Relationship)', '의미(Meaning)', '성취(Accomplishment)'인데, 이것들을 증가시킴으로써 행복을 얻을 수 있다는 것이다. 긍정심리학 행복의 핵심개념은 '긍정성'이다. 모든 것은 잘 될 것이다, 그 정도면 좋다는 '낙관주의'에 근거하는데, 긍정성과 낙관주의에 대한 비판은 긍정심리학 대두 이후 지속적으로 이루어져 왔다.

　바버라 에런라이크는 자신의 유방암 경험에서 '암은 축복'이라는 극도의 긍정적 태도를 목도하고, 미국사회의 긍정이데올로기를 신랄하게 비판한다. 미국의 긍정성은 자기계발서와 동기유발 산업, 초대형 교회, 미국의 전반적인 사회문제들과 구조적으로 연계되어 이데올로기화 되고 있다는 것이다.[27] 윤리교육 관점에

---

27) 전미영 역, 바버라 에런라이크, 『긍정의 배신』(서울: 부키, 2011).

서 긍정심리학의 덕목과 성격강점의 분류체계에 대한 비판은, 그것들이 자의적이고 체계적이지 못하며, 덕목 혹은 성격강점들이 상호 연관성이 부족하고, 덕의 실천이 맥락과 상황에 좌우됨을 간과하고 있으며, 성급한 일반화의 오류에 더하여, 악덕과 부정적 정서가 불행과 어떻게 연계되는지 제대로 설명하지 못하고 있다는 것이 핵심이다.[28] 철학적 관점에서는, 긍정심리학 덕 체계가 자연주의적 오류이고, 행복이 실천적 지혜로서의 성격 대신 도구적 전문성을 띠고 있으며, PERMA 덕목의 자의성과 편향성이 문제일 뿐만 아니라 사회성이 무시되고 있다고 지적한다.[29] 이러한 비판들을 윤리문제에 초점을 두고 여섯 가지로 분석해 보았다.

첫째, 셀리그먼이 제시하는 덕목들은 이론으로 갖춰야 할 기본이 결여되어 있다. 덕이 마치 자연현상처럼 탐구될 수 있다는 믿음에서, 덕과 강점 리스트들을 전체적 맥락 없이 경험적으로 제시함으로써, 자연주의적 오류를 범하고 있다. 즉 사실에서 당위를 이끌어내어 이른바 과학이라고 주장하면서 심리학적 논리를 제시하고 있다. 그 결과 행복을 위해 필요한 기술인 긍정성 수단 혹은 현상이 궁극적 목적인 행복을 몰아내고 그 자리에 앉아 버렸다.[30]

둘째, 덕 목록이 너무 자의적이고 긍정심리에 편향되어 있으며, 심리학의 이른바 과학은 상황 의존적 경향이 강하다. 행복이 삶의 만족이라는 주관적 쾌락에 집중되어, 행복을 기분 혹은 정서로만 치환하고 있다.[31] 긍정심리학의 심리분석이 과학적이라고 주장하지만, 심리실험이나 설문조사는 관점이나 상황에 따라 매우 가변적이어서, 같은 실험도 변수에 따라 결과가 달라지기도 한다.[32] 긍정정서가 가치 있는 행위들을 포함한다고 주장하지만, 이 둘의 긴밀한 연관성을 밝히지 못하고 있다. 또한 행복에 대한 반성적이고 평가적인 요소가 없을 뿐만 아니라, 문화적 배경과 유리된 주관적 행복이어서 우리 사회에 적합할 수 없다.[33] 그 결과 서구 문화에서 이루어진 긍정심리학 행복은, 한국의 문화적 배경을 고려하지 않은 채 뿌리내림

---

28) 추병완, 앞의 논문, p.1.
29) 이진남, 앞의 논문, pp.97~131.
30) 위의 논문, pp.109~110.
31) 위의 논문, pp.114~115.
32) 이세진 역, 앞의 책.
33) 이진남, 앞의 논문, p.112.

으로써, 서구문화의 문제점에 더하여 한국사회의 문제점까지 중첩되게 된다.

셋째, 쾌락주의에 근거한 행복 개념은, 행복을 지상 최대의 인생목표로 제시함으로써, 부정심리나 고난·불행을 제거해야 할 악으로만 간주한다. 고난과 역경을 수반하는 불행·괴로움은 피하고 싶긴 하지만, 필요할 때도 있고 그것을 극복함으로써 행복에 가까워질 수도 있다. 즉 모든 불행을 나쁜 것으로만 판단하는 일반화의 오류를 범하고 있다. 동물들에게 필요한 '방어적 비관주의(defensive pessimism)' 같은 부정적 사고는 자신을 보호하는 데 절대적으로 필요하다. 바람직한 행복을 위해서는 불행을 비롯하여 행복에 대한 '올바르고 공정한 시각'이 중요하고, 행복이란 긍정적 감정뿐만 아니라 부정적 감정까지도 수용하는 포괄적 개념으로 이해되어야 한다.[34] 불행에 대한 올바른 통찰을 통하여 부정적 감정을 어떻게 다스리느냐가 중요하며, 인간은 그 과정을 겪으며 성장하고 성숙해진다. 이와 관련하여 불교심리학에서 단서를 찾아보자.

불교는 마음의 문제를 중시하여 '심소(心所)'라는 심리요소들을 중요하게 다루고 있다. 긍정심리에 부정심리까지 포함하여 52가지로 마음부수를 분석한다.[35] 불교심리학의 스펙트럼은 긍정심리학과 비교할 수 없을 정도로 세밀하고 심층적이다. 긍정적인 마음부수 25가지를 보면[36] 몸과 마음을 포함하여, 정서와 인식 등 인간이 느낄 수 있는 모든 측면을, 광범위하고 심층적으로 분석하고 있다. 주목할 점은, 긍정적 마음부수 중 행복에 대한 개념들이다. 불교에서는 희열 혹은 기쁨의 의미인 '삐띠(pīti)', 행복의 일반적이고 폭넓은 의미로 즐거움인 '수카(sukha)', 즐김이나 향락을 뜻하는 '난디(nandī)', 행복을 넘어선 환희의 기쁨인 '소마나싸(somanassa)', 나아가 더불어 함께하는 자비심으로서의 행복인 '무디타(muditā)', 여러 선업의 결과 얻어지는 행복한 상황을 의미하는 '망갈라

---

34) 홍경자, 앞의 논문, pp.88~90.
35) 대림스님·각묵스님 역, 『아비담바 길라잡이(상)』(초기불전연구원, 2002), p.193.
36) 단순히 심리적인 것뿐만 아니라 믿음, 마음 챙김, 양심(慙, hiri), 수치심, 탐욕 없음, 성냄 없음, 중립, 몸의 경안(輕安), 마음의 경안, 몸의 가벼움, 마음의 가벼움, 몸의 부드러움, 마음의 부드러움, 몸의 적합함, 마음의 적합함, 몸이 능숙함, 마음이 능숙함, 몸이 올곧음, 마음이 올곧음, 절제[바른 말(正語), 바른 행위(正業), 바른 생계(正命)], 무량심[연민(悲, karuṇā), 같이 기뻐함(喜, muditā)], 어리석음 없음, 통찰지의 기능 등이다.: 대림스님·각묵스님 역 (2002), 위의 책, pp.222~241.

(maṅgala)' 등의 개념이 나온다.[37] 특히 사무량심(四無量心)의 희(喜)인 '무디타(muditā)'는 "타인의 행복이나 발심, 향상 등을 자신의 것처럼 기뻐하는 열린 마음 특유의 기쁨"이며,[38] 선업의 결과로 얻어지는 행복인 '망갈라(maṅgala)'는 나 중심의 긍정심리에서 나아가 타인의 행복까지 포함시키고 있음을 알 수 있다.[39] 이러한 경향은 대승불교로 발전하면서 더 두드러진다. 또한 긍정심리와 함께 부정심리도 무시하지 않고 직시함으로써 현실의 마음작용을 제대로 통찰하고자 한다. 이러한 통찰을 바탕으로 부정심리를 변화시켜 나와 타인에게 모두 긍정적이고 이로운 심리로 만들고자 노력하는 '수행'을 강조하고 있다. 긍정심리학과 서양 학자들은 불교에서 이러한 내면적 측면과 명상으로서 고요함만을 가져왔고,[40] 여실지견(如實知見)을 통한 통찰과 수행에까지는 이르지 못하였던 것이다.

넷째, 윤리적 가치에 근거한 평가적 관점이 빠져 있다. 행복은 인생에서 추구해야 할 목적이지만, 심리적 쾌락에만 머물고 윤리적 가치를 포함하지 못한다면 '쾌락주의의 역설'에 빠지고 만다. 쾌락은 아무리 추구해도 만족시킬 수 없고, 주관적 쾌락만 추구하게 되면 긍정심리학의 이른바 몰입은 '중독'과 구별되기 어렵다. 행복추구에서 '중용(中庸)'이 필요한 이유이다. 행복(幸福)에 대한 이해는 동서양이 동일하지 않으며 또한 학문적 관점에 따라서도 달라진다. 심리학에서 벗어나 철학적 행복담론이 필요한 단서를 동양 행복관에서 찾아보자.

서양의 일상적 'happiness'와 아리스토텔레스의 이른바 'eudaimonia'는 모두 행복으로 번역되지만, 이 둘의 차원은 구별되어야 한다. 전자는 심리학적 즐거움(joy, delight, gladness, pleasure)의 맥락으로, 쾌락은 좋은 것(good)이고 선(善)이 된다고 본다. 반면, 동양의 행복은 아리스토텔레스의 행복 개념과 유사한데, 곧바로 즐거움으로 이어지지도 않으며 좋은 것이 반드시 선으로만 연계되지도 않는다. 동양에서 행복은 '즐거움'과 '선'이라는 두 사태를 연결시켜 놓은 것이다. 행복

---

37) 장승희, "초기불교에 나타난 행복의 의미와 추구 방법 -니까야 경전을 중심으로-", 『윤리연구』 106(한국윤리학회, 2016), p.106.
38) 대림스님·각묵스님 역(2002), 앞의 책, p.210.
39) 장승희, 위의 논문, p.89.
40) 황성원 역, 앞의 책, p.241.

의 개념을 보면, 행(幸)은 운이 좋음 즉 '다행(多幸)'이고, 복(福)은 하늘이나 귀신이 내려주는 복으로 제사를 마친 이후의 '음복(飮福)'에서 드러나듯, 인간의 영역이라기보다는 하늘 즉 신의 영역으로 이해된다. 동양에서는 '좋은 것'이 반드시 '선'은 아니다. 오히려 선은 즐거운 것보다 힘들고 어려운 것으로 이해된다. 동양에서 행복의 다른 표현인 '락(樂)'은 도덕적으로 한 번 걸러진 것이다. 동양에서는 선은 '옳음(right)'과 맺어지는 반면, 서양 심리학에서 주장하는 현대적 선은 '좋음(good)'으로만 연결된다. 서양 심리학에서는 행복해지기 위해 내가 즐거워야 하지만, 동양에서는 남이 즐거워야 한다.[41] 동양의 행복 개념은 아리스토텔레스의 덕(arete) 혹은 실천적 지혜(phronesis)와 유사한데, 심리학에서의 즐거움에 국한된 표층적 이해와는 달리, 가치추구를 포함하는 심층적인 의미가 강하다. 행복추구에서는 심신의 즐거움을 거부하지는 않지만, 옳음의 가치와 중용으로 연결되어야 한다는 말이다.

다섯째, 긍정심리학은 '긍정적'이라는 단어와 '좋은'이라는 단어를 거의 같은 뜻으로 사용하지만, 그런 도덕에서는 항상 밝은 면만 보려고 하며, 부정적 태도나 인식을 교정하지 않으면 어두운 사람으로 규정해 버린다.[42] 이처럼 자신의 긍정심리에만 초점을 두는 긍정심리학의 행복은 편향된 행복이 되고 만다. 그 결과 긍정이데올로기는 행복의 모든 원인을 내부로 향하게 함으로써 외적인 빈곤과 실패 등 사회문제를 개인화된 의제로 돌리고 말았다. 결국 자아를 축소되도록 만들어가는 것이다.

여섯째, 이처럼 '나'의 긍정심리로서의 행복만 추구하면, 관심대상이 연기적(緣起的) 관계성으로 확대되지 못한다. 그 결과 나의 행복에만 머물고 타인의 행복이나 사회 공동체에 이르지 못하여, 이기적인 행복에 그치고 만다. 필자의 개인적 체험인데, 공원 산책에서 수선화 꽃 중 귀한 금잔옥대(金盞玉臺)를 발견하여 사진을 찍어 왔다. 다음날 다시 갔더니 금잔옥대를 포함한 꽃이 사라진 것을 목격하였다. 이기적 행복의 단면을 본 듯하여 씁쓸했다.

자기 쾌락과 만족에 치우친 행복에서 관점의 전환이 필요하다. 그것은 철학과

---

41) 성세근, 앞의 논문, pp.2~27.
42) 전미영 역, 앞의 책, p.269.

윤리학을 토대로 행복의 본질에 대한 통찰이 바탕이 되어야 한다. 행복은 심리적 차원과 실천적 차원 모두 필요하다. 전자인 세속적·표층적 차원이 일상에서 추구될지라도, 후자를 위해 윤리적·심층적 차원에서의 비판적 성찰이 이루어져야 한다. 행복은 개념사의 주장처럼, 역사적 흐름, 사회적 요구와 필요에 따라 달라지는데, 세속적 행복에 대한 욕구를 넘어서야 할 시점이 아닌가 여겨진다.

2. 긍정강박과 인공행복의 문제

불가피한 고통과 불행의 상황에서 긍정성과 낙관주의는 유리한 점이 많다. 그러나 그것이 지나쳐 긍정강박 혹은 인공행복이 될 경우 개인적·사회적으로 문제가 심각해진다. 미국에서 행복과 관련된 문제점들은 종교의 쇠퇴, 과학과 심리학 및 경제학의 부흥, 그리고 자본주의 문명의 보편화와 괘를 같이 한다. 여기서는 긍정강박에 의한 긍정이데올로기 문제, 그 결과로 나타난 인공행복과 행복강박의 문제가 윤리적으로 어떤 결과를 초래하는지 살펴보고자 한다.

미국에서 긍정성의 출발은 종교적 규율 중심의 칼뱅주의에 대한 반발에서 찾는다. 엄격한 규율을 강조한 칼뱅주의는 '노동의 위안'과 '병적인 자기성찰'을 특징으로 하는데, 사회변화로 그러한 요구가 약화되자 사람들은 신경쇠약 증세-소화불량, 불면증, 요통 등-을 경험한다. 이에 대한 새로운 방안이 '신사상 운동'과 종교로서 '크리스천 사이언스'이다. 그 사상적 토대는, 물질적인 세계란 존재하지 않으며 있는 것은 오직 생각과 마음, 정신, 미덕, 사랑 등이라는 것이다. 그 과학적 근거로 양자물리학의 '불확정성 원리'를 제시하여, "정신은 인식되는 대상 그 자체를 실제로 형성한다."라고 하였는데, 이것이 긍정적 사고의 기반이었다.[43] 한국에서 인기를 끈 『누가 내 치즈를 옮겼을까?』(Who Moved My Cheese?), 『영혼을 위한 닭고기 수프』(Chicken Soup for the Soul), 『시크릿』(Secret) 등은 미국 긍정성 문화의 대표로, 이는 코칭산업 및 공감주술(sympathetic magic)과 관련되

---
43) 위의 책, p.103, pp.124~128.

어 있다는 것이다.[44] 정신과 마음을 강조한 것은 불교 유식(唯識)과 유사하며, 전적으로 틀린 주장도 아니다. 문제는 그것이 견고한 사상적 토대 없이 자본주의적 산업과 연계됨으로써 자기계발에만 치우친다는 점이다.

긍정성은 칼뱅주의를 비판하지만, 가혹한 판단, 죄악에 대한 비난, 자기반성 등 칼뱅주의 독소를 그대로 물려받았다. 그 결과 비판의식과 분노를 억누르기 위해 끊임없이 자기억제와 자기최면을 강요한다. 칼뱅주의가 느슨함, 죄악, 방종함의 징후 같은 자기감정을 감시했다면, 긍정적 사고는 분노, 의심 등 부정적인 생각을 경계한다. 칼뱅주의는 사악한 성향을 이유로, 긍정적 사고는 부정성을 이유로 자아를 공격하였던 것이다.[45] 긍정심리학 운동은 무익한 생각과 기억차단 등의 방식으로 행복증진기법과 슬로건을 가르친다.[46] 결국 긍정적 자아훈련은 일종의 의무가 되었고, 자본주의와 결합하여 긍정이데올로기로 탈바꿈하였다. 거기다 긍정심리학이 학계에 침투하여 낙천성을 주입하고 긍정감정을 키우는 산업과 연계되었던 것이다.[47]

이러한 긍정강박 이데올로기의 배경에 '행복경제학'이 있다. 최신 데이터를 활용한 정신건강과학은 경제학적·의학적 전문지식과 얽혀, 철학적 문제와 무관한 행복연구는 최적화된 인간의 단일한 지표설정을 목표로 한다.[48] 또한 1978년 '국제질병분류'에서 슬픔과 불안감 등 '불행'은 '질병코드'로 분류되었는데, 이후 슬픔과 불행은 항우울제, 항불안제, 흥분제, 마취제 등의 정신작용약물(psychotropic drugs) 혹은 대체의학, 강박적 운동요법 등의 방법으로 해결하게 된다. 즉 '인공행복(artificial happiness)'으로 대체된 것이다. 미국은 세계 우울증 치료제의 3분의 2가 소비되는 나라로, '인공행복 미국인'이라는 사회계층을 형성할 정도가 되었다.[49] 약물뿐만 아니라 강박운동도 문제이다. 건강한 '생활습관주의(lifestylism)'가 도덕적 교리로 변화되어, 운동은 수단이 아니라 목적으로 탈바꿈한다. 건강이 아니

---

44) 위의 책, p.78, p.95, p.98.
45) 전미영, 위의 책, pp.131~132.
46) 황성원 역, 앞의 책, p.9.
47) 전미영, 앞의 책, pp.28~32.
48) 황성원, 위의 책, p.10.
49) 박한신·이수인 역, 앞의 책, pp.14~17.

라 자존심이 중시되고, 성공의 척도와 행복은 인공에 치우친다.[50] 운동요법 전문의들은 운동에 도덕적 가치를 부여하여 건강하지 못한 생활습관을 가진 사람이 죽는 것은 인과응보의 당연한 결과라고 하여, 뚱뚱함에 도덕적 판단을 적용하였다.[51] 이에 대한 비판의 핵심은, 불행이 발전동기 혹은 삶의 기회가 될 수 있음에도 인공적 긍정성만 제공하여 세상과의 건강한 소통을 저해한다는 것이다.[52] 마취의사인 저자의 동양 대체의학에 대한 관점은 동양 한의학에 대한 무지와 과학 편향성이 드러난다. 그럼에도 인공행복이 불행을 삶과 분리시켰다는 비판은 타당한 듯하다.[53]

인공행복을 경험한 개인은 자신에게 관대한 반면 양심에 침묵하며, 자발적 정신치유 기회가 박탈되어 도덕적 마비상태에 이르게 된다.[54] 약물은 마음을 조절하여 비참한 현실과 사회문제에 침묵하게 함으로써 사회변화의 계기를 빼앗아 버린다. 자살률 세계 1위이면서도 눈치와 체면을 중시하며 정신치료를 거부하는 한국은 오히려 적극적 변화가 필요하다. 그러나 지나친 외모지상주의로 인해 성형과 헬스산업이 비대해지고 사람들은 외적 행복에 집착하여 '중독'에까지 이르면서 삶의 조화가 무너지고 있다. 건전한 가치관과 윤리의식으로 비판적 대처능력을 길러주어야 하는 것이 윤리교육의 과제인 것이다.

3. 행복의 질과 불평등 문제

행복의 질 문제는 주로 인공행복과 관련된다. '자유의 저주'에 빠진 사람들은 미래에 대한 무한긍정과 긍정적 공상에 의해 무기력의 상태에 빠지고 만다. 문제는 항우울증 처방으로 '행복한 아이'라는 새로운 집단이 불러올 미래에 있다. '행복한 아이'는 행복한 성인, 행복한 노인이 되어 새로운 인간유형이 된다. 이들은 평생

---

50) 위의 책, p.163.
51) 위의 책, pp.167~169.
52) 위의 책, p.26.
53) 위의 책, p.333.
54) 위의 책, p.31.

인공감정만을 경험하며 위기대처능력을 기르지 못하게 된다. 긍정의 산업화의 핵심에는 '불안'이 있고, 긍정코칭은 자기최면, 마인드 컨트롤, 생각조절 같은 고의적인 자기기만과 연결된다.[55] 행복은 행동의 결과가 아니라 원인이 되어버리고, 행복한 아이는 정상적이라기보다 '기능적(functional)'이 되어버린다. 기능적이란 높은 기준이 결여되었다는 의미인데, 사회적 요구에 따라 필요한 최소한만을 해내는 경향으로 길러져서, 단순하게 생각하고 기능하게 된다는 말이다. 인공행복체제 하에서는 삶의 기준이 너무 낮게 설정되어, 평가와 판단을 담당하는 마음이 제대로 발달할 수 없기 때문이다. 양심과 비판을 형성해주는 엄격한 기준이 없다면, 현재 모습과 추구하는 모습 사이 긴장을 느낄 수도 없다. 결국 이들은 내적 경험이 빈약하여 공감·배려도 모르고, 행복은 약물로 자동생성되므로 삶의 갈등도 그것의 해결도 필요 없게 된다. 괴로움 때문에 양심이 행동을 억제하려 할 때마다 인공행복이 이를 잠재우기 때문이다. 결국 행복한 아동기의 목표는 '양심' 형성을 막는 것이다. 양심은 '비판'을 통해 그들을 괴롭고 불행하게 만들기 때문이다.[56] 이와 같은 인공행복은 다양하고 참된 행복 대신 피상적이고 감각적인 행복만을 경험하게 한다.

행복이 삶에서 느끼는 만족감으로 측정된다면 유복하고 순응적이고 종교적 믿음이 있거나 사회적 불의에 개의치 않는 사람들이 그런 심리상태에 근접하기 쉽다. 긍정심리학의 보수성은 현상유지에 대한 애착에 있다. 즉 긍정심리학은 자신의 관점을 조정해 일으킬 수 있는 내적 변화에만 관심이 있다. 그것은 긍정심리학의 행복공식인 H=S+C+V에 원인이 있다. Happiness(행복의 수준)=Setpoint(이미 설정된 행복의 범위, 유전적 특성)+Conditions(행복에 영향을 미치는 외적 환경)+Voluntary(자발적 행동, 긍정적 정서, 몰입, 의미)이다. 공식에 의하면, 개인적 결정요인 48%, 환경은 10% 정도이며, 자발적 노력은 42% 절대적 비중을 차지한다. 환경과 상황은 변화시키기 쉽지 않아서[57] 내면적 변화를 위한 낙천성 훈련이 행복의 과제로 대두된다.[58] 결국 행복을 개인의 내적 문제로 돌리고, 사회구조

---

55) 전미영 역, 앞의 책, pp.23~25.
56) 박한신·이수인 역, 앞의 책, pp.346~349.
57) 우문식, 『긍정심리학의 행복』(안양: 물푸레, 2012), pp.54~57.
58) 전미영 역, 앞의 책, pp.236~239.

적인 환경은 변화시키기 어렵다는 이유로 행복의 고려대상에서 제외시켜 버리게 된다. 오늘날 다원화된 사회에서 다양한 개성과 기질을 지닌 개인들에게 이와 같은 하나의 공식을 적용하는 것은 타당하지 못하다. 행복공식을 염두에 두더라도 자신만의 행복공식을 만들어 다양하게 행복을 추구할 필요가 있다.

앞에서 한국사회 행복담론의 주요쟁점으로 행복 불평등을 살펴보았는데, 미국은 부와 소득의 격차가 선진국 가운데 가장 양극화된 사회이다. 그럼에도 미국인들은 이와 같은 불평등한 사회라도 아무 문제가 없고, 노력만 하면 훨씬 좋아질 것이고, 누구든 긍정적인 사고만으로 언제든 부자의 대열에 합류할 있다고 본다. 2008년 서브프라임 모기지 사태에서 촉발된 글로벌 금융위기의 원인이 경제에 파급된 미국의 낙관주의와 긍정이데올로기에 있다는 분석은,[59] 긍정강박이 합리적 사고를 저해함으로써 궁극적으로는 행복의 질을 저하시키고 불평등 구조를 심화시키는 데 일조하였음을 보여준다.

행복 불평등은 한국만의 문제가 아닌 세계적인 문제이며, 심각한 것은 코로나 팬데믹 이후 그런 불평등은 더욱 심화되고 있다는 점이다.[60] 행복 불평등 기저에는 경제 불평등이 위치하며, 그것이 교육, 복지, 궁극적으로 행복으로 연계되는 구조이다. 국제단체 옥스팸이 발표한 연례 불평등 보고서를 보면, "바이러스 때문에 지구촌의 빈부격차가 역대 최악의 수준으로 악화됐다"라고 한다. 똑같이 신종 코로나바이러스를 겪었지만 지구촌 부자들은 그로 인한 경기침체에서 벌써 빠져나오기 시작한 반면 가난한 사람들에겐 아직 요원한 얘기라는 지적이다.[61] 이러한 불평등은 세계 국가들 간의 백신공급의 차이, 교육과 복지의 불평등 심화가[62] 결국 행복 불평등으로 이어진다. 그럼에도 긍정은 위기를 먹고 다시 자란다는 점에서, 행복담론 성찰에서 '비판적 긍정'을 모색할 필요가 있는 것이다.

---

59) 위의 책, p.264.
60) https://www.etoday.co.kr/news/view/1985222(검색일: 2021.02.10.)
61) https://news.g-enews.com/view.php?ud=20210126121049250591f309431_1&md=20210126133135_R, [글로벌-이슈 24] "코로나19 사태로 글로벌 빈부격차 '사상 최악': 빈곤퇴치 국제단체 옥스팸 보고서 '부자는 이미 회복세, 빈곤층 회복엔 10년 소요 전망'"(검색일: 2021.02.10.)
62) https://www.yna.co.kr(2021.01.21.), [코로나 1억 명] "깊어지는 불평등 구조…바이러스보다 무섭다"(검색일: 2021.02.10.)

Ⅳ. 행복교육을 위한 윤리교육적 대안

현대행복담론에 대한 성찰을 통하여 행복과 관련된 문제들을 살펴보았다. 개인적 위안과 만족에 치우친 긍정심리 중심의 행복추구는, 소아(小我)에 국한된 이기적 행복추구, 인공행복으로 과몰입 혹은 중독에 이를 수도 있다. 그 결과 행복산업의 확대로 비판적 사고가 결여되어, 인류의 지성의 힘은 약화되고 자본주의적 혹은 쾌락 중심의 행복에 치우치게 된다. 그렇다면 행복교육의 대안은 무엇일까? 동서양의 '지혜'를 중심으로 방향을 설정하고, 긍정심리와 비판적 사고를 조화시켜 행복의 본질을 파악함으로써, 실천적 지향이 소아(小我)를 넘어 공동체적 대아로 확대되도록 해야 한다. 이에 대하여 살펴보자.

1. 삶의 지혜와 연계된 행복추구

무한긍정을 비판하고 '균형 잡힌 긍정'을 주장하는 가브리엘 외팅겐은 마틴 셀리그만의 긍정심리학 운동을 비판한다. 긍정적 공상만을 바탕으로 한 희망, 비현실적 힘을 믿는 태도가 문제여서, 구체적인 실현의식이 필요하다고 주장한다. 근거 없는 두려움이나 과장된 두려움은 불필요하지만, 적당한 불안감은 더 나은 수행능력을 가져온다는 것이다. 필요한 것은 무한긍정이 아니라 '선택적 긍정'이다. 인간은 꿈을 꾸어야 하지만 그것은 현실에 대한 냉정한 평가와 분석, 이를 토대로 한 미래설계와 희망이어야 한다. 무한긍정을 비판하며 현실에 근거하여 현명하게 꿈꾸고 실현하는 방법을 제시한 것이 '심리적 대조(mental contrasting)'이다. 그 구체적 방법인 '우프(WOOP)'는, 간절한 '소원(Wish)'을 정한 후, '결과(Outcome)'를 떠올리고, '장애물(Obstacle)'을 생각한 다음, 극복 '계획(Plan)'을 세우는 4단계이다.[63] 심리적 대조는 초인지(超認知, meta-cognitive) 전략으로,

---

63) 이종인 역, 앞의 책, pp.12~14.

생각과 심리적 이미지에 관한 지식 혹은 인식을 제공한다.[64] 초인지로서 심리적 대조는, 문제 사태에서 비판적 사고를 바탕으로 한 비교와 평가, 성찰과 판단 및 선택이 요구되는 도덕적 문제해결이라고 볼 수 있다. 대부분의 상황들은 도덕적 가치와 무관하지 않으며, 순간순간 필요한 심리적 대조들은 바로 통찰로서의 지혜와 연계된다.

한국에서 지혜 관련 저술을 검색해보면, 대부분 개념 설정 없이, 지혜를 목표로 하는 자기계발서 혹은 전문지식에 지혜를 제목으로 내세운 정도이다. 삶의 지혜, 동양의 지혜라고 강조하지만 도덕교육에서는 그동안 지혜의 중요성을 간과하고 있었던 것이다. 도덕교육의 목표를 묻는다면 연구자의 대답은 '지혜'이다. 도덕과 교육과정에서 제시한 핵심가치·덕목들을 통합한 도덕성이 바로 지혜라고 보기 때문이다. 도덕교육에서 제시한 가치·덕목들은 궁극적으로 도덕적 상황에 대한 인지적 고려, 정서적 감응, 행동적 실천을 위한 것이다. 이와 같은 통합적 도덕성에 가장 적합한 개념이 바로 '지혜'이다. 지혜를 위해 필요한 것은 현실을 바르게 바라보는 통찰력이다. 불교의 지혜는, 지혜와 마음 두 차원을 포함하는데, 여실지견(如實知見)의 인식적 통찰을 바탕으로 마음의 영역으로 확장시켜 나간다.[65] 여기서 현실이란 단순히 보이는 것만이 아니라 보이지 않는 진리를 말한다. 즉 존재의 실상을 그대로 마주 볼 수 있어야 하는데, 이러한 통찰력이 바로 지혜라는 것이다. 미래와 현실을 연계시키기 위해 '심리적 대조'를 하는 사람들에게 발견·통찰·뜻밖의 깨달음 등이 찾아온다고 하였는데,[66] 이것이 바로 지혜가 아닌가 여겨진다.

지혜는 도덕교육에서 제시한 덕목들, 구체적으로 서양의 정의와 배려, 동양의 성실과 자비 등 각 덕목들의 주장하는 각각의 보따리들을 커다란 보자기에 모아서, 유마거사가 머물던 방이 상상에 따라 크기가 달라졌던 것처럼, 도덕적 상황에 적합한 해답을 제시하는 판도라의 상자와 같은 것이다. 우리나라에서 지혜

---

64) 위의 책, p.184.
65) 장승희, "불교의 '지혜' 도덕성 탐색을 위한 시론", 『윤리교육연구』 57(한국윤리교육학회, 2020), p.105.
66) 이종인 역, 앞의 책, p.177.

의 도덕적 가치에 대해 간과하고 있지만, 서양에서는 지혜 연구를 적용하는 데까지 나아가 있다. 심리학에서도 최근 지혜에 주목하여 가치와 도덕교육에서의 지혜를 아리스토텔레스의 실천적 지혜(phronesis)에서 확대시키고 있다. 지혜란 자율적이고 비판적인 사고의 덕, 인간의 행동을 다루고, 수단적 총명함과 자연적 덕성으로 구성되며, 실천적 사유의 탁월함을 수반한다는 것이다. 이러한 지혜는 도덕성을 평가하는 데 있어서 중요한 요소라고 보고 있다.[67] 지혜를 경영교육에 포함시켜 실무를 담당한 전문가들에게 적용하는 사례는, 지혜 커리큘럼인 'RJRA 모델'이다. 그것은 '추론(Reasoning)', '판단(Judgement)', '성찰(Reflective)', '행동(Action)'이라는 일련의 과정으로, 이러한 방법을 적용하여 선택과 판단을 하는 경우 더 큰 선(善)을 이룰 수 있다는 주장이다.[68] 이러한 지혜 연구들은 행복의 방향성을 정하는 데 도움이 될 것이다.

2. 긍정심리와 비판적 사고의 조화

앞에서 서구에서 청소년 항우울제 처방과 인공행복 문제는 단지 현재가 아니라 미래의 위기라고 지적하였다. 한국은 청소년 자살률 세계 1위로 적극적인 정신치료 및 심리치료가 필요한 실정이다. 그러나 윤리교육에서 윤리상담을 넘어 약물치료로 넘어가는 경향은 조심스럽게 접근해야 할 것으로 보인다. 성인들과 달리 아이들은 아직 가치관과 양심이 정립되지 않아 슬픔과 불행, 즐거움과 기쁨 등 감정 조절과 관리가 쉽지 않다. 지나친 약물치료는 양심을 형성할 기회를 앗아가 버릴 수 있기 때문이다. 도덕성 형성 과정에서는 실패와 부끄러움, 불쾌·불안·불행 등이 절대적으로 나쁜 것이라고만 보기 어렵다. 실패와 부끄러움을 통하여 양심을 자각하고 타인을 인정하게 되기 때문이다. 그 극복 과정에서 더 나은 인격이 될

---

67) Kristján Kristjánsson(2020), "An introduction to the special issue on wisdom and moral education", *Journal of Moral Education*, Volume 49, 2020 - Issue 1: Wisdom and Moral Education, pp.1~8.
68) Hays, J. Martin(2017), "Educating for wisdom in the 21 st Century", Gunnlaugson Kuepers, *Wisdom Learning: Perspectives of 'Wising Up' Management Education*, Gower, pp.185~210.

수 있다는 점에서 이에 대한 '선택적 회피'가 필요하다.

긍정심리학자들은 주위에 있는 세상을 알아차리라고 격려하지만 그 이상으로 나아가진 않는다. 긍정심리학의 주관적 감정에 대한 과도한 집착은 정치적·경제적 문제들에 대한 비판적 관심을 분산시키고 만다. 이제 감정을 변화시키려고 애쓰기보다는 안으로 향하던 비판의 날을 다시 밖으로 돌려야 한다. 이를 위해 먼저 행복측정의 역사를 회의적으로 바라볼 필요가 있다.[69] 긍정심리에 치중하여 비판적 사고를 기르지 못하면 행복은 바람직한 실천으로 이어질 수 없다. 비판적 사고는 이른바 정견(正見), 즉 여실지견(如實知見)을 바탕으로 하는데, 이것을 통하여 세상과 현실을 바르게 바라볼 수 있게 되는 것이다.

유발 하라리는 미래 교육을 위해 필요한 능력으로 4C를 제시하였는데, 비판적 사고(critical thinking), 의사소통(communication), 협력(collaboration), 창의성(creativity)이 그것이다. 변화에 대처하고 새로운 것을 학습하고, 낯선 상황에서 정신적 균형을 유지하는 능력이 중요하다는 것이다.[70] 사회심리학자들은 인간의 능력 중 비판적인 판단을 할 수 있는 '화자(話者)의 능력'을 재발견하고 주목하였다. '비판'과 '불평'은 세상에 대한 특정 형태의 부정적인 지향으로, 비판자 자신과 듣는 청중 모두 이 사실을 안다. 모든 사람은 각자 자기 삶을 해석하여 '자신만의 서사'를 만들어낼 힘이 있을 때만 비판과 불평 같은 부정적 개념들도 의미를 지니게 된다.[71] 부정적 서사라 할지라도 각자의 삶에서 의미를 지닐 수 있으며 가치가 있다는 말이다.

인간은 위기상황에서 오히려 실존적 이해가 깊어진다. 물론 불안감에서 벗어나기 위하여 낙관주의 혹은 긍정성에 의지할 필요도 있다. 반면 '방어적 비관주의'와 '비판적 사고'는 자신을 보호하기 위해 더 필요하게 될 수도 있다. 코로나 상황에서 긍정과잉의 부작용이 그대로 드러나면서 이 점이 부각된다. 나 자신의 편의를 위해 마스크 착용과 거리두기가 이루어지지 않아 결국 나 자신은 물론 누군가에

---

[69] 황성원 역, 앞의 책, p.17.
[70] 전병근 역, 유발 하라리, 『21세기를 위한 21가지 제언』(파주: 김영사, 2018), pp.388~398.
[71] 황성원 역, 앞의 책, p.308.

게 피해를 주거나 죽음에 이르게도 한다. 나만의 행복을 추구하는 긍정과잉 사회의 모습인 것이다. 이른바 '인간적'이란 말은 동물과의 비교에서는 '이성'을 말하고, 사람들 사이의 비교에서는 '감정'을 말한다. 인간이 다른 존재와 다른 점은 이성, 즉 성찰과 비판 능력에 있다. 동물복지를 말할 때 동물의 고통은 고려하긴 하지만, 아직 그들의 이성을 지닌다는 확증은 아직 없다. 고통과 쾌락이 살아있는 생물의 특성이라면, 그것을 조절하는 능력이 바로 '이성'이고 '비판적 사고'이다. 동양의 지혜를 언급할 때 공자, 석가의 지혜를 언급하곤 한다. 공자는 안회에게 지혜란 "일을 처리하는 데 사리를 따르고 남의 마음을 헤아리는 것"이라고 하였다.[72] 이 말은 먼저 이성을 따르면서 감정을 조화시키라는 말이다.

오늘날 지식의 특성은 '간주관적 보편성(inter-subjective universality)'을 전제로 한 잠정적 진리이다. 이러한 상대주의적 지식 관점에서는 무엇이 진리이고 참된 지식을 어떻게 형성할지 혼란스러워진다. 진리탐구의 과정에서 담론을 형성하고 비판적 사고로 점검하는 능력이 중요해진다. 물론 토론 과정에서는 개념 규정의 명확성, 다양한 관점에서의 파악, 토론 태도와 자세를 바탕으로 다양한 의견들을 수용해야 하지만 비판적 사고를 통하여 검토하고 점검하는 과정이 반드시 필요하다. 그러한 과정으로 형성된 지혜로운 개인들이 모여 공동체적 '집단 지혜'로 승화될 수 있게 되는 것이다.

3. 소아(小我)를 넘어 공동체로의 확대

비트겐슈타인은 인간 언어의 사회성과 관계성에 주목한다. 인간은 말하는 동물로, 다른 인간을 언어로 이해할 수 있어야 하며, 인간은 언어를 학습하면서 '고통' 개념도 학습한다. 그러나 심리학 언어는 인간이란 무엇인가에 대한 답을 주지 못한다. 인간은 고립된 존재가 아니라 소통해야만 하는 관계적 존재이다. 다른 사람

---

[72] 『공자가어(孔子家語)』 18 〈顔回〉, "(…) 是智之難也. 夫藏武仲之智, 而不容於魯, 抑有由焉, 作而不順, 施而不恕也夫. 夏書曰, 念慈在慈, 順事恕施." 허경진 역주, 『공자가어(孔子家語)』(서울: 전통문화연구회, 2018), p.270.

을 아는 것은 '설문조사'가 아니라 그 사람의 서사 및 과정에 관여하여 '경청해야 가능한 것이다.[73] 자각과 깨달음과 성찰은 결코 심리학적 이해로는 불가능하다. 행복담론이 철학으로 옮겨야 하는 이유이다.

과학의 발달로 감정과 사고를 스캔하는 방법의 발전은 철학과 윤리학의 자리를 앗아 버렸다. 과학으로는 자유나 의식 개념들을 확인해줄 수 없다. 심리학은 소비주의와 과학기술이 더해지며 철학과 윤리학은 필요 없다고 선언한다.[74] 미국 심리학의 시조인 빌헬름 분트(Wilhelm Wundt)는 생리학과 철학과 분리된 심리학을 정립시켰지만 이후 미국 심리학에서 철학적 유산은 사라져 버렸다.[75] 인간이 의학 및 생물학적 속성으로 이해되면서 신자유주의 승자독식의 사회에서는 자기행복에 최적화된 문화만 추구하게 되었다. 심리학에서 자아는 존재하지만 타인이 없는 행복이 된 이유이다.

인간은 결코 혼자 살 수 없는 존재로, 불교의 연기(緣起)나 '나비효과'에서의 연결성은, 이러한 실존적 사실을 잘 보여준다. 코로나19로 인한 팬데믹은 이와 같은 관계성이 견고함을 체험하게 해주었다. 도덕교육의 내용요소 구성에서 관계성의 확장은 인간 존재에 대한 철학적 이해를 바탕으로, 자아의 확장을 고려한 것이다. 사회적 존재로서 인간은 나의 존재 인식에서 출발하여 친구, 이웃, 사회, 세계 공동체, 나아가 초월과의 관계로 확대된다. 자신을 자각하고 성찰하는 존재인 인간은 이러한 관계맺음을 통하여 윤리적 존재로 성숙해진다.

오늘날 행복 불평등은 개인 간, 계층 간 불평등을 넘어 국가 간 불평등에 이르고 있다. 선진국들이 코로나 백신개발과 보급을 선점한 결과 백신 불평등이 국가 간 행복 불평등으로 드러나고 있다.[76] 국가가 자기 국민을 위해 최선을 다하는 것을

---

73) 황성원 역, 앞의 책, pp.301~307.
74) 위의 책, pp.88~90.
75) 위의 책, p.99.
76) https://www.ytn.co.kr(2020.12.04.), "국가별 백신 불평등 현실로…주요 선진국 독과점"(검색일: 2021.02.07.): "접종과 운반에 많은 비용이 소요되는 이 두 백신은 선진국들의 생산량의 80~90%에 달하는 분량에 대해 이미 계약이 이뤄진 것으로 (…) 저개발 국가는 물론 중진국들도 이들 백신의 확보는 엄두도 내지 못하고 있습니다. (…) 지난달 화상으로 진행된 G20 정상회의에서 문재인 대통령을 비롯한 주요국 정상들이 백신과 치료제의 공평한 공급을 촉구했지만 현실은 국력과 돈의 논리가 앞서고 있습니다."

비판할 수는 없다. 그러나 그것이 이기적 국가주의의 결과라면, 행복담론에서 윤리적으로 성찰해보아야만 한다. 최근 행복과 웰빙의 중요한 전제조건으로 '여기'와 '지금', 즉 공간과 시간의 실존적 의미로서의 '소속함'을 강조한 연구는 이러한 점에서 시사점을 준다.[77] 나의 행복은 타인은 물론 지구 저편 누군가의 행복과도 연결되며, 연결성을 인식한 이상 행복추구의 고려대상에 그들도 포함시켜야 할 것이다. 행복은 단순히 나만의 쾌락적 만족이 아니고, 윤리적 인간이 추구하는 지향점이기 때문이다.

---

[77] Baldwin, Matthew; Keefer, Lucas A.(2020), "Being Here and Now: The Benefits of Belonging in Space and Time", *Journal of Happiness Study*, Vol. 21, Issue. 8, pp.3069~3093.

V. 결론: 행복한 인성을 위하여

지금까지 현대행복담론을 윤리적 관점에서 비판적으로 성찰하고, 행복교육의 대안을 찾아보았다. 긍정심리에 치중된 긍정심리학의 행복은 자본주의 산업과 연계되면서 행복강박으로 변하여 본말이 전도되는 문제가 발생하였다. 자아가 축소되어 공동체적 행복이 무시되고, 이성에 근거한 비판적 사고가 결여되어 자본주의 세속적 행복에 치중함으로써 사회구조적 모순을 외면하면서 행복 불평등이 심화되고 있다. 심리학에 치중된 행복담론은 새로운 방향 전환이 필요하다.

배움이 지식에만 머물면 죽은 지식이고, 자각(自覺)하여 삶에서 실천될 때 산지식이 된다. 자각[깨달음]은 성찰에서 오는데 그것은 타인과 세상에 대한 통찰로 가능하다. 윤리적 존재인 인간은 더불어 살아야 한다. 신입생들을 대상으로 한 "인성과 행복" 강좌에서 행복지상주의와 이기적 행복의 문제점을 파악하게 되었다. 행복의 내용들은 기본적 욕구와 일상적 만족이 대부분이었으며, 관계에서의 만족과 자아실현을 추구한 학생들도 기대만큼 많지가 않았다. 관계성도 나와 관계된 가족과 친구들 정도였고, 자아실현도 자신이 원하는 것에만 국한되어 있었다. 행복과 인성과의 관계에 대한 질문에서, 인성이 왜 행복과 연관되어야 하는지 의문을 갖고 있었다. 도덕적인 삶과 행복과의 연관성을 파악하지 못하고 있었다.

지식인이면서 교육전문가가 될 예비교사들에게 균형 잡힌 행복교육을 위해 행복담론에 대한 성찰이 필요하였던 것이다. 오늘날 윤리교육에서 추구하는 인간형은 '행복한 인성을 갖춘 지혜로운 사람'이다. 개인적 도덕성과 사회적 도덕성, 인지와 정서가 조화된 실천인 양성에 현대사회의 역량으로 '리터러시(literacy)'도 중요해지고 있다. 지혜가 무엇이고 어떤 요소들이 포함되어야 하는가에 대한 연구는 앞으로 윤리교육의 과제이기도 하다. 미래사회의 행복한 인성을 위해 도덕교육은 무엇을 어떻게 해야 하는가?

첫째, 서양 심리학 중심의 행복담론에 보완이 필요하다. 유교, 불교, 도가에서 행복담론이 형성되고는 있지만 여전히 부족한 편이다. 이를 위해 동양 심리학 및 행복 개념, 행복추구의 방법과 한계 등 관련연구들이 심화될 필요가 있다. 이것은 학문지식과 관련된 것으로 관련학회와 연구자들의 노력이 필요한 영역이다.

둘째, 행복과 연계된 도덕적 가치덕목으로 '지혜'에 대한 연구가 필요하다. 서양 심리학, 윤리학, 심지어 경영학에서도 지혜개념을 도입하여 교육과정에 적용하기에 이르고 있다. 우리나라의 지혜 연구는 매우 미흡하여 출발선에도 이르지 못하고 있다. 도덕성으로서 지혜를 종합하고 구체화함으로써 인생의 목적으로서 행복이 삶의 지혜에 토대를 둘 수 있도록 하는 기초 작업이 필요하다.

셋째, 간학문적 행복담론의 구성에서 철학과 윤리학의 가치지향에 대한 점검이 필요하다. 서구 행복담론은 여러 학문에서 다각적으로 연구되었지만 자본주의 산업과 연계되어 효율·물질·돈으로만 평가되고 있다. 이런 부작용을 극복하기 위해 가치에 대한 지향점이 필요하며 그것은 윤리학, 윤리교육이어야 할 것이다.

넷째, 이러한 노력들이 교육과정 개편과 내용구성 과정에서 적극 반영이 될 수 있어야 한다. 행복추구의 다양한 방법들에 대한 비판적 검토 과정을 통하여 인생의 목적으로서 행복추구에 대한 내용이 어린 시절부터 교육되고, 이를 통해 미래를 설계하여 행복한 인성을 지닌 인간이 될 수 있도록 해야 할 것이다. 행복담론이 인성담론과 만나 윤리교육으로 종합되어야만 하는 이유이다.

현대의 시대정신이 행복이라는 것을 부인하기는 어렵다. 물질적·정신적 행복을 목적으로 모든 사회적 기제들이 작동되고 있기 때문이다. 윤리교육의 목적이 과연 행복이어야만 할까에 의문을 제기할 수 있다. 윤리교육의 목표는 통합적 도덕성을 갖춘 인격함양이다. 그러나 시대정신으로서 행복추구를 거부하기도 어렵다. 윤리교육에서의 행복교육은 한국 문화에 적합한 행복담론이 되어야 한다. 이를 위해 철학적 행복 논의와 동양의 행복 관점을 보완하여 방향을 잡아야 한다. 현대 행복담론에 대한 윤리적 성찰이 필요했던 것이다. 인간은 미래에 대한 꿈을 꾸며 살고, 희망이라는 기대를 통하여 꿈을 꾼다. 가끔은 꿈 자체가 의미 있을 수 있지만, 누구나 꿈의 실현을 통해 행복하고자 한다. 간혹 결과적으로 꿈이 실현되지 못하더라도, 노력하는 과정 그 자체가 가치가 있었고 인생의 마지막에 행복했다고 말할 수도 있다. 인간은 과정 자체에서도 의미를 찾아낼 수 있는 가치 지향적 존재이기 때문이다.

제2장

유교의 행복담론과 윤리교육

Ⅰ. 서론: 행복담론과 도덕교육

　아리스토텔레스는 인생의 목적을 행복으로 삼고 자신의 사상을 구조화하였고, 붓다는 현실의 괴로움을 극복하여 도달해야 하는 목적지로서 행복을 제시하여 이고득락(離苦得樂)의 불교사상을 구조화하였다. 공자는 열락(悅樂)으로서의 행복을 추구하면서도 그것을 어떻게 인(仁)과 예(禮)의 실천과 조화시킬지를 고민하였으며, 맹자도 궁극적으로 삼락(三樂)을 통하여 인의(仁義)의 행복을 강조하였다. 철학사상가들이 행복을 중심에 둔 이유는 인간의 삶에서 행복이 무엇보다 중요한 가치였기 때문이다.
　이처럼 중요한 행복에 대해, 한국 도덕교육에서는 언제부터 그것을 다루었을까? 당연히 일찍부터 행복 논의가 있었을 것으로 생각하겠지만, 놀랍게도 도덕교육에서 행복을 다룬 것은 2007 개정 교육과정에 와서이다. 철학가들 대부분이 이처럼 중시하고, 우리 삶에서도 중요한 의미를 지녔던 행복이란 주제가 도덕교육에서는 왜 이처럼 늦게 논의되었을까? 그것은 행복의 가치에 무심해서라기보다 보통사람들의 행복담론이 역사적으로 근래에 와서야 이루어진 데 이유가 있다. 근대 이전의 행복은 지배층이나 지식인들 소수의 담론에 그친 주제였고, 특정 계급의 희생을 담보로 한 행복이어서 불평등한 행복일 수밖에 없었다. 민주주의와 자본주의가 보편화되어 정치적 평등·경제적 풍요가 실현된 후 행복 논의가 본격화되었지만 사상적·이론적 담론에 치우친 편이었다. 서양에서도 심리학 분야에서 행복을 다루면서 보통사람들의 구체적이고 실질적인 행복담론이 본격화되었던 것이다.

한국사회에서 행복담론이 보편화된 것은 서양 긍정심리학에서 행복논의가 확산된 2000년대 이후이다. 1998년 이전의 심리학은, 불안, 우울, 낮은 자존감, 외상 후 스트레스 장애와 같은 삶의 부정적 측면들에 초점을 두고 이들을 제거하면 자동적으로 긍정적 정서가 생겨날 것으로 보았다. 그러나 '풍요의 역설(paradox of affluence)'에서 보듯이 이전보다 두 배나 더 물질적 풍요로움을 얻었음에도 사람들은 열 배나 더 우울하고 불행한 상황에 처하게 되면서, 그 대안으로 긍정심리학이 등장하였다.[78] 당시의 시대정신(zeitgeist)으로 등장한 긍정심리학이 행복을 중심에 놓고 전개되면서, 행복담론은 역사적인 새 지평을 열 수 있었던 것이다. 행복심리학으로서 긍정심리학 관련 연구들이 한국에 보급되면서, 사회적으로 긍정심리학과 행복에 대한 관심이 높아졌는데, 한국교육에서 본격적으로 행복을 다루기 시작한 것도 이 즈음이다.[79] 이처럼 행복이 우리 교육에 들어오기까지는 세계사상과 학문의 흐름에 의지하지 않을 수 없었던 것이다.

한국 교육사와 교육적 현실을 보면 행복에 대한 이러한 늦은 수용이 이해가 된다. 해방 이후 굴곡진 역사에서 당면한 교육적 과제들이 산재해 있었고, 교육과정은 이에 대응하기에 여념이 없었다. 또한 뜨거운 교육열과 경쟁 위주의 학교 분위기도 교육에서의 행복추구를 불가능하게 한 데 일조하였다. 교육주체들의 행복추구가 주된 관심으로 등장한 이 시점에서, 그렇다면 어떤 교과가 행복을 담당해야 할까? 모든 교과가 어떤 방법으로든 행복과 연결되지 않는 과목이 없지만, 삶의 목적으로서 행복추구는 '도덕' 교과와 직접 관련된다. "무엇을 위해 어떻게 살 것인가"는 도덕 교과의 목표이자 이는 행복한 삶과 직결되는 문제이기 때문이다.

도덕과 교육과정의 내용체계에서 2007 개정 교육과정 이전에는 행복 내용에 대한 언급을 찾아보기 어렵다. 심지어 2007 개정 교육과정의 행복 논의도 매우

---

78) 정종진, 『행복수업』(대구: 도서출판그루, 2014), pp.19~21.
79) 교육부에서 『행복한 교육』이라는 교육 잡지를 발행한 시점은 2008년 8월부터이다. http://happyedu.moe.go.kr/happyEduMain.do (검색일: 2019.09.23.)

피상적이어서 본격적인 행복담론이라기에는 미흡하고, 단지 포함시켰다는 데 의미를 부여해야 할 것이다. 2015 개정 교육과정에서는 이전과 비교할 때 행복을 중시하였다 해도 과언은 아니다. 초등학교 도덕에서부터 고등학교 선택과목까지 모두 행복을 다루었고, 내용체계에서도 개념에서부터 다양한 관련 가치덕목들과 연계시켜 다루고 있기 때문이다. 그럼에도 불구하고 자세히 분석해보면, 체계성에서는 미흡한 점이 드러나고 전체 내용구성도 아리스토텔레스 행복을 중심으로 하여 전반적으로 서양 윤리학에 치우쳐 있음을 파악할 수 있다.

도덕과 교육과정은 역사적으로 유교교육에 기반을 둔 도덕교육적 전통에, 서양 도덕교육이론을 수용하여 이들을 조화시키며 동서양 사상의 균형을 놓치지 않기 위해 노력해왔다. 제7차 교육과정에서 "전통윤리" 과목으로 전통가치를 강조한 이유는 서양사상에 치우친 내용을 보완하기 위함이었으며, 교과서 집필규정에서도 동서양의 균형을 놓치지 않으려고 노력하곤 하였다. 이러한 노력들은 서양문화와 서양학문의 보편화 양상을 수용하면서도 동양적·한국적 전통가치와 정신을 보존하려는 노력의 일환이었다. 도덕교육의 행복담론도 마찬가지로 서양윤리의 행복에 더하여 동양사상의 행복담론으로 행복의 내용과 차원을 확장시킬 필요가 있다.

필자는 유교의 행복담론으로 도덕교육의 행복 논의를 보완할 필요가 있다고 보았다. 유교는 천지인(天地人) 우주질서 안에서 조화를 추구하면서도 인간의 가치실현을 통한 행복[悅樂]을 추구한다는 점에서 오늘날 행복추구의 문제점을 보완해 줄 수 있다. 물론 유교적 사유구조가 오늘날 관점에서 전적으로 타당하다고 할 수도 없고, 불교와 도가의 행복 논의도 차후 연구로 포함되어야 하겠지만, 유교의 행복담론은 충분히 도덕교육에 시사점을 제시해준다. 특히 현대 자본주의 문명의 물질적·쾌락적 행복추구 경향에서 성찰의 기회를 제공하고 고차원적 행복추구의 지향에 도움을 줄 것이다.

본 연구는 유교 행복에 대한 선행연구들을 분석하여 유교가 추구한 행복의 본질과 내용을 종합하여 도덕교육에의 시사점을 찾아보고자 한다. 이를 위해 우선, 도덕 교육과정에 행복이 어떻게 수용되어 다루어지고 있는지 분석하여 그 한계와 보완점을 살펴보고, 유교적 사유구조에서 행복의 의미와 추구방법은 무엇이고, 그것이 오늘날 행복추구와 관련하여 도덕교육적 시사점은 무엇인지 살펴볼 것이다.

Ⅱ. 도덕교육에서의 행복 논의

1. 도덕과 교육과정의 행복 논의

1) 2007 개정 교육과정 도덕과의 행복 내용

근대 이후 도덕교육의 역사는 도전과 응전의 시기를 거쳐 왔다. 도덕과 교육과정에서 발전적 계기는 제3차에서 도덕 교과의 성립, 제7차 교육과정에서 "전통윤리"와 "시민윤리" 등 고등학교에서 선택 교과 체제, 이후 "생활과 윤리" 교과의 정착이라고 할 수 있다. 그 과정에서 초중학교의 시수 축소 등 위기도 있었지만, 교육과정 개편 등 적극적 대응으로 도덕 교과는 성숙할 수 있었다. 특히 고등학교 선택교과의 하나인 "생활과 윤리"의 채택과 발전은 사회변화에 대한 능동적이고 질적인 변화이자 전환적 대응사례의 하나이다. 수시 개정 교육과정 이후, 도덕과의 과제는 급변하는 시대변화에 "교과로서 어떻게 사회적 변화와 요구에 대응하여 새로운 대안을 마련할 것인가"에 있다. 그 한 방안이 행복담론일 것이다.

행복이란 주제는 2007 개정 교육과정에서 처음 등장하지만, 행복과 도덕교육이 연계되었다는 사실만으로 의미를 찾아야 할 것 같다. 이념의 시대였던 6,70년대와 성장과 발전의 시대였던 8,90년대를 지나, 2000년대에 비로소 행복을 중심으로 삶의 질을 논의할 수 있었던 것이 우리 교육의 역사였다.

2007 개정 교육과정의 행복 내용을 구체적으로 살펴보면 그 한계를 알 수 있다. 행복 관련 내용은, 제9학년의 '도덕적 주체로서의 나' 영역, '삶의 목적' 단원에서 '자아 정체성'과 '행복한 삶'에 나온다. 이것은 행복이 최초로 내용영역에 포함된 것으로, 그 내용체계의 구체적인 사항은 다음과 같다[80]. 여기서는 삶의 목적으로서 행복을 다루었지만, 도덕적 삶을 강조하는 장치로서 '개념' 수준에서만 다

---

80) 교육인적자원부, 고시 제2007-79호, [별책6] 『도덕과 교육과정』, p.5.

룰 뿐, 구체적인 삶에서의 현실적인 행복을 다룬 것은 아니다.

> (나) 행복한 삶
> 인간의 삶의 목적과 인간의 욕구와 도덕적 의무 간의 갈등 등 관련된 주제들을 자신의 삶 속에서 반성적으로 성찰하고, **행복한 삶을 살기 위해 노력하는 자세**를 지닌다. 이를 위해 인간이 추구해야 할 가장 좋은 것(최고선)을 탐구해 보고, 이익이나 욕구의 세계와 옳고 그름의 도덕적 세계가 갈등하는 사례를 분석한다.
> ① **삶의 목적으로서의 행복**
> ② 최고선(最高善)
> ③ 인간의 욕구와 도덕적 의무 간의 갈등
> ④ 도덕적 무지와 무관심(도덕적으로 사는 것이 어려운 이유)

초등학교 4학년 '나라·민족·지구 공동체와의 관계' 단원에서 다룬 행복은 이보다 더 간접적으로 행복을 다룬 경우이다. '우리나라·민족에 대한 긍지'의 한 항목으로 '나의 행복과 나라·민족 발전과의 관계'에서 행복을 다루고 있는데, 살펴보면 아래와 같다.

> 나와 나라 및 민족의 관계에 대한 올바른 이해를 바탕으로 우리나라와 민족에 대해 긍지를 지닌다. 이를 위해 **개인의 행복은 나라의 발전과 밀접한 관계가 있음을 인식하고,** 우리의 역사적 전통 속에서 민족에 대한 자부심을 느낄 수 있는 도덕과 예절을 찾아 계승, 발전시킬 수 있는 방법을 발표한다.[81]

여기서는 행복 자체를 다루기보다 공동체적 질서와 연계시켜 강조한다. 개인의 행복은 공동체 안에서 이루어진다는 매우 당연한 주장을 함에도 불구하고 구체적인 내용구조나 논리적 맥락이 결여되다 보니 오히려 설득력이 떨어지고 있다. 자칫 행복을 공동체 차원에서 지나치게 강조함으로써 전체주의 사고로 기울 수 있

---

81) 고시 제2007-79호, p.3.

는 위험성을 내포하기도 한다.

이처럼 도덕교육에서 2007 개정 교육과정 내용체계에서 처음으로 행복을 다루기는 하였지만 개개인의 구체적 행복 내용이나 방법을 다루지 못하고 삶의 목적으로서의 행복, 공동체의 발전을 통한 개념적 행복, 방향성으로서의 행복만 다루었다. 이때까지만 해도 도덕교과에서의 행복담론은 현실적 삶과 접목되지 못하여 형식적인 수준에 머물렀음을 알 수 있다.

2) 2015 개정 교육과정 도덕과의 행복 내용

행복을 본격적으로 다룬 2015 개정 교육과정에서도 도덕과의 '성격'이나 '목표'에는 행복에 대한 언급이 한 번도 등장하지 않는다. 이 점에서 도덕 교육과정 구성 초기에는 행복이 포함된 것 같지 않다. 성실·배려·정의·책임 네 개의 핵심가치와 여러 가치덕목에도 행복이 포함되지 못한 것이 그 증거이다. 교육과정을 구성하면서 점차적으로 행복담론이 포함되기는 하지만 체계적인 수준에까지는 이르지 못한 이유이다. 그 원인을 보면, 사회적 변화를 반영하는 교육과정 개정이 준비단계, 조정단계, 시행단계에서 시차가 존재하고, 교육과정 내용체계가 주로 교과 논리에 따라 구성되는 경향이 강하기 때문인 듯하다. 이러한 시간적 간격과 자체 논리의 강조로, 교육과정 초기에는 미처 행복담론이 반영되지 못한 듯하다.

교과 성격과 목표, 핵심가치와 중요 가치에도 포함되지 못한 '행복' 가치는 이후 내용체계에서 적극적으로 다루어지고 있다. 이유가 무엇일까? 당시 사회적으로 성숙해진 행복담론의 결과로 대학마다 행복학개론 혹은 행복 관련 강좌들의 개설되었고, 이에 따라 교육현장에서도 적극 행복담론을 수용하기 시작하였다. 이러한 사회적 분위기와 행복추구의 시대정신을 담아내는 노력의 결과, 2015 개정 교육과정 도덕과 내용체계에 행복이 적극적으로 포함되었던 것으로 보인다.

2015 개정 교육과정의 행복 내용체계는 매우 다채롭다. 우선, 초등학교 도덕에서 고등학교 선택 교과에 이르기까지, 행복 그 자체의 개념뿐만 아니라 관련되는 여러 가치덕목들과 연계시켜 행복 내용을 확장시키고 추구방법을 모색하

고 있었다. 2015 개정 교육과정 내용체계 및 성취기준에 나타난 행복에 대하여 살펴보자.

(1) 초등학교

초등학교 도덕에서 행복은, 3~4학년 군-타인과의 관계 영역, 내용요소-에서 효와 우애와 관련시켜 "가족의 행복을 위해 무엇을 해야 할까?"에서 딱 한 번 다루고 있다.[82] 기존에는 가정윤리에서 다루었던 효와 우애 덕목을 가족의 행복과 연관시킴으로써 보다 설득력 있는 구성을 하고 있다. 그러나 행복 내용이 한 번 나온 것 이외에 구체적인 성취기준이나 해설이 없는 것을 보면, 초등학교 도덕이 행복을 충분히 다룬다고 보기는 어렵다. 행복이 구체적 내용이나 추구방법으로 이어지지 못하고 주제문장에만 나타난 이유는 두 가지에서 분석할 수 있겠다. 첫째, 시수의 문제이다. 즉 다루어야 할 주제들이 너무 많아 행복에 대해서 선택할 여지가 없었던 것으로 보인다. 둘째, 행복학의 관점에서 초등학생들의 행복은 주로 자신에 의해 결정되기보다 가정과 사회적 환경 등 외적인 영향을 받기 때문이 아닌가 여겨진다. 초등학생들의 경우 자신의 노력으로 이룰 수 있는 행복의 폭이 좁다는 점에서 행복을 다루기가 조심스러운 것은 아니었을까. 그럼에도 초등학교 행복내용에서 절대적 양과 내용의 부족은 아쉬움으로 남는다.

(2) 중학교

초등학교 행복 논의의 아쉬움이 어느 정도 해소가 될 정도로 중학교 도덕에서는 행복을 구체적으로 다루었다. 교육과정을 보면, 자신과의 관계 영역에서 "인간다운 삶을 살아가는 데 핵심적인 역할을 하는 도덕을 공부함으로써 진정한 행복을 추구하고, 바람직한 자아정체성을 형성해야 한다."-일반화된 지식-라고 되어 있고, "행복을 위해 어떻게 살아야 하는가?(행복한 삶)"-내용 요소-를 다루고 있다. 이것은 앞에서 살펴본 2007 개정 교육과정에서 다루었던 피상적 행복이 구체

---

[82] 교육부, 고시 제2015-74호, [별책6] 『도덕과 교육과정』, pp.6~8.

화되고 있는 것이라고 할 수 있겠다. 이에 대해 '성취기준'에 나타난 것을 보면 다음과 같다.[83]

> 행복한 삶을 위해 좋은 습관과 건강의 필요성을 설명하고, 정서적 건강과 사회적 건강을 가꾸기 위한 방안을 제시하고 실천 의지를 함양할 수 있다.
> ① 행복이란 무엇인가?
> ② 행복한 삶을 위해 좋은 습관이 필요한 이유는?
> ③ 정서적 건강과 사회적 건강을 어떻게 가꿀까?

행복의 개념[①], 행복의 방법으로서의 좋은 습관[②], 정서적 건강과 사회적 건강을 다루면서 개인적 행복과 사회적 행복의 접점을 시도하고 있음[③]을 알 수 있다. 위의 내용은 뒤에 살펴볼 "고전과 윤리"에서 『니코마코스 윤리학』의 '일반화된 지식'의 진술과 매우 유사함을 알 수 있다. 이와 더불어 '성취기준'에 대한 진술-학습요소, 성취기준해설, 교수학습 방법 및 유의사항, 평가방법 및 유의사항-에서 행복과 관련된 진술이 하나도 없다는 점은 아쉬운 점이다. 중학교 내용 중 '타인과의 관계' 영역에서는 가정에서의 갈등 문제, 평화적 갈등 해결, 폭력의 문제를, '사회 공동체와의 관계' 영역에서는 인권, 문화다양성, 세계시민윤리, 북한과 통일문제를, '자연초월과의 관계' 영역에서는 삶과 죽음, 마음의 평화를 다루고 있다. 이러한 문제들을 다룰 때 개인의 행복과 사회와의 연계를 시도해볼 만하다고 여겨지기 때문이다.

(3) 고등학교

초등학교와 중학교에서 행복이 매우 한정적으로 다루어졌다면, 고등학교는 모든 교과에서 행복 내용이 다양하게 등장한다. 물론 교과의 '성격'이나 '목표'에서 행복을 언급한 교과는 없다. 그럼에도 불구하고 행복에 대한 관심을 놓지 않고 있는데, "생활과 윤리"의 내용체계를 보면, '사회와 윤리' 영역-내용 요소-에

---

83) 고시 제2015-74호, pp.17~18.

서 "직업과 청렴의 윤리: 직업을 통해 어떻게 행복한 삶을 영위할 수 있는가?"라는 주제로 '직업생활과 행복한 삶', '직업윤리와 청렴'을 다루고 있다. 이것은 인간이 자아실현과 사회성을 토대로 한 행복추구의 삶이 직업에서 가능하다고 본 결과인 듯하다. '사회와 윤리' 영역의 '성취기준'에는 다음과 같이 행복과 연계되어 진술되어 있다.[84] 아래 내용 중 (1)은 '단원 설명'이고, (2)는 '성취기준' (3)은 '성취기준 해설' (4)는 '교수학습 및 평가의 방향' 진술 중 행복과 관련된 내용이다.

(1)	직업, 사회 정의, 국가와 시민의 윤리적 문제들을 **개인의 행복**과 공동체 번영의 관점에서 탐구하고, **행복한 삶과 정의로운 사회를 실현**하기 위한 도덕적 공동체 의식을 함양한다.
(2)	직업의 의의를 **행복의 관점에서 이해**하고, 다양한 직업군에 따른 직업윤리를 제시할 수 있으며 공동체 발전을 위한 청렴한 삶의 필요성을 설명할 수 있다.
(3)	이 성취기준의 취지는 첫째, 직업이 개인의 정체성, 자존감, 인격을 형성하는 수단이자 사회와의 연결고리임을 인식하고, **자신의 능력과 소질 실현을 통한 행복한 삶으로의 과정임을 이해**하도록 하는 것이다. 둘째, 직업인으로서 갖추어야 할 다양한 직업윤리를 이해하고 이를 굳은 신념으로 실천하고자 하는 마음가짐을 갖도록 하며 공동체 구성원의 신뢰와 정직을 통해 구축된 청렴한 사회가 개인과 공동체의 발전에 어떻게 기여하는지 탐구하고 성찰하도록 한다.
(4)	**개인적 관점**에서 **자아실현과 행복**, 삶의 의미를 학습자 스스로 탐색해 보고 **공동체적 관점**에서 사회 정의와 평화, 공존의 가치를 집단 토론, 협동학습 등을 통해 탐구해 볼 수 있는 교수·학습을 지향하여 윤리적 삶의 필요성과 가치를 학생들 스스로 깨달을 수 있는 수업을 도모한다.

위의 내용에서 개인의 행복추구의 방법으로 직업을 중시하는데, 직업을 통하여 개인의 행복이 사회적 행복으로 연계되며 궁극적으로 정의로운 사회와 공동체 발전의 연결고리로 파악하고 있음을 알 수 있다. 이것은 행복의 문제를 개인의 행복과 공동체와의 관계에서 정의의 문제까지 확대시키고 있다는 점에서 매우 중요한

---

[84] 고시 제2015-74호, pp.41~42.

진술이다. 이처럼 "생활과 윤리"에서는 과목 특성을 반영하여 생활 속에서 어떻게 행복할 것인가의 방법을 개인적으로 직업, 사회적으로 직업윤리의 실천을 통해 구체화시키고 있는 셈이다.

"윤리와 사상"에서도 교과 성격이나 목표에서 행복이 드러나지는 않지만 '동양과 한국윤리사상' 영역-일반화된 지식, 내용요소-에서 내용 자체에는 행복이 포함되지 않지만 그 방향성을 제시하는 데서 행복과 연계시키고 있다.[85] 이전 교육과정에서 사상의 연원은 사상 그 자체로만 이해하고자 했다면 여기서는 인간의 행복과 연계시켜 논의했다는 점에서 행복 논의가 발전된 것이라 평가할 수 있겠다.

일반화된 지식	내용 요소
동양과 한국의 연원적 윤리사상은 각각의 인간관에 기초하여 **인간의 행복**과 사회적 질서를 실현하는 원리와 방법을 제시하였다.	1. 사상의 연원: **인간의 행복과 질서를 실현하는 원리와 방법은 무엇인가?** ① 동양윤리사상의 연원 ② 한국윤리사상의 연원

서양윤리사상에서는 덕 윤리의 내용에 행복을 배치시킨 점에서 맥락과 내용에서 이전과의 차이를 찾아볼 수 있다.[86]

일반화된 지식	내용 요소
성숙한 인격과 자아실현을 지향하는 덕 있는 삶은 그 자체로 보상받는 **행복한 삶**이다.	2. 덕: 덕 있는 삶이란 무엇인가? ① **영혼의 정의와 행복** ② **이론과 실천의 탁월성과 행복**
육체의 고통과 마음의 동요가 없는 평정심을 가지거나 정념의 방해에도 흔들리지 않는 **부동심을 가짐으로써 행복한 삶의 이상에 도달**할 수 있다.	3. **행복추구의 방법**: 쾌락의 추구를 통해 행복을 달성할 수 있는가? ① 쾌락의 추구와 평정심 ② 금욕과 부동심

---

85) 고시 제2015-74호, p.51.
86) 고시 제2015-74호, pp.52~53.

행위의 옳고 그름의 기준은 선의지에서 비롯되는 도덕적 의무를 강조하는 의무론의 입장과 행위의 결과가 **최대 다수의 최대 행복을 산출하는지 여부**를 고려하는 결과론의 입장으로 구분할 수 있다.	6. 옳고 그름의 기준: 옳고 그름을 판단하는 기준은 무엇인가? ① 의무론과 칸트주의 ② 결과론과 공리주의

위의 주제어를 보면, 서양윤리사상에서는 행복에 대한 구체적 내용을 쾌락으로서의 행복과 행복추구의 방법으로 금욕을 강조하는 철학사상과 연계시키고 있으며, 공리주의에서 다루는 최대 다수의 최대 행복에서도 행복과 관련된 논의가 이루어지고 있다. 이는 서양윤리학에서 덕과 행복, 쾌락과 금욕 등 행복에 대한 논의가 다양하게 존재하였다는 데 이유가 있을 것이다. 반면, 앞에서 '동양과 한국윤리사상'에서는 행복과 연계시키고는 있지만 행복에 대한 구체적인 내용과 방법을 제시하지 못하고 있다. 이런 점에서 동양사상에서 행복 논의에 대한 파악을 토대로 내용 첨가가 필요하다고 진단할 수 있을 것이다. "윤리와 사상"에서 다루는 '성취기준 해설'에 나온 구체적인 진술은 다음과 같다.[87]

동양과 한국의 연원적 윤리사상들을 탐구하고, 이를 **인간의 행복** 및 사회적 질서와 관련시켜 토론할 수 있다.
영혼의 정의를 강조하는 플라톤의 윤리사상과 이론 및 실천에서 탁월성을 강조하는 아리스토텔레스의 윤리사상을 비교하여 **덕과 행복의 관계**를 설명할 수 있다
행복에 이를 수 있는 방법으로서 **쾌락의 추구와 금욕의 삶**을 강조하는 윤리적 입장을 비교하여 각각의 특징과 한계를 토론할 수 있다.

'성취기준'에서 아리스토텔레스의 덕으로서의 행복, 쾌락주의와 금욕주의의 비교를 통해 행복에 이르는 방법을 비교 토론하도록 하고 있다. 특히 쾌락주의와 금욕주의에 대한 '학습요소'[(5)]와 '성취기준 해설'[(6)]에서는 이와 관련하여 구체적인 논의내용이 나타난다.[88]

---

[87] 고시 제2015-74호, p.56, p.58.
[88] 고시 제2015-74호, p.58.

(5)	쾌락주의와 금욕주의의 **행복한 삶에 대한 관점**, 에피쿠로스학파에서 쾌락의 의미와 평온한 삶, 스토아학파에서 이성·자연의 의미와 이성적인 삶, 쾌락주의와 금욕주의의 이상적인 삶 비교, 쾌락주의와 금욕주의 관점에서 현대인의 삶 성찰 등…
(6)	이 성취기준의 취지는 먼저 **행복한 삶을 쾌락과 금욕의 관점에서 조망**하고, 학생들이 양자의 관점을 서로 비교·분석하여 각 입장의 특징과 한계, 공통점과 차이점 등을 이해하도록 하는 데 있다. 또한 학생이 그 어느 때보다 물질적 풍요를 누리고 있는 우리의 삶을 금욕주의와 쾌락주의 관점에서 숙고하고, **행복한 삶의 의미를 깊이 성찰**하도록 하는 데 있다.

"고전과 윤리"는 고등학교 도덕과 진로 선택 과목으로, 여기서는 선택된 고전의 내용과 관련시켜 행복을 논의하고 있는데, 대표적으로 아리스토텔레스의 『니코마코스 윤리학』, 존 스튜어트 밀의 『공리주의』와 피터 싱어의 『동물해방』에서 행복에 대한 논의를 다루고 있다.[89]

일반화된 지식	내용 요소
궁극적 목적으로서 행복은 인간의 본래적 기능인 이성을 탁월하게 발휘하여 덕을 갖추는 삶이며, 도덕적인 사람이 되기 위해서는 도덕적 습관과 의지를 가지고 성품의 덕을 길러야 한다.	1. 『니코마코스 윤리학』 - 삶의 목적으로서의 행복과 덕 ① 아리스토텔레스가 말하는 **궁극적 목적으로서 행복**이란 무엇인가? ② **행복한 삶을 위해 나는 어떤 사람이 되어야 하는가? 또 어떤 노력이 필요한가?**
공리주의적 윤리는 **최대 다수의 최대 행복을** 도덕의 기준으로 삼으며 윤리적 고려의 대상을 인간뿐만 아니라 고통과 쾌락을 느낄 수 있는 동물까지 확대한다.	1. 『공리주의』, 『동물해방』 - **최대 다수의 최대 행복**과 도덕적 고려 범위의 확대 ① '**최대 다수의 최대 행복**'은 도덕적 행위 기준으로 적합한가? ② 도덕적 고려 대상이 되기 위한 조건은 무엇인가?

---

89) 고시 제2015-74호, pp.67~69.

이와 관련된 성취기준은 다음과 같다.[90]

> **궁극적 목적으로서 행복의 의미를 탐구**하고, 이를 위해 도덕적 습관과 의지를 가지고 도덕적 덕을 길러야 함을 알고 자신의 삶에서 요구되는 도덕적 습관과 자세를 제시할 수 있다. (『니코마코스 윤리학』- 삶의 목적으로서의 행복과 덕)
>
> **최대 다수의 최대 행복(쾌락)**을 도덕의 기준으로 삼는 공리주의를 칸트의 견해와 비교하여 그것의 장점과 단점을 비판적으로 논의하고, 도덕적 고려의 대상을 인간뿐만 아니라 동물까지 확대해야 하는 이유를 제시할 수 있다.(『공리주의』, 『동물해방』- 최대 다수의 최대 행복과 도덕적 고려 범위의 확대)

특징적인 것은 행복의 대상이 인간에서 동물에까지 그 논의가 확대되고 있다는 점이다. 이처럼 서양고전에서 행복을 구체적인 사상내용과 연계시켜 논의를 심화시키는 것과 달리, 동양고전인 『격몽요결』, 『수심결』은 '자신과의 관계' 영역의 일반화된 지식에서 다음과 같이 간략히 행복을 다루는 데 그치고 있다는 점에서 비교가 된다.

> 도덕적 주체로서 자신의 삶에서 도덕적 삶의 중요성과 도덕적 행위를 하기 위해 필요한 것이 무엇인지를 탐구하고 **삶의 목적과 행복에 대해 성찰하도록 함**으로써 성실한 삶을 살고자 하는 태도를 갖도록 한다.[91]

2. 행복 논의의 특성과 보완점

교육과정의 행복 내용체계들은 교과서로 구성될 때, 집필자에 따라 구체적인 내용 진술은 조금씩 달라질 수 있지만, 기본적인 틀은 교육과정 내용체계를 벗어

---

90) 고시 제2015-74호, p.71, p.74.
91) 고시 제2015-74호, p.69.

나기 어렵다. 이 점에서 도덕교육의 행복을 다룸에 교육과정의 내용을 분석하는 것에 무리는 없을 것이다. 아무리 검정체제라 하더라도 교육과정과 집필기준에 의거하여 때문에 교육과정 내용체계와 다른 교과서 내용진술은 쉽지 않기 때문이다. 도덕과 교육과정에 나타난 행복 내용체계와 논의의 특성을 살펴보면 다음과 같다.

첫째, 행복 관련 내용들이 초중고에 균형 있게 조직화되지 못하였다. 초중학교의 내용은 미약하고 이에 비해 고등학교의 지식내용은 분량이 많아서 불균형하며, 내용구조 또한 체계화되어 있지 못하다. 다양한 주제에 대해 창의적인 사고가 가능한 초등학생들을 위한 행복에 대한 내용이 부족한 점은 아쉽다. 고등학교는 모든 선택 교과에서 행복을 다루고 있지만 주로 학문지식 중심으로 이루어진 것들이 많다. 교육과정에서 행복을 하나의 단원으로 다루는 것은 무리가 있겠지만, 교과에서 행복을 중시한다면 초중고의 분량과 내용에서 위계에 따른 체계화가 필요한 듯하다.

둘째, 교육과정의 내용체계를 볼 때, 고등학교 행복 내용들이 학문지식에서 바로 교과지식으로 연계되는 특징이 있다. 도덕 교과의 지식구조상 초·중학교에서 다루는 내용들은 고등학교의 "윤리와 사상"의 학문지식을 토대로 하는 경우가 많다. 만약 학문지식에 대한 철저한 분석과 구조화가 이루어지지 못하면 난이도와 위계에서 문제가 발생할 수 있다. 이를 위해 학문지식-교과지식-학교지식의 연계에서 각 단계마다 주제의 선택과 일관성 및 통일성을 고려할 필요가 있다. 또한 고등학교 교과지식이 학문지식에서 직결되기 때문에 고등학교 행복에 반영된 학문지식과 콘텐츠의 근거가 매우 중요해진다. 행복 논의의 토대가 되는 고등학교 교과지식에 반영된 학문지식이 결정적인 역할을 하기 때문이다.

셋째, 이와 같은 특성에서 고등학교 "윤리와 사상"을 비롯하여 고등학교 교과들이 다루는 사상과 이론들이 더욱 중요해지는데, 행복 내용도 마찬가지이다. 앞에서 고등학교 선택 과목에서 다루는 행복 관련 내용들을 살펴보았는데, 그 토대 학문이 다름 아닌 서양윤리학이다. 아리스토텔레스, 금욕주의, 공리주의, 고전으로 선정된 『니코마코스 윤리학』에서도 모두 '행복'에 초점을 두고 있다. 행복의 논의가 서양윤리사상에 치우쳐 있어서, 자칫 학생들에게 동양사상은 행복과 거리가 먼 사상으로 인식하게 할 위험성이 있는 것이다.

　이러한 행복 내용과 논의에 나타난 불균형의 원인은 무엇인가. 교육과정에 행복담론이 포함된 이후 교육과정 내용체계구성 과정에서 연구자들의 소통노력이 부족하였던 듯하다. 대부분의 연구자들이 동양사상의 행복 논의에 대한 인식 자체가 없었거나 잘 파악하지 못한 데 원인이 있는 듯하다. 다양한 행복 논의들 속에 있었던 동양사상의 행복 연구들을 포착하지 못한 것이다. 그렇다면 보완점은 무엇인가. 우선은 동양에서도 행복추구의 노력이 있었고 그런 행복의 내용과 방법이 의미 있음을 보여줌으로써 행복 개념이 서양윤리학에서만 드러나는 특성이 아님을 인식하도록 할 필요가 있다. 물론 동서양의 절대적 균형은 불가능하겠지만, 상대적으로 비교가 가능한 정도까지는 내용을 포함시킬 필요가 있다. 이를 위해 동양 사상들이 다루었던 행복에 대한 관점을 포착하여 도덕교육과 접합시키는 것이 중요한 과제가 될 것이다.

Ⅲ. 유교의 사유구조와 행복

1. 유교적 행복이란?

인류 역사에서 행복을 추구하지 않은 시대가 없었지만 한 시대의 행복추구의 방향은 시대정신에 따라 차이가 있다. 중세의 행복은 신의 존재를 벗어날 수 없었고, 자본과 물질이 중심이 되는 오늘날 행복은 경제적 안정을 빼놓을 수 없다. 이처럼 시대정신에 의해 행복이 규정되기도 하지만, 유사한 시대여도 지향하는 사상적 패러다임에 따라 달라지기도 한다. 불교와 유교의 경우 유사한 시대에 출발하였고 두 사상 모두 행복을 추구하였음에도 구체적인 행복의 내용과 방향은 차이가 있다. 불교와의 비교를 통하여 유교 행복의 구조를 살펴보자.

인간 실존을 괴로움이라고 진단하여 출발하는 불교는 사고(四苦)·팔고(八苦) 등 존재의 고통에 대한 인식이 무엇보다 핵심이다. 행복의 추구도 이러한 고의 극복과 극복방법에 있었으며, 이에 출가를 통한 깨달음의 획득이 그 핵심이었다. 이에 반해, 유교는 철저하게 세속의 인간에서 출발한다. "조수(鳥獸)와는 함께 무리 지어 살 수 없으니, 내가 이 사람의 무리와 함께 살지 않는다면 누구와 함께 살겠는가?"[92]라고 한 공자의 말에서, 유교적 인간은 사회적 존재로서 더불어 사는 데서 행복의 방향을 찾았음을 알 수 있다. 불교가 세속을 벗어나는 방향으로 행복을 추구했다면 유교는 철저히 세속에서 관계들을 어떻게 조화시켜 갈 지에 대한 답에서 행복을 찾았던 것이다.

이고득락(離苦得樂)을 목적으로 하는 불교에서 행복은 괴로움의 원인인 자아[五蘊]와 자아를 괴롭게 하는 갈애의 극복에 초점이 있다. 그래서 팔정도와 37보리분법 등 괴로움을 극복하는 수행방법으로 깨달음을 얻기 위해 선업을 닦아 기쁨, 희열, 정신적 즐거움 등 긍정적 심리상태를 유지하는 것이 행복의 관건이

---

92) 『論語』〈微子〉: "鳥獸不可與同群. 吾非斯人之徒與而誰與."

다.[93)] 반면, 유교는 인간이 창조한 문물제도인 예악(禮樂)을 통하여 문화적 생활을 토대로 한 행복을 추구한 인문주의적 행복에 기반한다. 유교적 인간은 주어진 현실을 긍정하려고 하며, 심지어 인문주의가 실현되었던 이상적인 옛적을 그리워하는 상고(尙古)의 경향을 띠기도 한다. 이러한 복고주의와 현실에 대한 긍정은 행복의 요건으로 오복(五福) 혹은 적절한 의식주(衣食住) 조건을 강조하는 데서도 드러난다.[94)]

유교의 행복은 나와 관계 맺는 존재들과 어떻게 조화롭게 살 것인가에 초점이 있으며 구체적 목표가 수기이치인(修己而治人)이며 그것은 궁극적으로 인(仁)의 실현을 통해 이루고자 한다. 유교적 인간은 자기 수양을 토대로 효에서 출발하여 관계를 만들어간다. 그 관계성이 가족을 넘어 공동체 전체, 궁극적으로는 천(天)과 만물에까지 확대되어 나타난다. 불교와 유교 모두 행복을 추구하고 행복이 사상의 구조에서 중요한 위상을 차지하고 있지만, 도덕교육 관점에서 불교보다는 유교가 적실성이 크다 할 수 있다. 유교의 행복 논의가 보다 현실적이고, 그 추구방법도 구체적인 개인의 일상에서 출발하되 확대된 관계에 도달하여 공동체에 이르고 있기 때문이다.

도덕교육이 도달해야 할 선(善)의 실현과 관련하여, 불교도 선을 중시하여 초기불교에서는 행복이란 선업의 구현을 통해 얻어지는 긍정적 심리상태였다. 대승불교에서 육바라밀의 실천을 통한 선의 지향성이 잘 드러난다. 마찬가지로 유교도 이러한 도덕적 지향성을 바탕으로 행복에 대한 논의가 이루어지지만 세속적 관계를 중시하여 그 관계양상이 개인에서 가정, 이웃, 사회, 심지어 천명(天命)으로까지 체계화되는 것이 특징이다. 개인의 자아실현에서 대동사회의 추구까지 도덕적 지향성을 토대로 이루어지고 있는 것이다. 물론 유교가 지배했던 사회에서 모든 사람이 다 행복하였다고 볼 수는 없다. 그것은 유교의 한계이자 역사적 한계이기도 하며, 이러한 점들을 유념하여 유교의 행복에 접근할 필요가 있다. 유교에서 추구한 행복은 무엇인지 살펴보자.

---

93) 장승희, "초기불교에 나타난 행복의 의미와 추구 방법 - 니까야 경전을 중심으로-", 『윤리연구』 106(한국윤리학회, 2016), p.121.
94) 이상호, "오복(五福)개념을 통해 본 유교의 행복론", 『동양철학연구』 6(동양철학연구회, 2009), pp.133~162.

2. 유교의 행복과 추구방법

동양적 즐거움의 내용을 쾌감지향형과 자기충족형으로 유형화한 연구를 보자.[95] 쾌감지향형은 이물급신(以物及身)의 즐거움으로 사물로부터 나에게 이르는 즐거움을 말하는데, 만남이 주체인 자신이 수동적이고 종속적인 관계에 있게 된다. 반면, 자기충족형인 이신급물(以身及物)에서 즐거움은 자신으로부터 출발하기 때문에 자신이 즐거움의 주체가 된다. 이에 의하면 유교적 행복은 이신급물의 즐거움으로 주체가 자신이 되기 때문에, 즐거움이 삶의 에너지원이자 중요한 생명의 요소라고 본다. 여기서 즐거움의 대상은 나 자신, 대자연의 풍취와 맛, 사회적 관계 등으로 파악하고 있다. 이러한 즐거움이 가능한 이유는 유교가 기본적으로 수양론을 강조하고 있기 때문이다. 사유대상으로서 세상을 변화시키는 것을 포기하지는 않지만, 이와 더불어 나의 마음과 정신을 바르게 하고 안정시킴으로써 대상과의 관계를 스스로 정립하고자 하고 있기 때문이다. 유교에서 강조하는 행복의 내용과 방법에 대해 살펴보자.

1) 행복의 세속적 조건

성리학 중심으로 유교에 익숙한 사람들은 인간의 욕구에 대해 존천리(存天理) 알인욕(遏人慾)의 대립구도를 염두에 두고 유학자들은 정신세계만 추구한다고 여기기도 한다. 그러나 유교는 행복의 조건으로 개인의 신체적 건강과 물질적 여건을 무시하지 않는다. 유교는 인간이 발 딛고 있는 현실에서 출발하기 때문에 가장 기본적인 삶의 조건들을 중요하게 여긴다. 이러한 유교의 행복에 대한 태도를 오복(五福)의 추구에서 찾아볼 수 있다. 오복이란 『서경(書經)』「주서(周書)」의 홍범(洪範)에 나온 것으로, 수(壽)란 오래 사는 것, 부(富)란 경제적 여유, 강령(康寧)은 신체적 건강, 유호덕(攸好德)이란 덕을 좋아함 즉 정신적 건강, 고종명(考終命)은

---

[95] 조창희, "동양적 즐거움(樂)과 그 추구방식", 『東洋社會思想』 24(동양사회사상학회, 2011), p.15.

천수를 아름답게 마치는 것을 말한다.[96] 여기서 오래 사는 것, 건강과 경제적 여유를 강조하는 것은 현실적이면서도 중요한 행복의 조건이라고 본 것이다. 맹자가 항산(恒産)을 강조한 것, 공자가 가난보다는 오히려 부(富)를 추구한 데서도 이와 같은 방향성을 알 수 있다.

> 자공이 묻기를 "가난하면서도 아첨함이 없으며 부(富)하면서도 교만함이 없는 것이 어떻습니까?"하자, 공자께서 대답하셨다. "괜찮으나, 가난하면서도 즐거워하며 부(富)하면서도 예(禮)를 좋아하는 자만은 못하다."[97]

공자는 가난을 거부하지는 않았지만 가능하다면 부유(富裕)를 추구하였고, 그것이 예와 절도에 맞을 것을 추구하였다. 공자는 내면적 기쁨, 외연적 즐거움, 자기완성의 과정을 행복의 요소로 추구하면서도 옷맵시를 고려한 복식생활, 철저하게 관리한 식생활을 통하여 '웰빙'으로서의 행복을 거부하지 않았음을 알 수 있다.[98] 유교에서 도덕의 요소가 강조되면서 행복의 조건으로서 세속적 요소들이 약화된 듯이 보이지만, 그렇다고 유교사상에서 세속적 조건들을 무시한 것은 아니다. 그러나 오복에 호덕이 포함되어 있고, 맹자도 항심을 전제로 백성들의 항산을 강조하고 군자는 항산이 없어도 항심(恒心)이 됨을 강조한 데서, 또한 공자도 의롭지 않은 부는 뜬구름으로 여겨 의리에 부합되는 부를 추구하였다는 점에서 유교에서 이른바 세속적 부는 오늘날의 단순히 물질적·외형적 세속적 부와는 의미가 달랐던 것 같다. 이러한 측면은 공자 이후 도덕이 강조되면서 오복 등 세속적 행복에 대한 추구가 후퇴하였고 행복을 도덕과 연결시키려는 노력으로 이어진 것으로 보인다.[99] 유교에서 세속적 행복에서 도덕적 행복으로 무게중심이 이동하였고 이에 따라 세속적 행복의 요소들이 이전보다 약화되고 있음은 사실인 듯하다.

---

96) 孔泳立, "제례의 기원과 본질", 『동양철학연구』 23(동양철학연구회, 2000), p.69.
97) 『論語』〈學而〉: "子貢曰, 貧而無諂, 富而無驕, 何如. 子曰, 可也, 未若貧而樂, 富而好禮者也."
98) 안외순, "공자의 행복관: 『論語』를 중심으로", 『동양고전연구』 41(동양고전학회, 2010), pp.314~315.
99) 엄석인, "유교사상의 덕과 행복 —유교적 공리주의의 탐색—", 『한국동양철학회 학술대회 논문집』(2016), p.165.

2) 배움과 성찰을 통한 자아실현

유교에서는 개인적 행복으로 무엇보다 자아실현을 강조하는데, 자아실현은 두 가지 영역으로 구분할 수 있다. 하나는 외부 지식과 그에 대한 수용을 통하여 앎을 형성하는 것, 다른 하나는 자기 내면을 점검하고 들여다보는 성찰로서 자기 발전이다. 이것은 모두 삶의 가치와 연계되는 정신적 건강을 강조한 것인데, 신체적 물질적 삶이 완벽하게 갖추어진다고 하더라도 정신적 가치를 추구하지 못하는 삶이라면 진정한 행복이라고 할 수 없기 때문이다.

자아실현의 방법으로 무엇보다 호학(好學)을 강조한 유교에서 '배움'은 가장 기본적인 행복의 조건이자 '당위(當爲)'로서 의미를 지닌다. 인간의 선한 본성을 회복하기 위해서는 '배움'이 필요하고 이것은 인간이라면 누구나 가능하고 또 마땅히 해야 하는 도리라고 여겼기 때문이다. 『논어』 전편은 대부분 이러한 배움을 통한 자아성찰, 이를 통한 열락(悅樂)의 추구라고 볼 수 있다. "배우고 때때로 그것을 익히고, 뜻이 맞는 벗이 먼 데서 찾아와 함께 하고, 남들이 알아주지 않더라도 서운해하지 않는 것"[100]에서 『논어』 행복의 조건이 출발한다. 공자가 말한 행복은 배움을 통하여, 더불어 살면서 느끼는 기쁨과 즐거움이다. 기쁨[悅]과 즐거움[樂]에 대하여 주자는 "열은 혼자 마음속에서 느끼는 것이라면 락은 주로 발산해서 외부로 파급되는 것."[101]이라 하였다. 즉 내면적 기쁨의 단계를 외적인 대상들과 더불어 하는 것이 행복이라는 것이다. 이러한 열락의 구분은 불교의 행복에서 희열(pīti)과 행복(sukha)을 구분한 것과 비교되는데, "원하는 대상을 얻음에 대한 만족이 희열이고, 얻어서 맛을 즐기는 것이 행복"이라고 보고 있다.[102] 희열은 일차적으로 얻어지는 만족감이라면, 행복으로서의 락(樂)은 그것이 한 단계 나아가 음미하고 고양하여 외적으로 나타나는 것이라 할 수 있겠다. 그러한 유교에서 희열을 가능하게 하는 가장 중요한 것이 배움[學]이다. 논어에서는 이와 같은 호학(好學)을 통한 희열, 그것으로 자신을 닦아 나아가는 자아실현을 행복을

---

100) 『論語』〈學而〉: "學而時習之, 不亦說乎. 有朋自遠方來, 不亦樂乎. 人不知而不慍, 不亦君子乎."
101) 『論語集註』〈學而〉 朱子註: "朱子曰, 悅在心, 樂主發散在外."
102) 장승희(2016), 앞의 논문, p.105.

얻는 데 중요한 요소라고 보았다. 이러한 배움의 가치는 물질적인 가치를 넘어선다고 보고 있다.

  배움을 통한 앎에 더하여 그 앎에 대한 '성찰'은 배움을 견고하게 해줄 뿐만 아니라 배움이 진정한 것인지 점검함으로써 자아실현을 완성하는 역할을 해준다. 그래서 올바른 배움을 위해서는 사색과 사유가 무엇보다 중요하다고 보고 있다. 그래서 "배우기만 하고 생각하지 않으면 얻음이 없고, 생각하기만 하고 배우지 않으면 위태롭다."[103]고 하여 배움과 사색을 통한 성찰을 중시한 것이다. 증자는 그 성찰의 범위를 넓혀 남을 위한 성실, 붕우와의 사귐에서의 진실, 배운 것에 대한 복습이라는 삼성(三省)에 이르고 있는 것이다.[104] 공자는 성찰을 위한 질정(質正)이 있어야 참된 배움이라고 보고 있다. 도가 있는 이에게 찾아가서 질정한다면 배움을 좋아한다고 이를 만하다는 것이다.[105]

  유교의 배움이 행복에 더 가까이 다가가는 지점은 그것이 현학적 지식에 그치지 않고 삶에서 구체적 실천으로 연계됨으로써 행복에 기여한다는 점이다. 공자에게서 참된 앎이란 아는 것과 모르는 것에 솔직하고[106] 많이 알고 드러나는 것보다 자세와 태도를 중시했음을 알 수 있다. 유교에서는 배움은 단순히 지식으로서의 앎이 아니라 도덕적 자각과 실천으로 연계되며 이는 "행하고서 여력이 있으면 배우라[行有餘力學文]"고 한 데서 잘 드러난다.

3) 더불어 사는 즐거움

  유교에서는 인(仁)의 자의처럼 인간관계에서 어떻게 조화롭게 살 것인가가 행복의 중요한 요소였다. 가까운 관계에서 시작하여 확대된 관계까지 덕과 지혜를 통해 조화로운 삶을 추구하였던 것이 유교적 행복이었다. 유교에서 행복의 출발은 효에서 시작된다. 『효경』에 부모가 준 신체를 잘 보존하는 것[身體髮膚, 受之父

---

103) 『論語』〈爲政〉: "子曰, 學而不思則罔, 思而不學則殆."
104) 『論語』〈學而〉: "曾子曰, 吾日三省吾身, 爲人謀而不忠乎, 與朋友交而不信乎, 傳不習乎."
105) 『論語』〈學而〉: "子曰, 君子, 食無求飽, 居無求安, 敏於事而愼於言, 就有道而正焉, 可謂好學也已."
106) 『論語』〈爲政〉: "子曰, 由, 誨女知之乎. 知之爲知之, 不知爲不知, 是知也."

母, 不敢毁傷]이 효도의 출발이라고 하였다. 지금까지 효도는 자식의 입장에서만 해석되곤 하지만, 필자가 보기에는 자식의 행복을 기원하는 부모의 자애(慈愛)의 마음이 더 많이 반영된 듯하다. 즉 행복에서 가장 기본적인 조건인 건강한 신체를 기원하는 마음에서 자식의 신체에 손상이 없기를 바라는 부모의 마음이 읽히기 때문이다. 그럼에도 인간의 유한성 때문에 죽음을 피할 수 없었던 유교적 인간은 육체적 삶을 지속시키는 방법으로 조상으로부터 물려받은 육체를 잘 보존하여 후손을 이어나가는 것을 중시하였고, 이에 후손 없음이 가장 큰 불효로 여겨졌던 것이다.[107] 유교에서 제사를 중시한 것도 이러한 인간의 유한성을 극복하기 위한 방법으로 보인다. 현대적 관점에서 효도의 형식과 방법이 변하기는 하였지만 효와 자애가 행복추구의 요소임은 부정할 수 없을 것이다.

효(孝)의 실천으로 가까운 관계에서 추구했던 행복은 보다 확대된 관계에서 충서(忠恕)와 경(敬)을 통하여 질서와 화목, 이를 통한 행복의 추구와 연계되며 궁극적으로는 인(仁)의 실현에 이르고자 한다. 인은 '사람다움'이자 '사랑'이며, 그 마음이 나 자신을 넘어서 타인과 심지어 만물에까지 이르고자 한다. 그것은 도덕의 황금률로 드러나는데, 바로 내가 서고자 하는 것을 남도 서게 하고, 자신이 이르고자 하는 것에 다른 이도 이르게 하는 것이다.[108] 이러한 관계의 확대는 초월적 존재인 천에까지 이르고 있다. 유교는 결코 홀로 사는 삶을 추구하지는 않지만, 홀로 있을 때조차 삼가는 태도를 통하여 자신을 관리하였는데, 신독(愼獨)이 그것이다. 신독은 '나 홀로'를 중시하는 것 같지만 본질적으로 천인관계를 상정하고 있기에 관계성을 전제로 한 것으로 볼 수 있다.

결론적으로 유교는 매우 현실적이고 낙관적이지만, 그렇다고 소극적이지는 않다. 특히 도덕적 실천의 측면에서는 인간의 주체적 노력을 강조하였으며, 부단히 도덕적 실천을 위해 끊임없이 노력하고 수양하는 태도를 강조한다. 그럼에도 그것이 나의 노력으로 도달할 수 없는 것이라고 판단되는 경우에는 천명, 즉 하늘의 뜻이라 여기고 그에 순응하는 삶의 태도를 보인다.

---

107) 김용남, "유교의 행복관", 『동양철학연구』 21(동양철학연구회, 1999), p.333.
108) 『論語』〈雍也〉: "夫仁者, 己欲立而立人, 己欲達而達人."

4) 낙관적 즐김의 안빈낙도(安貧樂道)

공자의 삶에서 볼 수 있는 행복의 요소는 정서적 즐거움의 추구이다. 『논어』를 행복 교과서로 보고 자의식을 행복감의 기반으로 제시한 연구는 『논어』의 행복바이러스를 행복유전자, 호학(好學), 먹는 즐거움, 음악에의 몰입, 그리고 꿈을 제시하고 개인적으로는 정당한 부의 추구와 안빈낙도(安貧樂道)의 행복, 사회적으로는 서로를 존중하고 즐겁게 사는 것을 행복이라고 파악하였다.[109] 이를 토대로 공자의 즐거움을 보면, 그는 의식주 생활에서 즐거움을 강조한다. 좋은 음악을 들으면 3개월 동안 고기 맛을 잊을 정도로 음악을 즐겼고[110], 더불어 노래로 주고받으며 화답하면서 즐기기도 하였다.[111] 『시경』의 '생각에 간사함이 없다[思無邪]'를 높이 평가하고[112] 화(和)의 정신을 높이 산 것은[113] 노래와 시에서 인간의 정서적 즐김을 찾고자 하였기 때문이다. 예악을 강조한 공자의 입장에서 정서를 북돋워주는 음악과 시, 예술에 대해 긍정하고 그것을 즐기고 있음을 알 수 있다.

안빈낙도의 삶은 유교적 행복의 특성을 잘 보여주는데 삶에 대해 긍정적·낙관적·수용적 태도를 지님으로써 가능한 것이다. 이러한 태도는 인성의 선함에 대한 믿음과 자연의 섭리에 대한 믿음을 바탕으로 하는 것이며, 최선을 다하였으면 나머지는 하늘의 뜻이라는 천리에 대한 존중도 포함되어 있다. 공자가 추구하였던 즐거움의 경지가 그러하다. 밥 한 그릇과 표주박의 마실 것만 있는 누추한 시골 삶을 오히려 즐거워하는 삶,[114] 부족한 의식주 생활에도 즐거움을 누리고 정당하지 못한 부귀를 구하지 않으니[115] 이것은 참으로 즐기는 자의 경지여야 가능한 것이다.

성리학에서는 즐거움의 경지가 도덕적 수양과 연계되어 안빈낙도가 더욱 강화되고 있음을 볼 수 있다. 이러한 경향은 유학자인 퇴계에서 볼 수 있는 자연과 인

---

109) 박홍식, "『논어』의 행복론", 『유교문화연구』 17(한국유교학회, 2010), p.285.
110) 『論語』〈述而〉: "子在齊聞韶, 三月不知肉味, 曰, 不圖爲樂之至於斯也."
111) 『論語』〈述而〉: "子與人歌而善, 必使反之, 而後和之."
112) 『論語』〈爲政〉: "子曰, 詩三百, 一言以蔽之, 曰思無邪."
113) 『論語』〈八佾〉: "子曰, 關雎, 樂而不淫, 哀而不傷."
114) 『論語』〈雍也〉: "子曰, 賢哉, 回也. 一簞食, 一瓢飮, 在陋巷, 人不堪其憂, 回也不改其樂, 賢哉, 回也."
115) 『論語』〈述而〉: "子曰, 飯疏食飮水, 曲肱而枕之, 樂亦在其中矣, 不義而富且貴, 於我如浮雲."

간의 조화에서 잘 드러난다. 그의 사상에서는 심미적 체험과 수양을 조화시키려는 자세가 두드러지는데, 퇴계의 사상을 '조임[緊酬酢]'과 '품[閒酬酢]'의 조화문제로 이해한 연구를 보자.[116] 퇴계의 삶과 사상이 조임으로서의 도덕적 긴장감을 놓치지 않고 있지만, 풀어짐으로서의 심미적 체험이 중요한 의미를 지니고 있다는 것이다. 그것은 자연을 통하여 산림지락(山林之樂)을 느끼는 것이며, 요산요수(樂山樂水)가 자연미 체험만으로 끝나는 것이 아니라 알인욕존천리(遏人慾存天理)로 연계되지만 이것은 자연에 대한 감성적 즐김이 기초가 되고 있다는 것이다. 퇴계의 시론(詩論)을 보면, "시에 의하여 가슴 속의 여러 가지 감정을 풀어낼 수 있고, 이론적인 언어로는 설명할 수 없는 것을 표현할 수 있으며, 자연과의 교감 속에서 더욱 잘 써질 수 있고, 시적 영감이 떠오르면 신들린 것처럼 써진다."라는 것이 있다.[117] 이는 삶의 긴장과 여유를 조화시키는 태도를 잘 보여주고 있는데, 이것은 오늘날 노년문제의 대안을 유교사상의 낙도와 수행에서 찾는 경우와 맞닿아 있다. 즉, 유학자들이 이상적인 노년의 삶을 살았다고 보고 여기서 현대적 노인문제의 해결방안을 모색하고 있는데 주목해야 할 지점이다.[118] 유교에서의 나아가고 물러감, 조임과 품의 적절한 조화는 천리자연의 도(道)를 즐기는 낙관적이고 긍정적인 삶의 태도인 안빈낙도이다. 이러한 태도는 저절로 주어지는 것이 아니라 끊임없는 수행노력으로 가능한 것이다.

---

116) 강희복, "退溪 心學에서의 敬과 즐거움(樂)", 『한국철학논집』 21(한국철학사연구회, 2007), p.57.
117) 위의 논문, p.65.
118) 이현지, "인공지능시대의 행복한 노년을 위한 수행과 낙도로서의 삶", 『사회사상과 문화』 19(4)(동양사회사상학회, 2016), p.123.

Ⅳ. 유교행복담론의 도덕교육적 시사점

앞에서 2015 개정 교육과정 도덕과의 행복 논의를 보면, 도덕 교과에 행복 수용 노력이 나타나고, 고등학교 내용에는 사상적이고 구체적인 내용을 다루고 있음을 보았다. 다음 유교의 행복담론에서는 유교적 사유구조에서 행복의 내용에 대해 간략하게 살펴보았다. 모든 사상들이 추구하는 바는 그것을 통하여 어떻게 행복에 이를까에 있을 것이다. 오늘날 도덕교육의 관점에서 유교의 행복에서 어떤 시사점을 찾을 수 있는지 살펴보자.

1. 도덕적 수양과 행복

현대사회의 행복담론은 주로 개인적 욕구와 쾌락에 초점이 맞추어져 있다. 일반적으로 행복이란 만족하고 기뻐하는 상태로, 행복을 원하는 욕망의 충족된 상태라고 볼 때 행복의 공식은 "행복=소유/욕망"이다. 이에 따르면 행복하기 위해서는 원하는 것만큼 소유하여 만족시키거나 아니면 욕망을 줄이는 방법 두 가지가 있다. 그러나 자본주의 사회의 감각적·물질적 문화에서는 원하는 것을 줄이기가 쉽지 않다. 이 점에서 유교의 행복에 대한 관점은 보완점으로서 의미가 있다. 공자의 말을 보자.

> 부를 만일 구해서 될 수만 있다면 내 말채찍을 잡는 자의 짓이라도 나 또한 그것을 하겠다. 그러나 만일 구하여 될 수 없는 것이라면, 내가 좋아하는 바를 따르겠다.[119]

인간이라면 누구나 부귀를 추구할 것이며, 그것이 나의 노력으로 되는 것이라면 공자는 천한 일이라도 사양하지 않을 것이라고 하였다. 그러나 노력해도 되지

---

119) 『論語』〈述而〉: "子曰, 富而可求也, 雖執鞭之士, 吾亦爲之. 如不可求, 從吾所好."

않는 경우라면 좋아하는 바를 따르며 살겠다는 의미이다. 그 좋아하는 바의 선택이 중요하다. 공자는 "아침에 도를 들으면 저녁에 죽어도 좋다(朝聞道 夕死可矣)."라고 할 정도로 도를 높이 평가하였다. 유교에서의 도란 인간이 따라야 할 바른 길이자 인(仁)에 따라 사는 것이다. 도와 인은 도리(道理), 의리(義理)에 따라 사는 삶이며, 따라야 할 바른 길은 도덕을 지키며 사는 삶이다. 물론 그런 도덕적 지향이 중용을 유지하지 못한다면 불행해질 수도 있을 것이다.

인간은 자신이 원하는 바를 위해 노력하지만, 그것을 다 얻을 수도 욕망을 다 만족시킬 수도 없다. 또한 성공과 만족도 있지만 실패와 좌절로 인한 불만족이 더 많은 것이 삶이다. 행복학에서는 그러한 좌절과 불행에서 어떻게 회복하느냐가 중요한 관건이라고 파악한다. 긍정심리학에서의 행복에 대한 관점은 "행복에도 연습이 필요하다."이다. 즉 행복한 삶을 위해 마음수련을 강조하여, 마음가짐, 낙관주의, 회복탄력성, 마음챙김, 감사, 용서 등은 꾸준히 노력하여 연습해야 한다고 주장한다.[120] 특히 '회복탄력성(resilience)'은 좌절과 불행에서 다시 일어서는 자세와 태도를 말하는데, 이것은 유교에서의 도덕적 수양과 유사한 맥락이며 궁극적으로 도덕적 삶이 중심에 있음을 알 수 있다.

유교의 이른바 안빈낙도(安貧樂道)는 자신에게 주어진 가난이나 궁핍을 한탄하기보다 긍정적으로 수용하고, 오히려 거기서 나아가 도(道)를 즐기는 데서 오는 행복이다. 이처럼 도를 즐기는 경지는 사실 누구나 다 가능하지만, 또한 아무나 할 수 있는 것은 아니다. 오로지 수행하고 노력하는 사람만이 가능한 경지이다.

2. 관계성 본질과 행복

행복에 대하여 심도 있게 파악한 행복 다큐에서 제시한 '행복 10계명'에서는 행복의 조건으로 대화, 친구, 타인에 대한 친절 등이 나온다.[121] 남과 비교하지 않고

---

120) 정종진, 『행복수업』(대구: 도서출판그루, 2014), p.289.
121) 이경아 역, 리즈 호가든, 『행복: 영국 BBC다큐멘터리』(서울: 예담, 2006), p.21.

자신을 수용하면서도 사회적 인간으로서 인간의 친밀감을 통한 행복을 추구하지 않을 수 없다는 의미이다. 오늘날 인간관계의 양상은 과거 유교적 가치질서가 지배하던 때와 많이 달라졌다. 규정된 연고(緣故)와 근친(近親)에 의한 관계적 특성에서 벗어나, 관계가 확대되었을 뿐만 아니라 관계의 양상도 변화하였다. 우선, 인터넷 보급으로 관계의 폭이 넓어져서 한도가 없는 세계시민의 영역에까지 이르고, 민주주의의 보편화는 개인의 자유와 권리의 존중과 확대라는 특징을 지니고 있다.

최근 교육적으로 학생 인권에 대한 관심은 개인의 행복 측면에서 긍정적인 의미를 지닌다. 이와 같은 긍정적 관계정립의 경우도 있지만, 변화하는 관계와 그 양상들이 모두 긍정적이라고 볼 수만은 없다. 인터넷의 발달과 가상공간의 확대로 생기는 관계성은 오히려 청소년들의 건전한 인간관계 형성의 기회를 박탈하는 경우도 많기 때문이다. 앞으로의 관계 양상은 현실에서의 인간들 사이의 관계를 넘어, 가상공간에서의 아이템들과의 관계, AI 같은 기계들과의 관계 등 지금과는 다른 관계양상이 전개될 것으로 예상된다. 앞으로 접하게 될 관계양상은 시공간을 넘나들고 대상들도 인간을 넘어 다양화해져서 이전의 관계성만으로는 규정짓기 어려울 듯하다. 결혼을 바탕으로 한 가족관계는 물론 전통적 질서들도 새롭게 규정되거나 정답이 존재하지 않는 가치판단이 어려운 영역으로 이루어질 가능성이 크다. 이에 따라 관계의 다양성과 다중성은 하나의 인격이 아니라 관계에 따라 다양한 인격이 드러나는 특성을 띨 가능성이 커진다.

이러한 새로운 관계에서 나타날 윤리적 문제들은 이전의 인간중심 윤리를 넘어서야 할 것으로 보인다. 동물을 중심으로 생명권을 존중하는 관점, 로봇의 자율성을 지닐 경우 인격권을 존중해주어야 할지에 대한 로봇윤리 논쟁, 심지어 리얼돌 논쟁은 기존의 가치관으로는 이해하기 쉽지 않은 많은 윤리적 문제들을 양산하고 있다. 이전의 인간 중심의 행복권만으로 행복추구를 강조하는 것이 타당한가에 대한 의구심이 들 정도이다. 현실, 가상세계, 인터넷 공간 등 차원이 다른 세계의 인격들과 마주해야 할 일들이 많아지면서 도덕적 주체로서 동일성을 어떻게 유지해야 하는지 성찰해야 할 때가 된 것이다.

다면적 인간관계에서 지녀야 할 것은 관계 그 자체보다 관계성을 유지하게 하는 본질, 즉 관계에서의 태도와 자세라고 할 수 있다. 인간관계의 양상과 속성이 변하더라도 그 관계성을 규정짓는 본질은 변하지 않는다. 즉 어떤 자세와 태도로 내가 대하는 대상들을 대할 것인가가 핵심이다. 유교의 충서(忠恕)와 경(敬)의 자세에서 해법을 찾아볼 수 있다. 유교에서는 수신에서부터 제가치국평천하의 연계적 관계에서, 하위 관계의 실천이 다음 단계로 나아가는 전제로서 중요한 의미를 지닌다. 인간관계에서 어느 한 관계만이 중요한 것이 아니라 그것들이 상호 연계되어 있음을 강조한다. 그리고 그 관계성의 실천에서 가장 중시되는 덕목이 충서와 경이라고 볼 수 있다.

공자는 "충서는 도와 거리가 멀지 않으니, 자기 자신에게 원하지 않는 것을 남에게 베풀지 말라."[122]라고 하였다. 즉 자신의 마음에 비추어 최선을 다하고 그것을 다른 사람에게 이르도록 하는 것으로, 이것은 '차마 하지 못하는 마음'인 측은지심(惻隱之心)에서 나오는 인(仁)의 마음이기도 하다. 이러한 인의 마음을 구성하는 가장 중요한 덕목이 경(敬)이며 이는 다른 말로 공경 혹은 존중이라고 할 수 있겠다. 공자가 인품을 평하는 기준이 경이고, 효도에서 중요한 것이 경임을 볼 때 경은 외면적·형식적 측면보다 오히려 내면적·정신적 측면에 본질이 있음을 알 수 있다. 경은 관계성에서 의미도 있지만 실행에 있어서는 자신에게 달린 것이기 때문에, 도덕적 자각이 선행되지 않으면 쉽지 않다. 경은 내가 대하는 사람들에 대한 존중과 공경의 마음이며, 그것이 일에 대한 경으로 전이된 것이다.

3. 중용의 실천과 행복

아리스토텔레스는 행복을 논의하며 중용의 의미를 강조하였다. 유교의 행복에 대한 선행연구들에서도 빠지지 않고 등장한 핵심 방법이 중용이다. 이처럼 중용은 동서양을 막론하고 행복해지는 가장 기본적이면서도 핵심적인 방법론이 아닌가 여겨진다. 공자는 당시에 "중용의 덕이 지극한데, 이 덕을 소유한 이가 적은지

---

122) 『中庸章句』제13장: "忠恕違道不遠, 施諸己而不願, 亦勿施於人."

오래되었다."[123]라고 한탄하였다. 이것은 중용이 그처럼 어려워서 중용의 덕을 체득한 사람들이 많지 않다는 것을 지적한 말이다. 그렇다면 유교에서의 중용이란 어떤 의미일까? 일반적으로 중(中)은 과와 불급이 없는 상태를 의미하지만 그렇다고 산술적이고 계량적인 중간의 의미는 아니다. 중용은 '시중(時中)'을 의미하며 시중이란 양단(兩端)의 두 끝을 잘 헤아려 권도(權度)로서 어그러지지 않도록 하는 지혜를 말한다.[124] '권(權)'은 저울을 말하는데 상황에 따라 적절하게 판단하는 것이 바로 권도이며, 바로 지혜의 활용이라고 할 수 있다.

현대 자본주의 문명은 물질주의에 의지한다. 우리의 삶은 물질적·감각적 욕망을 만족시키기 위한 노력으로 점철되고 있다. 행복에 대해서도 마찬가지이다. 일반적인 행복의 공식은 행복=소유/욕망으로, 끝임 없이 욕망을 충족시키기 위해 노력하지만 인간의 욕망은 결코 채워질 수 없다. 물론 소피스트들에 의하면 인간은 모든 욕망을 채울 수 있을 정도의 힘과 권력을 지닐 때 비로소 행복을 맛볼 수 있다고 한다.[125] 그러나 힘이 커지는 만큼 욕망도 커지고 현실적으로 그런 권력을 가진다 해도 지속시키기는 불가능하다.

현실적으로 가능한 것은 욕망을 조절하는 방법이다. 인간은 욕망의 충족을 통한 행복은 불가능하므로 욕망을 줄이는 것이 답이며, 이때 필요한 자세가 중용이다. 자신의 삶과 현실에서 적절하게 욕망을 충족하고 조절하여야 하는 것이다. 이와 같은 삶을 산다면 어느 정도의 행복은 보장될 수 있을 것이다. 그런데 사람들이 중용을 지키지 못하는 이유는 무엇일까? 그것은 끊임없는 욕망의 생산 구조에서 우리는 절제의 결여를 경험하는데 그것은 바로 성찰의 부족에서 생긴다. 주자는 소인이 '반중용(反中庸)'인 이유가 기탄(忌憚)하는 바가 없기 때문이라고 하였다.[126] '기탄'이란 어렵게 여겨 조심하는 것을 말한다. 기탄이 없다는 것은 어떤 상황에서 선택하거나 결정할 때 조심스럽게 두려워하며 신중하게 사고하여 공정한

---

123) 『論語』〈雍也〉: "子曰, 中庸之爲德也, 其至矣乎. 民鮮久矣."
124) 『中庸章句』 제6장, 朱子註: "於善之中, 又執其兩端, 而量度以取中然後, 用之, 則其擇之審而行之至矣. 然非在我之權度精切不差, 何以與此."
125) 김동윤 역, 필립 반 덴 보슈, 『행복에 관한 10가지 철학적 성찰』(서울: 자작나무, 1999), p.58.
126) 『中庸章句』 제2장, 朱子註: "小人之所以反中庸者, 以其有小人之心, 而又無所忌憚也."

원리에 따르는 것이 아니라 자신의 충동이나 욕구에만 따르는 것이다. 아무리 좋고 선한 욕구라 해도 그것이 지나치게 되면 부족한 것과 마찬가지로 중도를 얻지 못하므로[127] 바람직하다고 할 수 없다. 의식주 생활은 물론 지식의 획득과 인간관계에서의 친절이라 해도 그것이 적절한 중용을 얻지 못하고 지나치게 되면 무리가 따르는 법이다. 중용의 자세는 개인적으로는 의식주 생활에서의 욕구의 문제는 물론이고, 인간관계에서도 때와 장소에 적절하게 지혜롭게 판단하여 행동하는 것을 포함하며, 그것은 지혜로운 삶을 통한 행복의 추구라고 할 수 있겠다.

---

[127] 『論語集註』〈先進〉: "道以中庸爲至, 賢知之過, 雖若勝於愚不肖之不及, 然其失中則一也."

V. 결론

지금까지 도덕교육에서 행복 논의를 살펴보고, 유교의 행복담론을 통하여 도덕교육적 시사점을 찾아보았다. 서양사상에서의 행복과 비교할 때 일반적으로 동양사상은 행복과 거리가 멀다고 인식되어 왔는데, 이러한 인식은 전체사상을 이해하지 못하고 문화적 필요에 의해 강조된 특정 개념 중심으로 사상을 이해한 데 원인이 있다. 유교의 인욕(人慾), 불교의 고(苦), 도가의 무위(無爲) 등이 그런 작용을 한 개념들이다. 그러나 이들 사상들은 모두 행복을 추구할 뿐만 아니라 중요하게 여겼다. 동양사상의 행복에 대한 통찰은 오늘날 제4차 산업혁명시대의 행복담론 방향설정에 의미 있는 통찰을 제시해준다. 유교의 행복담론에서 찾을 수 있는 도덕교육적 시사점은 다음과 같다.

첫째, 현대사회의 감각적·쾌락적 행복을 넘어 자기수양에 토대한 고차적 행복을 경험하게 해준다. 감각적 쾌락과 욕망은 끝이 없으며 결코 만족될 수 없기에 그것은 절제되어 올바른 행복추구로 전환될 필요가 있기 때문이다. 둘째, 개인주의의 만연과 새롭고 다양한 관계적 양상에서 관계성의 본질인 충서와 경의 자세로 관계를 맺음으로써 행복을 찾는 방법이다. 미래사회에도 관계는 사라지지 않을 것이며, 아무리 새로운 관계라 해도 관계성의 본질은 여전할 것이기 때문이다. 셋째, 중용, 즉 시중과 권도를 통한 삶의 자세와 그로 인한 행복의 추구이다. 중용에 맞는 지혜로운 선택은 의식주 생활은 물론 삶의 모든 측면에서 행복과 만나는 데 기여할 것이기 때문이다.

물론 유교의 행복담론이 전적으로 답이 될 수는 없겠지만, 보다 고차원적인 행복과 만나는 기회를 제공하기에 의미를 찾을 수 있다. 젊은 시절에 유교행복과 만난 경험은 이들이 노후의 삶을 살 때 영향을 미칠 것이라 기대할 수 있다. 노년이 길어지면서 백세시대에 삶의 질에 대한 고민이 사회문제로 대두되고 있는데 이에 대한 방안으로 유교의 행복은 시사점이 크다. 물질적 조건에 더하여 유교의 안빈낙도의 태도와 자세는 참된 행복추구에 기여할 수 있을 것이다.

도덕교육에서 어린이와 청소년들의 행복에 대해 관심을 가질 필요가 있다.

2018년 통계에 의하면, 한국은 OECD 국가 가운데 자살률 1위로 하루 37.5명이 자살하며, 10대~30대의 사망 원인 1위가 자살이라고 한다. 한국의 '행복지수'는 몇 년 전 조사에서 OECD 34개 국가 중 32위, '국민행복도'는 2018년 기준으로 156개국 중 57위로, 결코 행복하다고 할 수 없는 것이 현실이다. 물론 행복을 위한 객관적인 요소도 무엇보다 중요하다. 더욱이 어린이와 청소년들인 경우 행복은 가정과 사회 환경의 영향을 절대적으로 받는다는 점에서 교육환경에 대해 고민하지 않을 수 없다.

한국사회는 객관적 조건의 결여보다는 상대적 박탈감으로 인한 불행이 더 문제가 된다. 나 자신의 모습을 긍정적으로 수용하기보다 상대적으로 비교하며 불행을 자초하는 경쟁주의 문화가 지배적이다. 도덕교육에서 자존감 교육과 자기애가 필요한 이유이다. 더불어 행복을 위해 구체적인 삶의 방법을 제시해주는 것이 더 중요하다. 고무적인 것은 윤리교사들이 윤리상담에 적극 관심을 갖고 학생들의 행복에 도움을 주기 위해 노력하고 있음이다.

자칫 행복에 대한 강압은 젊은이들에게 일종의 '학습된 무기력'에 빠지게 할 수도 있다. 스트레스와 경쟁으로 인해 불행하다고 거기서 벗어나는 것만으로는 행복해지지는 않는다. 행복을 위해 힘든 것, 원하지 않는 것을 기피하고 안 하는 것이 과연 진정한 행복추구 방법인지 성찰할 때이다. 셀리그먼의 '학습된 낙관주의(Learned Optimism)'에 주목할 필요가 있다. 행복은 결코 저절로 주어지는 것이 아니며, 자신의 삶에서 행복해지기 위해 연습하고 노력하여야 하며 그 과정에 행복이 존재한다. 삶에서는 '회복탄력성' 즉 실패했을 때도 긍정적으로 다시 노력하는 태도가 요구되는데, 이는 유교의 도덕적 수양을 통한 행복추구와 상통하는 바이다.

제3장

불교의 행복담론과 윤리교육
- 초기불교를 중심으로 -

Ⅰ. 서론: 현대행복담론과 불교

추상적 개념이 얼마나 유동적이고, 심도 깊은 의미론적 내용과 역할을 지니는 지 염두에 두면 개념규정이 쉽지 않음을 알게 된다. 하나의 개념은 공시적으로는 역사 행위자의 주관성과 정치·사회적 실재 간의, 통시적으로는 과거와 현재 간의 모호하고도 복잡한 긴장관계를 독해할 수 있는 해석학적 매체이다.[128] 따라서 개념의 파악을 위해서는 시대적 맥락, 정치·사회적 맥락, 논쟁의 맥락, 그리고 담론의 전통 등 다양한 언어적·비언어적 맥락을 고려해야만 그 본질에 다가갈 수 있다. '행복' 개념도 마찬가지이다. 행복의 내용과 범위는 역사에 따라, 문화에 따라, 개인에 따라 다양한데 행복을 규정할 때 객관성보다 주관적 인식이 더 강하게 작용하기 때문이다. 이 때문에 행복에 대한 개념 규정도 쉽지 않지만 보편적 합의에 도달하는 것은 더 어렵다. 그럼에도 불구하고 인간이라면 누구나 행복을 추구하고 모든 공동체들도 행복한 사회를 지향하였다. 그만큼 행복은 절대적 개념이자 이

---

[128] 나인호, 『개념사란 무엇인가』(서울: 역사비평사, 2013), p.34.

념으로, 행복은 "단지 인류의 역사만이 아니라 윤리학, 철학, 그리고 종교 사상의 역사"요, 모든 삶의 영역과 관련되어 있다.[129] 그러나 사람들이 추구하는 행복이 '진정한' 의미의 행복인지 파악하기는 쉽지 않다. 관점과 사상에 따라 '진정한 행복'의 규명이 달라질 수 있기 때문이다. 그럼에도 행복담론은 지속되어 왔으며 자본주의 문명의 시대인 오늘날 행복은 중요한 삶의 화두(話頭)로 다시 주목받고 있는 것이다.

인류는 근대 이후 행복담론에서 전환을 이루었다 해도 과언이 아니다. 행복의 대상은 확대되고 평등해졌으며, 그 의미의 폭은 이전에 상상하지 못하였던 데까지 이르렀고, 행복의 기준 또한 높아졌기 때문이다. 최근의 행복담론은 근대 이후 물질과 쾌락, 욕구와 소비 중심의 양적인 행복, 경쟁적 행복에 대한 반성에서 나온 것으로, 행복의 질적 전환을 위한 노력의 결과이다. 오늘날 인간의식은 '지름 신(神)' 혹은 '쇼핑중독' 등 일종의 질병의 징후로 귀결될 정도로 자본주의 사회의 소유와 소비 행위에 초점이 가 있다. 획득·생산·보존의 일차적 필요성에 의해 지배받아온 일종의 타산적인 평온의 세계는 환상임을 바타유(Bataille)는 간파하였다.[130]

> 우리 인간이라는 존재는 있는 그대로 머무는 존재가 아니다. 우리는 에너지의 과잉 성장에 맡겨져 있다. 대개 인간들은 생존의 목적이나 존재 이유에 만족하지 못하고 성장을 추구하게 되어 있다. 그러나 그러한 성장에 매몰된 나머지 존재는 때로 자율성을 잃고 만다. 존재는 이따금 자원의 증가 때문에 미래에 있을 어떤 것에 종속되기도 한다. 사실 성장은 자원이 소비되는 순간과 관련시켜 볼 때에만 확정되는 것이다. 그러나 그 순간은 확인하기가 어렵다. 의식은 그런 순간과 대립적이기까지 하다. 의식은 순전한 소비와는 달리 무가 아닌 어떤 것, 무엇인가를 획득하려고 한다는 점에서 그 순간과 대립적인 것이다. 다시 말해 자아의식이란 성장(어떤 것의 획득)이 소비로 끝나는 순간의 결정적인 의미에 대한 의식이며, 다른 어떤 것도

---

129) 윤인숙 역, 대린 맥마흔, 『행복의 역사』(서울: 살림, 2008), p.9.
130) 조한경 역, 조르주 바타유, 『저주의 몫』(서울: 문학동네, 2011), p.17.

더 이상 의식하지 않는 의식이다.[131]

소유와 소비를 성장이라고 인식한 고전경제학은 인류를 풍요롭게 하였고, 그 덕으로 귀족과 양반들에게만 해당되던 풍요로서의 행복을 보통사람들도 누릴 수 있게 되었다. '2015 세계행복보고서'에 따르면 세계에서 가장 행복한 국가는 스위스(7.587점)였고, 아이슬란드·덴마크·노르웨이·캐나다가 차례로 뒤를 이었는데, 가장 불행한 나라는 아프리카 토고였다.[132] 행복의 요소로서 자유, 일자리, 완전고용, 복지국가 등 기본적인 욕구 충족을 보장해주는 서구 세계가 개발도상국 주민들보다는 행복하다는 결과이다. 물질만으로 행복을 평가할 수는 없지만 그렇다고 객관적 조건도 결코 무시할 수 없음을 인식시켜주는 결과가 아닐 수 없다. 그러나 개인이나 사회나 부가 일정 수준을 넘으면 행복에 대한 영향력에서 차이가 없다고 한다. '이스털린의 역설(Easterlin Paradox)'에 따르면, 돈은 한정된 행복으로 그 효과는 오래 지속되지 않으며, 더 높은 지위는 개인에게 행복을 주지만 다른 사람이 희생이 따르니, 따라서 사회 전체로 볼 때 더 많은 재산은 더 많은 행복으로 이어지지 않는다.[133] 평균 1만 달러 이상이 되면 생활수준과 삶의 만족도 사이에 측정 가능한 연관성이 거의 나타나지 않는다고 한다. 풍요의 불균형, 빈부격차로 인한 상대적 박탈감, 욕구와 소비의 비효율성 등의 대안으로 자본주의의 변형, 자본주의 4.0이나 공생자본주의가 등장하였다. 이제 돈과 물질, 성장의 한계를 인식하며 행복의 '본질'에 대해 본격적으로 고민하기 시작한 것이다.

행복을 위해서는 객관적 조건과 주관적 조건 모두 중요하며, 이 둘의 상호 연관에 의해 행·불행이 좌우된다. 어느 정도의 객관적 조건을 넘어서면 행복을 선택하

---

131) 위의 책, p.233.
132) http://news.chosun.com/site/data/html_dir/2015/04/24/2015042401366.html, 정상혁, "유엔 세계행복보고서", "한국, 행복도 158개국 중 47위"(검색일: 2015.07.13): 유엔 산하 자문기구 '지속가능한 발전해법 네트워크'(SDSN)가 발표한 결과에 따르면, 2012년부터 2년 간 여론조사기관 갤럽이 실시한 기대수명·자유·소득 등의 조사결과와 유엔 인권지수 등을 토대로 미국 컬럼비아대 지구연구소가 맡아 순위를 냈는데, 한국의 행복도는 10점 만점에 총 5.984점을 기록했고, 세계 평균은 5.1점이었다.
133) 배인섭 역, 하랄드 빌렌브록, 『행복경제학』(서울: 미래의 창, 2007), p.276.

고 수용하는 것은 결국 자기 자신에 달린 것이다. 최근 경제학자들이 심리와 성격에 관심을 가지는 이유는 돈이나 물질 등 경제적 요소가 행복의 조건으로 한계가 있음을 인식하였기 때문이다.[134] 1990년대 말, 마틴 셀리그먼(Martin Seligman)은 건강한 삶에 대한 과학적 연구를 통해 긍정심리학(Positive Psychology)에서 인간에게 행복이란 노력하고 연습하여 스스로 만들어내는 것임을 강조하였다. 행복경제학에서도 행복의 조건 중 무엇보다 중요한 것은 '주관적 웰빙(SWB: Subjective Well-bing)'임을 강조하는데[135] 이것은 "내가 변해야 세상이 변한다.", '일체유심조(一切唯心造)' 등 마음의 문제를 중시하는 불교의 관점과 상통한다. 대상을 인식하고 수용하는 주체인 내 마음의 작용에서 행복의 관건을 찾고자 하는 것이다.

일반적으로 불교는 인생을 고(苦)라고 전제하여 출발하기 때문에 매우 비관적인 사상으로 인식된다. 선행연구를 보아도 행복과 관련된 연구는 그다지 많은 편이 아니다. 그러나 초기불교에서는 인생의 목적이 행복, 즉 고(苦)를 극복하고 락(樂)에 도달하는 이고득락(離苦得樂)임을 천명하였다. 심지어 『상윳따 니까야』에 "행복 경"이 존재할 정도로 초기불교는 행복을 중시하였다. 갈애(渴愛)와 무명(無明)을 고(苦)의 원인으로 본 붓다는 인간의 번뇌―장애심리[不善]―를 제거하고 해탈하여 열반에 이르러 행복할 수 있다고 보았다. 초기불교의 가장 큰 특징은 '해체해서 보기'인데, 이 세상 모든 현상[法]과 개념들을 해체·분석하여 봄으로써 무상·고·무아를 통찰할 수 있다고 하였다.[136] 법수(法數)를 활용하여 붓다의 법을 체계화한 아비담마에서는 초기불교의 수행체계를 37보리분법으로 제시하였다. 행복과 관련해서는 기본적으로 이 37보리분법에 대한 이해와 명상수행이 무엇보다 중요하게 대두된다. 붓다와 제자들의 생생한 가르침이 드러난 초기불교의 전거(典據)는 남방 상좌부에 전승된 니까야(Nikaya)[137]와 북방에서 한역되어 전승된 아함

---

134) 위의 책, p.255.
135) 위의 책, p.260.
136) 각묵스님, 『초기불교이해』(울산: 초기분전연구원, 2013), pp.26~27.
137) '니까야(Nikaya)'는 ni(아래로)+✓ci(to gather)에서 파생된 명사로 초기 불전에서는 '모임, 회합, 무리'의 의미로 쓰이고 있다. 그러므로 '니까야'는 '모은(collected)[가르침]'이란 뜻이다.: 각묵스님(2013), p.21.

(阿含, āgama)[138]이다. 니까야는 붓다 당시의 생생한 언어로 보존되어 초기불교의 본질을 파악할 수 있다는 점에서 의미가 크다.[139] 붓다 사후에 경전의 결집 과정에서 경전에 대한 해석이 정교해지고 내용에 대한 이해가 심화되면서 37보리분법을 비롯한 아비담마 교학체계가 정리되었는데 그에 대한 대표적인 해석서가 『청정도론(淸淨道論)』이다. 본 연구에서는 『니까야』 경전과 함께 아비담마 해석서인 『청정도론』의 내용을 중심으로 논의를 전개하고자 한다.

이 글은 초기불교에서 행복의 개념과 추구방법을 통하여 오늘날 행복담론의 방향성 정립에 도움을 주기 위한 것이다. 먼저 초기불교에서의 행복인 이고득락(離苦得樂)의 구조를 고(苦)에 초점을 두고 살펴보고, 초기불교에서의 다양한 개념들을 통하여 행복의 의미와 본질을 분석하고, 행복에 이르는 구체적인 방법을 살펴보았다. 결론에서는 초기불교 행복담론의 한계를 간략히 고찰해보았다. 초기불교 당시의 논의 맥락을 오늘날 행복담론에 직결할 수는 없겠지만, 최근 많은 사람들이 명상기법에서 마음 다스림 방법을 찾는 것을 볼 때, 불교의 행복논의가 오늘날 행복담론에 도움이 될 수 있을 것이다.

---

138) '아함(āgama)'는 ā(이쪽으로)+✓gam(to go)에서 파생된 명사인데, '이쪽으로 전해져 온 것'이라는 일차적 의미를 가지고 있으며, '전승된(handed down)[가르침]'이라는 뜻이다.: 각묵스님(2013), p.21.
139) 『디가 니까야』, 『맛지마 니까야』, 『상윳따 니까야』, 『앙굿따라 니까야』 등 4부 니까야 경전과 빠알리 삼장은 모두 부처님의 직설이거나 빠알리어로 전승되어 온 가르침이다. 4아함은 『장아함(長阿含)』, 『중아함(中阿含)』, 『잡아함(雜阿含)』, 『증일아함(增一阿含)』인데, 한문으로 축약·번역되어 일차자료로는 불충분하다. 남방·북방이 전혀 다른 경로로 전승되어 전혀 다른 문자로 전승되지만, 이 둘은 같은 가르침을 담고 있다.: 각묵스님(2013), pp.20~22.

Ⅱ. 초기불교의 행복, 이고득락(離苦得樂)의 구조

초기불교에서 행복이란 인간의 실존인 고(苦)를 극복하여 락(樂)을 얻는 것이다. 생로병사(生老病死)의 사고(四苦)에 더하여 애별리고(愛別離苦), 원증회고(怨憎會苦), 구부득고(求不得苦), 오취온고(五取蘊苦)의 팔고(八苦)가 대표적인 고(苦)이다. 초기불교에서는 고(苦)의 원인을 갈애(渴愛)와 무명(無明)이라고 본다. 이 세상 모든 것은 찰나이고 무상(無常)한데도 유한한 인간은 영원[常]을 추구하고 집착하며 원하는 것을 끝없이 갈애(渴愛)한다. 인간은 원하는 것을 얻고자 하지만 욕구는 끝이 없어서 만족할 줄을 모르기 때문에 번뇌에 시달린다. 모든 것은 연기에 의한 것이고 무상(無常)하여 실체가 없는데 그 명백한 진리를 몰라서 번뇌하고, 그 무명(無明) 때문에 괴로운 것이다. 따라서 갈애와 무명을 극복하는 수행을 통하여 행복에 도달하는 것이 초기불교 이고득락의 논리이다. 그렇다면 갈애와 무명에서 생기는 번뇌의 본질은 무엇인가?

첫째, 갈애에서 생기는 괴로움은 모든 것이 무상(無常)하다는 것을 받아들이지 못하는 데서 생기는 번뇌이다. 인간의 실존을 보면 태어나는 것이 기쁜인 듯 보이지만 늙고 병들고 결국은 죽어서 해체되므로 궁극적으로 무상하고 순간적이다. 영원한 것은 없고 외면적으로 즐겁고 기쁘고 좋아 보이는 모든 것도 찰나이며 궁극적으로는 변하여 사라지게 된다. 욕구의 충족 혹은 소유의 풍요에서 느끼는 행복도 순간적이고 영원하지 않다. 모든 것의 본질은 무상(無常)한데 영원을 추구하는 데서 집착하고 갈애하여 번뇌에서 벗어나지 못한다. 행복의 공식을 보면, 인간이 행복해지는 방법은 두 가지이다. 하나는 원하는 것을 완전히 충족시키는 것이고 다른 하나는 욕구를 줄이고 만족하는 것이다. 원하는 욕구를 만족시키는 것이 행복이지만 결코 다 얻지 못하며 그래서 번뇌에 시달린다. 순간 욕구를 만족시켰다 해도 욕구는 끝이 없고, 할 수 있는 능력의 한계에서 괴로움이 생기며 이것이 불교가 포착한 지점이다. 불교는 인간이 만족을 줄여 수용하는 데서부터 행복을 모색한다.

둘째, 인간의 갈애는 무명(無明)에 기인한다. 사성제의 진리를 모르는 것이 무명

(無明)인데, 그것이 고의 원인이고 거기에서 번뇌가 생긴다. 불교는 고집멸도(苦集滅道)의 사성제(四聖諦, Four Noble Truths)로 이 세상의 법(法)을 밝히고자 한다. 삶의 본질은 고(苦)라고 전제하여 그 원인을 집제(集諦)로 밝히고자 하며, 그것의 소멸구조를 밝히는 것이 멸제(滅諦)이고, 도제(道諦)는 소멸의 구체적 방법이다. 이러한 진리를 알게 되면 갈애를 없애거나 조절하여 번뇌에 시달리지 않을 수 있는 것이다. 이처럼 괴로움[苦]에 대한 인식이야말로 불교가 추구하는 행복[樂]으로 가는 출발선이다. 고(苦)와 락(樂)은 수직선상의 양 끝에 놓여 있고, 불교는 이고득락(離苦得樂), 즉 괴로움[苦]을 버리고 행복[樂]에 이르고자 한다. 고(苦)와 락(樂)이 더불어 논의되지 않을 수 없는 구조이다.

이고득락을 추구하는 초기불교 행복담론은 윤회(輪廻, samsara)의 논리에 의지한다. 자신이 지은 업(karma)에 따라 과보(果報)를 받으며, 현생의 업(業)에 따라 다음 어느 세상에 태어날지 결정된다는 것이 윤회사상의 핵심이다. 업에 의한 윤회는 연기에 따르므로 신구의(身口意)에서 선업(善業)을 쌓음으로써 좋은 원인을 만들어 좋은 결과를 얻도록 노력해야 한다는 것이다. 즉, 현세에서 선업을 쌓는 노력을 함으로써 행복한 삶을 영위하고, 후생에서는 선업의 결과로 천상에 태어나거나 해탈하여 윤회의 고리를 끊을 수 있다고 본다.

> 바라문 학도여, 중생들은 업이 바로 그들의 주인이고, 업의 상속자들이고, 업에서 태어났고, 업이 그들의 권속이고, 업이 그들의 의지처이다. 업이 중생들을 구분 지어서 천박하고 고귀하게 만든다.[140]

이처럼 중생들의 삶의 결과가 업(業)에 의해 규정되기 때문에 인간은 자신이 짓는 업에 유념하지 않을 수 없다. 갈애와 무명에서 오는 번뇌를 소멸하기 위해 선업을 짓도록 끊임없이 수행하고 노력하여야 행복에 이를 수 있는 것이다. 초기불교는 교학과 수행의 공부 체계로 이루어지는데, 부파불교를 이론적으로 정리한 아비담마에서는 구체적 수행법을 37보리분법(菩提分法)으로 제시하였다. 이 수행방

---

140) "업 분석의 짧은 경", 『맛지마 니까야 4』, p.145. 이하, 본고에서 니까야의 원전명, 품명, 경명, 쪽수, 번역문 등은 각묵스님과 대림스님의 번역서(울산: 초기불전연구원)를 기준으로 함.

법들을 실천하여 도달하는 긍정적 심리상태가 행복이라고 보았다. '보리분법'이 란 '보디 빡키야 담마(bodhi pakkiyā dhamma)'의 직역인 '깨달음의 편에 있는 법들'이라는 뜻으로 중국에서는 조도품(助道品, 도와주는 상태)이라고 옮긴다.[141] 구체적으로 살펴보면 다음과 같다.

- 4념처(四念處): 네 가지[身受心法] 마음챙김의 노력
- 4정근(四正勤): 네 가지[不善法 2개, 善法 2개]의 바른 노력
- 4여의족(四如意足): 네 가지[열의, 정신, 마음, 검증]의 바른 성취수단
- 5근(五根): 다섯 가지[믿음, 정진, 마음챙김, 삼매, 통찰지]의 기능
- 5력(五力): 다섯 가지[믿음, 정진, 마음챙김, 삼매, 통찰지]의 힘
- 7각지(七覺支): 마음챙김, 법의 간택, 정진, 희열, 고요함, 삼매, 평온의 깨달음의 구성요소
- 8정도(八正道): 正見, 正思惟, 正語, 正業, 正命, 正念, 正精進, 正定의 성스러운 도

위의 일곱 가지 주제들의 각 숫자들을 더한[4+4+4+5+5+7+8] 결과가 37가지 인데, 각각의 수행을 통해 마음과 심리구조를 파악하여 몸과 마음을 다스려 편안한 상태에 이르는 것이 핵심이다. 우선, 사마타 수행으로 마음을 다스림으로써 환희와 행복의 상태를 유지하는 것[心解脫, 1차 해탈]이고, 여기서 나아가 위빠사나 수행으로 통찰지를 얻어 인식의 전환을 이루어 해탈[慧解脫, 2차 해탈]하는 것이 궁극적 목표이다. 여기서는 37가지 자세한 방법들을 다루지 못하고 행복과 관련된 필수적인 것들을 중심으로 논의하고자 한다.

---

141) 각묵스님, 『초기불교입문』(서울: 이솔, 2014), p.134.

III. 초기불교에서 행복의 의미

1. 현세적 행복과 궁극적 행복

불교의 윤회(輪廻, samsara)[142]사상에 의하면 생명 있는 존재들은 죽은 뒤 그 업(業)에 따라 또 다른 세계에 태어난다. 의도적인 행위 혹은 활동을 업(karma)이라 하는데, 업에 따라 드러나는 결과가 과(果) 혹은 보(報)이다. 이러한 원인[업]과 결과[과보]의 법칙도 크게는 연기(緣起)에 의한 것으로, 선업(善業)을 쌓아 선과(善果)를 얻음으로써 행복한 다음의 생을 기약하는 것이 윤회사상의 핵심이다. 현세에서 선업을 쌓는 노력으로 행복한 삶을 영위하고, 후생에서는 선업의 결과로 천상에 태어나거나 해탈하여 윤회의 고리를 끊을 수 있다. 결국 모든 업은 자신의 것이요 결과에 대한 책임도 자신에게 있다는 인과응보(因果應報)의 논리에 따라, 모든 존재는 선한 업을 위해 노력하고 그 과보를 받게 된다.

초기불교에서는 행복을 현세적 행복과 궁극적 행복으로 구분한다. 당시의 세속적 행복의 의미는 오늘날과 다를 게 없다. 학문과 기술을 익히고 자기 소질에 맞는 기술을 배워 그것으로 세상에 기여하고 급여를 받거나 이윤을 창출하여 그것을 바탕으로 행복한 삶을 사는 것이 행복이다. 그러나 기술만으로는 한계가 있다고 보았는데 나쁜 인성을 가지고 있으면 사회와 자신을 망가뜨리게 되므로 도덕적으로 건전하고 이웃에 봉사하는 바른 인성을 지녀 지계(持戒)와 보시(布施)를 실천할 것을 강조하였다.[143] 현실적으로 자신이 잘하는 일을 함으로써 자신의 생계를 유지하고, 이를 통하여 계율을 지키는 도덕적 삶을 살고, 그다음 베풀어 봉사하는 삶을 사는 것이 현세의 삶에서 행복을 얻는 방법이다.

---

142) 세상의 온갖 물질과 모든 세력은 어느 것이나 아주 없어져 버리는 것이 하나도 없다. 오직 인과의 법칙에 따라 서로 연쇄(連鎖) 관계를 지어가면서 변하여 갈 뿐이다. 그러므로 우리 업식(業識)도 육체가 흩어질 때에 아주 없어지는 것이 아니다. 육신이 죽으면 생전에 지은 업(業)에 따라 지옥, 아귀, 축생, 수라, 천상 또 다시 인간으로 수레바퀴 돌 듯이 돌아다니게 된다.: 한국불교대사전편찬위원회, 『한국불교대사전(七)』(서울: 명문당, 1995), p.285.
143) 각묵스님(2013), 앞의 책, p.35.

내생의 행복은 업(業)과 윤회사상을 바탕으로 하는데, 현세에서 악업(惡業)을 지으면 그 결과에 따라 지옥·축생·아귀의 삼악도(三惡道)에 태어나고, 선업(善業)을 지으면 인간세상 혹은 천상에 태어나게 된다는 것이다. 따라서 금생에서 지계와 보시를 지키면서 이웃에 봉사하고 베풀어야 긍정적인 내생을 기약할 수 있게 된다고 보았다.[144] 그러나 초기불교에서는 이와 같은 현생과 내생의 행복에 그치지 않고 더 높은 단계의 행복을 추구하였다. 즉 물질적 행복을 넘어 정신적 행복을, 내생의 행복한 세상을 넘어 깨달음을 얻어 해탈에 이르고자 하였다. 괴로움의 원인인 갈애와 무명을 없애고 몸의 편안함과 마음의 평온함을 얻어서 열락을 체득하고, 궁극적으로는 열반을 통해 윤회의 고리를 끊고자 한다. 이처럼 현세적 행복을 넘어 궁극적 행복을 갈망하는 것이 초기불교 행복담론의 특징이다. 대승불교 특히 선종에서의 열반은 이른바 좌탈입망(坐脫立亡)의 경지여야 가능한 것으로, 신비롭고 어려운 과정으로 여겨져 일반인들이 범접하지 못하는 경지로 인식되고 있다. 그러나 초기불교의 해탈 혹은 열반은 누구나 노력으로 가능하며, 쉽지 않지만 정진수행에 의해 누구나 아라한의 경지에도 이를 수 있다고 보았다.

　"행복 품(Sukha-vagga)"에서는 행복을 두 단계로 구분하고, 법수(法數)와의 비교를 통해 행복을 구분하고 있다.[145] 이를 정리하면 아래와 같다.

> 비구들이여, 두 가지 행복이 있다. 어떤 것이 둘인가? (a) 행복(sukha)과 (b) 행복(sukha)이다. / 비구들이여, 이러한 두 가지 행복이 있다. 이 두 가지 가운데 (C = a or b) 행복이 뛰어나다.

	경의 이름	a	b	C
(1)	재가(在家) 경	재가의	출가의	b
(2)	감각적 욕망 경	감각적 욕망(kāma)에서 오는	출리(出離, nekkamma)에서 오는	b

---

144) 각묵스님(2013), p.35.
145) "행복 품", 『앙굿따라 니까야 1』, pp.250~255. 『앙굿따라 니까야』는 숫자별로 모은 경인데, 법수(法數)는 부처가 가르침을 설할 때 그 주제와 법수가 분명한 것끼리 모은 것이다. 하나의 모음은 하나의 주제, 둘의 모음은 두 개의 주제를, 셋의 모음은 세 개의 주제를 담고 있는 것들이다.: 대림스님 역, 『앙굿따라 니까야 1』(울산: 초기불전연구원, 2006), p.35. 해제 참조.

(3)	재생의 근거 경	재생의 근거에 바탕을 둔(upadhi)	재생의 근거를 벗어난	b
(4)	번뇌 경	번뇌에 물들기 쉬운	번뇌를 여읜	b
(5)	세속 경	세속적인(sāisa)	출세간의(nirāmisa)	b
(6)	성스러움 경	성스러운	성스럽지 못한	a
(7)	육체적 행복 경	육체적인	정신적인	b
(8)	희열 경	희열(pīti)과 함께 하는	희열(pīti)과 함께 하지 않는	a
(9)	기쁨 경	기쁨의(sāta)	평온의(upekkhā)	b
(10)	삼매경 1경	삼매(samāta)와 연결된	삼매와 연결되지 않은	a
(11)	삼매경 2경	희열이 있는 선(禪)을 대상으로 한 (sappītikārammaṇa)	희열이 없는 선(禪)을 대상으로 한	a
(12)	삼매경 3경	기쁨이 있는 선(禪)을 대상으로 한	평온이 있는 선을 대상으로 한	b
(13)	삼매경 4경	물질을 대상으로 한(rūpārammaṇa)	비물질(정신)을 대상으로 한	b

여기서 (2)'출리(出離)'는 '감각적 욕망'에서 벗어나는 것이며, (3)'재생의 근거에 바탕을 둔 행복'은 삼계에 속하는 세간적인 행복이고, '재생의 근거를 벗어난 행복'은 출세간적인 행복을 의미한다.[146] (5)세속적 행복은 오염된 행복, 즉 윤회를 가져오는 저차원적인 행복을 말하며, '출세간의 행복'은 오염되지 않은 행복, 즉 도(道)와 과(果)가 함께한 윤회를 벗어나는 궁극적인 행복을 말한다.[147] 여기서 재가보다 출가에 더 높은 가치를 두고 행복을 추구하고 있으며, 감각적 욕망과 번뇌와 세속을 벗어나 성스럽고 정신적이고 희열과 함께하는 평온한 삼매의 경지에 도달하는 행복의 경지를 추구함을 알 수 있다. 두 가지의 법수(法數)를 활용하여 내용을 대비시켜서 행복을 구분하고 의미를 강조하였는데, (1)~(9)의 내용이 일반적인 현세적이고 현실적인 행복이라면, (10)~(13)은 사마타 수행을 통하여 삼매(三昧)의 경지에서 느끼는 심리상태로서의 행복들이다.

그렇다면 행복의 심리상태는 무엇인가? 그것은 긍정적이고 유용한 선(善)의 심리라고 할 수 있다. 붓다는 고통은 분노와 원한, 위선과 앙심 품음, 질투와 인색,

---

146) "행복 품, 재생의 근거 경", 『앙굿따라 니까야 1』, p.251, 각주 289) 참고.
147) 위의 책, p.252, 각주 290) 참고.

속임과 사기, 양심 없음과 수치심 없음이며 이러한 마음을 가진 사람들은 지옥에 떨어진다고 하였다. 반면 분노 없음과 원한 없음, 위선 없음과 앙심을 품지 않음, 질투 없음과 인색하지 않음, 속이지 않음과 사기 치지 않음, 양심과 수치심을 가진 자는 행복하게 산다고 하였다.[148] 그리고 고통에서 벗어나 행복하게 살기 위한 두 가지 수행 방법을 제시하였다.

> 비구들이여, 욕망을 철저히 알기 위해서 두 가지 법을 닦아야 한다. / 어떤 것이 둘인가? 사마타와 위빠사나이다. / 비구들이여 욕망을 철저히 알기 위해 (…) 버리기 위해 (…) 부수기 위해 (…) 사그라지게 하기 위해 (…) 빛 바래게 하기 위해 (…) 소멸하기 위해 (…) 포기하기 위해 (…) 놓아버리기 위해 이러한 두 가지 법을 닦아야 한다.[149]

부정적 심리인 '욕망'에 더하여, '성냄', '어리석음', '분노', '원한', '위선', '앙심', '질투', '인색', '속임', '사기', '완고함', '성마름', '자만', '거만', '교만', '방일'에 대해서도 마찬가지로 철저히 알기 위해, 완전히 없애기 위해, 버리기 위해, 부수기 위해, 사그라지게 하기 위해, 빛이 바래게 하기 위해, 소멸하기 위해, 떨어지게 하기 위해, 놓아버리기 위해서는 '사마타'와 '위빠사나'의 두 가지 방법을 닦아야 한다고 하였다.[150] 이 둘 중 무엇보다 중요한 것은 부정적 심리현상[不善法]을 극복하기 위한 사마타 수행이다. 그것은 감각기관을 제어하고 마음을 집중하여 부정적 심리를 긍정적 심리[善法]로 변화시켜준다. 만약 감각적 욕망에 빠져 사마타 수행을 하지 못하게 되면 (禪의) 행복은 없고 마음이 산란해지고 행복은 사라지고 만다. 붓다는 사마타 수행의 결여를, 구체적인 비유를 통해 설명하고 있다. 소를 매매하는 장소인 무화과나무 근처에서 탁발을 하시다가 어떤 비구가 (禪의) 행복은 없고 밖의 (감각적 욕망의) 행복에 빠져 마음챙김을 놓아버리고 분명하게 알아차림 없이 집중되지 않고 마음이 산란하고 감각기능이 제어되지 않은 것을 보고 다

---

148) "분노 품", 『앙굿따라 니까야 1』, pp.288~292.
149) "철저히 앎 경", 『앙굿따라 니까야 1』, p.298.
150) "반복", 『앙굿따라 니까야 1』, pp.298~299.

음과 같이 말하셨다.

> 눈과 귀 보호하지 않고 감각기능들 제어하지 않는 자에게 욕망을 의지하는 나쁜 생각이라는 파리떼가 몰려드나니 더러움을 만들어 비린내를 풍기는 비구는 열반으로부터 멀리 있고 오직 괴로움을 겪으리. 어리석고 현명하지 못한 그는 마을에서건 숲에서건 마음의 고요함을 얻지 못하고 파리들만 앞세우고 다니네. 그러나 계를 구족하고 통찰지와 고요함을 즐기는 자들 그들은 파리를 모두 없애버리고 평화와 행복을 누리네.[151]

인간의 기본적인 만족, 기쁨, 즐거움은 감각기능에 의한 욕망으로부터 시작된다. 그러나 그런 욕망은 처음에는 달콤하지만 끝내 무상(無常)이어서 고(苦)이다. 그것을 알지 못한다면 번뇌에서 벗어나지 못한다. 따라서 계정혜(戒定慧)를 닦아야 평화와 행복을 누릴 수 있다. 알라와까 약카의 질문에 대한 붓다의 답변에서 궁극적 행복의 의미를 알 수 있다.

> 알라와까: 무엇이 인간의 으뜸가는 재화이며, 무엇을 잘 닦아야 행복을 가져옵니까? 무엇이 참으로 뛰어난 맛이며 어떻게 살아야 으뜸가는 삶이라 부릅니까?
> 붓다: 믿음이 인간의 으뜸가는 재화이며 법을 닦아야 행복을 가져오느니라. 진리가 참으로 가장 뛰어난 맛이며 통찰지로 살아야 으뜸가는 삶이라 부르노라.[152]

삼매를 통해 마음의 평온을 얻었다 해도 그것의 지속을 위해서는 인식의 전환이 필요하다. 인생이 고(苦)임을, 그 원인이 갈애와 무명임을, 사성제(四聖諦)의 진리를 알고자 하는 위빠사나 수행을 통해 통찰지를 얻어야 궁극적 행복에 도달할 수 있다. 그렇다면 그러한 행복을 얻기 위해 어떻게 노력해야 하는가? 그것은 현실에 대한 직시와 진리에 대한 통찰로 가능하다. 붓다와의 대화를 통해 깨달은 천

---

151) "더러움 경", 『앙굿따라 니까야 1』, pp.624~625.
152) "약카 상윳따, 알라와까 경"『상윳따 니까야 1』, p.688.

신과 붓다가 읊은 게송을 보자.

> 천신: 시간은 사라지고 밤은 또한 흘러가서 젊음의 매력 서서히 [우리를] 버립니다. 죽음의 두려움을 직시하면서 행복을 가져올 공덕을 지어야 합니다.
> 붓다: 시간은 사라지고 밤은 또한 흘러가서 젊음의 매력 서서히 [우리를] 버리도다. 죽음의 두려움을 직시하면서 평화를 찾는 자, 세속적 미끼를 버려야 하리.[153]

유한한 인간으로서 깨달음을 얻어 행복에 이르고자 한다면 노병사(老病死)를 직시하지 않으면 안 된다. 젊음은 무상(無常)하고, 누구도 늙음의 허무함, 질병의 고통, 죽음의 두려움을 피할 수 없다는 사실을 알아야 하며, 따라서 업(業)과 연기를 통찰함으로써 선업(善業)을 쌓기 위해 노력하지 않으면 안 된다. 이를 위해 몸과 마음을 편안하게 하는 정서적인 사마타 수행, 대상을 정확하게 파악하고 진리를 통찰하는 위빠사나 수행이 필요하다. 지속적인 명상으로 바르게 수행하면 열 가지 행복한 심리현상이 발생하는데, 그것은 광명, 희열, 경안, 결심, 분발, 행복, 지혜, 확립, 평온, 욕구이다. 이처럼 궁극적 행복(sukha)은 위빠사나를 통해 얻어지는 심리현상들로, 수행을 통해 온몸에 넘쳐흐르는 아주 수승한 행복이 일어난다.[154] 삼매를 통하여 몸과 마음이 평안해지고, 사성제(四聖諦)에 대한 통찰지를 얻어 무상(無常)·고(苦)·무아(無我)를 체득함으로써 초탈해지는 것이 바로 행복인 것이다.

2. 행복의 개념과 본질 분석

진리의 전제를 고제(苦諦)에서 출발하는 불교에서 행복이란 용어가 낯익은 표현은 아니다. 불교사전에서도 '행복(幸福)'이란 개념에 맞는 뜻을 찾기가 어렵

---

153) "천신 상윳따, 사라져버림 경", 『상윳따 니까야 1』, p.145.
154) 대림스님 역, 『청정도론 3』, p.274.

다.[155] 심지어 행복에 대한 해석보다 "한역불전에는 없고, 락(樂), 안락(安樂, 산스크리트어로 Sukha), 이(利, 산스크리트어 Artha, Hita), 길상(吉祥, 산스크리트어로 Maṅgala) 등의 말이 이에 해당한다."[156]라고 되어 있다. 즉 합당한 직역이 없고 여러 개념들로 행복을 비유적인 방법으로 설명하고 있다. 한 논장(論藏)의 '색인'에서는 '행복[樂](sukha), 즐거움'[157]이라 하여 즐거움과 행복을 동일시하며 '수카(sukha)'란 말에 등치시켰는데, 이것이 가장 일반적인 행복 개념인 듯하다. 이에 대해 살펴보면 "동사인 행복함(sukuana)은 육체적이고 정신적인 괴로움을 몽땅(suṭṭu) 먹어버리고(khādati) 뿌리째 뽑아버리기(khaṇati) 때문에 행복(sukha)이라고 하였는데, 이것은 기쁘게 함(sāta)이 특징이며 함께한 법들을 증장시키는 역할을 한다."[158]라고 하였다. 즉 '수카'는 육체적·정신적 괴로움에서 완전히 벗어난 기쁨을 의미하며, 결과적으로 주변에 파급되어 긍정적 에너지를 확대하는 효과가 있는 것이라 할 수 있겠다.

이처럼 행복에 완벽하게 들어맞는 개념이 없지만 기쁨, 희열, 즐거움 등 다양한 개념들에 의지하여 심리상태를 묘사하고, 이를 행복과 연계시켜 논의하고 있다. 수카와 더불어 가장 많이 사용되는 대표적인 행복 개념이 '희열(喜悅)'로 번역되는 '삐띠(pīti)'라는 말이다. 이것은 ✔pri(to please)에서 파생한 여성명사로, '환희, 황홀' 등 큰 기쁨 혹은 만족을 뜻하는 말로, 니까야 경전에서는 선(禪)을 설명할 때 즉 삼매의 경지에서 느끼는 심리상태의 묘사에 많이 등장한다. 중국에서는 이 '삐띠(pīti)'도 희(喜)로 옮기고 사무량심(四無量心)의 '무디타(muditā)'도 희(喜)로 번역하였다. 차이는 '삐띠'가 위빠사나에서 법 등을 체험한 데서 우러나는 내면의 기쁨이라면, '무디타'는 타인의 행복·발심·향상 등을 자기의 것처럼 기뻐하는 열린 마음 특유의 기쁨이다.[159] 삐띠가 나로부터 발생한 주관적 심리상태라면, 무디타는 대상들과의 관계성을 전제로 하여 느끼는 일종의 자비심으로 나타나는 행복이

---

155) 곽철환 편저, 『시공 불교사전』(서울: 시공사, 2008).
156) 한국불교대사전편찬위원회, 『한국불교대사전(七)』(서울: 명문당, 1995), p.88.
157) 대림스님·각묵스님 역, 『아비담마 길라잡이』(울산: 초기불전연구원, 2002), p.887.
158) 대림스님 역, 『청정도론 1』(울산: 초기불전연구원, 2004), p.375.
159) 대림스님·각묵스님 역(2002), p.210.

다. 희열로서 '삐띠(pīti)'의 특징은 유쾌하게 하는 것(pīṇayati)이며, 몸과 마음을 유쾌하게 하는 역할을 하고 충만하게 하는 역할을 하며 그 결과 의기양양함이 나타나는 상태라고 한다.160) 해석에서는 희열을 구체적으로 다섯 가지의 단계로 구분하여 제시하였는데, 작은 희열, 순간적인 희열, 되풀이해서 나타나는 희열, 용약하는 희열, 충만한 희열이 그것이다. 그 특징은 살펴보면 다음과 같다.

> ㈎**작은 희열은 몸의 털을 곤두서게 할 수 있다.** ㈏**순간적인 희열은 순간순간 번개 불처럼 일어나는 것이다.** ㈐**되풀이해서 나타나는 희열은 해안의 물결처럼 자주자주 몸에 나타났다가 부서진다.** ㈑**용약하는 희열은 강하다. 몸을 들어 올려서 공중에 뛰어오르도록 한다. (…)** ㈒**충만한 희열이 일어날 때 온몸을 두루 적신다.** 마치 가득 찬 물집처럼, 극심한 홍수가 침입한 산의 동굴처럼. (…) 이 다섯 가지 희열을 잉태하여 성숙하면 두 가지 편안함, 즉 **몸의 편안함과 마음의 평안함**을 성취한다. 편안함을 잉태하여 성숙하면 두 가지 행복(sukha), 즉 육체적인 행복과 정신적인 행복을 성취한다. 행복을 잉태하여 성숙하면 세 가지 삼매, 즉 찰나삼매, 근접삼매, 본삼매를 성취한다. 이 가운데서 본삼매의 뿌리가 되고 증장하면서 삼매와 함께하는 충만한 희열(pīti)이 이 뜻에 부합하는 희열이다.161)

이처럼 무엇인가 만족하고 즐거울 때 얻어지는 희열인 삐띠는 ㈎~㈒의 다섯 단계로 구분하여 표현할 수 있을 정도로 다양하게 묘사된다. 우리는 이러한 삼매의 경지에서 느끼는 행복 단계들에 대해 유념해서 살펴 볼 필요가 있다. 오늘날 명상 기법에서 느끼는 행복의 심리를 이 표현에서 찾아볼 수 있기 때문이다. 가장 행복한 순간에 느끼는 희열이 '충만한 희열'로, 이것은 『논어집주』에서 보이는 '용약(踊躍)하는 기쁨'과 '손으로 춤을 추고 발로 뛰는 즐거움'162)와 비교해 볼 수 있는

---

160) 대림스님 역, 『청정도론 1』, p.375.
161) 위의 책, p.375, p.377, p.378.
162) 이러한 삐띠[희열]의 단계는, "논어를 읽음에 다 읽은 뒤에 전혀 아무런 일이 없는 자도 있으며, 한 두 구를 터득하고 기뻐하는[喜] 자도 있으며, 다 읽은 뒤에 좋아하는[好]지도 있으며, 지기도 모르게 손으로 춤을 추고 발로 뛰는[手之舞, 足之蹈] 자도 있다."(『論語集註』〈序說〉: "程子曰, 讀論語, 有讀了全然無事者, 有讀了後其中得一兩句喜者, 有讀了後知好之者, 有讀了後直有不知手之舞之足之蹈者.")는 정자(程子)의 글과 상통하는 듯하다.

경지이다. 유교나 불교나 모두 정신적 만족감에서 오는 희열 혹은 행복의 경지는 상통함을 알 수 있다. 『청정도론』에서는 사마타 명상을 해석하며 '삐띠'와 '수카'를 다음과 같이 구체적으로 비교하여 설명하고 있다.

> 사마타 수행법에서 초선(初禪)을 얻은 단계에서는 '희열(pīti)'과 '행복(sukha)'이 분리되지 않지만, 구체적으로 살펴보면 원하는 대상을 얻음에 대한 만족이 희열이고, 얻어서 맛을 즐기는 것이 행복이라고 한다. 즉 <u>**희열이 있는 곳에 행복이 있지만, 행복이 있는 곳에 반드시 희열이 있는 것은 아니다.**</u> 희열은 사막에서 목말라 기진맥진한 사람이 숲 속의 물을 보거나 혹은 들을 때와 같고, 행복은 숲 속의 그늘에 들어가 물을 마실 때와 같다."[163]

위의 내용과 밑줄 친 부분에서 희열(삐띠)과 행복(수카)의 차이가 잘 드러난다. 삐띠를 얻어서 그것을 넘어선 상태가 행복이며, 삐띠가 갈급한 욕구의 만족이라면, 수카는 욕구를 만족한 결과로 얻은 흡족함과 여유로움이 있는 행복이다. 행복의 심리를 표현하는 또 다른 개념으로 '소마나싸(somanassa)', '라띠(rati)'가 있다. '라띠'는 즐거움 혹은 기쁨의 단순한 의미인 반면,[164] '소마나싸(somanassa)'는 정신적 즐거움의 의미로 '행복을 능가하는 기쁨'이라고 표현하였는데, 구체적으로 "증득[等至]으로부터 출정한 자에게 선의 행복을 조건으로 계속해서 기쁨(somanassa)이 생긴다."[165]라고 하여 일반적인 행복을 넘어서는 높은 정신적 평온의 경지를 의미한다. 또 다른 용어로 '난디(nandi)'는 기쁨, 즐김, 향락이라는 의미로, 대상에 대해 그것을 누려 만족한 심리상태인데, '법을 즐김'을 '담마난디(dhamma-nandī)'라고 한 것이 예이다.[166] 더 살펴보면, "하나의 모음 경"의 '장애의 극복 품'의 각주에서는 감각적 욕망(kāmacchanda)을 설명하면서, 감각적 욕망(kāma)에 대한 의욕(chanda), 감각적 욕망에 대한 애교(kāma-rāga), 감각

---

163) 대림스님 역, 『청정도론 1』, p.378.
164) 대림스님 역, 『청정도론 3』, p.477, '색인' 참고할 것.
165) 『디가 니까야 2』, p.367, 각주 369).
166) 『맛지마 니까야 4』, '색인' 참고할 것.

적 욕망을 즐김(kāma-nandī), 감각적 욕망에 대한 갈애(kāma-taṇhā) 등을 '난디(nandī)'를 즐김이라고 표현하는 것을 볼 수 있다.[167]

지금까지 논의한 행복과 관련된 심리상태의 용어들을 정리해보자. 기쁨, 희열의 일반적인 의미인 '삐띠(pīti)', 즐거움과 행복의 일반적이고 폭넓은 의미인 '수카(sukha)'가 있고, 즐김이나 향락을 뜻하는 '난디(nandī)', 행복을 넘어선 환희의 기쁨인 '소마나싸(somanassa)', 나아가 더불어 함께하는 자비심으로서의 행복인 '무디타(muditā)', 여러 선업의 결과 얻어지는 행복한 상황을 의미하는 '망갈라(maṅgala)'로 정리할 수 있다. 이처럼 초기불교에서 행복은 기쁨과 즐거움의 심리상태이며, 그것은 육체적 욕구도 포함하지만 정신적 수행을 통해 얻어지는 심리상태에 초점이 있음을 알 수 있다. 이는 행복 용어들이 삼매 수행의 효과와 결부되어 사용되는 데서 잘 알 수 있다.

경전을 통해 행복의 본질을 살펴보자. 들숨과 날숨에 대한 호흡명상 방법에서의 심리상태를 보면, 5단계에서 "'희열을 경험하면서(pīti-paṭsaṁvedi) 들이쉬리라.'며 공부 짓고, '희열을 경험하면서 내쉬리라.' 공부 짓는다."라고 나와 있다. 6단계에서는 "'행복을 경험하면서(sukha-paṭsaṁvedi) 들이쉬리라.'며 공부 짓고, '행복을 경험하면서 내쉬리라.'며 공부 짓는다."[168]라고 하였다. 5단계에서는 '삐띠(pīti)'가, 6단계에서는 '수카(sukha)'가 나오는데, 삐띠보다 수카가 높은 단계의 행복을 의미함을 알 수 있다. 또 다른 사례에서는 옷감에 비유하여 마음의 오염원 16가지를 제시하였다. 이에 대해 다음과 같이 설하셨다.

> 그가 [각각의 오염원을 완전히 남김없이 버릴 수 있는] 그 각각의 도로써 [그 오염원을] 포기하고, 토해내고, 풀어주고, 버리고, 놓아버릴 때 '나는 부처님께 움직이지 않는 깨끗한 믿음을 지녔다.'라고 생각하면서 결과에서 **영감(veda)**을 얻고 원인에서 **영감(veda)**을 얻으며 법과 관계된 환희를 얻는다. [1]"㉮**환희(pāmujja)**하는 자에게는 ㉯**희열(pīti)**이 생긴다. 희열

---

167) 『앙굿따라 니까야 1』, p.73.
168) "라훌라를 교계한 긴 경", 『맛지마 니까야 2』, p.603.; "들숨날숨에 대한 마음챙김 경", 『맛지마 니까야 4』, p.184.

(pīti)이 있는 자는 몸이 경안하다. 몸이 경안한 자는 ㉰행복(sukha)을 경험하고 행복한 자는 마음이 삼매에 든다."[169]

위에서는 '베다(veda)'를 '영감(靈感)'이라고 번역하였는데, 『위방가』(分別論) 주석서에서는 이것을 '기쁨(somanassa)'의 뜻으로 보아, "목표에서 기쁨을 얻고 법에서 기쁨을 얻는다."라고 하였다.[170] 오염원의 원인을 극복하여 얻은 결과의 기쁨, 환희, 희열, 행복을 느낀다는 것이다. ㉮환희(pāmujja)는 기쁨(somanassa)을 넘어선 것으로, 얕은 희열(truna-pīti)이며, ㉯희열(pīti)은 만족의 형태로 나타나는 강한 희열(balava-pīti)이라고 한다.[171] 이처럼 정신적 수행의 단계에 따라 심리상태를 구분하여 제시하였는데, 행복(sukha)이 최종 심리상태이며, [1]의 정형구는 다른 경에도 보인다.[172] 행복은 기본적으로 감각적 욕망(kāma-guṇa)[173]의 만족에서 출발한다. 감각적 욕망의 달콤함을 '까마 수카(kāma-sukha)'라고 표현한 것을 보면, 수카(sukha)가 감각적 욕구의 만족을 기반으로 하되 그것을 넘어서는 것임을 확인할 수 있다. 그러나 행복보다 낮은 단계의 '기쁨(somanassa)'이 조금은 다르게 쓰이고 있다.

그가 감각적 욕망에 얽매이지 않고 해로운 법들에 얽매이지 않을 때 ㉮**행복**이 생겨나고 ㉯**행복을 능가하는 기쁨**이 생겨납니다. 존자들이여, 마치 희열이 ㉰**환희**(pāmujja)를 생기게 하는 것처럼 그와 같이 감각적 욕망에 얽매이지 않고 해로운 법들에 얽매이지 않을 때, **행복이 생겨나고 행복을 능가하는 기쁨**이 생겨납니다.[174]

㉮행복(sukha)은 초선(初禪)의 경지에서의 심리상태이고, ㉯환희는 '빠뮤짜

---

169) "옷감의 비유 경", 『맛지마 니까야 1』, pp.259~256.
170) "옷감의 비유 경", 『맛지마 니까야 1』, p.261, 각주 233) 참고.
171) 『앙굿따라 니까야 1』, p.73.
172) "앗사뿌라 짧은 경", 『맛지마 니까야 2』, p.269.
173) "괴로움의 무더기의 긴 경", 『맛지마 니까야 1』, p.428, 각주 570).: 탐낸다(kāmayitabba)는 뜻에서 kāma이고 얽매다(bandhana)는 뜻에서 guṇa이다.
174) "자나와사바 경", 『디가 니까야 2』, p.367.

(pāmujja)'로 이것은 희열(pīti)이면서 그보다는 조금 강도가 높은 것이다. ㉮'행복을 능가하는 기쁨'은 "증득[等至]으로부터 출정한 자에게 선의 행복 조건으로 계속해서 기쁨(somanassa)이 생긴다."[175]라고 하여 일반적인 행복보다 더 강렬한 느낌으로 앞에서 언급한 '소마나싸(somanassa)'를 여기서는 높은 차원으로 쓰고 있다. 또한 길상, 행복, 행운 등으로 번역되는 '망갈라(mangala)'도 행복의 의미로, 초기경전과 베다 문헌이나 대승불교에도 많이 나오는[176] 윤회와 업과 연계되어 논의된다.

> 비구들이여, 세 가지 법을 갖춘 자는 마치 누가 그를 데려가서 놓는 것처럼 [반드시 천상에 태어난다. 무엇이 셋인가? 몸으로 지은 유익한 업, 말로 지은 유익한 업, 마음으로 지은 유익한 업입니다. 비구들이여, 이러한 세 가지 법을 갖춘 자는 마치 누가 그를 데려가서 놓은 것처럼 [반드시] 천상에 태어난다.[177] (…) 비구들이여, 마음이 깨끗하기 때문에 이와 같이 여기 어떤 중생들은 몸이 무너져 죽은 뒤 **좋은 곳**[善處], 천상세계에 태어난다.[178]

길상(吉祥)의 의미인 '망갈라(Mangala)'는 앞에서 살펴본 사전의 내용처럼 이(利)와 연관된다. 이것은 업에 의해 얻어지는 좋은 결과들을 의미하는 듯하다. "길상 품(Mangala-vagga), 오전 경"을 보면 행위 결과로 얻어지는 행복 및 길한 기운을 의미하고 있다. 모든 행동[업(業)]의 결과는 원인을 벗어나지 못하므로 몸과 말과 마음으로 좋은 업을 지으라는 것이다. 선업의 결과 태어나는 '좋은 곳(sugati)'에 대해서, "행복(shkhassa)의 행처(gati)이기 때문이며, 천상세계(sagga loka)는 형상 등 대상들 중에서 가장(suṭṭhu) 으뜸가는(agga) 세상으로"[179]라고 하여 선업의 결과 태어나는 행복한 세상이 천상세계임을 말하고 있다.

---

175) "자나와사바 경", p.367, 각주 369).
176) 각묵스님(2013), p.33.
177) "길상 품(Mangala-vagga), 『앙굿따라 니까야 1』, p.646.
178) "바르게 놓이지 않은 품", 『앙굿따라 니까야 1』, p.85.
179) "바르게 놓이지 않은 품", p.85, 각주 36) 참고.

비구들이여, 아침에 몸으로 좋은 행위를 하고 말로 좋은 행위를 하고 마음으로 좋은 행위를 하는 중생들은 좋은 아침을 맞는다. 비구들이여, 낮에 몸으로 좋은 행위를 하고 말로 좋은 행위를 하고 마음으로 좋은 행위를 하는 중생들은 좋은 낮을 맞는다. 비구들이여, 저녁에 몸으로 좋은 행위를 하고, 말로 좋은 행위를 하고, 마음으로 좋은 행위를 하는 중생들은 좋은 저녁을 맞는다.[180]

불교에서의 행복도 단순한 감각적 만족에서 출발하며, 여기서 나아가 정신적 희열과 즐거움을 포함한다. 불교의 행복은 정신적 기쁨과 즐거움을 넘어 업과 윤회사상으로 인하여 선한 행위[善業]의 결과로 얻는 즐거움과 행복의 심리상태로, 보시(布施)의 즐거움과 행복을 포함시키는 것이 특징이다. 이는 도덕적 노력과 그에 대한 결과로서 행복을 추구하는 유교의 행복과도 비교할 수 있다. 『논어』에서 공자는 "배우고 그것을 때때로 익히면 즐겁지 아니한가?" 혹은 "먼 곳에서 벗이 찾아오면 즐겁지 않는가?"[181]라고 하였다. 불교에서의 삐띠, 수카, 망갈라로 단계가 발전하고 있는데, 망갈라는 길상(吉祥)의 의미로 이는 궁극적으로 공자가 느낀 기쁨[悅]과 즐거움[樂], 맹자가 말한 이른바 "군자삼락(君子三樂)[182]"의 락(樂)의 경지와 상통하는 좋은[善] 삶의 결과로서 느끼는 행복으로, '열락(悅樂)'인 것이다.

---

180) "길상 품, 오전 경", 『앙굿따라 니까야 1』, p.651.
181) 『論語集註』〈學而〉 제1장: "子曰, 學而時習之, 不亦說乎. 有朋自遠方來, 不亦樂乎. 人不知而不慍, 不亦君子乎."
182) 『孟子集註』〈盡心(上)〉 제20장: "孟子曰, 君子有三樂, 而王天下, 不與存焉. 父母俱存, 兄弟無故, 一樂也. 仰不愧於天, 俯不怍於人, 二樂也. 得天下英才而教育之, 三樂. 君子有三樂, 而王天下, 不與存焉."

Ⅳ. 초기불교에서 행복에 이르는 방법

불교는 인간 삶의 실상을 직면하고자 하며, 그것을 수용함으로써 극복하고자 하는 사상이다. 즉 인간이 직면하는 괴로움에 대해 이른바 "긍정적 방어기제"를 발휘할 수 있는 마음 다스림을 강조하고, 어떻게 괴로움을 수용하여 극복할지 방법을 모색하는 것이 관건이다. 오늘날 명상(冥想, meditation), 즉 '마음바라보기'[183]는 부처가 정각을 얻은 방법으로 오늘날 스트레스와 정신적 불안을 겪는 일반인들에게 유익한 방법인데, 특히 청소년들에게 시사해주는 바가 크다. 초기불교의 명상수행은 매슬로우(Maslow)의 욕구 5단계[184]에 익숙한 세대들에게 욕구 충족 과정에서 어떤 마음을 지녀야 할지 성찰하는 데 도움이 될 것이다.

1. 사마타 수행: 심해탈(心解脫)과 열락(悅樂)

불교는 기본적으로 객관 대상보다 주관적 인식을 중시한다. 인간의 삶이 고(苦)라고 진단하여 출발하는데, 객관적인 생로병사(生老病死) 그 자체가 고(苦)라는 의미가 아니라 인간이 그것에 대한 주관적 체험에서 나오는 인식의 결과가 고(苦)인 것이다. 따라서 그 극복 방법은 생로병사 자체의 제거에 있는 것이 아니라 그것을 인식하는 주체가 그 인식의 방향과 내용을 전환함으로써 그것을 새롭게 수용하여 인식하는 것이 답이다. 즉 행복이란 오온(五蘊)인 나의 존재를 포함하여 세상 모든 대상들을 어떻게 인식하고 수용할 것인가에 따라 규정되는 것이며, 따라서 그것은 노력에 의해 가능한 것이 된다. 초기불교에서 행복은 욕구의 만족, 희열의

---

183) 'Mindfulness'에 대해 마음챙김이란 번역이 일반화되었지만 마음을 챙긴다는 의미보다 '마음 바라보기'라는 표현이 적합할 듯하다. 마음을 대상으로 놓고 변화와 움직임을 바라보는 것이기 때문이다.
184) 보다 낮은 차원의 욕구가 채워지지 않은 상태에서는 그것보다 높은 차원의 욕구는 행동의 동기가 되지 못한다. 예를 들면 기본적으로 생리적 욕구가 채워지지 않은 상황에서는 사람은 생리적 욕구를 채우기 위해 전력을 집중하게 되며, 안정과 안전의 욕구 이상은 행동의 동기로 작용하지 않는다. 또한 일단 충족된 욕구는 행동의 동기부여의 요인으로 작용하지 않는다.

느낌, 평안한 감정 상태 등 다양하게 표현되지만 이성보다는 감정과 정서에 초점이 있다. 감정을 결정하는 요소들에는 이성의 능력과 신체의 상태 등 다양한 것들이 있으며, 이러한 제반 요인들이 상호영향을 주면서 행복의 느낌이 결정되기 때문에 연기론 관점에서 이 모든 것을 들여다볼 필요가 있다. 아무리 마음을 평안하게 하고자 해도 육체가 질병에 걸려 고통스럽다면 불가능하고, 아무리 육체가 건강하고 아름다워도 정서적으로 불안하고 만족하지 못하면 행복하다고 할 수 없기 때문이다.

붓다는 수행[도닦음]에서 완강한 수행, 태우는 수행, 적당한 수행을 제시하면서 중도(中道)를 강조한다.[185] '완강한 수행'은 "감각적 욕망에는 아무런 해악이 없다."라는 주장에서 감각적 욕망에 흠뻑 취해 버리고, 나체수행자는 지나치게 거부하고 방편만으로 도를 닦아 몸을 괴롭히고 고통을 주는 '태우는 수행'을 한다. 전자는 탐욕 때문에 강하게 거머쥐는 것이며, 태움은 자기 학대에 몰두하여 격렬하게 태우고 열을 가하고 고통을 주는 것이며, 중도(中道)는 열광적으로 탐닉하지도 않고 자기학대로 태우지도 않는 적당한 상태이다.[186] 불교에서는 다섯 가지 장애심리[五蓋]—감각적 욕망, 악의, 게으름(懈怠)과 혼침(惛沉), 들뜸과 후회, 의심—가 마음을 압도하고 통찰지를 무력하게 만든다고 본다.[187] 이 장애들을 극복하지 못하면 탐진치(貪瞋痴) 삼독으로 굳어져 버리기 때문에 삼독으로 변하기 전에 이 장애심리들을 제대로 파악하여 변화시키는 것이 관건이다. 이를 위해 자신의 감정·정서·느낌·상태를 관찰하여야 하는데 염처(念處) 방법으로 가능하다. 자신의 몸[身]·느낌[受]·마음[心]·현상[法]을 들여다보아야 장애인지 알 수 있기 때문이다. 이것이 바로 사념처(四念處) 방법이다. 붓다가 제시한 중도는 사념처관의 방법과 통한다.

> 여기 비구는 몸에서 몸을 관찰하며[身隨觀] 머문다. 세상에 대한 욕심과 싫어하는 마음을 버리고 근면하게 분명히 알아차리고 마음을 바라보면서 머문다. 느낌에서 느낌을 관찰하며[受隨觀] 머문다. (…) 마음에서 마음을 관

---

185) "나체수행자 품", 『앙굿따라 니까야 1』, p.653.
186) "나체수행자 품", 『앙굿따라 니까야 1』, p.653, 각주 645), 646), 647)을 참고할 것.
187) 『앙굿따라 니까야 3』, pp.158~159.

찰하며[心隨觀] 머문다. (…) 법에서 법을 관찰하며[法隨觀] 머문다. 세상에 대한 욕심과 싫어하는 마음을 버리고 근면하게, 분명하게 알아차리고 마음을 바라보면서 머문다.[188]

여기서 법(法)이란 몸, 느낌, 마음에서 일어나는 변화와 현상들을 모두 말하며, 똑바로 알아차리는 것[사띠, sati]이 핵심이다. 자신의 몸의 변화, 느낌의 변화, 마음의 변화, 제반 현상들의 변화에 대해 알아차림으로써 그것에 휩쓸리지 않게 관찰하는 것이 중요하다. 부정적인 장애심리[不善法]을 제거하기 위해서는 통찰명상인 사념처(四念處) 명상 이전에, 우선 호흡명상에서부터 시작해야 한다. 들숨날숨에 대한 호흡명상은 구체적으로 '16가지 통찰관법'으로 가능하다. 가장 기본적인 호흡명상 방법이기 때문에 여기에 소개해보기로 한다.

비구니들이여, 여기 비구는 숲 속에 가거나 나무 아래에 가거나 빈방에 가거나 하여 가부좌를 틀고 상체를 곧추세우고 전면에 마음챙김을 확립하여 앉는다. 그는 마음챙기면서 숨을 들이쉬고 마음챙기면서 숨을 내쉰다.
① 길게 들이쉬면서는 '길게 들이쉰다.'고 꿰뚫어 알고, 길게 내쉬면서는 '길게 내쉰다,'고 꿰뚫어 안다.
② 짧게 들이쉬면서는 '짧게 들이쉰다.'고 꿰뚫어 알고, 짧게 내쉬면서는 '짧게 내쉰다,'고 꿰뚫어 안다.
③ '온몸을 경험하면서 들이쉬리라.'며 공부짓고 '온몸을 경험하면서 내쉬리라.'며 공부짓는다.
④ '몸의 작용[身行]을 편안히 하면서 들이쉬리라.'며 공부짓고 '몸의 작용[身行]을 편안히 하면서 내쉬리라.'며 공부짓는다.
⑤ '희열을 경험하면서 들이쉬리라.'며 공부짓고 '희열을 경험하면서 내쉬리라.'며 공부짓는다.
⑥ '행복을 경험하면서 들이쉬리라.'며 공부짓고 '행복을 경험하면서 내쉬리라.'며 공부짓는다.
⑦ '마음의 작용[心行]을 경험하면서 들이쉬리라.'며 공부짓고 '마음의 작

---

188) "나체수행자 품", 『앙굿따라 니까야 1』, pp.655~656.

용[心行]을 경험하면서 내쉬리라.'며 공부짓는다.

⑧ '마음의 작용을 편안히 하면서 들이쉬리라.'며 공부짓고 '마음의 작용을 편안히 하면서 내쉬리라.'며 공부짓는다.

⑨ '마음을 경험하면서 들이쉬리라.'며 공부짓고 '마음을 경험하면서 내쉬리라.'며 공부짓는다.

⑩ '마음을 기쁘게 하면서 들이쉬리라.'며 공부짓고 '마음을 기쁘게 하면서 내쉬리라.'며 공부짓는다.

⑪ '마음을 집중하면서 들이쉬리라.'며 공부짓고 '마음을 집중하면서 내쉬리라.'며 공부짓는다.

⑫ '마음을 해탈하게 하면서 들이쉬리라.'며 공부짓고 '마음을 해탈하게 하면서 내쉬리라.'며 공부짓는다.

⑬ '무상을 관찰하면서 들이쉬리라.'며 공부짓고 '무상을 관찰하면서 내쉬리라.'며 공부짓는다.

⑭ '탐욕의 빛바램을 관찰하면서 들이쉬리라.'며 공부짓고 '탐욕의 빛바램을 관찰하면서 내쉬리라.'며 공부짓는다.

⑮ '소멸을 관찰하면서 들이쉬리라.'며 공부짓고, '소멸을 관찰하면서 내쉬리라.'며 공부짓는다.

⑯ '놓아버림을 관찰하면서 들이쉬리라.'며 공부짓고 '놓아버림을 관찰하면서 내쉬리라.'며 공부짓는다.[189]

①~⑫는 사마타[집중, 止] 명상이며, ⑬~⑯은 위빠사나[통찰, 觀] 명상이다. 여기서 '공부짓는다'라는 말은 "온몸을 경험하면서 들이쉬고 내쉬리라 하면서 노력하고 정진한다."는 의미이다. ④의 '몸의 작용[身行]'은 들숨과 날숨을 말하는데 마음에서 생긴 것이지만 그것의 존재가 몸에 묶여있고 몸을 통해 형성되기 때문에 몸의 작용이라고 부르는 것이다.[190] ⑤부터 초선(初禪)의 시작인데, 마음의 희열과 행복의 기운을 느끼는 단계로 이 단계까지 꾸준한 연습이 필요하다. '선(禪)'은 즐거움과 행복감이 수반되어야 하며, 단순한 사색을 넘어 긍정심리로 확장시킬 수

---

189) "들숨날숨에 대한 마음챙김 경", 『맛지마 니까야 4』, pp.181~187.
190) 대림스님 역, 『청정도론 2』, pp.97~98, 각주 46) 참고.

있어야 한다. 초기불교의 열락(悅樂)은 긍정심리[善]를 지니는 것이며, 그 결과 편안한 몸, 평온한 마음이 되는 것이다. "들숨날숨에 대한 마음챙김을 이렇게 닦고 거듭거듭 행하면 네 가지 마음챙김의 확립[四念處]을 성취한다."[191] 이처럼 수행은 들숨날숨에 대한 사띠[sati]가 기본이고, 이를 신수심법(身受心法)으로 확대시키고 장애심리, 즉 부정적 감정들을 알아챈 후 그것을 놓아버림으로써 긍정심리에 이르도록 하는 것이다. 이것이 1차 해탈 혹은 '심해탈(心解脫)'이라고 하는데 몸과 마음, 즉 신체적 편안함과 정서적 평온함이 특성이며 경험과 체험을 통해 일상에서 이루어지도록 노력해야 한다. 다음 단계는 2차 해탈로 '혜해탈(慧解脫)'이라고도 한다. 몰입을 특성으로 정서적 측면보다 인식활동을 중시하는 통찰지의 획득에 초점이 있다. 1차 해탈 단계를 거치지 않고 2차 해탈에만 골몰하면 이른바 '마른 해탈', 즉 지적인 측면에만 치중하여 온전한 해탈이 되지 못할 수도 있다. '혜해탈'은 기본적으로 사성제와 공(空)에 대한 인식적 통찰이다. 오늘날 체험 수행 없이 지적 공부에만 치중한 사람들 가운데 인식론적 해탈 즉 '마른 공(空)'에만 머물러 오만함에 빠지는 경우가 더러 있다. 몸과 마음으로 느끼는 ①~⑫단계를 경험하지 못하고 ⑬~⑯단계로 넘어가면 분석적 지혜에 치중하여 다섯 가지 장애나 삼독을 벗어나기 어렵다. 자칫하면 무상관(無常觀)에 빠지거나 오만함에 빠지는 부작용이 발생할 수 있다.

초기불교는 매우 실제적어서 사마타 수행을 통해 긍정심리를 체험하고 행복을 경험하면서 경쾌하고 밝은 에너지가 넘치는 삶을 살 것을 강조한다. 행복의 경험은 모든 존재에 감사하고 삶의 순간순간을 긍정하고 겸허히 수용하게 만들어주며, 그러한 결과가 바로 칠각지(七覺支)로 드러나는 깨달음의 심리현상들이다. 일상생활의 예를 들면 산보, 설거지, 만남, 공부 등에서 ①~⑫단계의 느낌들이 일어나도록 해야 하며, 그것은 결코 어려운 것이 아니라 정진 수행으로 도달이 가능한 것이다.

 비구들이여, 들숨날숨에 대한 마음챙김을 닦고 거듭거듭 행하면 큰 결실

---

191) "들숨날숨에 대한 마음챙김 경", 『맛지마 니까야 4』, p.194.

이 있고 큰 이익이 있다. 비구들이여, 들숨날숨에 대한 마음챙김을 닦고 거듭거듭 행하면 네 가지 마음챙김의 확립[四念處]을 성취한다. 네 가지 마음챙김을 닦고 거듭거듭 행하면 일곱 가지 깨달음의 구성요소[七覺支]들을 성취한다.[192] (…) 비구들이여, 일곱 가지 깨달음의 구성요소[七覺支]들을 이렇게 닦고 이렇게 거듭거듭 행하면 명지(明知)와 해탈을 성취한다.[193]

칠각지는 마음챙김에 대한 깨달음[念覺支], 방법의 선택[擇法覺支], 정진[精進覺支], 희열[喜覺支], 가뿐함[輕安覺支], 삼매[定覺支], 평온[捨覺支]이다.[194] 칠각지를 얻기 위해서는 '16가지 통찰관법'을 통한 호흡명상으로 평안한 몸과 마음을 유지하고, 사띠[알아챔]의 사념처 수행을 통해 나 자신의 느낌을 알아채야 한다. 그다음 자신에게 맞는 수행법을 선택하고 수행하여, 긍정적 정서와 심리, 기쁨을 얻기 위해 정진하는 에너지를 가지게 되며, 그 결과 몸과 마음이 가뿐하고 쾌활해지는 경안(輕安)의 상태가 되고, 삼매로 희열과 행복을 느끼게 되며, 몸이 편안해지고 마음이 평온해지는 해탈의 경지에 이르게 되는 것이다. 이것이 심해탈(心解脫)의 경지로, 일반인들이 추구하는 행복의 단계가 이러한 삼매의 경지이다. 여기에 이르면 다섯 가지 장애심리[五蓋]와 탐진치(貪瞋痴)가 사라져 몸이 편안하고 마음이 평안하게 된다.[195] 들숨날숨에 대한 마음챙김 다음에 고요함을 통하여 허영심을 분쇄하고, 갈증을 제거하고 집착을 근절하고, 윤회를 멸절하고 갈애를 파괴하고 탐욕을 버리고, 소멸이요 열반에 이르게 되는 것이다.[196]

> 이 고요함을 계속해서 생각함을 수행하는 비구는 행복하게 잠자고, 행복하게 깨어나고, 감각기능[根]들이 고요하고, 마음도 고요하고, 양심과 수치심을 가지며, 청정한 믿음을 가지고, 수승한 경지[즉, 열반]를 확신하고

---

192) "들숨날숨에 대한 마음챙김 경", 『맛지마 니까야 4』, pp.181~182.
193) "들숨날숨에 대한 마음챙김 경", p.198.
194) "들숨날숨에 대한 마음챙김 경", pp.194~198.
195) 『앙굿따라 니까야 1』, p.637. 그리고 궁극적으로는 바른 견해를 닦고 바른 사유를 닦고 바른 말을 닦고 바른 행위를 닦고 바른 생계를 닦고 바른 정진을 닦고 바른 마음챙김을 닦고 바른 삼매를 닦는다. 바로 팔정도가 적당한 도 닦음인 것이라고 한다.
196) 대림스님 역, 『청정도론 2』, p.131.

> 청정 범행을 닦는 동료들이 존중하고 공경하며, 더 이상 통찰하지 못한다 하더라도 적어도 선처로 인도된다. 그러므로 방일하지 않는 지자는 이러한 여러 이익을 가진 성스러운 고요함에 대한 마음챙김을 닦아야 한다.[197]

결국 장애심리를 자각하고 그것을 버리기 위한 정진의 에너지를 만들어내는 것이 수행이며, 행복은 그 안에 있는 것이다. 초기불교에서 말한 이생의 행복, 내생의 행복, 궁극적 행복은 궁극적으로 다른 것이 아니다. "계의 분류에 대한 주석"에서 여덟 번째 '세간적인 것과 출세간적인 것으로 두 가지'를 구분하고 번뇌가 있는 모든 계(戒)는 세간적인 것이고, 번뇌가 없는 것은 출세간적인 것인데, 이 가운데 세간적인 것은 미래의 존재에서 향상을 가져올 뿐만 아니라 존재에서 벗어나는 필수조건이라고 하였다. 즉 현실을 직면하여 제대로 살아가는 자세가 무엇보다 중요하다는 말이다. 그것은 지킬 것을 지키고 스스로를 단속하는 청정한 삶에서부터 출발한다.

> 율은 단속을 위함이고, 단속은 후회 없음을 위함이고, 후회 없음은 기쁨을 위함이고, 기쁨은 희열을 위함이고, 희열은 편안함[경안(輕安)]을 위함이고, 경안은 행복을 위함이고, 행복은 삼매를 위함이고, 삼매는 여실지견을 위함이고, 여실지견은 역겨움[염오(厭惡)]을 위함이고, 역겨움은 탐욕이 빛바램[이욕(離慾)]을 위함이고, 탐욕이 빛바램은 해탈을 위함이고, 해탈은 해탈지견을 위함이고, 해탈지견은 취착 없는 완전한 열반을 위함이다. 이것을 위해 말하고, 이것을 위해 의논하고, 이것을 위해 가까이 의지하고, 이것을 위해 귀 기울이니, 그것은 취착이 없는 마음의 해탈[심해탈]이다.[198]

심혜탈로 얻게 되는 경지는 "유익한 마음의 하나됨[善心一境性]"이며, 마음[心]과 마음부수[心所]들을 하나의 대상에 고르고 바르게 모으고 둔다는 뜻으로, 하나의 대상에 고르고 바르게 산란함도 없고 흩어짐도 없이 머물 때 그것을 삼매에 든

---

197) 위의 책, p.134.
198) 대림스님 역, 『청정도론 1』, pp.142~143.

다고 한다.[199] 삼매의 특징은 '산란하지 않음'이며, 역할은 '산란함을 제거하는 것'이며 '동요함이 없음'으로 나타난다. "행복한 사람의 마음은 삼매에 든다."라고 하였기 때문에 행복(sukha)이 삼매에 가장 가까운 원인이다.[200] 통찰지를 통한 깨달음에 의해 우주만상의 이치를 알게 되며, 이 과정에서 선(禪)을 경험하게 되는데, 색계(色界)의 유익한 마음 다섯 가지로 단계를 설명하고 있다.[201]

> 삼매를 방해하는 요소는 감각적 욕망, 분노, 들뜸과 혼침, 의심을 들 수 있으니, 이를 한거(閑居)를 기뻐하는 마음으로 그 선을 즐거워하라고 하였다. 또한 선에 오래 머물기를 원하는 자는 방해가 되는 법(현상)들을 미리 깨끗이 한 뒤 선을 증득해야 하며, 마음을 닦는 수행을 완전하기 하기 위해서는 이미 얻은 닮은 표상을 확장해야 한다. 그것은 두 가지 토대가 있는데 근접삼매와 본삼매로, 근접삼매를 이른 뒤 그것을 확장할 수 있고, 본삼매에 이르고 나서도 확장할 수 있는데, 반드시 동일한 장소에서 확장해야 한다.[202]

삼매는 결국 마음의 고요함, 평온을 통해 환희, 즐거움, 행복으로 나아가 해탈에 이르는 것이다. 근접삼매와 본삼매는 초선부터 제5선까지 각각의 단계마다 본격적인 삼매에 드는 과정에서 모두 거치게 된다. 본격적인 희열과 행복의 유익한 마음을 갖는 것이 본삼매이다. 명상을 통해 얻게 되는 삼매의 단계를 살펴보면 다음과 같다.

(1) 일으킨 생각과 지속적인 고찰과 희열과 **행복**과 집중을 가진 **초선**의 유익한 마음
(2) 지속적인 고찰과 희열과 **행복**과 집중을 가진 **제2선**의 유익한 마음
(3) 희열과 **행복**과 집중을 가진 **제3선**의 유익한 마음
(4) **행복**과 집중을 가진 **제4선**의 유익한 마음

---

199) 위의 책, p.268.
200) 위의 책, p.269.
201) 대림스님·각묵스님 역(2002), p.149.
202) 대림스님 역, 『청정도론 1』, p.390.

(5) 평온과 집중을 가진 **제5선**의 유익한 마음.
- 이 다섯 가지는 색계의 유익한 마음이다.

위의 삼매의 경지를 살펴보면, 초선(初禪)에서는 다섯 가지 형태의 자유자재(vasī)를 얻어야 하는데, 그것은 전향(轉向)의 자유자재, 입정(入定)의 자유자재, 머묾의 자유자재, 출정(出定)의 자유자재, 반조(返照)의 자유자재이다.[203] 이것은 자신의 마음을 자유자재로 다스릴 수 있어야 한다는 의미이다. 제2선부터 제5선까지의 특징들을 살펴보면 다음과 같다. 제2선에서는 일으킨 생각과 지속적인 고찰을 버리고, 희열, 행복, 마음의 하나됨이 일어난다.[204] 제3선은 공평하게 보고, 편견을 가지지 않고 보며, 맑고 넉넉하고 군건한 평온을 갖추었기 때문에 제3선에 있는 자는 평온하다고 한다.[205] 선의 평온이 여기서 요구하는 것은 중립이며 관여하지 않는 역할을 하며 무관심으로 나타나는데 희열이 사라짐이 가까운 원인이다.[206] 이 제3선의 행복은 지극히 달콤하기 때문에 이 이상의 행복이 없다. 그러나 마음챙김과 알아차림의 영향으로 이 행복을 동경하지 않게 된다. 정신적인 몸과 연결된 행복을 느끼며 그래서 몸으로 행복을 경험한다고 하였다.[207] 제4선에서는 괴롭지도 즐겁지도 않은 느낌이 반드시 일어난다. 그러므로 그 마음들이 평온한 느낌과 결합하고 오직 평온과 결합하기 때문에 여기서 희열이 사라진다.[208] 평온은 낮은 세 가지 선 가운데도 있지만 여기서는 일으킨 생각 등의 자신과 반대되는 법들의 빛에 가리지 않고, 자신과 동류인 평온한 느낌이라는 밤을 얻었기 때문에 이 중립인 평온의 초승달은 지극히 청정하다. 이것이 청정하기 때문에 청정한 달빛처럼 함께 생긴 마음챙김 등도 청정하고 깨끗하다.[209] 각 단계마다 초선으로부터 출정하여 그 한계를 보고는 그에 대한 집착을 종식시킨 후 제2선을 얻기 위

---

203) 위의 책, pp.393~394.
204) 위의 책, p.401.
205) 대림스님 역, 『청정도론 1』, p.404.
206) 위의 책, p.408.
207) 위의 책, p.410.
208) 위의 책, p.412.
209) 위의 책, p.418.

해 수행하고, 각 단계마다 이처럼 근접삼매에서 본삼매로 들어가는 과정을 거치게 되는 것이다.

위의 삼매에 나온 '행복'이라는 용어는 정신적인 느낌인 '소마나싸(somanassa)'이며, 앞에서 언급한 수카(sukha)가 아니다. '지복(至福)'이라고도 옮기는 이 느낌은 감각적 욕망을 벗어난 초연함으로부터 생기는 것이다. '세간을 벗어난 행복(nirāmisa-sukha)'을 의미하기도 하는 이 행복은 들뜸과 후회의 마음부수들과 반대되는 것이다. 희열과 행복은 아주 밀접하게 연결되어 있지만 희열은 오온(五蘊)에서 행온(行蘊)에 속하는 의도적인 행위에 속하고, 행복은 수온(受蘊)에 속하는 느낌이다. 희열은 목마름에 지친 여행자가 오아시스를 만났을 때 가지는 기쁨이고, 행복은 그 물을 마시고 목욕하고 나서 느끼는 것과 같다.[210] 이처럼 삼매에서의 행복심리는 현실에서 느끼는 것이지만 세간을 벗어난 정신적 평온함이라고 할 수 있겠다.

2. 위빠사나 수행: 혜해탈(慧解脫)과 열반(涅槃)

삼매에 도달하였다고 그것이 지속되는 것은 아니다. 행복의 느낌이 지속되기 위해서는 인식의 전환, 즉 통찰지의 도움이 필요하다. 37보리분법의 수행과 실천으로 희열과 행복을 맛보는 마음챙김 명상으로 정서적 행복감을 맛보았다면, 여기서 그치지 말고 위빠사나 수행을 통해 진리에 대한 인식의 전환을 통해 2차 해탈, 즉 열반에 이르러야 한다. 불교의 궁극적인 행복은 열반(니르바나)이다. 재가불자 혹은 일반인들이 추구하는 열반은 '반열반(般涅槃, parinirvāna), 즉 입멸(入滅)을 뜻하는 것이 아니다. 그것은 인식의 전환을 통한 혜해탈, 즉 통찰지의 획득이며, 이를 위해 위빠사나 수행이 필요하다. 이를 위해 알아야 할 인식은 다음과 같은 것들이다. 그 과정에서 인간이 반조해야 하는 다섯 가지를 제시하고 있다.

---

210) 대림스님·각묵스님 역(2002), 앞의 책, p.154.

나는 늙기 마련이고 늙음을 극복하지 못했다.
나는 병들기 마련이고 병듦을 극복하지 못했다.
나는 죽기 마련이고 죽음을 극복하지 못했다.
사랑스럽고 마음에 드는 모든 것은 변하기 마련이고 헤어지기 마련이다.
나의 업이 바로 나의 주인이고, 나는 업의 상속자이고, 업에서 태어났고, 업이 나의 권속이고, 업이 나의 의지처이다. 내가 선업을 짓건 악업을 짓건 나는 그 업의 상속자가 될 것이다.[211]

이것은 인간이 겪는 현실적 괴로움에 대한 고찰, 무상에 대한 고찰, 연기의 법칙으로서 나의 말·행동·마음의 영향에 대해 통찰할 것을 요구한다. 심해탈을 거쳐 혜해탈에 이르려면 무상(無常), 고(苦), 무아(無我)와 사제(四諦), 연기(緣起)의 진리를 통찰하여 다음과 같은 깨달음을 얻어야 한다.

병들기 마련이고 늙기 마련이고 죽기 마련인 범부는 자신이 그러한 본성을 가졌음에도 불구하고 다른 자를 혐오하는구나. 만약 내가 이러한 본성을 가진 중생들을 혐오스러워한다면 그런 태도로 사는 것은 나에게 적절치 않으리. 이와 같이 머물면서 나는 재생의 근거가 다 멸한 [열반의] 법 있음을 알고 건강과 젊음과 장수에 대한 자부심을 극복하였노라. 출리에서 안전한 상태를 보았나니 그런 나는 열반을 추구하면서 정진했노라. 내가 지금 감각적 욕망을 즐기는 것은 적당치 않으리. 되돌아감이란 없을 것이며 [도와] 청정 범행을 목표로 하는 자가 되리라.[212]

불교 공부의 핵심인 계정혜(戒定慧)는 계율을 지키는 계학, 마음 바라봄과 다스림을 주로 하는 정학, 진리를 통하여 번뇌를 소멸하고자 하는 혜학이다. 『청정도론』에서는 계는 예류자(預流者, sotāpanna, 음역으로 須陀洹)와 일래자(一來者, sakadāgāmī)의 원인을 나타내고 삼매는 불환자(不還者, anāgāmī)의 원인을, 통찰지는 아라한의 원인을 나타낸다. 예류자는 계를 완성한 자, 일래자도 계를 완성

---

211) "장애 품, 경우 경", 『앙굿따라 니까야 3』, p.172.
212) "장애 품, 경우 경", 『앙굿따라 니까야 3』, pp.176~177.

한 자, 불환자는 삼매를 완성한 자, 아라한은 통찰지를 완성한 자라고 하였다.[213] 즉 크게 이 틀에서 불교에 대한 접근이 이루어지며, 어디에 초점을 두는가는 불교를 어떤 자세 혹은 관점에서 접하는가에 따라 달라진다. 승가(僧家)에서는 무엇보다 계(戒)를 기본으로 할 것이고, 학문적으로 접근하는 경우는 혜(慧)에 초점을 두기도 할 것이며, 번뇌와 망상이 많은 중생들은 오히려 정(定)을 귀히 여길 수도 있을 것이다. 종교로 혹은 사상으로 접근하든 이 세 요소는 불교사상을 떠받드는 주춧돌인 셈이다. 불교의 행복도 이 세 요소에서 모두 찾아볼 수 있는데, 행복은 무엇보다 마음과 결부된다는 점에서 정학(定學)과 밀접하게 관련되지만 궁극적으로는 인식의 전환을 이루는 통찰지가 중요하다. 사마타 명상을 통한 삼매(samāti, 定)의 정진과 위빠사나 명상을 통한 통찰지의 확립, 여기서 나아가 궁극적으로 윤회를 끊는 것을 목적으로 한다. "불행 경"과 "행복 경"을 보자.

> "비구들이여, 그 시작을 알 수 없는 것이 바로 윤회다. 무명에 덮이고 갈애에 묶여서 치달리고 윤회하는 중생들에게 [윤회의] 처음 시작점은 결코 드러나지 않는다."[214]
> "비구들이여, 그대들이 불행하고 불운이 닥친 사람을 보면 '이 긴[윤회의] 여정에서 우리도 저런 것을 겪게 될 것이다.'라는 이러한 결론에 도달해야 한다. 그것은 무슨 이유 때문인가? 비구들이여, 그 시작을 알 수 없는 것이 바로 윤회이기 때문이다. (…) 비구들이여, 그러므로 형성된 것들[諸行]은 모두 염오해야 하며 그것에 대한 탐욕이 빛바래도록 해야 마땅하며 해탈해야 마땅하다."[215]

궁극적으로 갈애로 인한 고통을 끊어 윤회를 되풀이하지 않는 것이 불교가 추구하는 바이다. 여기서 유념해야 할 것은 윤회를 끊는 것이 보통사람들의 인식으로 가능하지 않고 그것을 목표로 하지만 현실적으로 가능한지에 대해 살펴볼 필요가 있다. 그래서 초기불교에서는 가능성을 제시하고는 있지만 '윤회의 끊음'에

---

213) 대림스님 역(2004), 『청정도론 1』, p.131.
214) "두 번째 품, 불행 경(Dugata-sutta)", 『상윳따 니까야 2』, p.455.
215) "두 번째 품, 불행 경(Dugata-sutta)", 『상윳따 니까야 2』, p.456.

대한 증명은 그 어디에도 없다. 결국 우리가 추구하는 열반은 심해탈과 혜해탈을 통한 정서와 인식의 새로운 변화라고 할 수 있다. 그리고 그것이 나의 것에만 머무는 것이 아니라 타인과 더 넓은 세계로 확대되어야 한다. 만약 자기만 해탈에 이른다면 불교는 좁은 깨달음과 행복에 머물 것이다. 초기불교에서도 정진을 통해 1차 해탈과 2차 해탈을 넘어 자비로 나아가는 대승적 움직임이 보인다. 오늘날 명상에서 유의할 점이다. 삼매와 통찰지로 도달한 행복은 나만을 위한 것이 아니라 함께하는 행복이다. 내가 행복해야 자비(慈悲)를 베풀 수 있고 내 마음이 평안해야 다른 사람을 평안하게 할 수 있다는 점에서 나의 수행이 필요하고, 거기서 그치지 않고 다른 사람에게로 이르고자 한다.

사띠[隨念] 이후의 명상주제는 자애[慈], 연민[悲], 더불어 기뻐함[喜, muditā], 평온[捨]의 네 가지 거룩한 마음가짐[梵住]이다.[216] "참으로 행복하고 안은(安隱)하기를! 모든 중생이 행복하기를!"[217]이라고 하여 자신의 행복을 중생에게로 확대시켰다. 『청정도론』에, "그가 백년이나 천년동안 '내가 행복하기를!'이라는 등의 방법으로 자기에 대한 자애를 닦는다고 해도 본삼매는 일어나지 않기 때문이다. 그러나 '내가 행복하기를!'하고 닦을 때 '마치 내가 행복하기를 원하고 고통을 두려워하고 살기를 원하고 죽기를 원하지 않는 것처럼 다른 중생들도 참으로 그와 같다'라고 자기를 본보기로 삼을 때 다른 중생들의 이익과 행복에 대한 원도 일어난다.", "그래서 붓다도 다음과 같이 설하시면서 이 방법을 보이셨다."[218]고 하였다.

> 마음으로 모든 방향을 찾아보았건만 어느 것에도 자신보다 사랑스러운 자 얻을 수 없네. 이처럼 다른 이들에게도 각자 자신이 사랑스러운 것, 그러므로 자기의 행복을 원하는 자, 남을 해치지 마세.[219]

---

216) 대림스님 역(2004), 『청정도론 2』, p.137.
217) 위의 책, p.141.
218) 위의 책, p.141.
219) 위의 책, p.142.

이른바 초선 등으로 그 마음이 본삼매에 든 사람만이 모든 곳에서 모두를 자신처럼 여기고, 모든 세상을 풍만하고, 무량하고, 원한 없고, 고통 없는 자애가 함께 한 마음으로 가득 채우고 머물 수 있는 '변환'을 이룰 수 있다고 하였다.[220] 이처럼 모든 중생에게 즐거움을 주고 괴로움과 미혹을 없애주는 자(慈)·비(悲)·희(喜, muditā)·사(捨)의 네 가지 무량심(無量心)이야말로 모든 중생을 행복하게 하고자 하는 마음이며, 이는 중생을 불쌍히 여기는 마음을 가지고 그들을 고통에서 구해내고자 하는 깨달음으로서의 해탈락(解脫樂)이다. 이것이야말로 동체대비(同體大悲)이며, 불교에서 추구하는 궁극적인 행복이라 할 수 있다.

---

220) 위의 책, p.142.

V. 결론: 초기불교 행복담론의 한계

지금까지 초기불교에 나타난 행복의 의미와 추구방법에 대하여 살펴보았다. 인간존재의 실상을 고(苦)라고 규정한 불교를 비관적 사상으로 인식하지만, 초기불교는 인생의 목적이 이고득락(離苦得樂), 즉 행복임을 천명하였다. 불교에서 고(苦)의 원인은 갈애(渴愛)와 무명(無明)인데, 갈애가 정서의 문제라면 무명은 진리에 대한 무지이다. 행복은 이성보다는 감정·정서 상태와 직결되는데, 궁극적으로 마음을 어떻게 조절하느냐에 달린 것이다. 초기불교에서는 수카(sukha), 기쁨, 희열, 정신적 즐거움, 결과로서의 행복 등 여러 행복 개념들이 사용되었는데, 궁극적으로 선업(善業)을 닦아 긍정적 심리상태를 유지하는 것을 행복이라고 보았으며, 행복을 위한 수행으로는 호흡명상인 16통찰관법에서 시작하여 구체적으로 37보리분법의 방법을 제시하고 있다.

불교가 추구하는 행복은 객관대상에 대하여 주관적 마음의 상태를 조절하고 수용하는 것이 핵심이다. 그것은 인간 존재의 실상과 그 심리작용에 대한 이해를 바탕으로, 수행을 통하여 나의 마음을 어떻게 행복한 상태로 만들어 유지하느냐가 관건이다. 행복은 주관적이고 자신의 마음에 달린 것이라 하더라도, 인간으로서 최소한의 존엄을 확보하기 위한 기본적·객관적 조건을 결코 무시할 수 없다. 건강한 신체와 기본적 욕구의 만족 없이는 행복에 접근하기 쉽지 않기 때문이다. 건강하지 못하여 불편하고, 원하는 기본조건이 이루어지지 못하여 만족하지 못한다면 행복할 수 없다. 물론 어떠한 환경에서도 자신의 마음 수양으로 모든 것을 너그럽게 수용하여 행복하다고 하는 고고한 사람도 없지는 않을 것이다.

불교는 기본적으로 객관 대상 자체보다 그에 대한 주관적 인식을 더 중시한다. 그러나 주관적 심리상태를 결정하는 요소는 객관적 환경 등 제반요인들의 상호영향에 의한 것이기도 하다. 뇌과학을 중심으로 인간의 감정을 분석한 다마지오는 우리의 정신은 단순히 뇌가 아니라 몸 전체에 기반하고 있음을 밝힘으로써 육체 없는 존재는 슬픔도 기쁨도 느낄 수 없음을 명확히 하였다.[221] 나아가 긍정심리학

---

221) 김영옥 역, 스태판 클레인, 『행복의 공식』(서울: 웅진지식하우스, 2006), p.37.

에서 제시한 "행복의 공식"을 보자.

> (1) 행복의 감정과 불행의 감정은 항상 함께 하며, 삶을 풍요롭게 꾸려나가는 기술은 불행 속에서 행복을, 행복 속에서 불행을 인식할 줄 아는 데 있다.
> (2) 우리는 선천적으로 행복의 유전자를 가지고 태어난다. 하지만 우리의 행복에는 유전적 요인보다 외부환경과의 관계가 더 큰 영향을 미친다.[222]

(1)에서는 행복의 감정을 많이 느끼기 위한 노력이 필요하고, (2)는 불행하게 하는 환경을 극복하는 노력이 필요하다. 초기불교의 관점은 (2)보다 (1)에 가깝다. 주관적 행복을 위해 우선되어야 할 것은 가장 기본적이면서 객관적인 행복의 조건 확보이다. 전 세계적으로 부의 편중 현상, 국내적으로도 빈부격차와 제도적 미비로 인한 상대적 박탈감 등은 아무리 주관적 행복을 강조한다 하더라도 무시되어서는 안 될 부분이다. 환경과 대상에 대한 면밀한 통찰을 통한 비판과 변화의 노력은 행복의 추구와 실현 과정에서 반드시 필요한 것들이다. 대승불교에서는 공(空)과 자비(慈悲)로 집착을 버리고 더불어 행복하기 위한 방법을 제시하였지만, 초기불교에서는 주관적 행복에 방점이 있다. 행복에는 나만의 행복이 아닌 너와 우리, 타인들의 행복을 위해 노력하는 진취적인 자세도 포함되어야 하는데, 초기불교는 이러한 객관적 환경에 대한 인식, 역사적 변화 주체로서의 자각에 아쉬움이 남는다.

오늘날 젊은 세대들에게 행복의 본질에 대하여 가르칠 필요가 있다. 최근의 교육과정이 행복의 추구를 염두에 두고 진행되는 점은[223] 매우 고무적이다. 교육적 관점에서 행복은 두 가지 의미적 접근이 가능하다. 하나는 교육의 목적과 과정, 방법이 행복과 연계되어야 하는 것이고, 다른 하나는 행복해지는 것도 교육에 의해 가능하다는 것이다. 전자가 행복한 교육이 되기 위한 거시적 방향 설정이라면, 후자는 행복해지는 교육, 즉 연습과 노력을 통해 행복한 사람이 되도록 하는 것이다.

---

[222] 위의 책, p.74.
[223] 한국도덕윤리과교육학회, 『2015 문·이과 통합형 도덕과 교육과정 개정 시안 공개 토론회 자료집』 (2015.04.17.)

윤리교육에서는 불교의 행복에 대하여 그 의미와 방법, 나아가 삶에서 어떻게 실천할지를 가르치는 것이 중요하다. 삶 속에서의 심해탈과 혜해탈, 다른 말로 마음의 평화와 인식의 전환이 행복이고, 그것을 넘어 자비심의 실천이 진정한 행복이 아닌가 생각한다. 불교의 행복담론에 대한 논의가 조금이라도 불교윤리교육에 기여할 수 있기를 바라는 바이다.

제4장

도가의 행복담론과 윤리교육
- 해체론에 근거하여 -

Ⅰ. 서론: 윤리적 특이점

 담론이나 철학사조의 형성은 평온한 시기보다는 급변하는 위기상황에서 더욱 활발해진다. 상황을 위기로 인식하는 순간, 사람들은 누구나 본능적 생존을 위한 대응책을 모색하게 되는데, 그것이 시대정신 혹은 사조를 창조하는 힘이자 토대로 작용한다. 코로나19로 인한 2020년 이후를 이른바 '대전환기'라고 부른다. 삶의 양상이 이전과 크게 달라졌고, 달라지고 있음을 극적으로 표현한 말이다. 코로나19는 만남과 소통뿐만 아니라, 인류의 삶의 양식은 물론 개인의 의식과 가치관까지 변화시키고 있다. 사람들은 무엇을 추구하고, 어떻게 살아야 할지 구심점을 찾기 위한 노력으로 분주하다. 그 결과 각자의 욕망과 이익에 따라 대안을 모색하고 있고, 결과적으로 다양한 담론들이 구성되고 있다.

 대전환기, 윤리교육이 다루어야 할 담론은 무엇일까? 이념교육의 멍에를 벗고 윤리교육의 정체성이 확보되기 시작한 1990년 이후의 윤리교육담론을 살펴보자. 1990년대는 유교자본주의를 중심으로 한 '전통담론'의 시대였다. 세계화의 반대급부로 부상한 전통담론은 근대화에 밀려 저급으로 여겨졌던 '전통'을 되살리기 위해 노력하였고, 지금은 비록 사라졌지만 "전통윤리" 교과목은 그러한 담론의 결과였다. 2000년대는 문화적 다양성을 토대로 한 '다문화담론'이 확산되어, 윤리 교과 뿐만 아니라 거의 모든 교과에서 다문화가 교육내용에 포함되었다. 2010년대는 긍정심리학에 토대한 행복추구와 그 방법으로 명상이 확산되었던 '행복담론'의 시대였다. 행복이 무엇인지, 행복하기 위해 어떻게 살아야 할지에 대한 사회적 논의가 폭발적으로 증가하였다. 세월호 사건 이후는 인성교육진흥법 제정으로 '인성담론'의 시대이기도 하였다.

하나의 담론은 시대정신의 반영이며 새로운 담론은 또 다른 시대정신을 촉발하기도 한다. 담론의 교체에는 어느 정도의 시간적 간격이 필요하며, 이전 담론의 질적인 발전은 새 담론형성의 기틀이 되기도 한다. 담론도 하나의 패러다임처럼 성장과 발전, 사멸의 역사를 거친다. 그렇다고 한 시기에 하나의 담론만 형성되는 것은 아니다. 윤리교육에서 '통일담론'과 '입시담론'은 언제나 중요한 담론이었으며, 다른 담론들과 연계되어 진화되기도 하였다. 윤리교육담론에서 여타 담론을 종합하고 방향정립의 토대가 되는 것은 바로 '행복담론'이다. 삶의 목적으로 행복이 제시된 아리스토텔레스 이후, 2000년대 긍정심리학의 도움으로 보통사람들의 현실적 행복추구로 확대될 때까지, 행복은 변함없이 윤리교육의 중요한 주제였다. 최근 긍정심리학 행복담론에 대한 비판적 관점에도 불구하고[224] 윤리교육에서 '행복담론'은 진행형일 뿐만 아니라 앞으로도 지속될 담론이다.

윤리교육은 시대정신을 포착하여 담론을 주도함으로써, 개인과 공동체를 위한 가치추구의 방향과 대안을 제시해야 한다. 최근 윤리교육담론은 'AI윤리담론'으로 모아지고 있는 듯하다.[225] 알파고와의 바둑대결로 촉발되어 사회담론이 된 후, 로봇윤리를 비롯한 응용윤리 분야가 이 담론을 주도하여 왔다. 최근 비자발적 비

---

[224] 이진남, "긍정심리학의 행복 개념에 대한 비판적 고찰", 『철학논집』 44(서강대학교 철학연구소, 2016), pp.97~131; 로널드 W. 드워킨, 박한선·이수인 역, 『행복의 역습』(서울: 아로파, 2014); 바버라 에런라이크, 전미영 역, 『긍정의 배신』(서울: 부키, 2011); 가브리엘 외팅겐, 이종인 역, 『무한긍정의 덫』(서울: 세종서적, 2015); 윌리엄 데이비스, 황성원 역, 『행복산업』(파주: 동녘, 2015); 장승희, "현대행복담론에 대한 비판적 성찰과 윤리교육적 대안", 『윤리연구』 132(한국윤리학회, 2021), pp.47~82.

[225] 초등도덕교육학회 연차학술대회 자료집, 『대전환기 도덕교육의 패러다임』(2021.10.15.). 한국교육과정평가원과의 공동주최로 열린 본 학술대회 핵심주제는 'AI윤리'였다.

대면수업이 확산되면서 과학기술과 결합된 AI담론은, 윤리담론과 만나 본격적인 담론으로 정초되었다. AI윤리담론은 앞으로 인류가 인공지능 기계들과 어떻게 조화하며 살지에 대한 깊은 윤리적 고뇌가 담겨 있다.

미래학자들은 예측이 불가능한 시점, AI가 감정을 지녀 인간을 넘어서는 '특이점(singularity)' 이후를 우려하는데, 바로 과학기술의 물질적 축적이 질적 전환을 이루는 시점이다. 유발 하라리는 사피엔스가 더 이상 지구역사의 주체가 아닐 수 있다고 예견하며, 앞으로 인류를 대체할 사이보그의 등장을 우려하였다.[226] 미래는 유토피아 혹은 디스토피아일 수도 있지만, 그는 인류가 어떻게 대응하는가에 인류의 존망이 달렸다고 보았다. 또한 바이오과학 전문가들에 의하면, '생명공학 발전이 가져올 미래'에는 인간 수명의 연장, 영생(永生)의 결과 3세대가 유사한 나이로 공존할 가능성을 배제할 수 없다고 한다.[227] 심지어 '마인드 업로딩'(인간의 마음을 컴퓨터에 전송하는 기술)을 주제로 인간의 실존문제를 다루기도 하는 등,[228] 급속한 사회변화 속도를 반영하면 전혀 가능성 없는 예견도 아닌 듯하다.

이와 같은 변화 속에서 윤리교육은 앞으로 직면할 '윤리적 특이점(ethics singularity)' 상황에 대응할 필요가 있다. 윤리적 특이점이란 가치체계가 급변하여 기존 도덕윤리로는 더 이상 개인·가족·사회관계 및 질서유지가 불가능해지는 임계점을 말한다.[229] 이때의 윤리교육은 기존과는 다른 가치규범의 토대에서 이루어지지 않으면 안 된다. 기존 도덕교육의 이론과 방법으로는 가치교육이 불가능하여 목표·내용·방법에서 관점전환이 요구되기 때문이다.

그렇다면 대전환기와 윤리적 특이점 등 위기를 촉발하는 원인은 무엇일까? 그것은 현대 자본주의와 기술문명의 토대이기도 한 '인간의 욕망'이다. 욕망을 제대로 파악하기 위해서는 욕망의 이중성, 즉 자기실현의 동력이면서 극복대상이라

---

226) 조현욱 역, 유발 하라리, 『사피엔스』(서울: 김영사, 2016).
227) [미래수업](tvn 2021.4.26. 방영), "늦어도 50년 안에 '120세 시대'가 온다?" (https://www.youtube.com, 검색: 2021.10.20.)
228) EBS SF 토크쇼, [공상가들](2021.12.09. 방영)
229) 초등도덕교육학회 연차학술대회 자료집, 앞의 책, p.549.

는 두 얼굴을 들여다볼 수 있어야 한다.[230] 욕망은 서양보다 동양에서 더 중시되었는데, 대상보다 주체, 논리보다 마음에 초점을 두어 수양·수행을 강조했기 때문이다.[231] 서양에서 욕망이 본격적으로 삶의 원동력으로 중시된 것은 스피노자가 욕망을 긍정하며 문제 삼고, 니체가 '권력의지'로서의 욕망을 중심으로 삼은 이후이다. 이후 자본주의 문명에서 인간욕망이 극대화된 결과 오늘날의 위기상황이 촉발되었으며, 욕망은 행복담론의 중심에 서게 된 것이다. 행복은 욕망의 만족에서 가능해지지만, 인간의 욕망은 결코 완전히 충족될 수 없기에, 욕망이 커질수록 불행해진다는 '행복의 역설'이 나오게 된 것이다.

지금까지 윤리교육 행복담론은 주로 서양사상 중심으로 이루어져왔다.[232] 그렇다고 동양사상에 행복논의가 부재했던 것은 아니다. 공자의 락지(樂之)의 경지, 맹자의 삼락(三樂), 붓다의 이고득락(離苦得樂) 등 모두 행복담론의 지평에 속한다. 선행연구들을 보면, 유교에서는 현실과 조화하면서도 현실을 벗어나고자 하는 안빈낙도(安貧樂道)의 삶에 대한 연구,[233] 시대적 요구에 부응하여 백세시대의 노년과 연계시킨 연구[234] 등이 있다. 고성제(苦聖諦)를 전제하는 불교는 행복담론보다 행복방법으로써 명상연구가 더 많다.[235] 도가는 자본주의적 패러다임의 브레이크로서 무위(無爲)와 지락(至樂)에 대한 연구가 있으며,[236] '됐다'와 '놀자'로 행복을 제시한 연구도[237] 의미 있다. 그럼에도 불구하고 '윤리교육'에 동양행복담론이 희

---

230) 고려대 철학연구소, 『자기실현의 동력으로서의 욕망』(서울: 한국학술정보, 2011a); 고려대 철학연구소, 『극복대상으로서의 욕망』(서울: 한국학술정보, 2011b); 정준영·한자경 외, 『욕망: 삶의 동력인가 괴로움의 뿌리인가』(운주사, 2008).

231) 욕망을 다룬 두 책(고려대학교 철학연구소a·b, 위의 책)의 13주제 중 8개가 동양이고, 5개가 서양이다.

232) 장승희, "유교 행복담론의 도덕교육적 함의", 『윤리연구』 127(한국윤리학회, 2019), p.3.

233) 조민환, "도가적 은사의 삶과 웰빙-장자 심은적 삶의 태도를 중심으로-", 『동양철학연구』 53(서울: 동양철학연구회, 2008), pp.73~106.

234) 이석주, "'홀로 있음'과 노년-유가와 도가를 중심으로", 『한중인문학연구』 65(한중인문학회, 2019), pp.273~292.

235) 불교의 행복담론은 초기, 중관과 유식, 교와 선, 인도불교와 중국불교 등 사상사 스펙트럼이 넓어서 포착하기가 쉽지 않다. 그럼에도 유교, 도가와 더불어 동양행복담론에서 다루어야 할 주제임은 분명하다.

236) 유장림a, "여가와 심성의 수련: 어떻게 행복할 수 있는가", 『사회사상과 문화』 18(동양사회사상학회, 2008), pp.91~112.; 유장림b, "장자의 행복과 여가", 『사회사상과 문화』 20(동양사회사상학회, 2009), pp.223~250.

237) 정세근a, "됐다와 놀자: 노장의 행복론", 『동양철학』 45(한국동양철학회, 2016), pp.59~81.

소한 이유는, 행복담론의 학문지식이 교과지식·학교지식으로 승화되지 못하였기 때문이다. 행복담론은 교육 대상자들이 직면한 문제 해결에 도움을 줄 때 비로소 진정한 의미를 지닐 수 있다.

이성과 논리 중심의 서양에 비해, 동양은 마음속 욕망을 어떻게 다룰지 중시하였다. 불교는 탐진치(貪瞋痴)를 제거하는 마음잡기를 강조했고, 유교는 사욕을 버리고[遏人慾] 천리를 보존하는[存天理] 마음 다스리기를 중시했으며, 도가는 무욕(無欲)을 넘어 소요유(逍遙遊)로 나아가 해탈에 이르고자 한다. 도가의 본질에 충실하다면 행복을 설정하는 것마저도 인위이자 구속이라고 그 자체를 거부해야 할 것이다. 하지만 욕망에 대한 '해체' 전략이라면 노장도 방편으로 수용할 듯하다.

도가의 행복담론이 결코 완전한 답을 주지는 못한다. 현실도피나 초월주의로 도가를 보면, 지극히 현실적인 욕망의 문제를 제대로 풀어내기 쉽지 않기 때문이다. 연구자가 '해체'와 '도가'를 다룬 이유는, 해체(deconstruction) 성격을 지니는 '무위(無爲)·무욕(無欲)'이, 기존과는 다른 관점에서 행복을 바라보게 하는 기제일 뿐만 아니라, 대전환기에 피폐해진 젊은 세대들의 행복추구에 도움을 줄 수 있다고 보았기 때문이다. 이를 위해 우선 2장에서는 해체론과 욕망에 대한 들뢰즈와 가타리의 관점을 살펴보고, 3장에서는 해체론을 적용하여 자연에 대한 도가와 도교에 대한 관점을 해체한 후, 해체론의 이념을 바탕으로 노자의 무위·무욕과 장자의 유(遊)·제물(齊物)을 분석해 보았다. 4장은 윤리교육적 시사점으로 불언지교(不言之敎)의 제고, 개성존중과 자유정신 추구, 양생을 위한 방편으로서 '인순(因循)'을 다루었고, 결론에서는 도가행복담론의 한계와 교육 시 유의점을 찾아보았다.

Ⅱ. 해체론과 욕망문제

주역의 변화원리는 "궁하면 변하고, 변하면 통하고, 통하면 오래간다[窮則變, 變則通, 通卽久]"이다. 통한 것이 오래가면 또 궁함으로 변하고, 그것은 다시 변화의 요인이 된다. 헤겔 변증법의 정반합(正反合), 불교의 공(空)·중도(中道)의 연기법(緣起法)과 마찬가지로, 노자의 "되돌아가는 것이 도의 운동이다."[反者, 道之動]라는 구절도 변화의 원리를 드러내고 있다. 마주 존재하는 이 세상 모든 것들은 끊임없이 변화하며, 오래되어 극한에 이르면 반대방향으로 운동한다. 삶을 비롯한 만물의 섭리, 도가의 성립, 해체철학의 등장도 이와 같은 해체·변화의 운동과정인 것이다.

동서양을 막론하고 욕망이해는 긍정적이기보다는 부정적인 관점에서 이루어졌다. 인간의 존재근거를 합리적 이성·지성에서 찾았던 서양철학에서, 감정·욕망은 부차적이며 저급한 것으로 평가절하 되었다. 해체철학은 이성·지성이 핵심인 서구 형이상학적 존재인식을 거부하고, 모든 존재의 드러남은 생성의 과정일 뿐이라고 주장한다. 데리다(Jacques Derrida)가 처음 사용한 '해체(deconstruction)' 개념은 1980년대 이후 한국 도가담론에 수용되었는데, 대부분 불교의 공(空)·불이(不二)사상의 해체성에는 찬성하였지만, 도가에 대해서는 찬반이 공존하였다. 반대논리는 도가철학과 해체철학과의 연계는 해체론에 대한 무지의 소치로, 도가는 해체의 주체가 아니라 해체의 대상이라는 것이다. 도(道)를 하나의 기준으로 삼는 것은 해체와 거리가 멀다는, 방법론에 대한 비판이 핵심이다. 이에 반해, 찬성논리는 기존의 주체와 정체성을 부정하는 데 의미가 있으며, 해체의 정신·이념이 중요하다는 것이다. 즉 해체론적 사유는 지향하는 이념에 초점을 맞추어야 한다는 주장이다. 찬반논쟁을 거쳐 도달한 결론은, "노장에 대한 어떤 시도들보다 가장 성공적인 비교철학적 독법"[238]이라는 것이다. 한국에서 노장을 해체철학의 계보에 포함시켰던 이유는, 그 정체성, 즉 해체적인 상호의존적 관계의 사유태도에 있다.[239]

---

238) 박원재, "노장철학과 해체론", 『오늘의 동양사상』 14(예문동양사상연구원, 2006), pp.128~132.
239) 박경일, "해체철학의 선구들-붓다, 노자로부터 엘리엇, 데리다까지", 『시와 세계』 15(시와 세계, 2006), p.156.

이러한 해체이념은 여전히 유효하여, 최근 '화쟁인문학'을 기치로 프랑스 해체론을 불교의 화쟁론과 연계시킨 연구는, 해체론의 의미와 방법을 확장시킨 노력이라 할 수 있다.[240] 본 연구자는 해체론의 의미가 "노장의 철학적 메시지를 핵심으로 접근해가는 데 실효적인 통로를 열어준다"[241]는 주장을 수용하여 도가의 행복담론에 접근하고자 한다. 해체론은 서구 형이상학에 대한 비판이자, 철학적 문명론이다. 서구유럽문명의 배후에 있는 로고스가 어떻게 평범한 일상에까지 변형되고, 위장된 형태로 다양화되었는지를 폭로한 것이 바로 해체철학이다.[242] 서양 형이상학(철학)은 존재를 이성과 감성, 본질과 형상 등 이원적으로 파악하고, 전자가 존재의 본질이자 우위에 있으며 그것을 토대로 문명을 이룩했다고 본다. 해체론은 이러한 형이상학에 기초한 서양문명의 본성과 내력을 비판한 것이다.[243]

데리다는 해체와 더불어, '차연(差延, différance)' 즉 '차이' 개념에 주목하여, 모든 것을 지배하는 진리, 권위, 중심의 존재를 거부하고, 언제나 유목민처럼 떠돌아다니는 차연의 운동 구조처럼 열려 있는 형이상학을 주장한다. 이와 같은 '해체'와 '차이'의 형이상학은 현실정치와 연계되고 있는데, 랑시에르(Jacques Rancière)는 논쟁갈등의 원인은 배제를 통한 '불화(不和)'에 있다고 보고, 정치적 소수자의 목소리에 귀 기울일 것을 강조한다. 낭시(Jean-Luc Nancy)도 구체성과 실체가 존재하지 않지만 접촉·나눔·열려있음을 특성으로 하는 '중심 없는 공동체'에 의한 새로운 관계 맺기를 주장한다.[244] 『무위(無爲)의 공동체』에서 낭시는, '무위(無爲)'를 "아무것도 생산하지 않지만 고유의 주체를 변형시키는 어떤 행동"이라고 하였다.[245] '차이'에 기반한 해체론은, 경쟁과 갈등으로 불화가 만연한 현대

---

240) 안은희, "프랑스 차이담론의 화쟁학적 탐구 가능성-차이 개념 자체에 대한 탐구와 차이의 배타적 차별 극복을 위한 방법론 연구", 『화쟁인문학의 전망과 연구방법론(Ⅰ)』, 화쟁연구소 2021 추계학술대회 발표자료집(영산대 화쟁연구소, 2021.11.6.), pp.25~41.
241) 박원재, 앞의 논문, p.121.
242) 김상환, 『해체론 시대의 철학』(서울: 문학과 지성사, 1996), p.102. 미셸 푸코는 들뢰즈의 『차이와 반복(1969)』, 『의미의 논리(1969)』를 환영하는 평문에서 "언젠가는 아마도 들뢰즈의 세기가 될 것이다."라고 하였다.(p.113.)
243) 김상환, 위의 책, p.175.
244) 안은희, 앞의 논문, pp.30~38.
245) 장 뤽 낭시, 박준상 역, 『무위의 공동체』(파주: 인간사랑, 2010).

사회의 긍정적 변화를 위한 실천의 힘을 제공하고 있다.

현대 자본주의 사회의 욕망과 관련하여 해체적 관점에서 시사점을 주는 사람은 들뢰즈(Gilles Deleuze)와 가타리(Pierre Félix Guattari)이다.[246] 그들의 '유물론적 욕망이론'은 스피노자와 니체로부터 영향을 받았다. 스피노자는 정신과 신체의 긴밀한 관계를 강조하면서 욕망으로서 자기보존의 힘인 '코나투스(conatus)'를 인간의 현실적 본질로 파악한다. 그에게 정신과 육체, 사유와 연장은 동일한 실체의 상이한 속성이며, 코나투스는 정신과 신체를 통일시키는 무의식적 힘이자 욕망이다.[247] '권력의지'를 강조한 니체는 이러한 힘의 의지가 대상 지배 자체를 목적으로 하기보다는, 대상을 지배하는 과정에서 자신의 잠재적 가능성을 최대한 발휘하고 수월성을 실현하려는 끊임없는 생성의 열정으로 파악한다. 이러한 의지는 단순한 생존의지를 넘어 끊임없이 무언가를 만들어내려는 다원적·이질적·자발적인 생성의 역동이라는 것이다.[248] 두 사람은 데카르트의 이원론적 인간 이해를 해체하여 인간과 욕망을 새롭게 이해하고자 하였던 것이다.

들뢰즈와 가타리는 결핍·결여로 개념화한 전통적 욕망 개념을 거부하고, '생산적이고 능동적인 에너지의 흐름'으로 파악한다. 그들은 욕망을 "무의식적 리비도의 흐름이고, 본질적으로 기계적인 에너지의 흐름"이라고 본다. 들뢰즈는 이 리비도가 생물학적 개념이고, 욕망은 실재계에 근거한 물질적 에너지로 이해한다. 이러한 독특한 욕망 이해에서 출발하여, 그들은 "기분 좋게 해놓고 주머니를 털어가고 혼까지 빼가는 사회"라고 자본주의를 비판한다. 그들의 시대인 1960년대는 일종의 포스트모더니즘이라 불리는 소비자본주의의 시대로, 주체의 해체, 주체의 탈중심화, 인간의 죽음, 주체의 분산, 반인간주의, 혹은 분리된 주체라는 용어들의 의미를 실감케 하는 시대였다.[249]

들뢰즈와 가타리는 자본의 욕망과 그것에 호락호락 호명당하는 인간의 욕망을

---

246) 질 들뢰즈의 욕망담론은 "자본주의와 분열증"이라는 부제를 달고 있는 펠릭스 가타리와 공저인 김재인 역, 『안티오이디푸스』(파주: 민음사, 2014)와 김재인 역, 『천개의 고원』(서울: 새물결, 2001)에서 드러나고 있다.
247) 전경갑, 『욕망의 통제와 탈주』(서울: 한길사, 1999), p.95.
248) 위의 책 p.96.
249) 위의 책, pp.230~233.

문제 삼는다. 진정한 욕망을 억압하고 헛된 욕망만을 부추기는 자본의 생리와 자본의 욕망에 포획된 현대의 암울한 시대상황을 파시스트적 억압이라고 개탄한다. 그들은 이러한 통제와 억압의 질곡에서 벗어날 수 있는 가능성을 탐색하는 데 주안점을 두었다.[250] 그들은 역사적으로 유도된, 자본의 생리와 운동법칙에 따라 만들어진 욕망은 거부한다. 그들에 의하면, 자본의 욕망은 주체와 전혀 무관하게 움직이는 '기계적 흐름(machinic flow)'이며, 본질상 정착을 싫어하는 '유목적 흐름(nomadic flow)'이어서 어떤 표상체계나 구조적 제약에도 완벽하게 구속될 수 없다. 그것은 흘러도 그냥 얌전하게 흐르는 것이 아니라 신들린 듯 흐르는 '분열적 흐름(schiz flow)'이므로 인격적 주체나 의식적 주체 개념을 부여할 수 없다. 그래서 자본은 '욕망하는 기계'라는 것이다.[251]

들뢰즈는 자연적이고 보편적인 욕망은 긍정하지만, 자본주의 사회의 욕망은 비판한다. 다른 학자와 다른 점은, 자본주의 욕망의 흐름 속에서 그 변화의 실천적 힘을 '욕망'에서 찾는 데서 발견할 수 있다. 암울한 시대적 상황을 극복하기 위해, 명증한 의식보다 무의식적 역동, 냉철한 이성보다 출렁이는 감성, 인지적 능력보다 정의적 열정에 기대해야 한다고 주장한다. 변혁의 원동력을 욕망의 열정에서 찾으려는 점에서, '소통적 이성'에서 변혁의 가능성을 탐색하는 하버마스와 차이가 있다.[252] 들뢰즈와 가타리의 욕망 이해는 존재론적인 관점 전환을 위한 단초를 제시해준다. 유물론적 욕망이론은 "기계와 자연을 화해시키는 생철학으로 발전하는 계기"이자, "인공과 자연, 기계와 생물 사이의 이분법적 대립마저 극복"하려는 노력으로 볼 수 있다.[253] 욕망에 대한 이러한 긍정적이면서, 그리고 물질과의 조화를 추구하는 관점은 매우 획기적이어서 인공지능시대의 시사점을 찾을 수 있을 것이다.

주목할 점은 이들이 중심이 아닌 주변, 약자로서의 소수성에서 해결방안을 찾는 것이다. 그들은 해체론에 근거하여 끊임없는 변화에 대한 인식을 바탕으로, 중심이 아닌 주변의 중요성, 변화를 위한 다양성의 수용, 소수성을 포함한 다양체의

---

250) 위의 책, p.226.
251) 위의 책, p.229.
252) 위의 책, pp.224~225.
253) 김상환, 앞의 책, pp.114~118.

강조 등에서 대안을 찾는다. 즉, 중심이나 주체가 아니라 주변 혹은 소수자, 약자에 대한 관심을 통하여 변화의 가능성을 모색한다.

> **우리 시대는 소수자들의 시대가 되고 있다.** (…) 소수자를 규정하는 것은 수가 아니라 수와의 내적인 관계이다. (…) 장기적으로 보아 소수자들은 자본주의 경제와 국가 형식을 거치지 않는 조직을 촉진시키기 때문이다. (…) **남자건 아니면 여자건 우리는 모두 "여성"이 되어야 한다. 백인이건, 황인종이건 아니면 흑인이건 인종을 불문하고 우리는 모두 "비(非)백인"이 되어야 한다.**[254]

들뢰즈의 철학적 개념과 새로운 용어들을 이해하는 것은 쉽지 않다. 그러나 그는 자본주의 욕망 개념을 새롭게 규정하면서, 그 무목적적 욕망의 흐름이 지닌 문제에 대한 해결책을, 주체적 중심이 아니라 기존 중심축에서 벗어난 주변부의 존재와 속성에서 찾고 있다. 이것은 노자가 유약(柔弱), 여성(女性), 영아(嬰兒) 등을 강조하고, 장자가 〈덕충부〉에서 왕태(王駘), 신도가(申徒嘉), 인기지리무신(闉跂支離無脤) 같은 상처받고 학대받고 추하고 천한 사람들을 제시함으로써 만물에 대한 포용을 주장한 것과 상통한다. 들뢰즈와 가타리에서 해체란 현실적 인식으로는 보이지 않는, 무목적적 욕망의 흐름을 포착하되, 그것이 긍정적 변화의 원동력이 되게 하는 것이다. 갈등과 경쟁사회에서 이기기 위한 노력을 추구하는 상황에서, 지는 것, 물러나는 것, 뒤처지는 것이 오히려 의미 있음을 찾는 것이 해체의 전략인 것이다. 장자는 자연의 질서를 무차별적 무목적적인 생명력으로서 기(氣)의 운동으로 설명한다. 이러한 관점은 들뢰즈와 가타리의 욕망 개념과 유사하지만, 그들이 욕망 자체를 중립적으로 이해한 반면, 장자는 기의 변화와 운동의 과정으로서 자연을 절대 긍정하여 수용한다. 들뢰즈의 유물론적 욕망 개념이 해체를 통해 '긍정적 지향성'을 모색한다는 점에서 도가와 상통한다 하겠다.

---

254) 질 들뢰즈·펠릭스 가타리a, 김재인 역, 『천개의 고원』(서울: 새물결, 2001), pp.897~899.

Ⅲ. 욕망해체로서 도가의 행복

1. 도가와 도교의 해체

　욕망은 경쟁과 갈등으로 치환되지만, 긍정적 욕망은 이것을 해결하고 극복하는 원동력이 되기도 한다. 긍정심리학은 마음과 태도의 긍정성을 확대시키는 방법으로 행복을 추구한다. 그러나 긍정성에 대한 욕망과잉은 오히려 행복강박이란 불행으로 전도되고 만다. 여기서 어떻게 욕망을 바라보고 다루어야 하는지의 인식전환이 요구된다. '도=자연'의 관점에서 도교와 도가를 해체해보자.

　도가에서 말하는 자연(自然), 즉 도(道)는 자연성, 생태자연 등 여러 가지 의미를 포섭하는데, 해체행복담론에서 자연은 하나로 고정되기보다 우리 삶의 구체적 과정 속에서 살아있어야 한다. 도가(道家, Philosophical Taoism)와 도교(道敎, Religious Taoism)는 철학적 추구와 종교적인 추구로 구분된다. 이른바 "도를 아십니까?"라는 물음은 도교와 연관된다. 도교는 노장사상에 근거하지만 동한(東漢) 말 오두미교의 등장으로 출발하였고, 중국 당(唐)에서는 황제의 성과 노자[李珥]의 성이 같다고 하여 신봉하며 발전되기도 하였다. 위진시대 현학의 문제를 계승한 도교는, 이후 대승불교 반야 공종의 중관학설을 흡수한 중현학(重玄學)이란 학술조류를 성립할 정도로 발전되었다.[255] 중국에서 탄압받는 법륜공(法輪功)이 도교와 관련됨을 보면, 도교가 유교·불교보다 더 중국 민중들의 삶의 영역에 깃들어 있음을 엿볼 수 있다.[256]

　통치이념으로 전개된 고려의 불교, 조선의 유교와 달리, 한국에서 도가·도교는 핵심적 통치이념으로 정립된 적이 없었다. 도가가 상대적으로 주목을 받지 못하고 연구자가 적은 이유이기도 하다. 도교는 불로장생, 무병장수와 같이 인위적 방법으로 생명연장을 추구하기 때문에, 무위자연을 가치로 생의 자연스러움을 추구

---

255) 성현영, 최진석·정지욱 역, 『노자의소: 도교, 불교와 만나다』(서울: 소나무, 2007), p.29.
256) 김덕삼, "한국에서 도가 문화의 수용과 창조", 『한국학연구』 68(고려대학교 한국학연구소, 2019), p.75.

하는 도가의 철학적 관점과는 다르다.[257] 그럼에도 연구자들은 철학적 도가와 종교적 도교를 '도가문화'로 포괄하여 논의하며 그것의 연속성을 강조한다. 저변이 약한 한국 도가문화의 방편인 듯하다.[258] 도가는 철학으로 정통이며, 도교는 종교로 비정통이라는 인식에 근거한 이러한 구분은 해체될 필요가 있다.

자연의 '의미'에 집중하더라도 노자의 출발은 가공하지 않은 생태자연이었을 것이다. 모든 사상은 시대적·사회적 요구에 부응하며 변화하고 발전한다. 사람들은 도가의 자연을 각자의 삶의 지평에서 위기극복의 대안으로 수용하고 이해함으로써 도교에까지 이르렀던 것이다. 노자의 자연은 '스스로 그러함', '자연성', '본성'을 뜻하는 '의미적 자연'이며, 생태계로서 자연세계의 '사실적 자연'은 아니라는 관점은[259] 자연을 형이상학적으로 보고자 하는 관점이다. 들뢰즈에 의하면, 의미는 결코 형이상학적 개념이 아니라 자연과 문화의 경계면에서 발생하는 '사건(event)'으로 이루어진다.[260] 모든 것은 변화와 관계성에 의해 이루어지기 때문에, 고정된 명사형이 아니라 변화하는 동사형으로 존재한다는 말이다. 노자의 자연(自然)을 굳이 '의미'로만 한정시키는 것은 노자를 고착화시켜 다양한 해석을 거부하는 것이다. 태어나고 죽고 존재하고 사라지는 등 섭리에 의해 이루어지는 모든 시공간의 과정들, 사건들이 자연이라고 할 수 있으며, 그런 의미에서 생태계로서 자연도 충분히 여기에 포함되어야 할 것이다.

현대인들은 보르디외(Pierre Bourdieu)의 이른바 몸에 각인된 역사로서 '아비투스(habitus)'를 구축하며 살아간다. 아비투스란 특정한 생산조건 안에 내재한 모든 사고, 행동, 지각을 낳는 자발적이고 무의식적인 도식을 의미한다.[261] 그것은 역사적으로 구성된 사회적 행위의 버릇으로, 개인적이면서 집단적이고 보편적인 것이다. 보르디외에 따르면, 현대사회 개인들의 아비투스는 집단적 보편성을 가능하게 하는 '장(champ, 場)'과의 사회 작용, 일종의 '공모(complicity)' 속에서

---

257) 위의 논문, p.72.
258) 한국도가학회 중심으로 도가 혹은 도교에 대한 연구가 지속되는 점은 고무적이다.
259) 정세근b, "의미적 자연과 사실적 자연-노자의 경우", 『동서철학연구』, 88(한국동서철학회, 2018), pp.99~100
260) 질 들뢰즈, 이정우 역, 『의미의 논리』(서울: 한길사, 1999), p.29.
261) 김동일, 『피에르 브르디외』(서울: 커뮤니케이션북스, 2016), p.5.

살아간다.[262] 이러한 아비투스와 장은 하나의 구속이자 억압으로 작용하는데, 여기서 벗어나려는 것이 바로 행복을 찾는 노력이라 할 수 있다. 중년들이 좋아하는 "나는 자연인이다" 프로그램은 문명과의 거리두기로, 기존 장에서 벗어나 아비투스를 해체하려는 노력이며, 안빈낙도(安貧樂道)의 방법이기도 하다. 이것은 기존 삶의 해체라는 점에서 의미를 찾을 수 있으며 '도가적 행복'과 무관하지 않다.

2. 무위·무욕의 해체방향

도가는 혼란한 춘추전국시대에, 인(仁)과 예(禮)를 통한 사회질서의 유지를 중시했던 유가를 비롯한 기존사상체계를 비판하고 해체하는 데서 성립되었다. 노자는 공자에 비해 탈세속적으로 해체를 선택했지만, 공자와는 다른 또 하나의 문명을 주장한 인문주의자로[263] 완전히 현실을 벗어나고자 하지는 않는다. 노자의 해체전략은 기존 권위에 대한 비판과 도전으로서의 해체로, 무위자연이 결코 카오스 단계에 이르도록 놔두는 것을 의미하지는 않는다.

노자의 논리에는 자연성(自然性)에 대한 긍정평가와 인위에 대한 부정평가가 전제된다. 이러한 평가에 근거하여 나름대로의 가치 지향을 추구하고 있는 것이다. 최진석은 노자의 욕망 문제가 그것의 '지향성'과 '배타성'에 원인이 있다고 진단다. "욕망이나 의욕은 어떤 일정한 방향으로 나아가려는 심적 활동이다. 하나의 욕망을 실현하려다 보면 그 욕망에서 비켜나 있는 다른 모든 것들로부터 소외될 수밖에 없고 또 소외시킬 수밖에 없다. 그러나 세계는 하나의 욕망으로, 하나의 지향성으로, 하나의 배타적 체계로 담을 수 없다."[264] 인위를 가능하게 하는 욕망은 지향성과 배타성을 지닐 수 있다. 그러나 배타성은 분명 문제가 되지만 지향성은 문제가 될 수도, 되지 않을 수도 있다. 노자의 무위(無爲)로서 도 개념은 이미 지향성

---

262) 위의 책, p.13.
263) 최진석, 『노자의 목소리로 듣는 도덕경』(고양: 소나무, 2001), p.11.
264) 위의 책, p.55.

을 내포하고 있으며, 그것은 바로 '해체에의 지향성'이라 볼 수 있기 때문이다. 공자의 "아침에 도를 깨달으면 저녁에 죽어도 좋다.", '성리학=도학(道學)'에서의 '도(道)'는, 수양, 천인합일, 이상향의 완성을 지향한다. 아래 그림을 보자.

〈그림 1〉 유교와 도가의 지향 비교

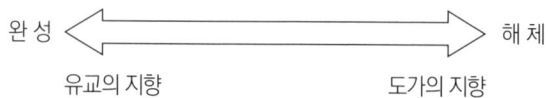

공자는 도덕적으로 완전한 천(天)을 상정하고 그것을 닮고자 노력하며 궁극적으로 합일을 지향한다. 천인합일을 위해 자신을 수양하고 이를 바탕으로 제가, 치국, 평천하로 확대되어 이상사회로서 대동사회를 완성하고자 한다. 공자의 완성에 대한 지향을 거부하고 비판한 노자는 무(無)를 본질로 하는 도(道)의 전략을 구사한다.

노자는 말한다. "도가 말해질 수 있으면 진정한 도가 아니고, 이름이 개념화될 수 있으면 진정한 이름이 아니다. 무(無)는 이 세상의 시작을 가리키고, 유(有)는 모든 만물을 통칭하여 가리킨다. 언제나 무를 가지고 세계의 오묘한 영역을 나타내려 하고, 언제나 유를 가지고 구체적으로 보이는 영역을 나타내려 한다."[265] 도의 본질이 너무도 오묘하여 개념으로 드러낼 수조차 없지만, 어쩔 수 없이 유와 무 개념으로 드러내야 한다는 말이다. 도는 결코 개념화할 수 없지만 현실의 인간계에서 의사소통과 이해를 위해서는 언어를 사용하지 않을 수 없다. 노자가 유보다 무를 우선시하는 것은 도의 성질에 더 가깝다고 보았기 때문이다. 도의 성질을 표현한 제4장의 '도충(道沖)'은 채움이나 완성이 아니라 비움, 미완, 없음으로 '텅 비

---

[265] 『도덕경』의 번역과 해석은 역자에 따라 매우 다양하다. 연구자는 제37장까지만 다루긴 했지만, 김용옥, 『노자와 21세기 a·b·c』(서울: 통나무, 1999·1999·2000)를 기본으로 하고, 최진석, 『노자의 목소리로 듣는 도덕경』(고양: 소나무, 2001), 김학목 역, 『노자 도덕경과 왕필의 주』(서울: 홍익출판사, 2012)를 비교하여 원문과 번역을 논의에 적합하게 선택하여 수정·보완하였다. 『도덕경』〈제1장〉: "道可道非常道, 名可名非常名. 無名天地之始, 有名萬物之母. 故常無欲以觀其妙, 常有欲以觀其徼."

어 있음'을 의미한다. 허(虛), 무위(無爲), 유약(柔弱), 무욕(無欲), 무명(無名) 등은 도의 모습을 형용한 것들이다.

노자의 무는 '존재의 무(無)' 혹은 '무존재'가 아니라 '무에의 지향'이다. 노자에서 제거대상은 자연스러운 의도를 넘어서는 인공적인 의지이자 '욕심'이라는 데서[266] 지향성은 인정하면서도 목적성에 대해서는 비판하고 있음을 알 수 있다. 노자는 해체 전략으로 우선 보편적 기준, 판단, 평가에 대해 뒤집어 볼 것을 요구하고, 이를 위해 모든 것을 상대적인 관점에서 바라보라고 주장한다.

> (가) 세상 사람들은 아름다운 것이 아름다운 것이 된다고 알고 있는데, '아름다운 것이 아름다운 것이 됨'은 추한 것 때문일 뿐이다. 모두 선한 것이 선한 것이 된다고 알고 있는데, 선한 것이 선한 것이 됨은 선하지 않은 것 때문일 뿐이다. / (나) 그러므로 있고 없음은 서로를 생하고, 어렵고 쉬움은 서로 이루어주며, 길고 짧음은 서로 겨루며, 높고 낮음은 서로 차이가 생기며, 노래와 소리는 서로 어울리며, 앞과 뒤는 서로 따른다.[267]

(가)에서 이 세상의 보편적 기준이란 인위적인 것이다. 그 어떤 것도 단독자로 존재할 수 없으며, 모든 존재는 상대해서 관계로만 존재한다. (나)를 보면, 그와 같은 상대성과 관계성은 궁극적으로 '조화와 공존'을 지향하고 있음을 알 수 있다. 이른바 보편성이나 기준은 강자의 논리거나 다수논리로, 그 판단과 평가의 결과 나눔과 가름이 생긴다. 거기에 속하지 못한 존재를 차별하고 배제시키는 데서 문제가 생긴다. 상대성과 관계성을 무시하고 동일성을 주장하는 데서 비극이 생기는 것이다. 노자의 '반자도지동(反者道之動)'의 해체원리는 절대화의 거부이자 반대이며, 결국 지향이 '조화와 공존'을 향해 있음을 알 수 있다. 모든 차이를 인정함으로써 나눔, 가름, 배제, 차별을 지양하는 조화와 공존의 지향인 것이다.

노자의 도에 대한 일반적인 관점은 만물의 근원, 물질계를 초월하고 경험세계

---

266) 정세근a, 앞의 논문, p.70.
267) 『도덕경』 제2장: "天下皆知美之爲美, 斯惡已. 皆知善之爲善, 斯不善已. / 有無相生, 難易相成, 長短相較, 高下相傾, 音聲相和, 前後相隨. 恒也."

를 넘어선 실체라고 보는 존재론적 관점이다. 이 경우 '반자도지동'은 존재의 근원으로 '돌이킴'이자 '도의 회귀반복적 운동형태'의 묘사가 된다.[268] 해체론의 관점에서는 이러한 존재의 근원을 상정할 수 없다. "반대편으로 향하는 것이 도의 운동적 지향이고, 유약한 것이야말로 도가 작용하는 모습이다. 만물은 유에서 살고, 유는 무에서 산다."[269] 노자는 모든 것이 타고난 것의 양태가 어떠하든, 각자의 자연적 본성을 지닌 상태로 존재하면서 조화하고 공존해야 한다고 본다. 그러나 조화를 이루었다고 하더라도 그것이 극단으로 치우쳐 절대화되는 순간, 반대의 운동력이 작동하기 시작한다. 차이를 인정하고 다름을 수용한 조화와 공존의 상황이라도, 어느 하나가 절대화되는 순간 이에 저항하는 운동력이 생긴다. 인간의 유위(有爲)도 절대화되는 순간 조화가 무너지고 반작용의 힘이 작동한다는 것이다.

노자는 공자의 인의(仁義) 정치가 차이와 다름을 인정하지 않고 절대화되었음을 비판한다. 무위(無爲) 정치를 실시하는 성인(聖人)은 마음은 텅 비우고 배를 채워주며, 의지는 유약하고 뼈대를 강하게 하며, 이러한 무위로는 다스려지지 않는 것이 없다.[270] 노자는 인간이 본래적으로 타고난 몸의 속성을 '자연'이라 보고, 정신과 의지는 사회화로 인한 '인위'라고 본다. 그래서 배는 채우고 뼈는 튼튼하게 하지만, 자연성을 잃어버린 마음과 의지는 비울 것을 주장한다. 자연성은 채우고, 인위는 비워야 도에 가까워진다는 것이다. 이처럼 '무위이치(無爲而治)'가 실현되면 최고의 단계에서는 백성들이 통치자의 존재만 알 뿐이지만, 통치자의 욕망으로 인위가 가해짐에 따라 그들을 찬미하게 되고, 두려워하게 되며, 비웃는 데까지 악화된다는 것이다.[271]

노자는 욕망은 소극적일수록 좋고, 가능하다면 무에 가까워져야 한다고 주장한다. 그러나 전혀 욕망이 없어야 한다는 의미는 아니다. 현실의 누구도 지향으로서의 욕망 없이는 존재할 수 없기 때문이다. 그렇다면 어떻게 살아야 하는 것일까?

---

268) 김 기, "장자 수양론의 구조적 특성 연구-노자의 복귀(復歸)사상과 관련하여-",『유학연구』40(충남대학교 유학연구소, 2017), p.281.
269) 『도덕경』제40장: "反者道之動, 弱者道之用. 天下萬物, 生於有, 有生於無."
270) 『도덕경』제2장: "是以, 聖人之治, 虛其心, 實其腹, 弱其志, 強其骨. (…) 爲無爲, 則無不治."
271) 『도덕경』제17장: "太上下知有之, 其次親而譽之, 其次畏之, 其次侮之."

가장 좋은 것은 **물**과 같다. 물은 만물을 이롭게 하면서도 다투지 않는다. 사람들이 싫어하는 낮은 곳에 처하기를 좋아한다. 그러므로 도에 가깝다. / 대저 오로지 다투지 아니하니 허물이 없어라. / 기를 집중시켜 **부드러움**을 이루어 **갓난아기**가 될 수 있는가? / 그 남성성을 알면서도 그 **여성성**을 지키면 **천하의 계곡**이 된다. / **소박하고 검소하게 살고, 사사로운 욕심을 버려라.** / 이 도를 보존하는 자는 채우려 하지 않는다.[272]

노자는 물처럼 살라고 한다. 다투지 않고 낮은 곳에 처하는 물의 성질이 도에 가깝기 때문이다. 경쟁하며 다투는 데서 허물이 생기고 도와 멀어지기 때문에, 다투지 말아야 한다는 말이다. 이를 위해 갓난아이의 부드러움처럼 자연성을 보존하고, 적극성, 강함, 굳셈을 상징하는 남성성보다 소극성, 약함, 부드러움을 지향하는 여성성을 지향해야 한다. 높은 산이 아니라 낮은 계곡이 되어 다른 것들을 포용하고, 소박하고 검소하게 살며, 사사로운 욕심을 버리고, 채우려 하지 말라고 한다. 채우고 완성하기보다 '능폐불성(能蔽不成)'으로 타고난 자연의 상태를 그대로 놔두라는 것이다.[273] 그렇다고 사회나 질서 자체를 거부하는 것은 아니다. 무위나 무욕도 인위와 유욕에 상대적인 것으로, 지향성으로 일종의 욕망의 드러남이기 때문이다.

3. 유(遊)·제물(齊物)의 해체방법

장자가 추구하는 행복은 편명에 잘 드러난다.[274] '소요유(逍遙遊)'는 행복의 지향점이고, '제물론(齊物論)'은 실천을 위한 인식론적 전제이다. '됐다'와 '놀자'는

---

272) 『도덕경』 제8장: "上善若水. 水善利萬物而不爭, 處衆人之所惡. 故幾於道. (…) 夫唯不爭, 故無尤."/ 제10장: "專氣致柔, 能嬰兒乎."/ 제28장: "知其雄, 守其雌, 爲天下谿."/ 제19장: "見素抱樸, 少私寡欲."/ 제22장: "不自見故明, 不自是故彰, 不自伐故有功, 不自矜故長."/ 제15장: "保此道者, 不欲盈."
273) 『도덕경』 제15장: "夫唯不盈, 故能蔽而不成." 왕필본이나 하상공본은 "能蔽不新成"인데, 백서본을 따랐다.
274) 안동림 역주, 위의 책, p.25·45·89·101·145·119.

노자의 무위, 장자의 유(遊)를 잘 드러낸 표현이다.[275] 노자가 대상들에 대해 소극적 의미로 '됐다'고 했다면, 장자는 적극적으로 자연에서 자유롭게 '놀자'고 한다. 이처럼 노장 모두 무위자연에 근거하지만 춘추와 전국의 시대와 진술양식의 격차만큼 해체방법에서도 차이가 난다. 노자의 해체는 외물을 대상으로 하고, 장자는 내심의 문제로 파고들어가 해체하고자 한다. 현실적 처세를 언급하는 노자를 넘어, 장자는 인간 사회의 일체 속박을 벗어나 해탈하여 절대자유의 정신으로 자연과 하나 되는 경지에 도달하고자 한다.[276] 장자의 수양론은 노자보다 능동적, 동태적, 생명적, 정신적이어서 도를 내면세계에 끌어들여 생동과 자유를 부여하며 자연에 순응함에 머물지 않고 우주의 변화 속에 능동적으로 유영(遊泳)하라고 한다.[277]

장자는 행복의 관건으로 무엇보다 '양생(養生)'을 강조한다. 양생은 '생을 기른다'는 뜻으로 병에 걸리거나 불의의 사고로 횡사하지 않고 자연으로부터 주어진 생명을 보존하여 있는 그대로의 생을 다하는 것이다.[278] 장자는 양생을 가로막는 지식과 명예, 재물 등 욕망에서 기인한 세속적인 가치들을 비판한다. 명예란 서로 헐뜯는 것이며, 지식이란 다투기 위한 도구로 인간의 불행을 초래하는 흉기여서 없어져야 한다는 것이다.[279] 욕망의 결과인 세속적 가치들을 얻지 못하면 슬픔, 두려움, 의혹과 타락에 이르러 정신의 자유에 이를 수가 없다. 문명비판이자 장자의 행복론의 지향점이 잘 드러나는 지점이다.

그렇다면 세속적 욕망과 다툼이 가득한 험난한 세상에서 나를 어떻게 온전히 보존하여 행복할 수 있을까? 목적의식 없이, 인위나 작위를 잊어버리는 절대자유의 경지에 도달하는 방법은 무엇일까? 장자는 우선 유용성 대신 '쓸모없음'[無用]을 강조한다. 현실에서 '유용성'이 있는 모든 것들은 문명의 도구가 되므로, '완전하여 쓸모 있음'은 장자에게 긍정의 의미가 아니다. 그것은 누군가에게 훼손되어

---

275) 정세근a, 앞의 책, pp.70~78.
276) 위의 책, p.19.
277) 김 기, 앞의 논문, pp.286~295.
278) 안병주·전호근 역a, 앞의 책, p.128. 도교로 연계된 것도 이 지점일 것이다.
279) 『장자』 〈인간세〉: "德蕩乎名, 知出乎爭. 名也者相札(軋)也, 知也者爭之器也. ⎯者凶器, 非所以盡行也." 상자도 번역자에 따라 해석이 다양하다. 원문은 안동림 역주, 『장자』(서울: 현암사, 2017)를 기본, 안병주·전호근 역a, 앞의 책, 동양고전종합DB의 번역과 해석(http://db.cyberseodang.or.kr)을 참고하였다.

자신이 타고난 수명을 다하지 못하므로 장자의 해체 관점에서는 온전하지 못한 것이야말로 더 가치 있는 것이다. 숲의 나무도 아무 소용이 없으므로 오래 살 수 있는 것이고, 신인(神人)도 이 나무처럼 쓸모없음으로 자신을 지켜간다.[280] 나무가 오래 자리를 지키며 수명을 보존할 수 있었던 이유는 그 어디에도 소용이 없었기 때문이다.

공자사상은 도덕과 학문의 미완성, 정의를 실천하지 못함, 불선을 고치지 못한 것을 근심하는 '우환(憂患)' 의식에서 출발한다. 반면 장자에서는 '우(憂)' 대신 '유(遊)'가 위치한다.[281] 장자는 노자의 무욕에서 더 나아가, 자연의 흐름을 따라 '놀자'[遊]라고 한다. 이 '유'는 낮은 차원의 유흥이 아니라 '무하유지향(無何有之鄕)', 즉 정신의 절대자유의 경지에서 노니는 '유'이다.[282] 노자의 '무욕'이 인위에서 멀어지려는 지향적 운동력의 욕망이라면, 장자의 '유'는 욕망조차 해체한 주체와 대상과의 무분별의 경지까지 이르고자 한다. 이러한 '유'의 해체성은 '나비꿈'[蝴蝶之夢] 우화에서 잘 드러난다. 장자는 나비된 꿈을 꾸어 자신을 잊었는데, 꿈에서 깬 후 "도대체 장주가 꿈에 나비가 되었을까? 아니면 나비가 꿈에 장주가 된 것일까?"라고 하며 '물화(物化)'를 체험한다.[283] 물화란 두 사물의 경계가 사라진 경지로, 자신의 정체성마저 해체되는 무경계의 경지이다.

이를 위해 장자도 인식론적 전환을 요구한다. 노자의 유위에 대한 무위, 유욕에 대한 무욕으로서의 해체에서 나아가, 모든 이분법적 구분마저 넘어서고자 한다. 만물은 상대의 입장에서 보아야만 알 수 있으며, 이것과 저것의 상호관계에서만 성립한다.[284] 그러나 모든 것이 상대적임을 알고 이것저것을 구분하다 보면 이분법으로 빠지거나 옳고 그름이 어려운 회의주의에 빠지고 만다. 그래서 장자는 절대적인 '천(天)'을 상정하여 그에 근거하여 세상 만물을 보고자 한다. 세상일은 모

---

280) 『장자』〈인간세〉: "散木也. 以爲舟則沈, 以爲棺槨則速腐, 以爲器則速毁, 以爲門戶則液樠, 以爲柱則蠹. 是不材之木也. 無所可用. (…) 神人以此不材."
281) 안병주·전호근 역a, 앞의 책, p.26.
282) 위의 책, p.9.
283) 『장자』〈제물론〉: "昔者, 莊周夢爲蝴蝶. 栩栩然蝴蝶也, 自喩適志與不知周也. 俄然覺則蘧蘧然周也. 不知周之夢爲蝴蝶與, 蝴蝶之夢爲周與. 周與蝴蝶, 則必有分矣. 此之謂物化."
284) 『장자』〈제물론〉: "物無非彼, 物無非是, 自彼則不見, 自知則知之, 故曰彼出於是. 是亦因彼. 彼是方生之說也."

두 상대적이므로 성인은 그런 방법에 의지하지 않고 시비에 대한 판단을 절대적인 '자연[天]'에 비추어 본다는 것이다.[285] 천의 관점에서 모든 존재는 만물평등이기 때문이다. 이처럼 '도=천'을 상정하는 것은 해체론에는 위배되지만 궁극적 해체를 위한 일종의 방편적 전략인 듯하다. 장자에서 인식의 방편을 위한 천은 자연 무위의 법칙, 공간을 형성하고 만물을 생성하는 모습, 이런 천이 모두 포함되어 있다.[286] 천의 입장에서 현실의 갖가지 현상, 시비, 선악, 미추, 정사, 화복, 길흉, 각몽, 생사 등의 분별은 어리석고 무의미한 것이다. 따라서 모든 만물은 우주적 천의 입장에서는 하나이고 평등하다.

장자는 말한다. "자연 그대로의 커다란 긍정에 몸을 맡겨야 한다. 그래서 성인은 시비(是非)를 조화시켜 '천균(天鈞)'[자연의 균형, 만물제동의 도리]에서 쉰다. 이것을 '양행(兩行)'[대립된 두 쪽이 다 순조롭게 뻗어 나가는 입장]이라고 한다."[287] 천균은 세속의 시비와 편견을 넘어 마음속 분별을 버린 경지이고, 양행은 모순과 대립마저 포용하여 혼돈(混沌)을 긍정하는 태도이다. 절대적 천의 입장에서 사물은 평등하며 대립이 사라진 무차별의 경지에서 모든 존재를 절대긍정하고 수용한다. 무차별, 무경계의 경지에서는 욕망에서 해방되어 정신적 자유에 도달할 수 있다. 일반적으로 어떤 대상에 대한 좋아함, 좋아하지 않음의 두 가지 분별이 있고, 이 둘을 조화시킴, 조화시키지 못함의 두 가지 입장도 있다. 조화의 입장은 천의 관점에서 가능하지만, 인간은 부조화하여 분별의 지경에 머물고 만다. 해체를 실천하는 진인(眞人)은 분별조차도 해체하여 수용하고 조화시킬 수 있다.[288] 장자가 추구하는 경지는 모든 분별의 경계가 사라진 무경계로, 해체를 통하여 만물이 저절로 조화될 수 있다고 보는 것이다.

장자는 우주만물을 기(氣)의 변화와 흐름으로 보고자 한다. 이것이 자연이며 이 변화를 따를 때 정신의 자유에 도달할 수 있다. 욕망이 해체됨으로써 기의 작용이

---

285) 『장자』 〈제물론〉: "是以聖人不由, 而照之於天, 亦因是也."
286) 임정기, "중국고대 천관에서 본 도가의 사상", 『철학연구』 139(대한철학회, 2016), pp.205~207.
287) 『장자』 〈제물론〉: "亦因是也. 是以聖人和之以是非, 而休乎天鈞, 是之謂兩行."
288) 『장자』 〈대종사〉: "故其好之也一, 其弗好之也一. 其一也一, 其不一也一. 其一 與天爲徒, 其不一與人爲徒. 天與人不相勝也, 是之謂眞人."

자유롭게 이루어져 우주질서가 조화를 이룬다고 본다. 모든 존재는 그러한 기의 변화의 결과이므로 삶과 죽음조차도 '기화(氣化)'일 뿐이다. 장자는 기의 흐름에 자신을 맡기라고 한다. "너는 잡념을 없애고 마음을 통일하라. 귀로 듣지 말고 마음으로 듣도록 하고, 마음으로 듣지 말고 기로 듣도록 해라. 귀는 소리를 들을 뿐이고 마음은 밖에서 맞추어 깨달을 뿐이지만, 기란 공허하여 무엇이나 다 받아들인다. 참된 도는 오직 공허 속에 모인다. 이 공허가 곧 심재이다."[289] '심재(心齋)'는 의식을 버리고 욕망을 해체한 상태로 기의 흐름, 자연의 질서를 그대로 받아들이는 것이다.

 노자는 카오스의 경지를 수용하지 않지만 장자는 기(氣)의 흐름으로 무목적인 '혼돈(混沌)', 즉 카오스 상태조차 수용하고 있다. 동양사상의 부정의 논리와 정신은 노장에게서 비롯되지만, 무심의 경지로까지 철저화된 장자의 무위는 도와 일체가 됨으로써 대립차별의 현실세계를 있는 그대로 받아들인다. 이것이 바로 '인순(因循)'이다. 장자는 자신의 생명을 소중히 여기고 보존하는 양생을 중시하는데, 생명력을 보존하고 유(遊)를 위해 만물제동(萬物齊同)의 관점에서 판단중지하여 변화를 수용하는 인순이 필요한 것이다. 결국, 장자의 무위자연은 세상 모든 대립상과 차별상을 있는 그대로 긍정하고 받아들이는 절대긍정의 삶의 태도라고 할 수 있다.

---

289) 『장자』〈인간세〉: "若一志無聽之以耳, 而聽之以心, 無聽之以心, 而聽之以氣. 聽止於耳, 心止於符. 氣也者, 虛而待物者也. 唯道集虛, 虛者心齋也."

Ⅳ. 도가행복담론의 윤리교육적 함의

1. 불언지교(不言之敎)의 제고

　서양 가치 중심의 윤리교육에서 동양사상은 어떤 내용보다 전수가 어렵다. 한자, 낯선 개념, 다른 세계관 때문에 교사들도 사상을 관통하기 쉽지 않지만, 학생들은 더욱 난감하다. 중년 이상은 무위자연의 허심(虛心)이 납득될 터이지만, 알아야 할 것, 배워야 할 날이 창창한 젊은 세대들에게 일반적인 의미의 '됐다'와 '놀자'로만 살라고 할 수는 없다. 도가에서는 타고난 자연성을 강조하여, 일부러 억지로 강제로가 아니라 '말 없는 가르침'[不言之敎]으로 가르치라고 한다. 노자는 "성인은 함의 없음으로 일에 처하고, 말 없는 가르침을 행한다."라고 하였다. 잘 자라나는 것에 간섭하지 않고, 생성시키면서도 그 열매를 소유하지 않고, 잘 되어가도록 하면서도 그것에 기대지 않는다.[290] 무위와 불언의 방법으로 가르치는 사람은, 가르치되 간섭하지 않고, 결과가 좋더라도 내 공이라 하지 않고, 성공하더라도 상을 기대하지 않는다. 대상에게 의도적이고 조작적으로 목적을 가지고 무엇인가를 가르치기보다 삶의 과정에서 '자연스럽게' 배우도록 하는 것이다. 불언지교를 왕필은 '아무것도 말하지 않는 교화', 도올은 '말을 내세우지 않는 가르침'이라 해석한다. 여기서 말의 의미는 개념, 일정한 틀, 의도적인 목적, 조작적인 교육을 의미한다.
　도가에서는 "배움을 끊으면 근심이 없어진다."[291], "똑똑한 사람을 높이 치지 않아야 백성들이 경쟁에 휘말리거나 다투지 않게 된다."[292]고 한다. 여기서의 배움이 바로 성취기준을 정하고 도달여부에 따라 우열을 가리는 경쟁과 갈등을 내포한 그런 배움이다. 한국 청소년들의 삶은 진학을 위한 유용성으로만 평가되어 왔다. 대전환기를 겪으며, 지식에 대한 관점전환이 요구된다. 최근 수능 평가체제에 대

---

[290] 『도덕경』제2장: "是以聖人處無爲之事, 行不言之敎. 萬物作而不辭, 生而不有, 爲而不恃. 功成而弗居, 夫唯弗居, 是以不去."
[291] 『도덕경』제20장: "絶學無憂."
[292] 『도덕경』제3장: "不尙賢, 使民不爭."

한 문제점이 부각되고,[293] 수능폐지에 대한 주장이[294] 논란이 된 것처럼 교육에 대한 새로운 관점도 필요할 것이다.

　도가에서는 채우지 말고 비우고 덜어내라고 한다. 배우면 날마다 더해지고, 도를 행하면 날마다 덜어진다. 덜고 또 덜어 무위의 경지에 이르면 되지 않은 일이 없다.[295] 그런데 노자는 덜기 위해서는 먼저 채움이 전제되어야 한다고 본다. 접으려면 먼저 펴주고, 약하게 하려면 먼저 강하게 하고, 망하게 하려면 먼저 흥하도록 하고, 뺏으려면 먼저 주라고 한다.[296] 무언가 비우려면 반드시 채우고 난 후에 해야 한다는 의미이다. 미래사회에서도 많은 지식이 필요한 전문가가 요구된다. 이전과 다른 해체를 통한 다양한 배움과 지식이 세상에 필요하며, 궁극적으로는 비우고 덜기 위한 방편으로서의 배움은 필수적이다. 궁극적으로 어떠한 과정, 방법, 자세로 배우는가가 중요해진다.

2. 개성존중과 자유정신 추구

　제물(齊物)의 관점에서 모든 것은 평등하며, 존재들의 자연성은 그 자체로 의미를 지닌다. 부족하면 부족한 대로 차면 차는 대로 넘치면 넘치는 대로 다 의미가 있다. 교육의 관점에서 우선, 각자의 고유한 능력, 취미, 성격, 기질, 취향 등 자연성으로서 자신에 대한 이해가 선행되어야 한다. 자신이 무엇을 지향하고 욕망하는지 알기 위한 '말을 통한 의사소통'은 불언지교의 불가피한 방편일 것이다.

　각자의 자연성을 찾았다면 다음 과정에서는 그것을 발전시키도록 도와주어야 한다. 인위적인 목적에 의해 잘못된 결과를 도출하기보단 저절로 성장하도록 '놓

---

[293] "수능 생명과학Ⅱ 20번 오류 명백…세계적 석학도 지적" (https://biz.chosun.com/topics/topics_social/2021/12/11/X7SZY2NFRFBCPJEGYAYEE7NZ5U, 검색: 2021.12.13.)

[294] "수능평가원장이 '수능 폐지해야' 주장 논란" (https://www.chosun.com/national/education/2021/09/03/U2ZTOTKQQJG63DEXGU7RCGD42I, 검색: 2021.10.20.) / "곧 서른 맞는 수능, 일타강사는 왜 '수능 붕괴'를 말했나" (https://www.joongang.co.kr/article/25008564#home, 검색: 2021.10.20.) / "수능 창시자, 수능폐지 주장 왜?" (https://www.mk.co.kr/news/society/view/2020/12/1257644, 검색: 2021.10.20.)

[295] 『도덕경』 제48장: "爲學日益, 爲道日損. 損之又損, 以至於無爲. 無爲而無不爲."

[296] 『도덕경』 제36장: "將欲歙之, 必固張之, 將欲弱之, 必固強之, 將欲廢之, 必固興之, 將欲奪之, 必固與之."

아 둠'의 교육이 더 효과적이다. 보편적인 외적 잣대의 평가를 거부하고, 각자 본성의 고유함을 드러낼 수 있다면 다채로운 삶이 가능할 것이다. 도가는 사람들마다 행복은 다양하지만 크기는 균등하다고 본다. 그런데 사람들이 행복을 느끼는 못하는 이유는 무엇일까? 노자는 욕심을 멈추지 못하여서, 장자는 대상을 즐기지 못하기 때문이라고 본다. 사물을 유용성의 관점이 아니라 유희성의 관점에서 보고 사물의 갖고 있는 고유의 균등함에 눈을 뜨는 것이 중요하다.[297]

도가는 사람마다 마음의 자유를 얻는 데서 행복을 찾으라고 한다. 장자의 익살과 해학은 무한한 상상력과 놀이의 결과일 것이다. 인간의 본질을 '놀이'[遊戲]로 본 호이징어(Johan Huizinga)의 '호모 루덴스(Homo Ludens)'는 장자의 '유(遊)'와 상통한다. 무엇을 하든지 놀이처럼만 한다면 행복에서 중시하는 '몰입(flow)'에도 이를 수 있을 것이다. 사람들이 T.V. 예능 프로그램 "스트릿 우먼 파이터(Street Woman Fighter)"에 열광하는 이유는, 참여자들이 기존의 틀을 벗어나 자신의 개성과 자유로움으로 제대로 잘 노는 모습을 보여주었기 때문이다. 기존 틀을 벗어나 하고 싶은 것을 자유롭게 즐길 수[遊] 있었기에 가능했던 것이다.

유교의 '사생취의(捨生取義)'에 반하여, 도가는 '능폐불성(能蔽不成)'의 해체방법을 강조한다. 노자는 채우지 않는 자신을 너덜너덜하게 하는 방법으로[298] 특정한 모습으로 완성하려 않는다.[299] 특정한 본질에 갇히거나 정해진 틀 속에 자신을 가두지 않는다. 해체적 세계관을 가진 사람은 자신을 밑으로 가라앉히고 숨기며 맥없이 풀어놓는다. 어떤 특정한 모습으로 완성하려는 태도가 아니라 이 세계 안에 너덜너덜한 정도로 해체해 놓은 모습이다.[300] '폐(蔽)'는 '깨뜨리다, 가리다'의 뜻으로 "어떤 물건의 몰골을 망가뜨려 놓을 만큼 풀이 덮어 가리다"의 뜻을 나타낸다.[301] 추사체의 특성인 '괴(怪)와 졸(拙)'에서 졸은 '대교약졸(大巧若拙)', 큰 기교

---

297) 정세근a, 앞의 책, p.73.
298) '너덜너덜'의 뜻은 "여러 가닥이 자꾸 어지럽게 늘어져 흔들리는 모양" 혹은 "주제넘게 입을 너불거리며 자꾸 까부는 모양"이다. 이보다는 "사람의 성격이나 하는 짓 따위가 까다롭지 아니하고 소탈하다.", "품질 따위가 그리 좋지도 아니하고 나쁘지도 아니하다."라는 뜻을 지닌 '털털하게'라는 표현이 더 적합하지 않은가 여겨진다. (https://dict.naver.com. 검색: 2021.12.9.)
299) 『도덕경』 제15장: "保此道者, 不欲盈. 夫唯不盈, 故能蔽不成"
300) 최진석, 앞의 책, p.143.
301) 민중서림편집국 편, 『漢韓大字典』(서울: 민중서림, 1998), p.1785.

는 엉성한 것 같다[302]'는 것으로 '폐'와 상통한다. 어떤 틀을 가지고 자신을 규정하기보다 자유로운 자기를 바라보고 존중할 수 있어야 한다. 그러나 자유롭게 해체하면서도 지켜야 할 한계는 존재한다. 다산 정약용의 당호인 여유당(與猶堂)의 '여유'는 "마치 살얼음을 낀 겨울 내를 건너듯이 신중하게 사방을 경계하는 듯이 하라"[303]는 데서 온 것이다. 개성과 자유로움도 중요하지만 자신을 지키기 위해 신중함도 필요한 덕목인 것이다.

장자에 나오는 추남인 애태타(哀駘它)는 흉한 꼴로 세상이 놀랄 정도지만 그의 덕스러움의 감화력은 대단하여, 장자는 이런 자는 "재(材)가 완전하고 덕(德)이 겉으로 드러나지 않는 자"[304]라고 하였다. '재'는 하늘에서 준 선천적인 것, '덕'은 스스로 이룬 후천적인 것이다.[305] 타고난 자연성으로서 개성을 잘 보존하면서 후천적으로는 마음을 수양해야 한다. 노자는 도에 맞으면 영원하고, 위태롭지 않기 때문에, 자연을 따라 마음을 자유롭게 노닐게 하되, 부득이한 경우라면 중도(中道)를 지키라고 한다.[306] 자신을 해체하여 자유롭게 하되 중도로서 적절함을 지키는 것이 중요하다는 말이다. 자유가 지나쳐 방종에 이르면 그것은 과욕(過慾)이 되어 바로 해체의 대상으로 변해버리기 때문이다. 현실을 초월하여 비도덕적으로 제멋대로 사는 것이 개성이나 자유는 아니며, 해체에도 적절함이 필요하고, 자유에도 책임이 따름을 다시금 일깨워준다.

3. 양생(養生)과 인순(因循)의 방편

도가에서는 양생(養生)을 중시한다. 도가를, 해체를, 행복을 다루는 이유는 이 세상에 생존하는 동안 생명을 잘 보존하고 의미 있게 살기 위함이다. 대전환기, 이

---

302) 『도덕경』 제15장: "大成若缺, 其用不敝, 大盈若沖, 其用不窮. 大直若屈, 大巧若拙, 大辯若訥."
303) 『도덕경』 제15장: "豫兮若冬涉川, 猶兮若畏四隣."
304) 『장자』 〈덕충부〉: "是必才全, 而德不形者也. (…) 仲尼曰, 死生存亡, 窮達貧富, 賢與不肖, 毁譽飢渴寒暑, 是事之變, 命之行也."
305) 안동림 역주, 앞의 책, p.163.
306) 『도덕경』 제16장: "道乃久, 沒身不殆." / 『장자』 〈인간세〉: "且夫乘物以遊心, 託不得已以養中, 至矣."

동제한 등 변화된 삶에 적응하지 못하여 방황이 깊어지는 젊은이들이 많은데, 도가의 양생의 의미를 깊이 새겨 '살아 존재함의 소중함'을 알 필요가 있다.[307] 장자의 '인간세(人間世)'란 "사람들이 사는 세상"이란 뜻인데, 왕부지(王夫之)는 이 편은 난세를 넘어 자신을 보존하고 다른 사람을 보존하게 하는 방법의 추구로 취할 것이 있다고 하였다.[308] 고통과 좌절에서도 나의 생명을 보존하는 것이 가장 중요한 과제일 것이다.

양생을 위해 필요한 방법이 '판단중지'이다. 삶에서 가치판단과 선택은 도덕적 문제 상황에서 필요한 요소이다. 그러나 사람들은 도덕과 무관한 것도 기존의 틀과 잣대로 평가하고 판단한다. 기준으로 우열을 가려 나누고 가르고 배제하여 차별에 이른다. 배제와 차별은 존재 그 자체를 존중하지 못하여 고통을 주거나 죽음에 이르게 할 수도 있다. 피상적인 평가로 나누고 배제시키는 것이 바로 인위(人爲)의 극치이다. 도의 관점에서는 모든 존재가 평등하기 때문에 '판단중지'하여, '무욕(無欲)'의 마음으로 사물을 있는 그대로 바라보고 그 자체로 인정하고 수용할 수 있어야 한다. 불교에서 겉으로 드러나는 것은 진실이 아니므로 본질인 진여(眞如)를 보아야 한다는 여실지견(如實知見)과 상통하는 의미이다.

판단중지 후에 필요한 것은 '인순(因循)'의 지혜이다. 사마천은 "허무(虛無)를 근본으로 하고 인순을 작용으로 한다."라고 도가를 평하였다. 인순은 자연에 순응하는 것으로, 원칙이 있지만 원칙으로 삼지 않고 법도가 있으나 고집하지 않고 만물의 형세와 더불어 서로 조화를 이룬다는 의미이다.[309] 노력으로도 불가능한 상황, 불가피한 상황에 처할 때는 현실을 그대로 수용함으로써 오히려 자유로운 삶을 획득할 수 있다. '인순주의'는 단순한 현실순응의 논리라기보다 부자유한 현실로부터 절대자유로의 초월로 나아가는 방편이다. 현실을 외면하는 것이 아니라,

---

307) 연구자가 코로나19 이후 도가행복담론을 다루는 동안, 세 명의 제자가 연이어 극단적인 선택을 하였다. 관련하여 사후집단상담 프로그램을 진행하였는데, 핵심은 삶의 소중함과 살아있음의 감사함에 대한 것이었다. 도가의 행복담론은 극단적 상황에 처한 젊은이들에게 꼭 들려주고 싶은 가르침이다.
308) 안병주·전호근 역a, 앞의 책, p.146.
309) 사마천 김원중 역, 『사기열전(하)』(서울: 민음사, 2007), p.873.[『史記』卷之一百三十〈太史公自序第七十〉: "道家無爲, 又曰無不爲, 其實易行, 其辭難知. 其術以虛無爲本, 以因循爲用. 無成勢, 無常形, 故能究萬物之情. 不爲物先, 不爲物後, 故能爲萬物主."]

현실 속을 돌파해 있는 그대로 안고 뛰어넘는 포용의 논리라고 해야 할 것이다. 이 논리에 따를 때 약자가 강자로 전환되고, 죽음이 삶으로 전환되며, 부자유가 자유로 전환된다. 이것이 바로 인순주의의 효용이다.[310]

장자에서, 발 하나가 잘린 '신도가(申徒嘉)'는 사람의 힘으로는 어쩔 수 없음을 알고, 편안히 여겨 운명을 따른다고 하였고,[311] 외발이 '왕태(王駘)'는 마음의 조화된 경지에서 외형이 아닌 만물의 본질을 봄으로써 발 잃은 일 따위는 흙 떨어버리는 정도로 생각했다고 한다.[312] 니체는 불교를 접하고 고성제(苦聖諦)가 회의주의에 빠질 것을 비판하며, 고통을 회피하지 말고 삶의 발전의 원동력으로 삼아야 한다는 취지로 '권력의지'로서 욕망을 긍정하게 되었다. 젊은 세대가 불가피하여 인순을 수용하더라도, 후에 고통을 마주할 힘을 얻게 된다면, 다시 극복의지를 지녔으면 하는 마음 간절하다.

---

310) 안병주·전호근 역a, 앞의 책, p.10.
311) 『장자』〈대종사〉: "知不可奈何, 而安之若命, 唯有德者能之."
312) 『장자』〈대종사〉: "夫若然者, 且不知耳目之所宜, 而遊心乎德之和. 物視其所一, 而不見其所喪, 視喪其足, 猶遺土也."

Ⅴ. 결론: 한계와 유의점

지금까지 서양철학의 해체론의 관점에서 도가의 욕망행복담론과 윤리교육적 의미를 살펴보았다. 서양에서 이원론적 이성주의의 초월성을 해소할 대안으로써 동양적 사유에 대한 인식은, 쇼펜하우어, 니체,[313] 들뢰즈와 가타리도 이어진다.[314] 그들은 동양사상을 자신들의 철학에 적극 반영하였는데, 미국의 1960년대 뉴사이언스 운동, 프리초프 카프라의 『동양사상과 현대물리학』도 동양의 유기적 관계성 철학을 수용한 결과였다. 우리나라 도가해체담론의 찬반논쟁은 서양을 기준으로 삼은 담론으로, 해체를 논하면서도 정작 우리 자신은 해체하지 못한 셈이다. 해체론의 정신에는 이미 불교·도가 등 동양정신이 포함되었음에도 서구를 정답으로 놓고 논쟁하고 있었던 것이다.

현대문명은 대전환기를 겪으며 인류가 예상치 못했던 방향으로 전개되고 있다. AI기술과 비대면 문화의 확산으로 정보기술에 의존하지 않는 인류의 삶은 이제 불가능해지고 있다. 휴머노이드와 공존해야 하는 미래사회에서, 행복추구를 위해 욕망의 흐름을 어떻게 해체하고 재구성해야 할까? 도가행복담론을 통하여 논의된 결과에서 다음과 같은 한계와 교육을 위한 유의점을 제시할 수 있겠다.

첫째, 도가의 해체방편이 냉정하고 엄연한 현실을 적극적으로 극복하여 변화시키기보다 회피하여 안주하는 것은 아닌지에 대한 한계이다. 양생(養生)이 너무 개인주의적이고, 인순(因循)이 너무 소극적이라고 비판할 수도 있다. 그러나 자신의 능력과 노력으로 최선을 다한 후에도 어쩔 수 없는 경우라면, 인순이 결코 포기나 좌절이 아님을 아는 것도 지혜이다.

둘째, 존재 의미를 확인했다면, 나를 넘어 너와 우리, 지구 공동체의 행복으로까지 확대시킬 수 있어야 한다. 이를 위해 욕망의 긍정이 변화와 개혁의 토대가 될

---

[313] 정현철, "니체의 불교 비판과 원효의 화쟁사상", 『화쟁인문학의 전망과 연구방법론(Ⅱ)』, 영산대 화쟁연구소 2021 추계 2차 학술대회 자료집(2021.12.11), pp.58~75.

[314] 질 들뢰즈, 이정우 역, 앞의 책, p.58. 들뢰즈는 플라톤의 이원론과는 결이 다른 스토아학파의 이원론에서, 사물들과 명제들 사이의 '표면효과'를 언급하면서 '역설(paradox)의 하나로 선(禪)불교를 사례로 제시하고 있다.

수 있도록 해야 한다. 인류는 욕망의 흐름을 좇아 문명을 만들었고, 대전환기의 도래도 욕망의 결과이다. 들뢰즈와 가타리가 욕망문제의 대안으로 다시 욕망을 제시한 것은, 욕망에서 긍정에너지의 가능성을 찾았기 때문이다. 미래사회의 주체 세대로서 욕망을 미래 유토피아 준비의 토대로 삼을 필요가 있다.

셋째, 마주한 현실인식과 대처방법은 개인, 세대, 사상마다 다양하기 때문에, 다양한 행복담론에 대한 이해가 필요하다. 유교는 배움, 관계성, 도덕적 수행 등 완성을 강조한다. 비우기 위해 채우는 과정도 필요하다. 물질, 지식, 마음 등 아무것도 없는 상태에서는 진정으로 비우고 버릴 수 없기 때문이다. 중년 이전 지식과 경험 등 필요한 것을 자연스럽게 축적하는 과정에 유교행복이 도움이 될 수 있다.

행복담론은 일종의 '지혜' 찾기와도 같다.『도덕경』을 '지혜의 서(書)'라고 평가한 도올은, 동양의 지혜는 일체 권위적 실체를 전제하지 않는 무전제 삶으로의 과정적 행위의 지혜로, 분별적 지식을 넘어 우리 몸으로 궁극적 실상을 있는 그대로 보고 느끼는 것이라고 하였다.[315] 삶의 과정에서 욕망을 어디까지 추구하고 그쳐야 할까? 행복담론이 궁극적으로 지혜담론과 연계되어야 하는 이유이다.

---

315) 김용옥c,『노자와 21세기 3』(서울: 통나무, 2000), p.98.

제2부

전환기의 인성교육과
행복담론

제5장

다산 정약용의 행복담론과 인성함양

Ⅰ. 서론: 코로나19와 행복담론

OECD 국가 중 청소년 자살률 1위였던 우리나라는 미증유의 코로나 사태를 겪으면서 코로나 블루로 인하여 전반적인 자살률이 악화일로에 있다.[316] '코로나 블루(corona blue)'란 '코로나19'와 '우울감(blue)'이 합쳐진 신조어로, 감염 가능성에 대한 불안과 공포에서 비롯한 심리적 영향이 자가 격리와 경제 불안 등의 이유로 증폭되어 불안장애로까지 발달한 것을 말한다.[317] 코로나19가 확산되어 사회적 거리두기 기간이 장기화하고 집에서만 지내는 시간이 많아지면서 사회적 고립감이 증대되어 우울감이나 무기력증으로 이어지고 있다. 더욱이 비대면 수업이 확대되면서 젊은이들이 극단적 선택을 한 경우도 심심치 않게 보게 된다. 일상이 무너진 상황에서 행복이란 말은 멀어진 듯하고 마음의 치유를 넘어 치료가 필요해진 시점이다. 이에 대한 답을 정신적 존재로서 인간의 자기반성에서 찾으려는 철학적 방안 탐색도 시도되고 있다.[318]

---

[316] 『매일경제』, 2020.07.14., "극단적 선택 하루 37.5명…'코로나 블루'로 악화일로", https://www.mk.co.kr/news/society/view/2020/07/721270/: 2010.07.31.).
[317] [다음 백과사전], https://100.daum.net/encyclopedia(검색일: 2020.07.30.).
[318] 박병준 외, 『코로나 블루, 철학의 위안』(서울: 지식공작소, 2020).

모든 일에는 양면성이 존재한다. 일상을 멈추게 한 위협적인 코로나19는 역설적이게도 사람들로 하여금 삶의 목표와 방향에 대한 성찰의 기회를 제공하였다. 국가의 의료·보건 수준이 적나라하게 드러나고 국민의식수준에 따라 생사의 경계가 달라지는 경험은, 지금까지 간과하고 있던 것들을 새롭게 인식하게 해주었다. 무엇보다 일상의 소중함과 자유의 중요성이다. 질병 입원이나 영어(囹圄) 생활도 일상과 자유가 없는 삶이지만 그것은 소수에게만 해당되는 일이었다. 세계 대부분 사람들이 이런 상황에 처한 경우는 초유의 일이다. 한정된 자유 안에서 어떻게 행복을 찾으며 살아낼지가 중요해졌다. 역사적으로 보통사람들의 행복담론은 근대 이후에 등장하였지만 현실적이고 구체적인 행복담론은 1990년대 말 긍정심리학의 등장으로 시작되었다. 기존심리학이 정신의학을 토대로 인간의 부정적 심리의 제거에 초점을 두었다면, 긍정심리학은 인간의 밝은 면과 긍정적 심리에 초점을 두고 발전되었다. 긍정심리학에서 출발한 '행복학'은 하나의 학문으로 정립되어 보편화되기에 이르렀다.[319] 이제 행복추구는 누구에게나 중요한 것이며 행복학에서 제시하는 방법들은 특별한 것이 아니라 누구나 일상에서 실천 가능한 것들이다.

　조선후기의 시대정신은 '유교'와 '실용(實用)'이다. 유교 성리학은 조선 건국의 통치이념이었고, 조선후기실학은 실권(失權) 세력인 남인계 학자들이 시대적 아픔을 해결하고 도탄에 빠진 민중들의 비참한 삶을 구제하기 위한 학문적 결실이자 시대적 산물이었다.[320] 21세기 시대정신은 앨빈 토플러의 이른바 '부(富)'에 더하여 '행복'이라 할 수 있다. 여기서 부는 돈이나 자본 등 유형적인 것만이 아니라 지식, 시간, 공간 등 인간의 욕망으로 창출해내는 무형의 것들까지 포함한다. 이것들을 활용하여 인간이 이루고자 하는 정신적 추구가 바로 행복이다. 시대정신이 다르고 행복이란 개념을 사용하지 않더라도, 모든 인간이 안전과 행복을 추구한다는 것은 보편적인 사실이다. 일반적으로 고난과 역경을 경험하면 70%의 사람들은 '학습된 무기력(learned helplessness)'의 상태에 빠진다고 한다. 즉 어떤 충

---

319) 장샤오형, 최인애 역, 『느리게 더 느리게: 하버드대 행복학 명강의』(파주: 다연, 2014).
320) 송재소 역주, 『다산시선』(파주: 창비, 2013), p.372.

격을 받은 후 그 상황이 자신이 통제할 수 있는 범위를 넘어섰다고 생각하면 거기에서 벗어나려는 의지를 상실한다는 것이다.[321] 다산 정약용은 18년 유배생활의 고난을 극복하여 위대한 업적을 남겼는데, 그가 고난을 극복하고 삶의 의미를 찾아가는 행복추구의 노력은 코로나 사태에서 일상과 자유를 잃어버린 사람들에게 시사해주는 바가 적지 않을 것이다.

본 연구는 다산 정약용(1762, 영조38년~1836, 헌종2년)의 삶에서 행복담론을 진행하고 윤리교육적 의미를 찾기 위한 것이다. 다산 연구는 2000년대 이후 철학사상 외에도 다양한 분야에서 이루어져 왔다. 특히 그의 실존적 삶과 심리가 드러난 시와 편지, 마음과 수양과 관련된 다양한 연구들이 있는데 아직 행복으로 종합한 연구는 없는 듯하다. 다산의 정서와 마음, 수양과 관련된 선행연구를 살펴보면, 고승환(2018)은 다산의 마음연구를 마음의 불안과 두려움 개념에 초점을 두고 분석하였고, 김정현의 연구(2019)는 다산의 외상 후 스트레스 장애에 초점을 두고 인문치료 방법을 적용한 것이다. 김봉남의 연구(2019)는 유배이전 겪은 사건들에서 느낀 다산의 고뇌와 회환, 극복 과정과 노력에 대한 것이고, 탁현숙(2017)은 다산의 시에서 물과 관련된 심상(心象)을 분석하였다. 한윤숙의 연구(2019)는 실용적 측면에서 다산의 차에 대한 인식을 분석하였는데, 이러한 선행연구들은 '행복'이란 개념으로 다산의 삶을 논의하는 데 많은 도움이 될 것으로 보인다.

우선 긍정심리학에서 제시한 행복공식을 살펴보았고, 이를 토대로 유배이전 다산의 삶에서 행·불행을 분석하여 보았다. 다음, 다산의 사상에 근거하여 유배생활에서 행복추구의 노력들을 찾아 '신독(愼獨)'에서는 외경의 마음공부를, '호학(好學)'에서는 성취와 삶의 의미 찾기를, 그의 당호의 의미인 '여유(與猶)'에서는 인간관계의 원리를 제시하였다. 여기서 도출한 윤리교육적 의미는 고난극복을 위한 마음공부, 성격강점 발휘로 삶의 의미 찾기, 인문학적 마음치유방법이다.[322] 결론

---

321) 우문식, 앞의 책, p.65.
322) 인문치료라는 말이 보편적이지만 '치료'라는 용어는 의학적 범위로 넘어가기 때문에, 도덕·윤리교육적 관점에서 '치유'라는 용어를 사용하고자 한다.

에서는 일명 'M-세대'[323]들을 위해 행복교육의 필요성과 과제를 찾아보았다. 연구방법은 『여유당전서』와 『다산시문집』의 자료와 선행연구, 다산 연보,[324] 주제와 관련된 저서와 논문들을 분석하는 서지연구방법이다. 다산의 시(詩)에는 그의 사상과 생애의 갖가지 곡절들이 일기처럼 펼쳐져 있고 특정 시기의 심적 갈등도 이해할 수 있어서[325] 특히 주목하여 살펴보았다. 앞선 번역작업으로 유용한 자료들에 접근 가능하게 해준 선학들에게 경의를 표하는 바이다.

---

323) M(Mask·마스크)세대: 코로나 사태로 수차례 개학이 미뤄지고 온라인 수업과 등교 수업을 병행한 학생들을 교육 현장에서 일컫는 말. 등교해서도 짝꿍 없이 마스크를 쓴 채 수업을 듣고 친구와 대화도 최소화해 이들이 사회성을 발달시키는 데 어려움이 크다는 우려가 나오고 있다.("친구 사귈 수가 없어요… 코로나 외톨이 'M세대'": http://news.chosun.com/site/data/html_dir/2020/08/05/2020080500095.html)(검색일: 2020.08.06.)
324) 조성을, 『연보로 본 다산 정약용』(파주: 지식산업사, 2016).
325) 송재소 역주, 『다산시선』(파주: 창비, 2013), p.7

II. 행복학의 행복공식과 다산의 삶

1. 행복공식: H=S+C+V

우리 삶에서 자신의 노력만으로 가능한 행복은 어디까지일까? 조선시대 무명의 선비가 남긴 기록에서 다행으로 여긴 세 가지는, 그 시대에 태어난 것, 남자로 태어난 것, 양반으로 태어난 것이었다. 이 세 가지는 자율적 선택이 불가능한 부분이다. 어떤 이들은 행복은 전적으로 마음에 달린 것이므로 노력만으로도 가능하다고 역설하지만, 행복학의 주장은 조금 비관적이다. 타고난 기질과 외적 조건의 비중이 예상보다 큰 부분을 차지하고 있다. 긍정심리학의 행복공식은 "행복=설정된 값+조건+노력[H=S+C+V]"이다.[326] 다음 논의를 위해 구체적인 내용을 살펴보자.

> H = Happiness(행복): 영속적인 행복의 수준
> S = Setpoint(설정값): 이미 설정된 행복의 범위-유전적 특성(자동조절기, 쾌락의 늪)
> C = Conditions(삶의 조건): 행복에 영향을 미치는 외적 환경-돈, 결혼, 나이, 직업, 건강, 교육, 인종, 성, 종교
> V = Voluntary(자발적 행동): 통제할 수 자율성(내적 환경)—과거 현재 미래에 대한 긍정적 정서, 몰입, 의미

행복공식에 따르면 행복은 유전적 기질 특성, 외적 환경, 내면적 노력의 합이다. 이러한 공식은 심리학자들이 2,300여 쌍의 쌍둥이들을 대상으로 조사하여 밝혀낸 과학적 조사 결과라고 한다. 유전적 요인이 행복에 미치는 영향은 긍정적 정서의 40%, 부정적 정서의 55%로, 전반적 행복감의 48%에 달한다. 사람들은 살아가

---
326) 우문식, 앞의 책, pp.54~55.

다가 일시적으로 강렬한 긍정적 혹은 부정적 경험을 하는데 일종의 '자동조절기'처럼 되돌아가는 '행복 기준점'이 있으며, 순간적으로 쾌락에 빨려들지만 이를 당연한 것으로 받아들인다고 한다. 이러한 것들이 일종의 '설정값'으로 어느 정도는 정해져 있다는 것이다. 또한 10%의 영향력인 환경 조건과 삶의 상황도 노력으로 불가능하지는 않지만, 크게 변화시키기 쉽지 않다고 한다.[327] 결국 행복이란 유전과 환경을 뺀 나머지, 내면적 변화에 의해 가능하다는 결론에 이른다. 크기는 다를지라도 누구에게나 고난과 역경이 닥치게 마련이고 이를 어떻게 맞느냐에 따라 행·불행이 갈린다. 기질과 환경이 정해진 것이라면 선택의 여지는 '행복해지려는 노력'인데 유교의 '수양(修養)'은 이에 해당한다. 행복학은 마음의 밝은 면에 초점을 두고 행복해지는 방법을 제시하였고, 과학적으로 밝혀낸 행복도구들이 긍정적 정서, 몰입, 의미, 성취, 관계, 강점, 낙관성, 회복력, 긍정심리치료 등이다.[328] 이것들을 증진시켜 행복도를 높임으로써 'Flourish(번성, 활짝 핀 행복)'에 이를 수 있다는 것이다.

2. 유배이전 다산의 행복과 불행

행복공식을 토대로 다산의 기질과 환경을 분석하여 유배이전 다산의 행·불행에 대해 살펴보자. 다산이 태어나던 해는 사도세자가 영조에 의해 죽임을 당하면서 정국은 말 한마디 행동 하나가 정쟁의 꼬투리가 될 정도로 살벌하던 시기였다. 다산이 조선시대 당쟁의 와중에 남인 가문에 태어난 것, 가족들이 종교적 성향이 강하여 천주교와 밀접히 관련된 것, 노론이 지배하는 정치상황, 관직생활에서 견제와 질시를 받은 것, 유배생활을 하게 된 것 등은 그의 선택을 벗어난 것으로 행복공식의 'S'와 'C'에 해당한다. 유교사회 선비들의 목표는 '입신양명(立身揚名)'으로, 어려서부터 학문을 배우며 자신을 수양하고 관직에 나가 치인(治人)을 실천하

---

327) 위의 책, pp.56~57.
328) 위의 책, p.68.

고자 하였다. 다산도 이와 같은 선비의 길을 걸었는데, 그의 수학기(修學期)는 27세까지로 공부에 입문하여 관례·혼례를 치르고 과거에 급제하여 관직을 위해 공부하던 시기이다. 28세부터 39세까지 다산은 중요한 내직은 물론 금정찰방, 경기 암행어사와 곡산부사 등 외직도 두루 경험하였으며, 신유사옥으로 인해 18년[40세~57세] 유배기간을 하게 되고 58세에 해배되어 75세에 삶을 마무리하였다.

유배이전 다산의 삶은 행복과 불행의 교차하던 삶이었다. 다산이 회갑 때 쓴 「자찬묘지명」에는 그의 파란만장한 삶과 긍정적·부정적 영향을 준 사람들이 등장한다. 당시 그의 삶의 활동범위는 유교사회 일원으로서 가문 중심의 통과의례와 연계된 것이었다. 아버지 정재원과 장인 홍화보의 임지를 방문하였고, 공직에 있으면서도 고향의 제사를 거르지 않았으며, 틈틈이 가묘가 있는 청주 하담을 방문하곤 하였다. 공무와 집안일을 처리하면서도 벗들과 산수를 유람하거나 친지들과 흥취를 나누고 풍류를 즐기는 등 선비로서의 삶을 살았다.

다산의 젊은 시절에는 행복한 순간들이 많이 보인다. 꿈과 희망에 부풀어 있던 14세, 한창 공부하던 시절에 쓴 시에는 "유람길 예서부터 두루 밟지만/ 유기(幽期)를 어찌 다시 그르칠 수야."[329]라고 인생에 대한 다짐과 포부가 들어 있다. 동림사에서 공부할 때도 "소년시절 재주만 믿고 있다간/ 나이 들면 대체로 무능 하리라. 이를 경계하여 조금도 소홀히 말자/ 가는 세월 참으로 허무하거니."[330]라는 당찬 다짐이 드러난다. 15세에 관례를 치르고 혼례를 위해 막내숙부와 배를 타고 서울로 가면서 "옅푸른 풀 그림자 물 위에 뜨고 노란 버들가지 하늘거린다."[331]라고 하여 인생에서 가장 아름다운 시절의 기대와 설렘을 적었다. 혼인 후 아내와 동반한 화순 길의 시에는 "여행길이 분명히 즐겁긴 하나 부모 연세 많아짐 염려스러워" 라고 하여[332] 효심과 더불어 가장으로서 책임감을 느낄 수 있다. 젊은 시절 다산의

---

329) 『다산시문집』 제1권, 시(時), 〈游水鐘寺〉: "游歷玆自遍, 幽期寧再誤." (이하 원문 자료는 [한국고전종합DB] (http://db.itkc.or.kr)에서 가져옴. 번역은 민족문화추진회(1994, 이하 '민추'라고 약어를 사용함)를 기본으로 하되, 송재소 역주, 『다산시선』(파주: 창비, 2013)와 박석무 역주, 『다산산문선』(파주: 창비, 2013)의 번역을 비교·검토·수정하였음.)
330) 민족문화추진회(1994a), 『국역 다산시문집 Ⅰ』(서울: 민족문화추진회), p.27.
331) 위의 책, p.8.
332) 위의 책, p.38.

삶은 유교적 질서 속에서도 선비로서의 포부와 행복한 추억들로 가득하였음을 알 수 있다.

그러나 서울에서 관직생활은 행복과 불행이 교차하던 시기였던 듯하다. 다산이 서울 숭례문 안에 집을 장만하여[ⓐ] 벗들과 함께 할 수 있었던 때는 세속적인 행복도 맛볼 수 있던 순간이었다. 당시 자신의 삶에 만족하고 있음[ⓑ]을 아래 시에서 찾아볼 수 있다.

> 오래전에 서울로 오려했던 건 / 살림집 마련하자 한 게 아니니
> 좋은 벗 즐거움이 있지 않으면 / 그 어찌 깊은 정을 풀 수 있으리
> 안절부절 나그네 한탄하다가 / 세월이 문득 이미 바뀌었으니
> ⓐ**남산 곁에 자그만 집이 생기어 / 다행히도 숙원을 이루었다네**
> ⓑ**가난한 형편이야 말이 아니나 / 그런대로 이 인생 즐길 만하네**.333)

유교의 행복도 세속적 즐거움을 거부하지는 않는다. 다만 그것이 지나치지 않고 절도에 맞아야 함을 강조한다. 자기 집을 장만하여 즐거워하는 다산의 마음은 이러한 즐거움에 속하지만 선비로서 도를 넘지는 않는다. 당시 어느 정도 경제적 여건은 갖추어졌지만 그의 서울생활은 생각만큼 녹록지 않았다. 시골에서 올라와 적응하는 것이 그에게는 적지 않은 스트레스였던 듯하다. 〈나의 하소연[술지(述志)]〉에서, "소년시절 서울로 나가 노닐어/ 교제하는 수준이 낮지 않았네 (…) 언제나 두려워라 (처음의 뜻이) 중도에 변하여/ 뭇사람의 웃음거리가 되지 않을지 (…) 보이는 것 없어라 정신만 흐려/ 남의 것 모방하기 급급하노라."라고 하였다.334) 새로운 삶에 적응하기 위해 긴장하며 노력하였음을 알 수 있다. 이에 대한 방어심리였는지 〈절에서 잠을 자며[宿寺]〉란 시에서는 "서울에서 떠도는 천박한 무리/ 고향의 보금자리 폐하려 하네"라고 당시 서울의 분위기를 비판하고 있다.335) 행복감과 그것을 유지하기 위한 방어기제가 동시에 작동하고 있음을 엿볼

---

333) 『다산시문집』 제1권, 시(時), 〈壬寅歲仲春 僑居棣泉作〉: "久欲就京城, 非爲居室營. 不有良友樂, 何以暢幽情. 棲棲歎行旅, 歲月忽已更. 小屋南山側, 幸玆夙志成 (…) 簞瓢雖不給, 可以娛此生."
334) 민추(1994a), pp.61~62.
335) 위의 책, p.69.

수 있다.

　아버지의 관직으로 서울생활을 시작한 다산은 자신의 관직을 가지면서는 집을 장만하여 나름대로 안정된 삶을 살게 되었다. 그럼에도 불구하고 그는 항상 고향을 그리워했고, 관직과 귀향 사이에서 갈등하곤 하였다. "뜻밖에 고향 마을 이르렀는데 (…) 흐뭇하게 약초밭 내려다보고 (…) 남녘 수 천리를 노닐었으나 이 같은 지역 찾지 못했네."336) 〈겨울날 용산정자를 지나며[冬日過龍山亭子]〉에서는 "어느 때나 고향집에 돌아가 은거할까/ 초라한 꼴 서성대긴 지난해와 유사하네"라고 하였고, 〈초봄에 감회를 쓰다[首春書懷]〉에서는 "(…) 타향에 서성이며 옛집 그리네. 고향에 좋은 계책 많기도 한데 (…) 산중으로 돌아갈 길점 쳤으니 (…)"라고 하여 관직생활 중에도 향수에 젖어 살았던 듯하다.337) 고향에 대한 향수는 관직생활이 행복하지 않았기 때문인 듯하다. 국자감 직강이 되어 성균관에 들어가며 지은 시[㈎]와 금정찰방 근무시절 지은 시[㈏]에는, 당시 위태로운 관직생활에서 느꼈던 다산의 불안과 고민이 드러난다.

　㈎ 게으른 천성 따라 숨으렸더니 / 기대와는 다르게 선발되었네
　　㉠**갈수록 거미줄이 많이 깔리어 / 재갈 물린 말 신세 면치 못 하리**
　　㉡**벗들은 여기저기 멀어져가고 / 세상길 구불구불 위험하다오**
　　날벌레와 어울려 천성 따를 뿐 / 억지로 애를 쓴들 그 무슨 소용338)
　㈏ 우스워라 내 인생 머리도 희기 전에 /
　　험난한 태행산 길 수레를 몰아가네
　　천 권 책을 독파하여 대궐에 들어갔고 /
　　집 한 칸을 사들여 푸른 산에 남겼는데
　　그림자 형체 어울려 해변으로 오고 /
　　㉢**이름 따라 생긴 비방 온 세상에 가득 찼네.**339)

---

336) 위의 책, p.33.
337) 위의 책, p.111.
338) 『다산시문집』제2권, 시(時), 〈除國子直講赴館〉: "放棄從吾懶, 甄收異所期. 故多蛛布網, 未免馬銜羈. 錯落親交遠, 迂回世道危, 肖翹共順性, 黽勉奚何爲."
339) 『다산시문집』제2권, 시(時), 〈自笑〉: "自笑吾生鬢未班, 太行車轍苦間關. 破書千卷入金闕, 買宅一區留碧山. 形與影隣來海上, 謗隨名至滿人間."

㈎에서 다산이 출중한 능력으로 요직에 등용되었지만 시간이 갈수록 어려움이 많아지고 이에 따라 그의 행복도가 낮아졌음을 엿볼 수 있다. ㉠의 거미줄과 재갈은 정적들과 자유롭지 못하던 자신의 신세, ㉡은 경계대상이 되던 자신의 위태로운 관직을 의미한다. ㈏의 ㉢은 좌천되어 점차 경계가 심해지고 비방이 많아지던 때를 묘사한 것이다. 이처럼 위태로운 관직생활로 행복감이 낮아진 다산에게 충만한 행복감을 느끼게 해준 사람은 왕인 정조였다. 「자찬묘지명」을 보면, 시험에서 높은 점수를 받아 서적과 종이 붓, 호랑이 가죽 등을 하사 받거나 가까운 신하처럼 자주 면담하도록 해주었으며, 질문에 대한 답변이 정조에게 좋은 평가를 받기도 하였고, 수원성의 축조 방법 등을 제시함으로써 임금의 총애가 높아졌던 사례 등[340] 정조와의 긴밀한 관계가 많이 나온다. 누구나 타인에게 인정을 받게 되면 자존감이 높아지고 행복해지는 경험을 하게 된다. 당시 절대적 존재인 군주에게 인정받는 데서 오는 희열은 괴로운 상황들을 견디게 하는 힘이 되었을 것이다. 정조는 당시 천주교 관련 사건들에서 이가환, 이승훈, 다산을 좌천시키는 조치를 취하는데 이는 남인을 보호하기 위한 것이자 당쟁을 조정하기 위한 방법이었다. 그러나 이러한 정조의 노력은 성공적인 것처럼 보이지 않는데, 당시 남인은 동재(同齋)에 노론은 서재(西齋)에 모여서 기거하였으며, 이를 시정하고자 하였으나 잘 되지 않았기 때문이다.[341]

다산이 행복하지 못한 가장 큰 요인은 남인에 대한 노론의 경계로, 유배이전 여러 사건에서 드러나는데 이에 따라 다산의 고뇌와 회환도 깊어지고 있었다.[342] "이 무렵 임금님의 보살핌과 관심을 가지심이 날로 깊어져 밤이 깊어서야 문답이 끝나곤 하므로 좋아하지 않는 자들이 이를 시기했다."라고 노론들의 경계가 심해짐을 기록하고 있다.[343] 다산은 유배이전 여섯 개의 큰 사건을 겪는데, 을사년(1785) 추조적발(秋曹摘發) 사건, 정미년(1787, 정조11) 반회(泮會) 사건은 천주교와 직접

---

340) 박석무 역주(2013), 앞의 책, pp.25~30.
341) 조성을, 앞의 책, p.213.
342) 김봉남, "다산 정약용의 시문에 나타난 고뇌와 회환-유배 이전 시기의 사건과 교유를 중심으로-", 『한국한문학연구』 70(한국한문학회, 2019), pp.7~50.
343) 송재소 역주, 앞의 책, p.53.

적으로 관련된 것이고, 나머지는 해미(海美) 유배, 신해옥사(辛亥獄事)-진산(珍山) 사건, 갑인년(1794년) 사건, 유배의 계기가 된 신유옥사(辛酉獄事)이다. 남인들에게 천주교는 끝까지 문제가 되었는데 1785년 3월 이른바 을사추조적발 사건이 터졌을 때, 아버지 정재원이 회현동 담재에 올라와 머문 것은 아들을 보호하고 서교 집회에 참석하지 못하게 감시하기 위함이었고, 이때『주역』을 강한 것도 서교 대신 주역을 공부하라는 뜻이었다. 심지어 정약용이 유배초기『상례사전(喪禮四箋)』작업에 몰두한 것도 천주교도로 몰린 현실에서 자신을 보호하기 위한 것이라는 설명이 있다.[344] 이처럼 살벌한 당쟁의 와중에서 다산은 행복을 추구하기는커녕 자신을 보존하는 것도 쉽지 않았던 것이다.

유배이전 행복도가 낮았던 원인은 젊은 시절의 벗들과 관직에서 연을 맺은 사람들이 정쟁으로 인해 경계하는 관계가 되어버린 데 있었다. 벗이었다가 후에 천주교로 그를 공격한 이기경, 같은 남인이지만 공서파였던 목만중과 홍낙안, 사돈으로 친하게 지냈지만 후에 다산을 공격한 홍인호가 그런 관계였다. 게다가 다산이 암행어사로 나갔을 때 비리를 적발하여 보고했던 서영보는 평생 그에게 적대적인 관계로 남아 해배를 방해하기까지 하였다. 이기경의 경우는 정조가 정약용과 경쟁시키다가 정약용을 택하자 경쟁심이 생겼고 여기에 천주교 문제가 겹쳐 1791년 신해교안 이후 둘이 원수가 되었다.[345]

이러한 정쟁과 인간관계의 난맥 속에서 다산의 관직생활은 평탄치 않았다. 좌천과 파직, 등용의 과정을 수없이 거치면서 병조의 부사직(副詞職)에 있을 때가 많았다. 부사직은 오위에 속해 있던 종오품 관직으로 실무는 보지 않는 직으로 특별한 직책이 없는 사람을 임명하는 것이 당시의 관례로, 녹봉을 받을 수 있게 하려는 조치였다.[346] 국왕의 총애를 받지만 하루아침에 벼슬이 떨어지기도 하고 구금이 되기도 하는 자신의 신세에 대해 다산은 적지 않게 자존심이 상한 것으로 보인다.[347] 더군다나 관직이 불안하다 보니 경제적 어려움까지 더하여 다산의 삶은

---

344) 조성을, 위의 책, pp.105~106.
345) 위의 책, p.135.
346) 위의 책, p.234.
347) 위의 책, p.294.

행복과는 거리가 더 멀어지고 만다. 다산은 33세(1794년)에 과거 예비시험인 조흘강(照訖講) 고관을 맡게 된다. 일종의 시험감독 책임자로, 규정을 지키지 않은 시관(試官)이 있어 그 일로 책임을 지고 다산은 파관에 이르게 된다. 당시 책을 팔아야 할 정도로 생활이 곤궁하였다.[348] 조흘강 때문에 파직되어 지은 시가 아래 〈파관(罷官)〉[㈑]이고, ㈒는 〈책을 팔아먹고 시를 지어 정곡에게 보여드리다〉란 시이다.

㈑ 한 몸이 호한하기 한이 없는데 / 도에는 궁하지 않다네
벼슬길 서툰 건 그게 내 본색 / 시 짓는 소질 있어 그 공 힘 입네
㈓**성쇠 기복이 쥐새끼 소행이라면 / 걱정 기쁨은 원숭이 마음이로세**
만산에 가을빛 물 들었으니 / 고향의 오솔길이 저절로 통하네.[349]

㈒ 서갑 아첨 손질하고 뽀얀 먼지 털어낼 제 /
어린 딸 쓸쓸하게 책상머리 앉아 있네 //
먹고 입는 일 그밖에 딴일 없음 차츰 알고 /
문장이란 사람에게 불리함을 깊이 느껴 //
늙어 총명 줄어드니 책을 어찌 대하랴 /
어리석고 무딘 자식 몸 보전은 걱정 없지 //
㈔**단칼로 끊으려다 미련 또한 남아서 /
작별 임해 매만지며 다시 잠깐 사랑하네**[350]

번역자 송기채에 의하면, ㈓의 '쥐새끼'는 명리와 세력만을 추구하는 사람들의 비유로 이 구절은 영광과 몰락의 되풀이를 뜻하고, '원숭이 마음'은 조삼모사(朝三暮四) 우화로 세상의 명리를 추구하는 자들이 눈앞 이익만 아는 것을 뜻한다.[351] 필자의 관점으로는 ㈑의 '쥐새끼'는 노론일파를, '원숭이'를 자신의 상황에 비유한 것이 아닌가 여겨진다. 벼슬길에 요령껏 적응하지 못한 자신에 대한 자책과, 시

---

348) 위의 책, pp.257~263.
349) 『다산시문집』 제2권, 시(時), 〈罷官〉: "一身何浩渺, 於道未爲窮. 拙宦成吾事, 能詩賴爾功. 升沈看鼠輩, 憂喜聽狙公. 萬山秋色裏, 邐路自相通."
350) 『다산시문집』 제2권, 시(時), 〈鬻書有作奉示貞谷〉: "手整牙籤拂素塵, 蕭條女稚案頭陳. 漸知喫著無餘事, 深悟文章不利人. 老減聰明那對眼, 子生愚魯定宏安. 快刀一斷猶牽戀, 臨別摩挲且暫親."
351) http://db.itkc.or.kr (검색일: 2020.08.06)

라도 지을 수 있어 스스로 위안할 수 있음에 감사하고 있는 것이다. ㈏에서는 책을 팔기 위해 내놓기 전 아끼는 책에 대한 미련으로 아쉬워하는 마음[ㅁ]이 보인다. 생계를 걱정할 정도로 경제적 여유가 없었고, 원만하지 못한 인간관계는 행복에서 멀어지게 하는 요인들이었다.

이러한 불행의 원인을 다산은 타고난 유전적 기질과 성격에서 찾고 있는데 그의 당호인 여유당(與猶堂)에 대한 기록에서 찾아볼 수 있다. 유배이전 이러한 위태로운 상황들에 대하여, 그것을 운명에 돌리기보다 자신의 '성격' 때문이라고 자조하고 있다.

㈐ 나의 약점은 내가 잘 안다. 나는 용감하지만 지모(智謀)가 없고 선(善)을 좋아하지만 가릴 줄을 모르며, 맘 내키는 대로 즉시 행하여 의심할 줄을 모르고 두려워할 줄을 모른다. 그만두어야 할 일도 참으로 마음에 내키기만 하면 ㉠**그만두지를 못하고,** 하고 싶지 않으면서도 마음에 남아 개운치 않으면 기필코 ㉡**그만두지를 못한다.** 그만둘 수도 있는 일이지만 마음에 기쁘게 느껴지면 ㉢**그만두지를 못하고,** 하고 싶지 않은 일이지만 마음에 꺼림칙하여 불쾌하게 되면 ㉣**그만둘 수 없다.** 이 때문에 어린 시절에는 일찍이 방외(方外, 천주교)에 몰두하여 의심하지 못했고, 이미 장년이 되어서는 과거 공부에 빠져 주변을 돌아보지 않았으며, 서른이 넘어서는 지난 일의 과오를 깊이 뉘우치면서도 두려워하지 않았다. ㉤**이 때문에 선(善)을 끝없이 좋아하다 비방만 홀로 실컷 들었다. 아, 이것이 또한 운명이란 말인가.**
㉥이것은 나의 본성 때문이니, 내가 또 어찌 감히 운명을 말하겠는가. [352]

다산은 자신의 긍정적인 성격 특성은 용감하고 선을 좋아하며 즉시 행하고 두려움이 없는 것이라고 하였다. 부정적인 성격으로는 지모가 부족하고 의심과 두려움이 없어 선(善)이라고 생각하는 것에 대해서는 마음이 내키거나 마음이 개운치 않거나 꺼림칙하거나 하면서도 '그만두지 못하는 것'을 병통으로 여기고 있다.

---

352) 『다산시문집』 제13권, 기(記), 〈與猶堂記〉: "余病余自知之. 勇而無謀, 樂善而不知擇, 任情直行, 弗疑弗懼. 事可以已, 而苟於心有欣動也, 則不已之, 無可欲而苟於心, 有瞿滯不快也, 則必不得已之. 是故力劫昕昕, 瞀馳騖方外而不疑也. 旣壯陷於科學而不顧也. 旣立深陳旣往之悔而不懼也. 是故樂善無厭而負謗獨多. 嗟呼. 其亦命也, 有性焉, 余又何敢言命哉."

㈀~㈃의 그만두지 못하는 성격에 대한 결과가 ㈄으로 드러난 것이다. ㈅에서는 그것의 원인을 자신의 성격에 돌리고 있지만 운명이라고 한 것은 사실은 당시 시대적 환경이라고 해야 맞을 것이다.

> ㈅ 자기가 하고 싶지 않으나 부득이해야 하는 일은, 그만둘 수 없는 일이다. 자기는 하고 싶지만 남이 알지 못하게 하려고, 자신이 하지 않는 일은 그만둘 수 있는 일이다. 그만둘 수 없는 일은 항상 그 일을 하기는 하지만, ㈆**내키지 않을 때는 그만두기도 한다.** 하고 싶은 일은 항상 하기는 하지만, ㈇**사람들이 알지 못하게 하려고 때로 그만둘 때도 있다.** ㈈진실로 이와 같이 한다면, 천하에 별 탈이 없을 것이다.[353]

「여유당기」는 1800년 다산이 귀향을 결정하고 당호를 지은 뜻을 적은 글인데, ㈅에서 다산이 지향하는 바가 드러난다. 어떤 일을 할 때 부득이하더라도 내키지 않는다면 그만두어야 하고[㈆], 하고 싶은 일이지만 남들이 알게 하고 싶지 않은 일이라면 그만두는 것이 낫다[㈇]는 것이다. ㈈에서는 그렇게 하지 못한 것에 대한 후회하는 마음이 드러난다. 다산은 병조참지 시절 숙직 시 군복을 입지 않은 일로 체직된 적이 있다. 다산이 문무에 모두 능한 것을 알고 정조가 무관으로 키우려 한 듯하며, 학문을 좋아한 다산은 부득이한 것이 아니라고 여겨 이에 저항한 것으로 보인다.[354] 「여유당기」 말미에 "무릇 마음에서 생겨 뜻으로 싹트는 것이 아주 부득이한 것이 아니면 그만두고, 매우 부득이한 것일지라도 남이 알지 못하게 하고 싶으면 그만둔다. 진실로 이와 같이 된다면, 천하에 무슨 일이 있겠는가."[355]라고 하여 자신이 추구하는 바를 제시하고 있다. 다산은 당시 살얼음 같은 위태로운 상황에서 노자의 '무용(無用)'이나 '유약(柔弱)'의 도로 현실에서 도

---

353) 『다산시문집』 제13권, 기(記), 〈與猶堂記〉: "欲己不爲, 不得已而令己爲之者, 此事之不可已者也. 欲己爲之, 欲人勿知而令己不爲者, 此事之可已者也. 事之不可已者常爲之, 然旣己不欲. 故有時乎已之. 事之欲爲者常爲之, 然旣欲人勿知, 故亦有時乎已之. 審如是也, 天下都無事矣."

354) 조성을, 앞의 책, p.286.

355) 『다산시문집』 제13권, 기(記), 〈與猶堂記〉: "凡有作於心萌於志者, 非甚不得已, 且已之. 雖甚不得已, 欲人勿知, 且已之. 審如是也. 天下其有事哉."

피하고 싶은 마음을 드러내고 있는 것이다. 치인의 이상과 당쟁의 현실, 귀향의 이상과 관직의 현실에서 고뇌하고 갈등하며, '무사(無事)'야말로 그가 바라고 추구했던 삶이었던 것이다. 역설적이게도 이러한 '별 탈 없는' 삶은 유배를 가서야 맞이하게 된다. 다산은 위태로운 관직생활에서보다 오히려 유배라는 제한된 자유에서 삶의 의미를 찾으면서 행복을 추구한 것으로 보인다.

Ⅲ. 유배생활에서 다산의 행복추구노력

유배 초기 다산은 죽지 않고 살아남을 수 있는 것만이라도 감사해 하는 처지였다. 필자가 유배생활을 행복과 연계시키는 이유는 '삶의 의미'가 차지하는 영향력이 젊은 때보다 나이가 들수록 더 크기 때문인데,[356] 다산은 유배라는 제한된 환경에서 삶의 의미를 찾기 위해 부단히 노력하였고 그 과정에서 행복에 가까워질 수 있었다. 한 인간의 삶의 실천은 지향하는 가치에 근거하며, 다산과 같은 사상가라면 자신의 철학사상에 기초하게 마련이다. 필자는 다산이 유배생활에서 노력하였던 자세와 태도를 행복담론과 연계시켜 그의 사상적 지향에서 단서를 찾아 분석해보았다. 동양적 행복을 '이물급신(以物及身)'과 '이신급물(以身及物)'로 구분할 때 유교의 행복은 후자에 속한다.[357] 즐거움의 주체가 자신이 되어 대상으로서 나 자신, 대자연의 풍취와 맛, 사회적 관계 등을 어떻게 대할 것인가를 규정하며 즐거움을 추구한다는 것이다. 다산의 유배생활은 이러한 이신급물의 전형에 해당된다. 그의 즐거움 추구는 유교적 행복 조건인 세속적 조건, 배움과 성찰을 통한 자아실현, 더불어 사는 즐거움, 낙관적 즐김과 안빈낙도 등과 궤를 같이 하기도 하지만 한 단계 승화시키는 데까지 나아갔다.[358]

1. 신독(愼獨): 외경의 마음공부

유배 과정에서 고문의 후유증으로 다산은 공포증, 불안장애, 마비증세, 견비통 뿐만 아니라 우울증 등 외상 후 스트레스를 겪었다.[359] 유배 초기는 이러한 트라우

---

356) 김경미 외, "삶의 의미가 노년기 행복과 건강에 미치는 영향: 천년기와 노년기의 비교를 중심으로", 『한국심리학회지』 30(2)(한국심리학회, 2011), p.503.
357) 조창희, "동양적 즐거움(樂)과 그 추구방식", 『東洋社會思想』 24(동양사회사상학회, 2011), p.15.
358) 장승희, "유교행복담론의 도덕교육적 함의", 『윤리연구』 127(한국윤리학회, 2019), pp.16~21.
359) 김정현, "유가의 마음치유술과 그 현대적 의미-다산 정약용의 『신경밀험』을 중심으로", 『공자학』 38(한국공자학회, 2019), p.113.

마를 극복하여 정상적인 삶으로 돌아오는 것이 관건이었다. 다른 사람이라면 오랜 시간이 걸려도 쉽지 않았겠지만 다산은 기를 쓰고 노력하여 얼마 지나지 않아 저술에 몰두하는데, 마음공부에 의해 가능했을 것이다. 첫 유배지 장기에서 지은 「석지부(惜志賦)」에 당시 심정이 잘 나타난다.

> (a) 서글퍼라 내 인생 좋은 때를 못 만나
> 　　가는 앞길 힘난하여 자주 죄에 걸리었네
> (b) 기특한 재주 안고서 오락가락 맴도니
> 　　뭇사람 하찮게 여겨 재앙을 끼치누나
> (c) 내 자신을 반성하여 행실 더욱 닦았지만
> 　　억울하고 번뇌로움 사라지진 않는다네
> (d) 내 스스로 살펴보면 깔끔하고 해맑으니
> 　　죄를 비록 씌운대도 마음 어찌 상하리
> (e) 이미 천명 신봉하여 어기지를 아니 하니
> 　　한스러워할 것이 또한 뭐가 있으리[360]

인생에 대한 회환[(a), (b)]과 억울함에도 불구하고 떳떳하여 부끄러움 없음에 대한 자신감[(c), (d)]이 드러나며 하늘의 뜻에 따라 수용하려는 의지와 자기 위안[(e)]도 읽힌다. 다산 사상 전체를 관통하는 초월자로서 상제천의 존재는 외경으로 이어지고 구체적으로 신독(愼獨)의 자세로 나타난다. 처음 강진에 도착하였을 때 사람들은 다산을 가까이 하려 하지 않았으며 강진 현감들마저 핍박하여 다산은 정착하기가 쉽지 않았다. 그 상황에서 "천도는 은미하나 뚜렷이 나타나므로 군자는 신독을 하며, 신독을 하므로 내면을 살피어 부끄러움이 없는 것"이라 하여 마음공부를 강조하였다.[361] 다산에게 있어 신독은 단순히 독처(獨處)의 의미가 아니라 '남들은 알지 못하지만 자신만은 혼자 아는 일'을 의미하는데 이를 삼가 극진

---

360) 『다산시문집』 제1권, 부(賦), 〈惜志賦〉: "愍余生之不際兮, 數迍邅以離尤. 抱瓊瑋而徊徨兮, 衆芥視而詒災. 聿反躬而篤修兮, 還假偲其靡休, (…) 余內視其饑兮, 雖纠矯亦何傷. (…) 飢戴命而莫違兮, 又何爲乎內慊." http://db.itkc.or.kr(검색일: 2020.08.04.)
361) 전남대학교 호남학연구원, 『국역 여유당전서』(광주: 전남대학교출판부, 1986), p.255.

히 함으로써 양심이 나타나도록 하는 마음공부이다.[362] 신독이란 상제가 나날이 자신의 마음을 굽어보고 있다는 것을 인식하고 진실한 마음으로 자신의 과부족을 살펴 고쳐 나가는 자세로 바로 마음공부의 극치인 것이다.[363] 49세에 쓴 「염우부(鹽雨賦)」에서도 "통명한 사람만은 천명을 알므로, 세상에 묻혀도 근심 걱정 없다네."[364]라고 천명에 대한 신뢰가 드러나고 있다. 이러한 마음공부인 신독은 몸 다스림인 경(敬)과 연계되는데 다산은 몸을 바르게 하려면 마음이 먼저라고 보았다. 「경기재잠(敬己齋箴)」을 보자.[365]

> 하늘이 네 몸을 내줄 적에 네 가지 마음보다 먼저 주었다
> (天畀汝躬, 首諸四靈)
> 하늘이 보심이 심히도 가까우니 놀면서 게으르지 말라
> (天監孔邇, 無然戲怠)
> 바로 벌 내리지는 않지만 그래도 너그럽게 네 허물 고쳐야지
> (郵不降罰, 尙饒汝改)
> 벌벌 떨며 두려워하기를 직접 그 노여움을 받는 듯 하라
> (栗栗瞿瞿, 如承厥怒)
> 이 몸에는 붙잡을 자루가 있으니 오직 마음을 잘 잡아야 한다
> (是身有柄, 惟心所持)
> 밝게 섬기는 것은 그 무엇인가 날마다 오직 신독 할 뿐이니
> (昭事伊何, 日維愼獨)

하늘이 몸의 일에 즉각 벌하지는 않지만, 사람은 스스로 하늘의 뜻을 알아서 바르게 하여야 한다. 『심경밀험』에서는 "사람이 벗과 금슬(琴瑟)과 서적을 대하여 스스로 몸가짐을 조심스럽게 하기는 쉬운 일이다. 그러나 판수, 귀머거리, 벙어리, 절름발이, 절인, 비천한 자, 어리석은 자를 대하면서도 공경하는 빛을 잃지 않고 예의

---

362) 위의 책, p.167, p.177.
363) 최정락, "다산 정약용의 도덕실천론 연구 - 인간과 상제의 감응을 중심으로", 『국학연구』 39(한국국학진흥원, 2019), pp.397~425.
364) 『다산시문집』 제1권, 부(賦), 〈鹽雨賦〉: "唯達人之知命, 是用遯世而无悶."
365) 민추(1983), pp.212~213.

로 대접하기란 어려운 일"이어서 무엇보다 중심(中心), 마음잡는 것이 중요하다고 보았다.[366] 이처럼 마음공부를 중시한 것은 인간의 마음에 대한 파악 결과이다.[367]

> 사람의 몸에 두 가지가 있으니 도심과 인심이 그것이다
> (曰己有兩, 維道與人)
> 인심은 위태하고 도심은 미약하니 주인과 손님의 처지와 같다
> (人危道微, 乃主乃賓)
> 위태한 것은 언제나 강하고 미약한 것은 언제나 약하니
> (危者常强, 微者常弱)
> 공격하지 않으면 어떻게 굴복시키며 붙들지 않으면 어떻게 넓혀 나가는가
> (弗攻胡伏, 弗扶胡擴)

인간은 상제와 마음으로 감응하는 존재인데, 상제와 통하는 마음이 도심이라면 본능과 사욕이 인심이다. 상지(上智)라도 인심이 없을 수 없고 하우(下愚)라도 도심이 없을 수 없다. 따라서 권형(權衡)으로 물욕에 가려진 도심을 파악하여 회복하는 것이 군자라는 것이다.[368] 누구나 선악의 갈등 속에 살지만 상제의 존재를 의식하며 도심을 유지하는 방법이 신독이다. 행복의 조건으로 종교와 명상을 중시하는 것은 마음의 안정을 통해 행복에 가까워질 수 있기 때문이다. 다산은 상제에 대한 믿음과 신독의 마음공부 덕분에 유배생활에서 안정을 찾았고 18년을 기도하는 마음으로 지내며 견딜 수 있었던 것이다.

2. 호학(好學): 삶의 의미와 성취

행복의 조건으로 외적인 조건들도 중요하지만, 중요한 것은 스스로 삶의 의미를 찾고 성취를 이룸으로써 행복해지는 것이다. 행복의 방법으로 성격강점과 몰입을

---

366) 전남대 호남학 연구원(1986), 앞의 책, p.180.
367) 민추(1983), 앞의 책, p.219.
368) 전남대 호남학 연구원(1986), 위의 책, p.167.

강조하는 이유이다. 다산의 성격강점은 배움과 글쓰기를 좋아하는 것이다. 다산은 여섯 살 때 아버지로부터 천자문을 배워 배움의 길에 들어선 이후, 수기치인의 유교적 이상을 구현하기 위해 공부하고 벼슬생활에 임하였다. 유배생활에서 그가 삶의 의미를 찾기 위한 방법이 자신의 성격강점인 호학(好學)을 발휘한 것이다. 「자찬묘지명」을 보자.[369]

> (가) 용은 어려서 매우 영리하여 제법 문자를 알았다. 9세에 어머니의 상을 당하였고 10세가 되어 비로소 학과에 힘썼는데 5년간은 선고(先考)가 벼슬하지 않고 한가로이 지냈으므로 용이 이 때문에 경사(經史)와 고문(古文)을 꽤 부지런히 읽을 수 있었고, 또 시율(詩律)로 칭찬을 받았다.
> (나) 용이 해상(海上 강진을 말함)으로 유배되어 가서 생각하기를 '소싯적에는 학문에 뜻을 두었으나 20년 동안 세로(世路)에 빠져 다시 선왕(先王)의 대도(大道)가 있는 줄을 알지 못하였는데 지금 여가를 얻게 되었다.' 하고 드디어 흔연히 스스로 경하하였다. 그리하여 육경과 사서를 가져다가 침잠(沈潛)하여 탐구하고, 한위(漢魏) 이래로 명청(明淸)에 이르기까지의 모든 유자(儒者)의 학설로 경전에 보익이 될 만한 것은 널리 수집하고 두루 고증하여 오류를 정하고 취사하여 일가(一家)의 서(書)를 갖추었다.

(가)는 처음 배움의 길로 들어선 어린 시절의 묘사이고 (나)는 유배생활에서 저술작업에 매진할 때이다. 다산은 자신의 인생을 학문적 업적으로 평가받고자 하였다. 다산의 연구와 저술들[370]을 보면, 그의 학문과 지식탐구 방법과 체계들이 얼마나 깊고 방대한지 놀랄 정도이다. 그의 다방면의 저술들은 백과전서라 해도 손색이 없을 정도로 다루지 않은 영역이 없다. 법률과 행정, 경제에 대한 일표에서는 물론 의학서인 『마과회통』에서는 자신의 경험과 고대의 지식과 추구하는 이상들이 담겨져 있다. 다산의 학문은 매우 체계적이어서 본말과 체용이 잘 갖추어져 있다. 인식론적 체계인 도리(道理, 도덕학)와 물리(物理, 자연학)는 다산의 체계

---

369) http://db.itkc.or.kr/inLink?DCI=ITKC_BT_1260A_0160_010_0020_2000_007_XML
370) 정민, 『다산의 지식경영법』(서울: 김영사, 2005).

로는 경학(經學)과 경세학(經世學)으로 구체화되었으며, 이는 유교 이상인 수기와 치인을 구체화하는 구조로 되어 있다.[371] 공부를 좋아하는 다산의 강점은 고난의 유배생활을 견디게 한 동인으로 이를 최대한 발휘하여 저술의 성취로 나아갔던 것이다.

그는 자신의 배움에 머물지 않고 가르침을 병행하였는데, 자녀교육에서 삶의 의미를 찾았다. 아들들에게 보낸 편지에는[372] 독서의 선택과 순서와 방법(3-11)은 물론, 옳고 그름의 기준(12), 어머니에 대한 효도(19), 일가친척들을 보살피는 일(20-23), 채소밭 가꾸는 방법(21-23), 시 짓는 방법(33-34), 주역 공부(34-37), 술 마시는 태도(41-42) 등 지식과 삶의 태도 등 오늘날 학교와 가정에서 가르치는 모든 교과와 가르침을 망라하고 있다. 그는 공부에서 지식도 중요하지만 무엇보다 바른 삶의 태도를 강조하고 있다. 주도(酒道)에 대한 내용을 보자.

> 참으로 술맛이란 입술을 적시는 데 있는 것이다. 소가 물을 마시는 저 사람들은 입술이나 혀를 적시지도 않고 곧바로 목구멍으로 넘어가니, 무슨 맛이 있겠느냐? 술의 정취는 살짝 취하는 데 있는 것이다. 저 얼굴빛이 붉은 귀신과 같고, 구토를 해대고 잠에 골아 떨어지는 자들이야 무슨 정취가 있겠느냐. 요컨대 술 마시기를 좋아하는 자들은 대부분 폭사(暴死)하게 된다. 술독이 오장육부에 스며들어 하루아침에 썩기 시작하면 몸이 무너지고 만다. 이것이 가장 두려워할 만한 점이다. (…) 너에게 빌고 비노니, 술을 입에서 끊고 마시지 말도록 하여라.[373]

편지에 의한 교육만으로는 부족하다고 느낀 다산은 두 아들들에게 교대로 강진에 와서 공부하도록 하였다. 아동들은 8세부터 16세까지가 공부 시기인데, 계절적 특성과 행사와 질병 등을 고려하면, 공부할 수 있는 기간은 대략 300일뿐이라

---

371) 정일균, "다산 정약용의 '지식(知識)'론에 대한 일고찰", 『한국실학연구』 37(한국실학학회, 2019), p.413.
372) 민추(2016), 앞의 책, 본문의 ( )안은 페이지를 말함.
373) 『다산시문집』 제21권, 서(書), 〈寄游兒〉: "誠以酒之味在沾脣. 彼牛飮者, 酒未嘗沾脣漬舌, 而直達于喉嚨, 有何味也. 酒之趣在於微醺. 彼面如朱鬼, 吐惡物困睡者, 有何趣也. 要之好飮者, 其病多暴死, 以酒毒浸潤臟府, 一朝腐爛, 便連身僵壞耳. 此大可畏. (…) 乞汝乞汝其絶口勿飮."

고 보았기 때문이다.[374] 당시 두 아들이 혼인하여 가정을 이루고 있었지만 모든 일을 제쳐놓고 내려와 공부하도록 한 것이다.

> 첫째 이유는 날로 마음씨가 나빠지고 행동이 비루해져 가니, 이곳에 와서 교육을 받아야 하겠고, 둘째는 안목이 좁아지고 지기(志氣)가 상실되어 가니, 이곳에 와서 교육을 받아야 하겠고, 셋째는 경학(經學)이 조잡해지고 식견이 텅 비어져 가니, 이곳에 와서 교육을 받아야 하겠다. 소소한 사정은 족히 돌아볼 것이 못된다.[375]

자신 때문에 폐족 신세가 되어 벼슬하지 못하는 아들들에게, 바른 교육으로 이를 보완하고자 노심초사하는 다산의 마음이 읽힌다. 이것도 그가 삶에서 의미를 찾기 위한 노력이었을 것이다. 또한 강진의 제자들에 대한 교육도 중시하였다. 강진에 어렵게 자리 잡은 1802년 10월 어느 날, 학동들이 책을 갖고 문 앞을 지나는 것을 보고, 총명해 보이는 아이와 이야기를 나누었는데 바로 제자 황상이었다. 황상은 이때부터 다산초당으로 이사 가기 전까지 경사(經史)의 초독(鈔讀) 작업을 하였는데,[376] 당시 다산이 강진 제자들을 길렀던 곳이 바로 사의재(四宜齋)이다. 다산은 제자들에게 생각, 외모, 말, 움직임 등 행동거지에 대한 교육은 물론, 기본 학문과 더불어 문학적 소양도 소홀하지 않았다. 황상에게 한 달 동안 매일 부(賦) 1수씩 30부를 짓게 한 데서 잘 알 수 있다. 또한 당시 통용되던 아동교육서인 『천자문』이 문자 교육이나 식견을 넓혀주는 데 문제가 많다고 판단하여, 『아학편(兒學編)』과 『소학주관(小學珠串)』이라는 아동 교육서를 직접 편찬하기도 하였다.[377] 저술과 교육에서 대충하는 법 없이 시작하면 모든 것을 바탕부터 완벽하고 철두철미한 그의 성격이 드러난다.

혜장선사와의 교유는 그로 하여금 불교경전을 보며 주자성리학과 불교경전과

---

374) 윤지훈, "다산 정약용의 아동 학습서 편찬에 대한 연구", 『동방한문학』 81(동방한문학회, 2019), pp.290~291.
375) 『다산시문집』 제21권, 서(書), 〈寄淵兒, 戊辰冬〉: "第一心術日壞, 行己日卑, 來此聽受可也,. 第二眼力短促, 志氣沮喪, 來此聽受可也. 第三經學鹵莽, 才識空疎, 來此聽受可也. 小小事情, 有不足顧恤耳."
376) 조성을, 앞의 책, p.556.
377) 윤지훈, 앞의 논문, pp.297~303.

의 유사성을 발견하여 주자성리학에 대한 자신의 비판적 입장에 더욱 확신을 갖게 하였다.[378] 지적 호기심이 많았던 다산은 이러한 계기를 통하여, 성리학은 물론, 원시유교와 실학을 섭렵하고, 천주교에서 나아가 불교에까지 자신의 학문적 지평을 넓힐 수 있었던 것이다. 배움과 가르침, 그리고 저술 작업을 통하여 다산은 삶의 의미를 찾게 되었고 이를 통해 즐거움도 얻고 행복에 가까워질 수 있었던 것이다.

3. 여유(與猶): 인간관계의 원리

행복학에서 행복의 요소로 가장 중시하는 것은 인간관계이다. 유배시절 다산의 행복에 기여한 것은 무엇보다 가족을 비롯한 교유했던 사람들이었다. 그러나 그는 조심스러운 자세로 인간관계에 임함으로써 불행했던 과거의 그림자를 지우고자 한 듯하다. 유배이전 그는 가족과 친지들을 위해 최선을 다하였고, 서울 명례방 자신의 집에서 '죽림정사'라는 모임을 만들어 친구들과 우정을 맺기도 하였다. 그러나 유배기간 교유관계는, 가족과 친척, 강진의 제자들을 제외하면 문·무신, 학자들과는 겨우 5명 정도 연락이 취해졌을 뿐이다.[379] 천주교와 연관된 친지들과 남인이면서 뜻을 같이한 친구들은 죽임을 당하거나 유배에 처해졌고, 한때 친하던 지인들은 공서파가 되어 다산을 공격하였으며, 노론들과 세도정치 하의 안동김씨도 다산에게 우호적이지 않았다. 불행에 처하게 된 원인이 인간관계에 있다고 본 다산의 심리는 당호인 '여유(與猶)'의 뜻에 고스란히 반영되고 있다. "노자에 '여(與)여! 겨울의 냇물을 건너는 듯하고, 유(猶)여! 사방 이웃을 두려워하는 듯하다.'라고 하였다. 이 두 마디 말이 내 약점의 치료제가 아니겠는가. 겨울에 냇물을 건너는 사람은 차가움이 파고들어 뼈를 깎는 듯할 테니 부득이한 경우가 아니면 건너지 않을 것이며, 사방이 두려운 사람들의 감시하는 시선이 자기 몸에 이를까 염려

---

378) 조성을(2016), 앞의 책, pp.588~589.
379) 탁현숙, "다산 정약용 시에 담긴 '물의 심상과 그 인식", 『호남문화연구』 62(전남대학교 호남학연구원, 2017), p.121.

하여 참으로 부득이한 경우라도 하지 않을 것이다."380) 다산은 타인의 시선과 감시 때문에 부득이하더라도 조심하여 자신이 하고자 하는 것을 하지 않는 쪽으로 행복해지는 방법을 택하였던 것이다. 유배 바로 직전 위태로운 관직생활에 회의를 느껴 낙향하여 저술을 시작하며 지은「여유당기」에 그의 인간관계에 대한 다짐이 드러난다.

> 서신(書信)을 다른 사람에게 보내어 경서(經書)와 예절이 다른 것을 논하고자 했으나 조금 후에 이를 생각해 보면 비록 하지 않더라도 해로울 것이 없었다. 비록 하지 않더라도 해로울 것이 없는 것은 부득이한 일이 아니니 부득이한 일이 아닌 것은 또한 ⓐ그만두어야 되겠다. 다른 사람의 봉장(封章-上疏)을 평론하여 조신(朝臣)들의 시비(是非)를 말하고자 했으나 조금 후에 이를 생각해 보니, 이것은 남들이 알지 못하게 하고 싶은 일이다. 남들이 알지 못하게 하려는 일은 마음속에 크게 두려움이 있는 일이니, 마음속에 크게 두려움이 있는 일은 또한 ⓑ그만두어야 되겠다. 진귀한 옛날 그릇을 많이 모으고자 했으나 또한 그만두어야 되겠으며, 관직에 있어 공금(公金)을 협잡하여 그 남는 것을 도적질하고자 했으나 또한 ⓒ그만두어야 되겠다. 무릇 마음에서 일어나고 뜻에서 맹동(萌動)한 것은 심히 부득이한 일이 아니면 또한 ⓓ그만두어야 되겠으며, 비록 부득이한 일이라도 남에게 알지 못하게 하고자 하는 것은 또한 ⓔ그만두어야 되겠다. Ⓐ 진실로 이와 같이 한다면 천하에 무슨 일이 있겠는가?381)

다른 사람과 의견이 다른 것도 편지로 토론하고 싶지만 그렇게 하면 해가 있을 것 같고, 상소와 사신들에 대한 비판도 하고 싶지만 남들이 알면 일이 생길 것 같고, 귀한 물건을 모으거나 관직에 있을 때 조금이라도 공금을 잘못하는 것도 비난받을 일이어서 하지 말아야 한다는 말이다. 뭔가 하고 싶은 뜻이 생길 때에도 아주

---

380)『다산시문집』제13권, 기(記),〈與猶堂記〉: "余觀老子之言曰, 與兮若冬涉川, 分若畏四鄰. 嗟乎, 之二語, 非所以藥吾病乎. 夫冬涉川者, 寒螫切骨, 非甚不得已, 弗爲也. 畏四鄰者, 候察逼身, 雖甚不得已, 弗爲也."
381)『다산시문집』제13권, 기(記),〈與猶堂記〉: "欲以書與人, 論經禮之異同乎, 旣而思之, 雖不爲無傷也. 雖不爲無傷者, 非不得已也. 非不得已者, 且已之. 欲議人封章, 言朝臣之是非乎, 旣而思之, 是欲人不知也. 是欲人不知者, 是有大畏於心也. 有大畏於心者, 且已之. 欲廣聚珍賞古器乎, 且已之. 欲居官變弄公貨, 而竊其羨乎, 且已之. 凡有作於心萌於志者, 非甚不得已, 且已之. 雖甚不得已, 欲人勿知, 且已之. 審如是也. 天下其有事哉."

부득이한 일이 아니면 하면 안 되고, 부득이한 일일지라도 남들이 알지 못하게 하고 싶다면 그건 하지 말아야 한다는 다짐이다. 자신의 살아온 삶에서 조금이라도 실수한 것들이 여기서 나온 것이 아닌가 성찰하면서, 조그마한 흠이 잡힐 것이라면 "그만두어야 되겠다"[ⓐ~ⓔ]라는 후회하는 마음을 볼 수 있다. 그렇게 한다면 무사할 것이었다는 소회[Ⓐ]인 것이다. 결국 자신의 삶에서 불행을 자초한 것이 그만두지 못하였던 자신의 태도, 그로 인한 인간관계에서 초래한 잘못이라고 보고 있는 것이다.

유배 동안 가족들은 다산에게 가장 큰 힘이 되었다. 강진에 도착하자마자 아들들에게 편지를 쓰기 시작하여 교육을 시작하지만, 1년 지나 어린 아들(여섯째)의 죽음 소식을 듣는다. 다산은 모두 6남 3녀를 낳았지만, 2남 1녀만 살아남았다. 유배생활 동안 다산에게 행복을 준 것도 자식들이었고, 불행을 준 것도 자식들이었다. 다산의 글에서 아버지로서의 진한 고뇌와 회환이 잘 드러난다.

> 나는 경자년(1780년) 가을 예천군청의 관사에서 낙태한 것으로 시작해, 신축년(1781년) 7월 아내가 아이를 밴 채 학질을 앓다가 팔삭둥이 딸 하나를 낳아 나흘 만에 죽었는데 이름도 짓지 못한 채 와서(瓦署)의 언덕배기에 묻었고, 그다음에는 무장(큰 아들 학연의 아명)과 문장(둘째 아들 학유의 아명)을 낳아 다행히 키워냈으며, 그다음은 구장이고 그다음은 딸아이 효순인데 순산으로 효도했다 하여 효순이라 지었다. (…) 그 아래 딸아이 하나 지금 열 살로 두 차례의 역질을 이미 다 마쳤으니 겨우 죽음을 면했나보다. 그다음은 삼동인데, 마마에 걸려 곡산에서 죽었다. 이 애가 죽었을 때 아내는 아이를 가지고 있어 슬픔을 참고 아이를 낳았는데 열흘을 겨우 넘어 또 마마에 걸려서 며칠이 못 되어 죽었다. 삼동이 다음 아이는 이름도 짓지 못했다. 구장이와 효순이는 두 척(斗尺)의 산등성이에 묻었고 삼동이와 그다음 아이는 두 척의 산발치에 묻었다 놓아도 필연코 산발치에 묻었을 것이다. (…) 오호라! 내가 하늘에서 죄를 얻어 이처럼 잔혹하니 어찌하랴.[382]

---

382) 박석무 역주, 『다산산문선』(파주: 창비, 2013), p.271.

가족들에 대한 사랑은 '하피첩(霞帔帖)'과 '매조도(梅鳥圖)'에서 드러난다. 부인 홍혜완이 혼인 때 입었던 빛바랜 치마를 보내주는데, 마름질하여 아들들에게 줄 가르침[家戒]을 써서 만든 서책이 하피첩이고, 외동딸의 혼인을 축하하며 치마 한 폭에 매화꽃과 새 두 마리를 그려준 것이 매조도이다. 흑산도로 유배 간 정약전은 다산에게는 형제이자 친구이고 동학이었다. 그는 타계할 때(1816년)까지 다산과 지속적으로 편지를 주고받으며 안부를 묻고 학문을 논하였는데, 정약전의 높은 식견에 바탕을 둔 저술에 대한 평가는, 저술의 완성도를 높이는 데 크게 도움이 되었다.[383] 두 사람 모두 유배생활에서 안정되었지만 힘든 것은 외로움이었다. 1807년 다산은 가족들을 강진으로 이주시키기로 결심하여 고향의 큰 형 정약현에게 이사시키겠다고 통보하였는데, 정약전이 편지를 보내어 설득하여 이주 계획을 포기하게 하였다고 한다.[384] 이처럼 유배생활을 버틸 수 있었던 힘은 가족들과의 애틋한 사랑이었던 것이다.

강진 제자들과의 인연은 저술 작업은 물론 교육적 열망도 성취시키는 데 도움이 되었다. 사의재에 제자들은 4명 많게는 6명으로 대부분 이족(吏族) 출신이었는데, 다산초당에서 해남 윤씨 주축의 강학에 그들은 참여하지 않았다. 당시 신분제 사회에서 지역단위의 위계질서도 양반과 향리로 엄격하게 구분되어, 양반은 자기 집안에서 세운 서당이나 양반에게 공부할 수 있지만, 양반과 견제 관계에 있는 향리는 타 지역 양반에게 유학가거나 유배인들에게 공부할 수밖에 없었다.[385] 해배 이후 강진제자들은 다산과 멀어지고 마는데, 다산이 뒷배가 되어 줄 것이라는 기대에 미치지 못하자 실망하였던 것이다. 해배 17년 후 강진 제자들 중심으로 한 다신계의 성원들은 뿔뿔이 흩어졌으며, 강진에서 다산이 마련한 토지도 누군가 몰래 처분하고 되팔아 이중매매로 다산은 곤경에 빠지고 만다. 다산은 차라리 다신계(茶信契)를 무신계(無信契)로 바꾸는 것이 옳겠다고 실망감과 배신감을 감추지 않는다.[386] 마지막까지 신뢰를 지킨 제자는 황상뿐이었다. 제자들로 인하여 행복

---

383) 조성을, 앞의 책, p.570.
384) 이덕일b, 『정약용과 그의 형제들 2』(파주: 김영사, 2010), pp.222~226.
385) 김덕진, "강진의 학풍과 향리, 그리고 다산", 『다산과 현대』 11(연세대학교 강진다산실학연구원, 2018), p.170.
386) 정민, 『삶을 바꾼 만남』(파주: 문학동네, 2011), pp.374~398.

하였지만 또한 제자들 때문에 불행하기도 하였던 셈이다.

불교사상에 대한 학문적인 비판과는 다르게 다산은 친불 경향의 사상가로 분류되는데 유배시절 선사들과의 다담(茶談)과 학문적 교유에서 잘 드러난다.[387] 유교를 통치이념으로 성립된 조선사회에서 불교는 배척대상이었고, 조선후기에서도 스님들의 지위는 최하위여서 양반들이 사찰을 찾으면 가마 지는 일도 담당해야 했을 정도이다. 유학자들이 유배인인 다산을 꺼릴 때 다산은 혜장과 초의 등 스님들과의 교유를 이어갔는데, 여기서 그의 여유(與猶)의 자세를 엿볼 수 있다. 1805년 백련사 혜장과의 만남은 1811년 혜장이 입적하기까지 서로 학문적 도움을 주고받는 관계였다. 혜장과 초의와의 인연으로 다산은 자신만의 제다법(製茶法)을 완성할 정도로 차에 정통했으며, 이것은 대둔사와 백련사의 승려들에게 전해졌다고 한다.[388] 그 외 색성(賾性), 은봉(隱峯), 자홍(滋弘), 호의(縞衣) 등의 스님들과 지속적으로 교유하였으며, 해배 이후에는 정학연과도 인연이 지속되었다. 유배시절 학문에 몰입하다가도 수시로 사찰에 머물며 스님들과 다담을 나누고 시를 주고받으며 마음을 위로받았던 것이다.

유배생활에서 다산은 인간보다 오히려 자연에서 위안을 얻은 듯하다. 사의재에서 다산으로 거주지를 옮긴 후 안정을 찾고 있으며[㈎], 해배 후에는 일상으로 돌아왔음[㈏]을 확인할 수 있다.

> ㈎ 무진년(47세, 1808) 봄에 다산으로 이사를 했다. 그곳에다 대(臺) 쌓고 연못을 파서 줄을 맞춰 꽃과 나무를 심고 물을 끌어나 비류폭포를 만들었다. 동암(東庵)과 서암(西菴) 두 초막을 짓고 천여 권의 장서를 두고 저술을 하면서 스스로 재미를 느끼고 살았다.[389]
> ㈏ 경진년(59세, 1820) 봄에 배를 타고 북한강을 거슬러 올라가 춘천과 청평산 등지를 유람했다. 가을에는 다시 용문산에 가서 유람하는 등 산과 시냇가를 산보하면서 인생을 마치기로 했다.[390]

---

387) 이영경, "불교교리 비판한 친불 경세가", 『불교평론』 64(불교평론사, 2015).
388) 한윤숙, "다산 정약용의 실용적 다(茶)인식에 관한 연구", 『동양예술』 43(한국동양예술학회, 2019), p.268.
389) 박석무(2013), p.62.
390) 위의 책, p.64.

다산이 ㉮처럼 자연에서 마음의 위안을 얻는 노력은 일종의 심리치유 방법이라고 할 수 있다. 다산은 '귀양살이에서의 여덟 가지 취미생활'로 "바람[吟諷], 달[弄月], 구름[看雲], 비[對雨], 산[登山], 강[臨水], 버들[隨柳]" 등 자연을 즐기는 것을 제시하였다.[391] 다산에게서 특이한 점은 산과 물은 같은 자연인데도 그가 다르게 인식하고 있다는 사실이다. 탁현숙에 의하면, 다산에게 산은 흐름의 길을 가로막는 그야말로 울화증이 치밀 정도로 답답한 존재로 인식되는 반면, 물은 정적들에 싸여 비방과 모함으로 갈등하는 자신의 마음을 해소시켜주는 원천으로서 심상(心象)을 대변하는 소통하고 막힘없는 존재로 인식되고 있다. 유배기의 시(詩) 237주제 가운데 100개의 주제(42.19%)에 물의 심상이 들어 있다고 한다.[392] 그가 한강이 만나는 지점에서 살았다는 것, 또 강진 바다에서 유배생활을 하면서 물과 가까이했던 경험에서 나온 것으로 추측된다. 다산은 이처럼 불행의 요인이라고 본 인간관계에서는 최대한 조심하고 경계하여 최소화하고 있는 반면, 자연을 가까이하면서 마음을 치유하고 즐거움을 찾고 있으며 그렇게 함으로써 행복에 가까워질 수 있었던 것이다.

---

391) 민추(1994b), pp.223~224.
392) 탁현숙, "다산 정약용 시에 담긴 '물'의 심상과 그 인식", 『호남문화연구』 62(전남대학교 호남학연구원, 2017), p.122.

Ⅳ. 다산 행복담론의 윤리교육적 함의

　도덕·윤리교육에서 교육적 모델링은 지향점으로서 중요한 의미가 있다. 가까이는 부모나 교사, 혹은 선배나 친구가 있고, 최근에는 연예인이나 유튜버도 모델링의 대상이 되고 있다. 모델링으로서 다산, 그의 행복담론에서 찾을 수 있는 윤리교육적 함의는 세 가지이다. 유배라는 제한된 환경에서 역경을 극복하기 위한 마음공부 자세, 성격강점을 최대한 발휘하여 삶의 의미를 찾는 노력, 자신은 물론 자연과 사물대상에 대한 관찰과 공감을 바탕으로 한 글쓰기, 즉 인문학적 마음치유 방법이 그것이다. 이에 대하여 살펴보자.

1. 고난극복을 위한 마음공부

　오늘날 사회적 문제들의 원인은 인간관에서 찾을 수 있다. 시공간적 연결된 공동체 안에서 삶이 이루어진 과거와 달리, 오늘날 인간은 둘러싸고 있는 세계로부터 분리된 개체로 자신을 인식한다. 그 결과 존재론적으로 유한성, 무의미감, 무력감 등이 문제로 대두되고, 그 해결책으로 사람들은 강박적으로 자아확장투쟁을 벌이게 된다. '자아확장투쟁'이란, "자신의 존재 가치를 확인시켜 줄 수 있는 대상물, 예건대 외모, 인기, 일류대학, 명망 받은 직업, 소유와 고비, 권력, 명예 등을 차지하기 위해 기울이는 노력"을 말한다.[393] 이는 사람들이 가치추구가 외적 경쟁적 방향으로 나아간 결과이다. 사람들은 치열한 경쟁 과정에서 좌절과 실패를 경험하고 그로 인해 겪는 고통과 불행은 과거보다 더 크게 느껴지게 되는 것이다. 이러한 고통에서 벗어나기 위한 노력 방법의 하나가 마음공부이다.
　다산은 『심경밀험』에서 "몸으로 체험하여 스스로 경계하는 것이다. 이제부터

---
393) 홍승표, "문명의 현 시점에서 마음공부의 함의", 『한국사회학회 사회학대회 논문집』(한국사회학회, 2012), p.122.

죽는 날까지 '마음을 다스리는 일'에 힘을 다하고자 하니, 경전 공부하는 일을 『심경』으로 끝맺고자 한다. 아! 능히 실천할 수 있을까."라고 하여 자신의 공부 종착지가 마음공부임을 천명하였다.[394] 『심경(心經)』은 송대 학자 진덕수(陳德秀)가 심성수양에 관한 내용을 모은 수양서인데, 유교의 공부는 이러한 마음공부가 바탕이 된다고 보았기 때문에, 퇴계는 물론 다산도 『심경』을 중시하였던 것이다. 인간의 마음에는 도덕적 본성[性]인 사단(四端)이 있고, 기쁨, 분노, 슬픔, 즐거움 등 감정[情]에 해당하는 칠정(七情)이 있다. 전자가 이성이라면 후자는 감정인데, 인간의 삶에서 이 둘의 조화가 중요하며, 특히 겉으로 드러나는 감정을 어떻게 조절하여 표현하는지가 무엇보다 중요해진다. 이때 필요한 자세가 중용(中庸)이다. 상황에 가장 적절하게 조절하는 것은 중용의 의미 중에서도 '권형(權衡)'의 자세이다. 권형이란 언제 어디서나 하나의 법칙으로 작용하는 상도(常道)와 달리 상황에 따라 가장 적합한 것을 선택하여 적용하는 지혜를 말한다.

  우리 삶에서 마음공부는 긍정적인 상황보다는 부정적인 상황에서 더 필요하다. 누구나 고난과 역경에 처하게 마련이지만, 그것을 대하는 자세에 따라 결과는 크게 달라지기 때문이다. 고난을 통해 발전하는 사람이 있는가 하면, 역경에 좌절하면 실패하는 삶이 될 수도 있다. 인간에게 교육이 필요한 이유는 이러한 위기상황을 어떻게 해결하여 살아갈 것인가를 배우는 데 있다. 교육은 궁극적으로 지혜롭게 사는 방법을 가르치는 것, 지혜로운 인간 양성에 목적이 있다 해도 과언이 아니다. 지혜로운 사람이라면 자신에게 닥친 위험을 슬기롭게 극복하여 이전보다 더 나은 자신이 될 수 있기 때문이다. 최근 서양윤리학의 지혜담론에서, 고난과 역경 경험이 '지혜(wisdom)' 증진에 필요한가의 논의에서, 고난의 상황과 맥락의 차이는 있지만 역경에 처한 사람은 그 경험에서 무언가를 배우고 겸손해지면 지혜가 증진된다고 한다.[395] 다산의 경우 지혜로운 사람의 전형이라 해도 충분하다. 지혜란, 문제 상황에서 인지적·정의적·행동적으로 성숙하게 대처할 수 있는 통합적

---

394) 조윤제, 『다산의 마지막 공부』(서울: 청림출판, 2018), pp.19~20.
395) Sternberg, R., "Four ways conceive of wisdom as a function of person, situation, person/situation interaction, or action", *The Journal of value inquiry*, Vol. 53-3 (Ohio: University of Akron, 2019), p.483.

도덕성과 상통한다. 나이가 들수록 지혜가 생긴다는 말은 아마도 이러한 고난과 역경 속에서 배움이 축적되어 어떤 사태에 접했을 때 통찰이 가능한 인식이 가능해지기 때문일 것이다.

다산은 유배 과정에서 고문을 당한 후 외상 후 스트레스와 불안과 우울증을 겪었다. 앞에서 다산이 자신의 성격과 태도를 돌아보며 부정적 평가를 하고 있음을 보았다. 인간의 삶에서 긍정적 정서만 유용한 것은 아니다. 실제로 부정적 정서는, 스트레스나 위험을 겪을 때 사고나 행동을 제한해 단호하게 행동하도록 도와주기도 한다. 반면, 긍정적 정서는 생각과 행동의 폭을 확장하여 개인으로 하여금 새로운 다양한 시도를 하게 만들며, 지적·신체적·사회적 자산을 지속적으로 넓혀 줘서, 위기에 처할 때와 기회가 있을 때마다 활용하게 한다.[396] 다산은 자신에 대한 반성과 성찰을 통해 '여유(與猶)'의 태도를 지니게 되었는데, 그 과정에서 마음공부를 통해 자신을 가다듬고 긍정적 방향으로 전환했던 것이다. 그는 이런 부정적 정서를 외면하지 않고 인정하면서, 가능성을 최대한 이끌어내기 위한 긍정정서를 높이려고 하였던 것이다.

인생의 고비마다 어떤 위기가 닥칠지는 알 수 없다. 고난이 클 수도 작을 수도 있지만 부정적인 마음을 긍정적인 정서로 변화시키려는 노력은 자신의 마음에 달린 것이다. 긍정적 정서는 사고를 개방하고 아이디어를 확장시켜 창의성을 증진시켜 주며, 스트레스를 줄여서 면역력을 높여서 건강하게 해주며, 사랑이나 우정을 느끼게 하여 사교성과 활동성을 높여주고, 삶의 에너지를 상승시켜서 역경을 극복하고 내적 심리를 단련시켜 회복력(resilience)을 높여준다.[397] 비록 세상에 대해 부정적인 마음이 생긴다 해도 그것을 수용하고 바꾸려는 노력이 필요하다. 이러한 마음공부를 위해서 독서로 간접 경험을 하거나 삶에서 체험하는 노력이 필요하다. 인생에는 꽃길만 있는 것은 아니며 고난의 과정에서도 성숙하고 성장할 수 있는 것이기 때문이다.

---

396) 우문식, 앞의 책, pp.71~73.
397) 위의 책, pp.75~83.

2. 성격강점 발휘로 삶의 의미 찾기

아무리 부족한 사람이라도 하나의 장점이나 강점은 지니게 마련이다. 성격강점은 본인이 가진 다양한 성격적 특성 가운데 두드러진 특성을 말한다. 성격강점이 재능과의 차이점은, 재능은 도덕적 의미를 포함하지 않는 반면 강점은 미덕을 바탕에 두기 때문에 '도덕적 특성'을 포함한다는 점이다. 이 때문에 도덕교육에서는 재능보다 성격강점을 강조하고 있는 것이다. 긍정심리학자인 크리스토퍼와 마틴 셀리그만은 동양과 서양, 고대로부터 오늘날까지 검토하여 총 200여 가지의 미덕 목록을 작성하여 이것을 여섯 가지로 구분하고 모두 24가지의 장점으로 요약하였다. 구체적으로 지혜와 지식(호기심, 학구열, 판단력, 창의성, 사회성, 예견력), 용기(용감성, 끈기, 정직), 사랑과 인간애(친절, 사랑), 정의감(시민정신, 공정성, 지도력), 절제력(자기 통제력, 신중함, 겸손), 영성과 초월성(감상력, 감사, 희망, 용성, 용서, 유머 감각, 열정) 등이다.[398] 성격강점은 시간과 환경과 상관없이 지속적으로 나타나는 심리적 특성이며, '그 자체로 가치'가 있어서 어떤 일에서 탁월한 결과와 성취를 이루게 하는 역량이이라고 할 수 있다.

사람들 중 부정적 경향을 기질로 타고난 사람들은 부족한 점에 초점을 두거나 자격지심(自激之心)으로 자기에게 만족하지 못하는 경우가 많다. 부정적 심리를 긍정적으로 변화시키는 마음공부와 더불어, 자신의 성격강점을 찾는 노력을 기울일 필요가 있다. 최근 자신의 심리와 성격 중 강점을 찾아주는 사이트들이 많이 나와 있다. 강점 분류를 참고하여 자신의 성격강점을 파악하여 발휘할 수 있다면 동기부여가 되어 의욕과 활기를 찾을 수 있다면 삶의 만족도, 행복감, 긍정정서가 높아질 것이다.[399]

강점을 찾아서 집중하여 강화시키면, 몰랐던 능력을 찾을 수 있을 뿐만 아니라 그 과정에서 몰입의 경험도 할 수 있다. 이러한 몰입 경험은 행복감에 또 하나의

---

398) 위의 책, p.85.
399) 김지영·권석만, "성격강점의 인식과 활용이 정신건강에 미치는 효과』, 『한국심리학회지: 임상』 32(4)(한국심리학회, 2013), p.783.

방법으로 중요하다. 다산이 유배시절 많은 저술 작업이 가능한 했던 것은 몰입을 했기 때문이다. 몰입(沒入, flow)이란 어떤 활동에 깊이 빠져서 시간이나 공간, 타인의 존재, 심지어 본인 생각까지도 잊는 심리 상태로서 일종의 심취한 무아지경의 상태인데, 현대 심리학에서 가장 주목하는 긍정 경험이다.[400] 다산은 이러한 몰입을 통하여 저술에 임하였지만, 저술 작업 틈틈이 사찰이나 강을 찾아 시를 쓰고 휴식을 취하며 정서적 안정을 위해 노력하기도 하였다.

몰입을 할 때는 대상이 무엇인가가 중요하다. 쾌락에 대한 몰입, 중독은 결코 몰입이라 보기 어렵다. 몰입의 대상에 대한 가치판단은 도덕적 지향을 지니고 있는가, 즉 성격강점이 도덕성을 지니는 것과 연계된다. 몰입을 통해 삶의 의미를 찾을 수 있어야 하는데, 그것이 존재적 가치를 느끼게 해주고 행복에 가까워지게 해주기 때문이다. 자원봉사나 헌신 같은 이타적 활동, 혹은 종교를 통해 자기 존재의 가치와 삶의 의미를 찾는 경우 행복한 사람이 많다고 한다.[401] 일반적으로 성공하려면 1만 시간의 연습이 필요하다고 하는데, 집념과 자기 통제력 등 노력을 통해 성취에 이르게 된다. 성취의 결과보다 과정 자체가 즐겁고 행복하여야 하고 도덕적 의미를 지닐 때 행복과 더 연관될 수 있을 것이다.

3. 인문학적 마음치유방법

오늘날 질병의 구분에는 육체적 병, 정신의학적 병에 철학적 병이 포함된다. 우울증이 마음의 병의 대표라면 철학적 병은 인간이 인간으로서 살아가기 때문에 겪게 되는 실존적 병으로 정상인들이 앓는 병이다. 철학적 병의 원인은 삶의 목적 상실 혹은 세계관의 혼란 등의 존재적 원인, 도덕적 상실 및 도덕적 판단 기준의 부재 같은 윤리적 원인 등이 있다.[402] 마음의 병과 철학적 병은 밀접히 연관된다.

---

400) 우문식, 앞의 책, pp.89~90.
401) 위의 책, p.96.
402) 이영의, "인문치료의 이론과 실제", 『제2회 세계인문학포럼 발표자료집』(2012), pp.535~536.

이 둘의 치료법으로 '인문치료'는 인문학적 지식과 방법을 사용하는 치료적 활동으로 행복에 도달하도록 돕는 것이다. 인문치료학은 문학, 사학, 철학, 언어학, 예술, 음식 등 철학치료, 역사치료, 음악치료, 미술치료, 영화치료, 음식치료 등의 분야에서 인간다움과 관련된 다양한 가치적·정신적 속성들을 탐구하고, 그 결과들을 활용하여 마음의 불편함과 고통을 치료하는 것이다.[403] 인문치료의 대상은 마음의 병을 앓는 사람들로, 철학적 병과 심리적 불안 등을 앓는 사람도 포함하는데 이러한 치료를 통하여 행복과 가까워질 수 있다.

행복의 요소 중 '폭넓은 인간관계'는 대부분 행복학자들이 가장 중요하다고 강조한다. 나와 내 자신, 나와 너, 나와 우리, 나와 직장, 사회, 종교 등 사이와 관계가 편하고 즐겁고 좋아야 행복하다는 것이다.[404] 그러나 모든 사람이 원만한 인간관계를 유지하는 것은 쉽지 않다. 유배생활에서 다산은 조심스럽고 신중하게 소극적인 인간관계만을 유지하였다. 사람들이 유배인과 교유하고 싶지 않은 이유도 있겠지만, 인간관계에 대한 회의가 깊었고 그것이 자신의 성격 탓이라고 보았기 때문이다. 다산은 사람들보다 자연에서 위안을 얻었고 그것을 글로 써서 승화시키면서 행복해지려고 노력하였다. 조선 선비들은 유람하면서 경치를 감상하고 문화유산을 답사하는 것에만 그치지 않고 부가적인 활동을 하였는데[405] 다산은 제한된 환경에서 저술과 친교, 시 쓰기, 독서와 토론 등 다양한 활동을 하였다. 이와 같은 다산의 노력들은 오늘날 인문학적 마음치유 방법과 상통한다. 또한 다산은 경전에서 고대 성현과 대화하고, 자신의 과거를 회상하거나 자연과 사물 대상들을 관찰하고 관조하면서 그 소감(所感)들을 글로 승화시키곤 하였다.

다산의 자연과 글쓰기를 통한 행복추구 노력을 살펴보자. 그는 대나무를 심고는 "죽순이 대여섯 개나 돋았으니 (…) 녹용을 키우듯이 키워야겠네."(395)라고 하여 자신의 의욕을 북돋고 있다. 〈약 캐는 사연[採藥詞]〉, 〈연을 심는 사연[種蓮詞]〉(415-416)

---

403) 윤미영, 『인문학으로 마음의 병 치료하기』(파주: 이담북스, 2018), p.8.
404) 우문식, 앞의 책, p.103.
405) 정치영, "조선시대 사대부들의 유람 중의 활동", 『역사민속학』 42(한국역사민속학회, 2013), p.65.

의 시에서는 자연의 이치를 들여다보려는 깊이 있는 태도도 드러난다. 자신이 거처에 "다산의 여덟 가지 경치[茶山八景]"라고 이름을 붙이고, 담을 스치고 있는 산복숭아나무, 발에 부딪히는 버들개지, 따뜻한 날에 들리는 꿩 소리, 가랑비 속에 물고기를 먹이는 일, 비단바위에 얽혀 있는 단풍나무, 못에 비친 국화, 언덕의 푸르른 대나무, 만학의 소나무 물결 등을 제시하고 있다. 더불어 다산에 꽃이 피어서 지는 과정을 묘사한 〈다산화사(茶山花史)〉라는 20수의 시는 자연에 대한 관찰과 묘사, 그리고 감상까지(402-408) 드러나고 있어서 선비들이 추구한 안빈낙도의 전형을 볼 수 있다. 다산은 자연을 관찰하고 묘사하며 자신의 마음을 치유하고 있다. 예를 들면, 붉은 복사꽃, 배꽃, 수양버들(372-373), 장다리꽃에 나비가 앉은 것(383)을 관찰하고 묘사하고 나아가 자기성찰에까지 이르고 있다. 제비가 집을 짓는 것을 보고, "세상사는 이치가 다 그런 것, 집 없는 떠돌이 신세 부끄럽네."(408)라고 자신의 신세와 비교하기도 하였다.

　또한 자연과 계절 변화에서는 초월성을 경험하고 있는데, 이는 신비주의 중 '자연 신비주의(nature mysticism)'의 경험이다. 자연 신비주의란 아름다운 자연경관 등을 계기로 촉발되는 신비적 합일로[406] 인간의 초월에 대한 지향을 보여주는 경험으로, 이와 같은 초월경험은 도덕적 성찰과 도약의 계기를 제공해 주기도 한다. 〈늦은 봄[晚春]〉에, "우리 모두 붙여 사는 인생임을 알았으니/ 매여 사는 게 떠돌이보다 나을 건 또 뭐인가"(425)에서는 외경과 겸손이 드러난다. 그는 단순히 자연의 즐김에 머물지 않고, 자연을 통하여 백성들의 삶을 들여다보기도 하였다. 〈장마비[苦雨歎]〉에서 "보리는 싹이 돋고 밀은 쓰러지는데, 돌배와 산앵두만 토실토실 살이 찐다. 아이들이 따먹고 신 기운이 뼈에 배어, 쓰러진 보리들 누가 있어 알 것인가"(225)라고 하였고, 〈호랑이 사냥 노래[獵虎行]〉에서는 호랑이가 나타났다고 신고했더니 오히려 사냥한다고 백성들을 더 괴롭히는 지방 관료들의 부패를 비판하고 있다. "닭 삶고 돼지 잡아 이웃이 떠들썩하게/ 방아 찧고 자리 깔고 야단법석이 난다네. (…) 밤에도 문짝 치는 가증스런 그 관료들/ 남은 호랑이 두었다가

---

406) 성혜영, "깨달음 체험과 완성의 의미", 정준영·박찬욱 외, 『깨달음, 궁극인가 과정인가』(서울: 운주사, 2014), p.262.

그들이나 막았으면."이 그것이다.[407] 자연을 넘어 백성들의 삶에 공감하는 목민관으로서의 자세도 드러나고 있는 것이다.

  행복에 원만한 인간관계가 중요하지만 유배나 코로나 같은 단절의 경험은 이러한 관계 형성을 어렵게 한다. 오늘날 '혼밥', '혼술' 등은 스트레스를 주는 인간관계에서 벗어나고자 하는 현상들이다. 사람들은 외로워지거나 힘들면 그것을 극복할 방법을 찾아보곤 한다. 영화를 보거나 게임을 하고 쇼핑을 하는 사람도 있다. 각자 효과적인 방법이 있겠지만 책을 읽거나 글을 써보는 방법을 써보면 어떨까. 자신의 생각을 낙서하거나 그림을 그리거나 다양한 느낌들을 글로 써보아도 좋다. 일기로 혹은 자신 혹은 타인에게 편지를 쓴다면 위로가 되기도 하고 하나의 기록이으로 자신의 역사가 되기도 한다. 피할 수 없다면 고립과 단절의 경험을 발전의 계기로 삼을 수도 있을 것이다.

---

407) 민추(1994b), pp.414~415.

V. 결론: M-세대, 행복교육의 필요성

　지금까지 다산 정약용의 삶에서 행복추구의 노력을 찾고 윤리교육적 의미를 살펴보았다. 다산은 명문가에서 태어나 유교식 교육을 받고, 젊은 시절에는 행복한 삶을 살았지만 관직생활은 정조의 총애가 있었음에도 집권세력 노론의 공격으로 입관(入官)과 파관(罷官)을 거듭하였다. 정조 사후 신유박해로 인하여 천주교와 연관이 많았던 다산 가문은 몰락하고, 다산은 모진 고문으로 외상 후 스트레스를 겪으며 긴 유배생활을 해야만 했다. 18년 유배기간 다산의 삶의 태도는 일반적인 유배인들과는 확연히 달랐는데, 누구나 살아가면서 겪을 고난에 대하여 어떻게 대처하며 살아야 하는지의 답을 다산 정약용에서 찾아볼 수 있다. 그의 행복추구의 노력은 다음과 같이 정리해볼 수 있다.

　첫째, 그는 상제(上帝)에 대한 외경을 바탕으로 신독(愼獨)의 마음공부를 통하여 자신을 다스림으로써 고난과 역경을 이겨내고 행복에 가까워질 수 있었다. 둘째, 학문을 좋아하는 호학(好學)의 강점을 발휘함으로써 유배생활 동안 저술에 몰입하여 삶의 의미와 가치를 찾았으며 행복에 가까워질 수 있었다. 저술활동 중에도 두 아들과 제자들을 위해 아동 교육서를 편찬하는 등 가르침도 소홀히 하지 않았다. 셋째, 여유(與猶)라는 그의 당호에서 볼 수 있는 신중하고 조심스러운 삶의 자세인데, 이러한 태도로 인간관계를 유지하였을 뿐만 아니라 자연을 대상으로 관찰하며 즐기고 시를 쓰는 과정에서 위안을 얻음으로써 행복에 가까울 수 있었다.

　다산의 행복담론에서 제시할 수 있는 윤리교육적 함의는 세 가지이다. 첫째, 고난과 역경을 극복하는 마음공부의 자세이다. 이를 위해 이성과 감정의 조화, 중용에 맞는 감정의 표현, 자신의 부정적인 마음을 긍정적인 정서로 변화시키는 노력이 요구된다. 둘째, 자신의 성격 중 강점을 제대로 파악하고 그것을 발휘하는 과정에서 몰입과 성취를 경험하는 것이 중요하다. 성격강점은 재능과 달리 도덕적 지향을 지니는 것이기 때문에 몰입하는 대상을 선택할 때는 도덕적 고려가 필요하다는 점은 꼭 유의해야 한다. 셋째는 인문학적 심리치유방법으로, 나 자신은 물론 자연대상과 예술, 음식과 차 등 대상에 대해 관심을 가지고 대상과의 관계에서 마음을 치유할 수 있다. 또한 그 과정에서 대상에 대한 글쓰기는 감정의 표출, 자기 역사의 기록으로 심리치유 혹은 행복추구의 방법으로 추천하는 바이다.

도덕과 교육과정에 행복 개념이 본격적인 교육내용으로 포함된 시기는 2007 개정 교육과정에 와서이다.[408] 최근 도덕 교사들이 도입하여 적용하는 윤리상담은 행복교육과 상통하는 방법이다. 그러나 여전히 한국교육에서 행복교육은 출발단계에 불과하며, 코로나19로 사회적 거리두기와 비대면 수업을 경험한 M-세대를 위해서는 본격적인 행복교육이 필요한 듯하다. 이를 위해 다음과 같은 사회적·교육적 고려가 전제되어야 한다.

첫째, 행복지수가 높은 덴마크 사람들이 꼽는 행복비결은 다른 사람을 존중하는 사회분위기라는 점을 고려할 때, 개인의 행복을 위한 전제로 행복한 사회가 되도록 노력해야 한다는 것이다. '인생은 아름다워' 같은 영화는 특별하고 예외적인 것으로, 일반적으로 비관적이고 고통스러운 사회에서는 행복한 개인이 나오기가 쉽지 않다. 따라서 사회제도적 차원에서 행복에 대한 고려가 전제되어야 할 것이다.

둘째, 학교교육에서 교과이든 비교과이든 행복과 관련된 교육과정이 필요하다. 필자가 운영하고 있는 '인성과 행복' 강좌 수강생인 대학 1학년들에게 강좌선택의 이유를 물었더니 대부분 자신의 행복을 찾고 싶어서였다. 입시 위주의 교육에서 행복의 의미와 방법에 대해서 배울 기회가 거의 없었다는 것을 알 수 있다. 현재 코로나 사태를 경험하면서 교육의 관점에서 미래사회를 대비하기 위해서는 교육의 방향, 구체적인 목표와 방법에서 대전환이 요구되는 시점이기도 하다.

셋째, 행복교육을 위해서는 무엇보다 교육을 담당하는 부모와 교사들이 행복해야 한다. 행복한 가정, 행복한 교실이 되어야 행복한 사회가 가능하고, 행복한 사회에서 행복한 개인이 나올 수 있기 때문이다. 부모와 교사를 대상으로 한 행복교육이 선행되어야 자녀와 제자들이 행복할 수 있으며, 이를 위해서는 국가적·사회적 차원에서 행복을 위한 다방면의 노력이 필요할 것이다.

오늘날 시대정신은 단순한 유형적 부가 아니라 과학기술을 토대로 한 유형무형의 부(富), 이에 더하여 '행복'이라 할 수 있다. 행복공식에 의하면, 유전적 기질과

---

[408] 장승희(2019), 앞의 논문, p.3.

외적 환경이 어느 정도는 결정되는 것이기 때문에 자율적 노력으로 얻을 수 있는 행복은 42%에 불과하다. 그러나 42%는 결코 적은 수치가 아니다. 사람들이 겪는 어렵고 힘든 상황에 직면하여 행복추구에서 차이가 생기는 이유는 자각과 노력의 차이에 기인한다. 도덕교육은 이러한 도덕적 자각과 노력을 길러주는 것이라 해도 과언이 아니다. 최근 도덕·윤리 교과에서는 다양한 교수법들이 도입되면서 전통적 내용 혹은 그와 관련된 교수법들이 외면받는 경우가 있다. 역사적 위인들은 가끔 반면(反面) 교사일 경우도 있지만, 그 속에서 삶의 지혜를 배우는 경우도 많다. 다산 정약용 유배생활의 삶에서 배울 수 있는 것도 고난과 그 극복은 행복과 먼 것이 아니라 행복의 계기도 될 수 있다는 것이다.

제6장

전환기 예비교사들의 행복담론과 인성교육

I. 서론: 코로나 세대의 행복이란?

코로나19로 인한 팬데믹 상황으로 인류는 이전에는 결코 경험해본 적 없던 길을 걸어가고 있다. 세계적으로 확산된 코로나19로 거리두기를 통하여 코로나 확산을 막고 있지만, 연일 확진자 숫자와 사망자 숫자는 헤아릴 수 없을 정도로 커지고 있다. 한국도 K-방역이라고 세계적인 칭찬을 들었던 연초에 비해, 연말부터 확진자 수가 네 자릿수를 넘어서고 거리두기 단계가 높아지면서 사람들의 인내가 한계에 이르고 있다. 국가 사회적으로는 경제적 문제에 집중하며 방역체계를 조정한다면, 개인적으로는 경제뿐만 아니라 심리적 문제가 더욱 심각해지고 있다.

여기에, 감염병 유행이 장기화되면서 심리적인 문제까지 겹쳤다. 이는 비단 코로나19에 걸린 사람들에만 해당하는 게 아니다. 코로나19로 인한 정신 건강 문제, '심리 방역'이 시급한 때다.[409] 스트레스·봉쇄 등이 폭력으로 이어지고 있다고 한다. 이러한 심리에 대한 상황은 신조어인 코로나 블루, 코로나 레드, 코로나 블랙이라는 말에서 잘 드러난다. 이 말은 코로나19가 장기화되면서 무기력, 우울,

---
409) https://health.chosun.com/site/data/html_dir/2020/12/30/2020123002429.html: 비관이 '감염'되고 있다… '심리 방역' 문제 없나?(검색일: 20221.01.04)

분노 등의 감정들이 자주 나타나게 되면서 생긴 신조어인데, '코로나 블루'는 코로나19와 우울감을 상징하는 파란색(blue)이 합성됐다. 코로나19가 장기화되면서 사회적거리두기, 방역 조치 등으로 일상생활에 변화를 겪어 나타나는 우울증, 무기력감 등을 뜻한다. '코로나 레드'는 코로나19와 분노를 상징하는 빨간색(red)이 합성된 신조어. 감염병 사태로 인한 스트레스가 지속적으로 쌓이고 경제적인 위기 등에 대한 분노의 감정이 커져 사소한 일에도 짜증과 화를 표출하게 된다. 코로나 블랙은 코로나19와 암담함, 처참함을 상징하는 검은색(black)이 합성됐다. 코로나 블루를 넘어 암담함을 의미하는 블랙의 상황까지 왔다는 것을 의미한다. 혼자 일상생활을 하기에 어려운 장애인과 경제적 취약계층, 자영업·소상공인 등이 삶에 큰 타격을 입으며 좌절, 절망감, 암담함을 크게 느끼는 현상이다.

    tvN 유퀴즈온더블럭에 출연한 김지용 정신과 전문의는 "2019년 상반기에 비해 2020년 상반기에는 대부분의 진료과 환자가 줄었지만 유일하게 정신과만 많이 늘었다"고 말했다. 석정호 강남세브란스병원 정신건강의학과 교수는 "한국은 우울하거나 마음이 힘들다는 얘기를 하는 것이 익숙하지 않다"며 "국내도 코로나 사태를 계기로 마음이 아프다, 힘들다, 고통스럽다는 것들을 자연스럽게 얘기하고 나눌 수 있는 분위기가 되면 좋겠다"고 조언했다.[410] 이러한 전문가들의 조언은 결국 삶에서 행복을 추구하려고 노력하는 자세가 중요하다는 말이다.

    본 연구는 코로나19를 경험한 예비교사들의 행복의 의미와 행복추구 방법을 탐구하기 위한 것이다. 이를 위해 필자가 담당했던 2020년 1학기 '인성과 행복' 강좌의 행복프로젝트 내용을 분석하여 제시하고자 한다.

---

410) http://www.safetimes.co.kr/news/articleView.html?idxno=90136(검색일: 2021.01.04.)

Ⅱ. "인성과 행복" 강좌목표와 행복프로젝트

인성과 행복 강좌를 개설하고 준비하게 된 이유를 살펴보자. 우선 '인성과 행복'은 교육대학에 입학한 예비교사들을 위한 강의이며, 앞으로 100세 시대에 자신의 삶과 인생의 목표, 즉 행복한 삶을 위한 교양 강의로, 단순히 자신의 삶을 성찰하는 것을 넘어 자기 인생의 목표를 어떻게 정립할지 탐색하고자 개설하게 된 것이다. 행복이란 무엇이고 진정한 행복을 위해 어떻게 해야 하는지에 대한 방향을 설정하고, 행복한 삶에서 인성의 가치는 무엇인지 탐구해 보려고 하였다. 목표를 살펴보면 다음과 같다.

- ○ '인성과 행복'이란 이름의 본 강좌는 "나는 누구이고 어떻게 살 것인가?"라는 선한 인재 양성과 "행복하게 사는 삶이란 어떻게 사는 것인가?"라는 삶의 방향 설정을 목표로 한다. 수강생들로 하여금 바람직한 삶의 가치와 행복한 삶을 조화시키고자 하는 것이다.
- ○ "행복한 삶을 위한 인성 가꾸기 프로젝트"라는 부제로 내용을 구성하고 현실 속에서 다양한 인성과 행복 체험 과정을 겪으면서 "행복한 인격인"을 만드는 것을 목표로 한다. 이를 위해 우리 삶에서 실천할 수 있는 소소한 행복 찾기 프로젝트를 실시하며, 나아가 동서양의 인성의 개념, 바르게 산다는 것의 의미, 그것이 행복과 어떻게 관련되는지 알아보게 될 것이다. 그 과정에서 이 세상의 다양한 가치를 어떻게 비판하고 수용하여 자신의 가치관과 철학을 정립할 것인지 서로 대화하고 토론하고 발표하는 과정을 거치게 된다.

특히 이 강좌는 '인성교육진흥법'의 만들어지던 사회분위기와 연관되어 있다. 우리 사회는 근대 이후 자본주의와 민주주의 이념이 보편화되는 과정에서 물질주의 추구와 과도한 경쟁구조로 인해 '사람다움'을 잃어가고 있었는데, 이는 현대과학문명의 위기이기도 하지만 한국의 경우는 다른 나라들보다 그 정도가 심하였으며 그것이 세월호 사건으로 귀결되었다. 세월호 사건 이후 국회는 출석의원 199명의 만장일치로, 2014년 1월 20일 '인성교육진흥법'(법률 제13004호)을 제정하였고, 2015년 7월 21일부터 시행된다. 세계적으로 유례없는 인성교육만을 위한 법인 것이다. 본 강좌는 이러한 인성교육진흥법의 취지와 인성과 행복에 대한 강조하는 분위기를 염두에 두고 구성되었다.

2020년 1학기 강의는 갑자기 팬데믹 상황으로 인하여 모든 강의가 과제 중심의 온라인 강의로 시행될 수밖에 없었다. 초유의 상황에서 조별 활동을 중심으로 하는 강의 방법은 온라인 카페 중심으로 운영할 수밖에 없었다. 특히 상황이 상황인지라 행복에 대한 이론적 내용도 중요했지만, 무엇보다 행복프로젝트에 중점을 두지 않을 수 없었다. 행복프로젝트를 선정할 때 도덕과 내용영역으로, 1) 자신과의 관계영역 2) 타인과의 관계영역 3) 사회 공동체와의 관계영역 4) 자연 초월과의 관계영역 중 어디에 해당하는지 표시하도록 하였다. 프로젝트를 구성할 때 참고하도록 제시한 것은 다음과 같은 내용이었다.

〈행복 10계명〉[411]

1. 운동을 하라 일주일에 3회, 30분이면 충분하다.
2. 좋았던 일을 떠올려보라. 하루를 마무리할 때 감사할 일 다섯 가지를 생각하라.
3. 대화를 나누라. 매주 한 시간은 사랑하는 사람 혹은 친한 친구들과 대화를 나누라.
4. 식물을 가꾸라. 아주 작은 화분이라도 좋다. 죽이지만 말라!
5. 인터넷 접속 시간을 반으로 줄이라.
6. 미소를 지어라. 적어도 하루에 한 번은 낯선 사람에게 미소를 짓거나 인사하라.
7. 친구에게 전화해라. 소원했던 친구나 지인들에게 연락해서 만날 약속을 하라.
8. 하루에 한 번 유쾌하게 웃으라.
9. 매일 자신에게 작은 선물을 하라. 그리고 그 선물을 즐기는 시간을 가지라.
10. 매일 누군가에게 친절을 베풀라.

---

[411] 이경아 역, 리즈 호가든, 『행복: 영국 BBC다큐멘터리』(서울: 예담, 2006), p.21.

〈행복의 3요소〉[412]

행복이란 무엇인가?
1. 좋은 느낌과 긍정적인 마음
2. 활기 넘치는 생활
3. 의미 부여, 즉 인생에서 가치 있는 선택을 하는 것

〈강의의 행복프로젝트 과제〉

- 행복프로젝트 1:
  1) 행복의 공식을 토대로 나의 성격과 행복과의 연관성 분석하기
  2) 행복비법 3가지를 토대로, 내가 행복해지기 위해 노력할 점 3가지 찾아보기
  3) 일주일 동안 나의 행복프로젝트 하나 설정하고 실천하기(개인과제 04)

- 행복프로젝트 2: 행복프로젝트 선정하여 실천하기

- 행복프로젝트 3: 나의 소개와 대학4년의 버킷리스트(조구성 위해)

> 행복프로젝트의 하나인데, 조구성을 위한 기초자료입니다. 자신을 소개하는 것과 대학 4년 동안의 버킷리스트를 만들어보는 것입니다. 자신을 소개할 때는 혹시 내키지 않은 사항은 적지 않아도 됩니다만, 조를 구성할 때 여러분들의 인간관계가 평생 이어질 수 있도록, 나이와 고향 등 골고루 배치하는 것을 원칙으로 하고 있어서 가급적이면 정보를 많이 알려주는 것이 좋습니다.

- 행복프로젝트 4: 영역 확대하기 - 행복프로젝트는 영역을 확대하여 타인(가족, 이웃) 혹은 사회 공동체와의 관계로 확대시켜서 다양한 프로젝트를 계획하여 실천하기(버킷리스트와 연계시키기)

- 행복프로젝트 5: 팀별 행복프로젝트 1 주제 선정하여 실천하기

- 행복프로젝트 6: 팀별 행복프로젝트 2 독서 토론(논쟁에서 이기는 38가지 방법)

---

412) 심리학자 리처드 스티븐스가 제시한 것이다.: 위의 책, p.30.

III. 행복프로젝트 내용분석

1. 행복의 의미와 한계

행복프로젝트는 제3주차부터 실행하도록 하였다. 제1주와 제2주에 행복이란 무엇인가, 유교의 행복, 긍정심리학에서의 행복에 대하여 읽고, 다음으로 동영상과 논문으로 행복에 대한 기초를 파악한 후 본격적으로 프로젝트에 접근하였다. 우선, 제1주 과제는 서울대 심리학과 최인철 교수의 "행복에 대하여"라는 내용의 강의이고[413]이와 더불어 수행하는 개인과제 01은, 행복에 대한 자신의 생각을 정리하는 것으로, 나에게 있어 행복이란 무엇인지 그 이유는? 내가 생각하는 행복의 조건 10가지를 찾아보기였다.

행복 개념이 대두된 것은 1990년대 말 긍정심리학이 대두된 이후로, 한국에는 2000년대 중반 이후 보편화되었다고 볼 수 있다. 행복이 무엇인지에 대해 주관적인지 객관적인지, 개인적인지 사회적인지, 또 세대에 따라 동일한지, 정신적인지 물질적인지 여러 관점에서 생각해 볼 필요가 있기 때문에 이러한 과제를 제출하였다. 행복은 학문적으로도 심리학적, 경제학적, 의학적, 최근에는 거의 모든 학문에서 중심에 놓고 연구하는 경향이 강하여 이러한 전반적인 분위기를 파악하여 행복에 접근하도록 한 것이다.

예비교사들은 나 자신을 소중히 여기고 행복이라고 생각하는 데서, 소소한 일상, 건강한 삶, 가치관에 맞게 사는 것, 관계에서의 행복, 혹은 긍정적인 태도 등 다양한 내용들이 포함되어 있는 것을 알 수 있다. 아래 내용에 나타난 것처럼 나 자신을 중심으로 건강한 몸과 마음, 내가 원하는 것을 하는 것, 관계에서의 좋음 등 행복에서 중요한 요소로 파악하고 있는 것들이 다양함을 알 수 있다. 주로 개인적 의미에서의 행복에 머물고 있어서 좁은 관계를 벗어난 타인과 사회, 공동체에 대한 관심과 배려가 부족하다는 아쉬움이 남았다.

---

413) https://youtu.be/f7OLwHFz4MU

예비교사들이 파악한 행복이란? 그 이유(사례)

1. 나의 삶에서 행복이란 "건강한 삶"이다. 그 이유는 내가 돈이 많든, 바라던 꿈을 이루든 내가 온전히 건강하지 않다면 그 모든 것이 의미 없고 불행해지기 때문이다.

2. 1) 가족과의 화목함. 2) 좋은 친구들과의 인연. 3) 사랑하는 사람과의 인연. 4) 좋아하는 운동을 하는 것. 5) 하고 싶은 공부를 하는 것. 6) 물질적인 풍족함.

3. 저의 삶에서 행복이란 자신의 가치관에 맞게 사는 것이라고 생각합니다. 제가 생각하는 행복에는 크게 3가지가 있습니다.
    먼저 소소한 행복입니다. 저는 행복이 거창한 것이 아니라 일상 속에서 쉽게 찾을 수 있는 것이라 생각합니다. 예를 들자면 맛있는 음식이 있겠네요. 기분이 안 좋거나 우울할 때 먹고 싶은 음식을 만들어 직접 먹기도 하고 또 가족들한테 대접할 때 저는 소소한 행복을 느낍니다. 또 다른 예를 들자면 운동 좋아하는 분들은 공감하실 텐데 헬스장을 가서 1~2시간 땀을 쫙 빼고 샤워장에서 씻고 밖으로 나왔을 때 홀가분한 몸과 상쾌한 바람을 저는 정말 좋아합니다. 두 번째로 인간관계에서 오는 행복입니다. 저는 여행을 가는 것도 물론 좋아하지만 집에서 쉬는 것을 때론 더 좋아합니다. 제가 굳이 약속을 만드는 성격도 아니라 친구가 약속을 먼저 잡지 않는 한 쉬는 날에는 집 밖을 거의 나가지 않습니다. 침대에 누워 예능을 보는 것이 저에겐 크나큰 행복이죠. 그러나 이것보다 더 큰 행복이 저는 인간관계에서 온다고 생각합니다. 인간관계를 하다 보면 때론 자기가 상처를 입기도 하고 나와 다른 사람들에게서 스트레스를 받기도 합니다. 혼자 있는 게 훨씬 편하다는 생각이 듭니다. 그럼에도 불구하고 그것들을 이겨 낸다면 얻는 것이 더 많습니다. 어느 순간 자신이 조금 더 성숙해지고 주변 사람들을 위한다는 사실이 행복으로 다가올 것입니다. 마지막으로 철저한 자기관리에서 오는 행복입니다. 이것도 소소한 행복에 속할 수 있는데 따로 빼놓은 이유는 제가 이렇게 살고 싶지만 살지 못하고 있기 때문입니다. 요즘 예능을 보다 보면 연예인들의 사생활을 쉽게 접할 수 있습니다. 많은 연예인들 중 제가 정말 존경하게 된 사람은 바로 션 입니다. 적지 않은 나이에도 불구하고 매일 4시 30분에 일어나 운동하고 철저하게 자기관리를 하는 모습이 너무 멋져 보였습니다. 이렇게 철저하게 자기관리를 하게 된다면 뿌듯함과 보람에서부터 오는 행복을 느낄 수 있을 거라 생각합니다.

4. 제 삶에서 행복이란 신체적, 정신적으로 건강한 삶을 살 수 있는 것이라고 생각합니다.

5. 나의 삶에서 행복이란 '내 마음에 불편함이 없는 것이다'
    이유: 아무리 돈이 많고 사회적인 인망이 있어도 결국은 외적인 것이지. 자신의 내적인 고통을 없앨 수 있는 사람은 자신밖에 없다.

자신의 내면을 잘 다스림으로써 마음의 불편함을 없앨 수 있고 진정한 평화를 찾을 수 있다고 생각한다. 내적인 고통에서 벗어나지 못하면 필연적으로 외적인 쾌락만을 추구하는 경우가 생겨나고 더 심해지면 내면은 썩어 들어가는데 외면에서는 그것을 표현하지를 못해 끙끙 앓다가 심하면 죽는 사람들도 생긴다. 실제로 마약이나 담배와 같은 중독성 물질에 손에 대는 이유가 자신의 마음속에 불안감이 있기 때문에 그 불안감을 없애고자 중독성 물질에 손에 댄다고 생각한다. 하지만 처음에 중독성 물질에 손을 댔을 때는 외적인 쾌락이 증가하겠지만 결국은 중독되어 그 물질 없이는 살지 못하는 고통이 뒤따른다. 그러므로 진정한 행복이라고 말할 수 없다 따라서 진정한 행복이란 내면적인 가치를 찾아내 자신의 내면을 안정화시키는 것이라고 생각한다. 자신의 내면이 안정화된다면 그것이야말로 '내 마음에 불편함이 없는 것이다'라고 생각한다.

6. 행복이란 몸이 건강하고 마음이 건강해야 행복해지기 위한 준비가 되었다고 할 수 있다.

7. 나의 삶에서 행복이란 긍정적인 태도를 가지고 주위 사람들과 원만한 관계를 일평생 유지하는 것이라고 생각한다. '사람은 마음먹기에 달려있다'라는 말처럼 긍정적인 태도를 몸에 갖춘다면 내가 하는 일이 좋은 방향으로 흐를 수 있게 된다고 생각하기 때문이다.

8. 저는 삶에서 행복이란 꿈이라는 목표를 세우고 그것을 차근차근 이뤄가는 과정에서 느끼는 것이라고 생각합니다.

9. 나의 삶에서 행복이란 내가 하고 싶은 것을 이루는 것 같다. 정확히 말하면 하고 싶은 것을 할 수 있는 여건이나 능력이 된다는 것이다. 누구나 자신이 하고 싶은 것을 하면 행복하다.

10. 자신이 가진 것에 만족할 줄 알고 소소한 일상에서 벌어지는 일들에 감사할 수 있는 태도가 진심에서 자연스럽게 우러나오는 평안한 심리상태라 생각한다.
    행복이란 결국 마음과 기분이 어떤 상태인가에 따라 크게 좌우되기 마련인데, 엑스터시 같은 극도의 행복감은 일시적이므로 평안한 심리상태에서 그때그때 다른 일들로부터 작은 기쁨들을 느낀다면 안정적이고 지속적인 행복감을 느낄 수 있을 것이다.

11. 내 사람에서 행복이란 나 자신이 행복한 것이다. 즉 내가 제일 중요하다.

12. 저는 행복은 저 멀리 있는 것이라 생각하지 않습니다. 일상에서의 소소한 행복이 진정한 행복이라고 생각합니다. 저는 현재 12시부터 9시까지 우체국 알바를 하고 10시부터 12시까지 과외를 합니다.

이렇게 빡빡한 일정에서도 점심에는 저녁밥을 생각하며 행복해하고 아침에는 11시까지 잘 수 있다는 점에 행복하고 밤에는 나 혼자만의 시간을 보낼 수 있다는 점에서 매일 소소한 행복을 느끼고 있습니다. 이런 소중한 행복에도 행복을 느낄 수 있다는 점이 진정한 행복이라고 생각합니다.

13. 내 삶에서 행복이란 사람이다.
행복에 대해서 생각을 해보니 행복할 수 있는 건 여러 가지가 있다. 돈, 좋은차, 좋은집, 인기, 멋진외모 등등이 있지만 가장 중요한 건 인간관계가 아닌가 싶다. 저런 걸 다 가져도 주변사람들과의 관계가 좋지 못하면 아무 소용이 없는 것 같다.

[개인별 행복프로젝트 사례]

인성과 행복프로젝트 01 과제 제출			
프로젝트번호	1	영역	자신과의 관계
실행날짜/장소	3/31~4/2 집	주제	강점-예술, 독창성
전공/이름			

※ 아래의 기본 양식을 준수하되, 과제물의 내용에 따라 양식 변용 가능

1. 행복프로젝트 1의 주제 선정, 이유, 내용
강의에서 행복을 위해 부정적인 것을 놔두고 긍정적인 것에 관심을 두라고 하였다. 그러면서 소개해준 방법이 단점에 주목하기보다는 강점을 발견하는 것이었다. 정말 단점보다 강점에 집중하면 제한된 시간, 에너지 가운데서 행복을 느낄 수 있을지 의문이 들었고 나의 강점을 제대로 알고 싶다는 생각이 들었다. 이에 강의에서 소개해준 www.viame.org 강점조사 설문지를 직접 작성하게 되었다.

2. 구체적 실천 방법
강의에서 소개해준 사이트에 들어가 먼저 나의 강점들을 발견한다.
설문을 통해 발견한 강점들을 읽어보며 내가 집에서 실천할 수 있는 것들에 무엇이 있을지 고민해본다. 고민한 것들 중 하나를 정해 집에서 실천하며 그것을 하는 동안 정말로 행복한지 나의 감정을 살펴본다.

3. 실천 후 소감정리

강의에서 말하길 설문을 작성하는 데 총 240개를 선택해야 하고 시간이 한 시간 이상 소요된다고 했다.

처음엔 가소롭게 생각하고 나는 빨리 할 것이라 생각했다. 예전에 급식, 선생님 만족도조사를 하면 가장 빨리 냈기 때문이다. 그래서 별 생각 없이 사이트에 들어갔는데 웬걸 죄다 영어였다. 물론 사이트 언어를 바꾸는 게 있었다. 문제는 사이트 언어만 바뀐다는 것이었다. 모르는 단어, 문장을 파파고에 검색하고 나서야 설문조사를 완료할 수 있었다. 시간은 그렇게 많이 걸리지 않았지만 정신적으로 고통받았던 것 같다.

설문조사 결과 예상했던 대로 여러 강점들이 나왔다. 그중 예전부터 그리기를 좋아하던 나는 독창성중 예술적 성과물에 눈이 갔다. 그래서 인물 그림을 그리기로 결정했다. 표정이 없는 인물들은 예전부터 잘 그렸는데 웃는 얼굴은 정말 못 그렸기에 도전해 보기로 했다. 처음 그릴 때는 너무 이상하게 나와서 내 손을 탓하고 낙심했다. 하지만 점차 수정하며 성과물이 나오는 걸 보며 정말 행복을 느낄 수 있었다.

4. 실천오자소감(각자)

'강점 > 약점' 약점보다 강점에 집중하며 사는 인생, 이번엔 사소한 것으로 실천해 봤지만 앞으로도 꾸준히 이 글을 명심하고 실천해 나가겠다.

증거사진: 2매 이상

1. 행복프로젝트 1의 주제 선정, 이유, 내용

저는 자신과의 관계영역으로는 저의 강점을 생각해보고 일상생활에서 그 강점을 어떻게 사용할지에 대해 생각해보고 실천해보겠습니다. 그리고 2일마다 저의 부정적인 생각 한 가지를 긍정적인 생각으로 고치면서 긍정적인 것에 집중해 보겠습니다. 자연과의 관계영역으로는 매일 새벽에 아파트 단지 안을 30분씩 산책하면서 자연을 보면서 긍정적인 마음으로 하루를 시작해 보겠습니다.

2. 구체적 실천 방법

일단 저는 저의 강점에 대해 생각해 보았습니다.
1. 성격이 급하다. 2. 한 가지에 몰입하는 것을 좋아한다. 3. 책 읽는 것을 좋아한다.
이렇게 세 가지가 떠올랐습니다. 성격이 급한 저는 과제를 매일 아침마다 확인하고 밀리지 않게 그날 바로바로 했습니다. 그리고 준비물과 수업 교재 등도 미리 다 사 놓아서 마음속에 안심이 되었습니다. 한 가지에 몰입하는 것을 좋아하고 책 읽는 것을 좋아하는 저는 이번 일주일 동안 세계미래보고서2050 책 한 권을 다 읽고 그에 대해 생각해 보기로 했습니다. 그리고 매일 아침 30분씩 아파트 단지 안을 산책하면서 상쾌한 공기를 마시면서 긍정적인 마음을 가지기로 했습니다. 그리고 2일마다 부정적인 생각 한 가지를 긍정적인 생각으로 고치겠습니다.

3. 실천 후 소감정리

- 3월 25일: 오늘 저녁부터 내일까지 비가 많이 온다는데 물에 잠기면 어쩌나라는 부정적인 생각을 했는데 배수시설도 잘 되어있고 집 옆에 강도 흐르고 있어 그럴 일은 없다고 생각했습니다.
- 3월 27일: 코로나 확진자가 4명에서 7명이 되어서 내가 혹시 외출했다가 코로나가 걸리면 어쩌나 하는 생각이 들었습니다. 하지만 확진자 동선과 겹치는 곳은 안 갔고 인구대비 확진자가 얼마 되지 않아 안심하기로 했습니다.
- 3월 29일: 계속 집에만 있다가 살이 더 찌면 어떡하지라는 걱정을 했는데 배달음식도 안 먹고 매일 산책도 30분씩 하면서 체중유지가 가능하겠다고 생각을 했습니다.
- 3월 31일: 요즘 밤낮이 바뀌어서 하루 종일 피곤하고 우울한데 이제부터는 밤낮을 바꾸고 아직 개학할 때까지 시간이 많이 남아서 그때 동안 바꾸면 된다고 생각했습니다.

그리고 저는 세계미래보고서 2050을 매일 2~4시간 정도씩 읽어서 5일간 다 읽었습니다. 오랜만에 책을 읽으니 새로운 내용이 신기했고 지겨운 시간이 잘 갔습니다. 그리고 생각을 많이 해 보면서 부정적인 생각이 덜 들었습니다.
매일 아침 산책을 하면서 처음에는 나가기 싫고 피곤했는데 밤낮을 바꾸는 데도 도움이 되었고 신선한 공기를 마시면서 자연을 보니 하루가 기분이 좋았습니다.

4. 실천오자소감(각자)

저는 "자존감up"이라고 느꼈습니다.
이때까지 이렇게 저를 위해 신경을 쓰고 무언가를 해본 적은 없는 것 같습니다. 대단한 일을 한 것은 아니지만 이때 동안 방치되어 있던 "나"를 위해 제가 신경을 쓴 것 같습니다. 제가 저를 사랑한다는 느낌이 들었고 자존감이 올라갔으며 산책과 독서가 정신과 몸을 건강하고 맑게 만들어 주는 것 같습니다. 역시 행복은 작은 것에서부터 시작하는 것 같습니다.

2. 행복프로젝트의 확대: 관계영역 넓히기

　이러한 점을 염두에 두고, 행복프로젝트를 구성할 때 도덕과 내용역영역의 관계에 대하여 파악하여 표시하게 하고, 점차 관계 영역을 확장시키도록 주지시켰다. 특히 이러한 점은 팀별과제 행복프로젝트에 적용하였는데, 팀별로 하나의 프로젝트에 대하여 성원들끼리 논의하여 각자 혹은 조별로 그 주제를 실천하는 것이었다. 개인과 타인에 머물렀던 행복의 영역을 사회 공동체와의 관계영역, 자연 초월과의 관계영역으로 확장시켜서 넓은 의미의 행복을 실천해보도록 하였다. 예를 들어, 일회용품 안 쓰기, 소등하기, 기부하기, 소외된 사람들을 위한 청원하기, 긍정적 댓글 남기기, 칭찬하기 등등을 사례로 제시하였다.

　여기서 나아가 조별로 사회문제를 선정하고 조사하여 탐구하여 과제를 수행하면서, 그 과정에서 그 주제들이 인성과 행복과 어떻게 연관되는지 파악해보도록 하였다. 이 세상은 혼자서 살 수 없고, 공동체 속에서 어떻게 행복을 실현하는 것이 중요한가를 알아보게 하는 것이 중요하였다. 아래 사례는 행복프로젝트에서 팀별 행복프로젝트와 독서 토론을 통하여 함께하는 행복을 찾아보는 것이었다.

인성과 행복 팀별 01 행복프로젝트 과제 제출			
프로젝트번호	팀별 01	주제	기부하기
제출일	5/6	날짜/장소	5/5~5/6
조이름(구성원)			

1. 팀별 01 행복프로젝트 주제 선정_ 내용

　　최근 코로나로 인해 많은 사람들이 어려움을 겪고 있지만, 그중에서도 사회 취약 계층의 사람들은 코로나로 인해 더욱더 힘든 삶을 살고 있습니다. 그래서 저희 조는 힘든 시간을 보내고 계신 분들에게 작지만 진심을 담아 후원금을 보내기로 결정했습니다.

2. 구체적 실천 방법과 소감
- 구○○ – 코로나19와 관련되어 기부를 할 수 있는 단체를 찾았다. 다양한 단체가 있있지만 그중에서 '밀알복지재단'을 선택했다.

- 구○○ - 그곳에서 국내 장애아동과 독거노인 분들을 위한 후원에 동참하였다. 코로나로 인해 힘든 시간을 보내고 계실 분들의 아픔에 공감하고 도움을 드릴 방법이 있어서 다행이었다.
- 이○○ - 네이버 해피빈 기부 사이트를 통하여 코로나19로 어려움을 겪고 있는 아이들에게 적은 금액이지만 마음을 전달하였다. 이 작은 마음이 어려움을 겪는 친구들에게 큰 힘이 되었으면 좋겠다. 마음만 먹으면 쉽게 남을 도울 수 있는 세상이 새롭게 다가왔다.
- 이○○ - 우선 조원들이 각자 자신의 재량에 따라 기부를 하기로 하였습니다. 기부를 하고 난 소감은 생각보다 간단하다는 것이었습니다. 사실 옛날에 기부를 하려고 하였을 땐 너무 복잡하고 힘들어서 그 뒤로 기부를 잘 안하게 되는 경향이 있었는데 이번 기회에 기부를 하면서 너무 간단히 끝나서 기부를 하는 것에 있어 거부감이 사라지게 된 계기가 된 것 같습니다.
- 이○○ - 네이버 해피빈에서 모금함들을 읽어보며 가장 공감이 갔던 '코로나19, 재난은 아이들에게 더욱 가혹합니다'에 기부를 했다. 기부를 하면서 다른 많은 사람들도 조금씩이나마 기부를 해 많은 금액이 모인 것을 보았다. 우리 사회의 진심이 조금씩 모여 아이들을 향한 따뜻한 마음이 느껴지는 기부였다.
- 안○○ - 조원 중 한 명이 코로나로부터 위협받는 아이들을 위해 기부하자는 의견을 제시해 기부에 동참하게 되었다. 네이버 해피빈이라는 사이트에 작지나마 5000을 기부하였다.

3. 실천 후 소감(행복, 인성의 관점에서 정리)
- 구○○ - 진정한 행복은 나만 행복할 때가 아니라 우리 사회 구성원들이 모두 행복할 때 이뤄진다고 생각한다. 우리 모두가 행복해지기 위해서 사회 구성원들이 서로서로 도와야 한다. 오늘 한 번으로 그치지 않고 앞으로 우리 사회가 함께 행복해지도록 노력할 것이다.
- 이○○ - 이 세상은 어쩔 수 없이 많이 가진 사람과 조금 가진 사람들이 생길 수밖에 없다고 생각한다. 완벽히 해결하기 어려운 그런 문제라고 생각한다. 하지만 마음 부자인 사람들이 다른 사람들을 도운다면 이 세상이 아주 조금이라도 좋은 방향으로 변화하지 않을까 생각해보았다.
- 이○○ - 위에서 말했다시피 나에게는 쉽게 전달할 수 있는 돈(기부)이 누군가에게는 큰 힘이 될 수 있다는 사실에 무언가 뿌듯하다는 생각이 들었습니다. 항상 행복프로젝트를 하면서 드는 생각이지만 행복은 멀리 있지 않은 것 같습니다. 기부를 하는 자신도 남을 돕는다는 뿌듯함과 행복감을 느낄 수 있고 기부를 받는 사람 또한 사람들의 기부를 통해 따뜻함과 행복감을 얻을 수 있다는 것이 신기했습니다.

- 이○○ - 기부를 하는 것은 돈을 낭비하는 것이 아니다. 비판을 받을 수도 있겠지만 돈을 씀으로써 상대에게 행복을 주는 동시에 나 또한 행복을 사는 것이라 생각한다. 돈이 조금씩 모여가며 우리도 상대의 행복에 조금이나마 보탬이 된 것이고 그 뿌듯함은 나에게 행복으로서 돌아온다. 기부라는 행복도 우리 주변에 많이 있는 것이다.

팀별 02 행복프로젝트 과제 제출

프로젝트번호	팀별 02	주제	〈논쟁에서 이기는 38가지 방법〉 비판적으로 읽고 토론하기
제출일	2020/05/10	날짜/장소	5.5~5.9 / 사과를 음미하조 단톡방
조이름(구성원)			사과를 음미하조

1. 토론과 논쟁의 차이는?
   - 전○○: 토론은 '합의를 목적'으로 하여 서로 의견을 교환하며 대화를 나누는 것이고 논쟁은 '승리를 목적'으로 자신의 의견을 타인에게 심어주는 것이라는 점에서 차이점을 갖는다.
   - 정○○: 토론은 문제에 대해 여러 사람들이 자신들의 의견을 나누며 '논의하는 과정'이고, 논쟁은 서로 다른 의견을 가진 사람들이 자신들의 주장을 내세우며 '말이나 글로 다투는 것'이다.
   - 김○○: 토론은 어떤 문제에 대하여 여러 사람이 각각 의견을 말하며 논의하는 것이고, 논쟁은 서로 다른 의견을 가진 사람들이 각각 자기의 주장을 말이나 글로 논하여 다투는 것이다. 어감이 비슷하지만 보통 토론이라는 말은 '공적인 자리'에서 사용되고 논쟁이라는 말은 '사적인 자리'에서 사용된다.
   - 이○○: 토론은 어떤 문제에 대하여 여러 사람이 의견을 말하며 논의하는 것이고 논쟁은 서로 다른 의견을 가진 사람들이 각각 자기의 주장을 말이나 글로 논하여 다투는 것을 말한다. 서로 비슷해 보이지만 '토론'은 토론 과정을 통해 양측 모두 주장에 변화가 생겨 토론 과정 후 합의 도출된 것이 토론 전 주장과 전혀 다른 수도 있지만 논쟁은 그냥 자기 주장은 변화 없이 상대를 이기기만 할려고 하는 점에서 차이가 있다.
   - 이○○: 토론은 어떤 문제에 대해서 여러 사람이 의견을 말하여 논의하는 과정이고 이와 다르게 논쟁은 대립되는 의견을 가진 사람들이 주장을 말이나 논리를 이용하여 논하여 누가 옳은지 겨루는 과정이라는 차이를 갖는다.

- 박○○: 토론은 찬성과 반대의 입장으로 나뉘는 주제에 대하여 각각 서로의 입장을 관철시키기 위하여 근거를 들어 자기의 주장을 논리적으로 펼치는 말하기이다. 논쟁은 서로 다른 의견을 가진 사람들이 각각 자기의 주장을 말이나 글로 논하여 다투는 것을 말한다.

2. 현대사회에서 토론은 왜 필요한가?
   - 전○○: 조금 더 나은 세상으로 발전하기 위해선 토론이 꼭 필요하다고 봅니다. 토론 과정에서 서로의 의견에 대한 존중을 기본으로 하여 자신의 의견을 피력할 때 좀 더 나은 결론을 도출할 수 있다고 생각합니다.
   - 정○○: 현대 사회에서 사람들이 서로를 물어뜯으며 자신과 의견이 다른 사람들은 바로 무시해버리고 서로를 혐오하는 모습이 많아졌습니다. 저는 이러한 현대 사회의 문제를 올바른 토론을 통해 좋게 순화하여 바로잡을 수 있다고 생각합니다. 예를 들어 자신의 의견만 내세우는 대신에 열린 자세로 다양한 생각들을 들으면서 더 풍요로운 사고를 할 수 있다고 생각합니다.
   - 김○○: 지식이 중요해진 정보 사회에서, 우리들은 수많은 정보를 어떤 것이 옳은지도 모른 채 수용하고 있습니다. 어떤 주제에 대하여 혼자만의 생각이 항상 옳은 것은 아니므로 각자의 생각을 이야기하고 판단하여 적합한 의견을 모으는 활동, 즉 토론이 필요합니다. 또한 토론을 통하여 경청 및 의사소통 능력과 민주 시민의식을 키울 수 있다는 점에서도 토론의 중요성을 확인할 수 있습니다.
   - 이○○: 현대사회에서는 기술의 빠른 발전으로 혜택을 누리고 있지만 그만큼 수많은 갈등과 문제에 봉착하고 있습니다. 이러한 문제들을 토론을 통해 서로의 의견을 주고받으며 토론자 모두 만족하는 긍정적인 대안을 도출해낼 수 있다고 생각합니다.
   - 이○○: 민주주의 사회에서는 의견의 다양성을 존중하고 서로 자유로운 의견을 표할 권리가 있고 이러한 일이 바람직하다고 볼 수 있는데 앞의 내용을 토론을 통해 충족할 수 있기 때문입니다.. 또한 토론을 통하여 서로의 의견의 합리성을 따져보고, 다른 사람들의 상황과 주장에 대해서 공감하며 유대를 기를 수 있으며, 내가 보지 못한 관점을 통해서 식견을 기를 수 있기 때문이다.
   - 박○○: 실생활에서 어떠한 사안을 결정할 때에는 의견이 갈리는 다양한 상황들이 발생합니다. 이러한 상황에서 더 합리적인 선택을 이끌어내기 위해서는 힘이나 권력 따위가 아니라 토론을 통해서 논리적으로 생각해보아야 한다고 봅니다.

3. 쇼펜하우어 책에 대한 5자 소감: 각자 ○○○○○
   - 전○○: '이상한 사람' 논쟁을 할 때 말도 안되는 논리로 접근하는 사람들을 상대할 땐 매우 유용한 책이라고 생각하지만 이 방식을 내가 사용한다는 생각을 하면 너무 혐오스럽다.

- 정○○: '다소 폭력적'
- 김○○: '너무 억지다'
- 이○○: '이기면 장땡'
- 이○○: '토론의 묘수'
- 박○○: '효과 있을까'

4. 왜 이 책을 읽어야 하는가? (긍정적, 부정적 측면) 토론하기
- 전○○: 애초에 이 글에 나온 방식으로 사람들이 들고 토론을 진행하려 한다면 상대할 필요가 없다고 생각한다. 이미 그 사람은 이기는 것에만 관심이 있을 뿐 좋은 결과에 대한 사고는 생각하지 않는다고 본다. 따라서 ○○님이 말씀하셨던 것처럼 파멸적인 방향으로 대화가 흘러가게 되기에 이 책의 내용이 아무리 순화하여 사용한다고 해도 이기는 법이기에 좋은 방향이 제시되지 않을 것 같다고 생각한다.
  - ○○님 말에 대부분 동의하면서 한 가지 의문이 남는다. 토론의 목적은 자신의 주장을 피력하여 상대방이 받아들일 수 있도록 함인데, 승리에 집착하지 않고 토론이 진행된다면 좋은 결과가 도출될 수 있을까? 물론 승리에 집착하는 방식의 토론은 토론에 참여하는 상대방의 기분을 상하게 할 뿐만 아니라 여러가지 악영향을 끼치지만 승리를 추구하는 토론이 서로 간의 경쟁을 통해 더 좋은 결과를 도출해 내는 계기가 되지 않았을까?라는 의문이 든다.(이○○)
- 정○○: 이 책은 긍정적으로 말하면 토론에서 필요한 현실적이고 가식 없는 요령들을 알려준다. 이론적인 토론법에 대해 다루는 책들과는 달리 매우 구체적이고 솔직합니다. 하지만 ○○님 의견처럼 모두 이 책의 내용을 따른다면 사회에는 매우 이기적이고 서로를 혐오하는 사람들이 늘어날 것이다. 따라서 상황에 따라 때로는 이 책의 요령들을 적절하게 사용하되 맹목적으로 모든 요령을 따르진 말고 자신이 이성적으로 생각하여 거를 요령은 걸러 사용해야 한다고 생각한다.
  - ○○님의 생각에 동의한다. "이 책의 요령들을 적절하게 사용하되 맹목적으로 모든 요령을 따르진 말고 자신이 이성적으로 생각하여 거를 요령은 걸러 사용해야 한다고 생각한다" 부분이 받아들일 것은 받아들이고 고칠 것은 고쳐야 한다는 저의 생각인 '일신우일신[日新又日新]'과 일치한다고 본다.(이○○)
  - ○○님의 생각에 동의한다. 이 책의 내용은 말싸움에서는 현실적이지만 모든 사람들이 이런 요령을 쓴다면 어쩌면 사람들은 말싸움에서 승복하지 못한채 건설적인 방향의 대화기 이닌 시로를 미워하는 피멀직인 빙항으로 대화가 흘러가게 될 것이다.(이○○)
- 김○○: 이 책을 읽으며 물론 공감이 가는 내용도 있지만, 특히 거짓된 전제를 사용하거나 상대를 기만하거나 인신공격을 하라는 등의 부분에서 충격을 받았다.

이 부분들에서는 상대를 이기는 데에만 내용이 치중되어 있어 정직성, 인간 됨됨이 등에 대한 고려는 부족해 보인다. 또한 읽는 사람의 가치관을 정립하는 데 있어서 악영향을 끼칠 수도 있을 것 같다고 느꼈다.
- 너무 이기는 데에만 내용이 치중되어 있다는 점에 동의하고 특히 가치관이 아직 형성되지 않은 어린 학생들이 이 책을 읽는다면 도덕성과 인성 면에서 좋지 않은 영향을 받을 것 같다고 생각한다.(정○○)
- '토론'은 서로 다른 주장을 가지고 있는 사람들이 자기의 주장을 펼쳐 상대방을 '설득'하는 방법인데 물론 기만이나 인신공격이 악영향을 끼칠 수 있지만 토론의 목적에 부합하기 위해, 즉 승리하기 위해 사용되는 거라면 허락될 수 있다고 생각한다.(이○○)
-- 의견을 주고받는 과정이 아닌 의견을 주장하고 설득하는 과정이지만 기본적으로 다른 사람을 존중하고 배려하는 마음으로 임하는 자세는 필요하다고 생각한다.(박○○)
-- 서로 다른 주장을 가진 사람들이 자기의 주장을 펼쳐 상대방을 설득하는 방법이라는 말에는 공감한다. 하지만 오로지 '승리'만이 토론의 목적만은 아니라고 생각하며, 인신공격이나 거짓된 전제를 말하는 건 윤리적인 범위를 넘는다고 생각한다.(김○○)
- 읽는 사람의 가치관을 정립하는데 악영향을 끼칠 수 있다는 말에 공감했다. 지금과 다른 환경에서 거의 200년 전에 쓰여진 책이기도 하고 제목에서 볼 수 있듯이 좋은 토론을 하는 법이 아니라 어떻게든 논쟁에서 이기는 법에 대해 기술한 만큼 실제로 사용하기 전에 읽으면서 비판적인 시각으로 어떤 부분이 시대와 안 맞고 어떤 부분이 활용 가능한지 생각해볼 필요가 있는 것 같다.(박○○)
• 이○○: 토론과 토의를 구별하지 못하면 자신의 주장을 남에게 관철하기 힘들 것이다. 하지만 이 책을 읽는다면 토론이라는 활동은 의견을 주고받는 것을 넘어 자신의 주장을 남에게 관철시켜야 한다는 점을 상기할 수 있다.
- "상대방을 화나게 하고 인신공격을 하면서까지 논쟁에서 이기면 남는게 무엇일까?"라는 의문이 든다.(전○○)
- 책 내용의 일부는 과격할 수 있고 이를 인정하지만 전부 싸잡아 과격하다고 보는 것은 무리가 있다.(이○○)
- 내용 모두가 과격하지는 않았지만 몇몇 내용이 너무 과격하다고 느껴져서 낯설고 신선한 느낌이 들었다.(정○○)
• 이○○: 이 책이 무기와도 같다고 생각한다. 초등교사의 입장에서 본다면 이 책의 몇몇 부분은 가르칠 만하다. 예를 들어28번 같은 경우는 상대방이 아닌 청중을 설득하는 게 도움이 된다는 현실적이고 실제 토의의 목적과도 부합하는 방향을 가르쳐 준다. 하지만 이런 내용을 진정 바람직하게 다 받아들여선 안 된다고 생각한다.

그 이유는 앞에서 말했던 것과 같이 모든 사람들이 이 책에 나온 요령을 쓴다면 사람들은 말싸움에서 승복하지 못한 채 건설적인 방향의 대화가 아닌 서로를 미워하는 파멸적인 방향으로 대화가 흘러가게 될 수 있기 때문이다. 이 책은 무엇보다도 우리가 무엇을 위해 토의하는지 다시 한번 생각하면서 읽어 보아야 한다는 점을 강조하고 싶다.

- 박○○: 논쟁이란 서로 다른 의견을 가진 사람들이 각각 자기 주장을 논하는 과정이다. 이 책은 기본적으로 승패를 위한 승패가 중요한 논쟁 상황에서 승리하기 위하여 쓸 수 있는 스킬들을 알려준다. 그러나 우리가 살면서 실생활에서 하는 논쟁은 대부분 계속 함께 할 사람들을 대상으로 설득하고 원하는 바를 이루기 위한 것이기에 이 책에 나온 그대로 공격적으로 승리를 위하는 것처럼 토론에 임한다면 오히려 더 안좋은 방향으로 흘러갈 수 있다. 따라서 이점을 잘 생각해서 상황에 맞게 취사선택하고 활용한다면 자신의 주장을 펼치고 자신의 말에 무게를 더하는데 큰 도움이 될 것이라 본다. 또 자신의 논쟁법에 대하여 되돌아보고 고민하게 만드는 계기가 되는 것만으로도 충분히 의미가 있다고 생각한다.
  - ○○님의 의견에 동의한다. 상황에 맞는 취사선택과 논쟁을 되돌아보고 고민하는 활동이 대단히 중요하다고 생각한다.(이○○)
  - ○○님의 의견에 동의한다. 자신의 논쟁법에 대하여 되돌아보고 고민하게 만드는 계기가 되는 데에 이 책이 의미가 있다는 점에서 공감한다.(김○○)
  - '함께 할 사람들을 대상으로 설득하고~' 이 부분에 동의한다. 그만큼 서로를 배려하는 것을 잃지 않는 것이 논쟁에서 이기는 것보다 중요하다고 생각한다.(정○○)
  - ○○님의 의견에 동의한다. ○○님이 말하신 활용을 하기 위해서는 수많은 경험이 필요한 것 같다.(이○○)

5. 토론에서 가장 중요한 점은?(방법, 태도 등) 자유롭게 토론하기
  - 전○○: 토론에서 가장 중요한 점은 상대 의견에 대한 인정과 존중의 모습이라고 생각한다. 앞서 논의했던 것처럼 순화된 요령들을 가지고 접근해 나간다면 좀 더 올바른 결론을 통한 나은 세상으로 진보할 것이다. 따라서 상대를 인정하고 존중하는 가운데 자신의 의견을 피력해야 한다고 본다.
  - 정○○: 토론에서 가장 중요한 점은 자신감이라고 생각한다. 자신의 의견에 자신감이 있어야 명료하게 의견을 내세워 상대방을 잘 설득시킬 수 있기 때문이다. 그 자신감을 확실히 얻기 위해서는 자신의 의견과 근거를 충분히 잘 알고 있어야 하기 때문에 그러기 위해서는 많은 노력과 공부가 필요하다. 또한 자신의 의견에 자신감과 확신이 있으면 저절로 적극적으로 토론에 임하게 되고 다른 사람들의 옳지 않은 비난에도 흔들리지 않을 수 있다고 본다.

- 김○○: 토론에서 가장 중요한 점이 사람들이 자신의 의견을 충분히 이해할 수 있도록 설명하는 것이라고 생각한다. 토론이란 대립하는 의견을 가진 상대방을 설득하는 말하기이므로 반대 의견을 가진 사람을 설득하기 위해 논리적으로 말하는 것이 중요하다고 생각한다. (사례 들기, 원인-해결방안 등) 그러기 위해서 노력하는 과정에서 논리적으로 말하는 능력과 설득력을 신장시킬 수 있다.
- 이○○: 토론에게 가장 중요한 점은 남의 주장을 끝까지 듣고 면밀히 분석하는 것이라고 생각한다. 토론에서 주장을 펼치다보면 자연스럽게 허점이 드러날 수밖에 없고 그 허점을 집중적으로 파고드는 게 토론의 핵심이기 때문이다.
- 이○○: 토론에서 가장 중요한 점은 문제의 해답이라고 생각한다. 이루고자 하는 바가 있고 의견 차이가 있으니 토론을 하는 목적이라고 생각한다. 따라서 토론은 과정에서 조율을 하고 가장 올바른 답으로 가기 위한 나름대로의 해답과 노력을 보여준다고 생각한다.
- 박○○: 토론에서 가장 중요한 것은 토론에 임하는 태도라고 생각한다. 흥분하지 않고 상대방을 존중하고 또 본인의 의견에 대한 확신이 있는 태도로 임한다면 본인의 의견에 자연스럽게 무게가 생긴다고 생각한다.

6. 내용기억에 남는 구절
- 전○○: p.111 '상대가 너무 우월하면 인신공격을 감행하라' 38가지 요령 중 제일 유치하다고 생각한 구절이다. 조원들과 토론했듯이 요령들 중 과격한 표현들을 순화하여 사용할 필요가 있어 보인다.
- 정○○: p.24 주장이라는 것은 보편적이면 보편적일수록 그만큼 더 공격에 많이 노출되기 때문이다.
- 김○○: p.125, 특히 지력과 관계될 때 민감하게 반응하는 우리의 타고난 허영심은 우리가 먼저 내세운 명제가 거짓으로 판명되고 상대방의 것이 옳은 것으로 증명되는 것을 허용치 않는다.
- 이○○: p.47 '상대방의 화를 돋우려면 상대방에게 노골적으로 악담을 하거나 트집을 자으면 된다. 그저 뻔뻔스럽게 대하면 그만이다.'라는 구절을 보고 서로의 의견을 공유하며 최적의 결론을 도출해내는 토의와 남을 '설득'해 자신의 주장을 받아들이도록 하는 토론의 차이점을 확실하게 깨달을 수 있었다.
- 이○○: 논쟁이라는 일이 원래 상대방의 주장과 겨루는 일이긴 하지만 겉보기에는 나에게는 다소 비겁해 보이는 수단이 많다고 느껴진다. 하지만 읽어보면 내용이 다르다는 것을 알 수 있는데, p.70에서 "억지를 쓴다고 큰소리를 외친다"는 부분에서 상대방이 자신의 주장을 진실로 간주해 버리려고 한다고 시도하기 때문에 상대방의 시인을 받아들이지 말라는 주장에서 합리적이라고 느꼈다.
- 박○○: p.100 그것은 이론상으로는 옳습니다. 그러나 그것은 실제에 있어서는 거짓입니다.

7. 토론소감 5자

- 전○○: '신선한 사고' 조원들끼리 의견을 주고받으며 여러 생각들에 대해 공감하고 비판하기도 하며 진행해보니 새로운 생각을 할 수 있었고 부족했던 면을 토론을 통해 채워나감으로 신선한 사고를 할 수 있었다.
- 정○○: '정리된 생각' 팀원들의 의견들을 들으며 내 기존의 생각에 보충도 되면서 생각이 깔끔하게 정리가 된 기분이 들었다.
- 김○○: '다양한 시각' 각자가 제시한 의견에 대해 조원들이 반박, 질문, 동의 등 의견을 내주니 생각했던 것들에 대해 다양한 시각으로 바라볼 수 있었다.
- 이○○: '성실한 참여'
- 이○○: '생각의 검토' 팀원들과 토론을 나누면서 책에 대해서 윤리적으로 다시 생각하고 올바른 생각을 나눌 수 있었습니다.
- 박○○: '생각의 심화'

Ⅳ. 결론: 예비교사 행복교육 제언

 행복이 무엇인지에 대한 고민은 고대 아리스토텔레스로부터 오늘날 평범한 사람들까지 결코 완벽한 답을 찾기가 쉽지 않다. 철학에서 행복을 삶의 목표로 삼은 것은 그것이 일반적인 삶의 경험에서 나온 것이기도 하지만, 또한 사색의 결과 '행복'이라는 도달점이 명확하다고 보았기 때문이다. '행복'이 삶의 목적으로서 추구할만하다고 하더라도 관점에 따라 관심 영역에 따라 행복에 대한 이해는 너무도 다양하여 명확하게 답변하는 사람은 그리 많지 않다.
 긍정심리학의 도움으로 행복은 긍정적 마음에 달린 것이라고 하였지만 그에 대한 비판도 그치지 않는 것은 단순히 마음만으로 해결될 수 없는 부분이 있기 때문이다. 아리스토텔레스도 『니코마코스 윤리학』에서 행복의 다양함에 대하여 수긍하고, 그럼에도 인간의 품성에서 그것을 찾는 것을 보면 행복은 나에게로 돌아옴을 알 수 있다. 이처럼 행복은 매우 주관적이고 자의적인 측면이 많이 존재한다. 그럼에도 불구하고 보편적인 행복, 즉 누구나 행복은 이런 것이라고 할 수 있는 측면도 분명히 존재한다.
 '인성과 행복' 강좌에서 예비교사들의 행복의 의미와 추구방법을 탐구하면서 앞으로 강좌에서 만나게 될 학생들을 위하여 다음과 같은 행복교육에 대한 제언을 제시할 수 있을 것이다.
 첫째, 행복학에 대한 체계적인 이해와 공부이다. 과거로부터 오늘날까지 철학자들의 행복은 물론, 긍정심리학, 유교, 불교, 도가에서의 행복 개념과 행복추구 방법을 파악함으로써 행복 이해의 스펙트럼을 넓히도록 해야 할 것이다.
 둘째, 자기 자신의 행복에 대한 관점을 정립할 필요가 있다. 이 경우 일상적인 소소한 행복의 추구와 실천도 무엇보다 중요하며 그러한 실천 속에서 예비교사로서의 행복관, 즉 교육자로서의 행복도 생각해볼 필요가 있을 것이다.
 셋째, 개인의 행복을 넘어 관계영역을 확장시켜 공동체 속에서의 행복도 추구할 수 있어야 할 것이다. 교사는 단순히 소시민적 존재를 넘어 타인에게 영향을 미치는 존재이다. 따라서 나만의 행복이 아니라 너와 타인, 그리고 사회 전체, 지구촌은 물론 전 존재적 행복에 대해서도 고민할 수 있어야 할 것이다.

제7장

윤리상담을 통한 행복추구 사례

Ⅰ. 서론: 왜 '윤리' 상담인가?

　'상담'(counseling)이란 "도움을 필요로 하는 자(client)와 도와주려는 전문가(counselor) 간에 성립된 인간관계와 활동 및 과정"이며, "당면문제 해결 및 정보제공 성격과 적응상의 문제를 풀어가는 것을 도와주는 것"[414]이다. 상담이 만남 그 자체가 아니라 문제 해결에 초점이 있음을 알 수 있다. 심리학적 치료 방안이던 '상담' 기법은 오늘날 보편적으로 수용되어 사용되는 교육 방법의 하나이다. 담임들은 학생들과 지속적으로 상담하며 학급을 운영하고, 비담임 교사들은 담당 교과나 생활 관련하여 지도상의 문제를 해결하기 위해 학생들과 상담하곤 한다.

　학생들에게 '상담 한 번 받아 봐'라는 말은 여전히 자연스러운 대화를 위한 만남을 넘어 문제 해결을 위한 것으로 인식되고 있다. 상담 학생들은 다양한 통로를 찾아 스스로 문제 해결을 시도하다 최후의 방법으로 상담을 선택하는 경우가 많다. 학교 현장에서 상담은 특별한 방법이라기보다 일반적인 것임에도 불구하고 여전히 학생들은 상담에 대해 기대와 두려움을 지니고 있다. 염치와 체면을 중시하고, 속내 드러내는 것을 어려워하는 한국사회에서 학생들이 상담에 대한 기대

---

414) 김홍규·원애경, 『상담심리학』(파주: 양서원, 2007), p.66.

는 자신을 재발견하거나 상담자로부터 격려와 지지를 얻고자 함이다. 또 자신을 드러내는 데서 오는 어려움, 비밀 유지에 대한 두려움은 주로 상담자에 대한 전적인 신뢰가 부족하기 때문에 생기는 것이다.

최근 도덕·윤리교육에서 논의되는 윤리상담은 궁극적으로 도덕·윤리교육의 목적 실현을 위한 방편이어야 한다. 그렇다면 도덕·윤리교육의 궁극적 목적은 무엇인가? 도덕(道德)은 사람이 지켜야 할 도리를 체득하여 인격을 함양하는 것, 윤리(倫理)는 공동체 삶 속에서 이치를 찾아 실천하는 것이다. 개인과 공동체의 이상을 실현하고 그 둘의 조화를 모색하는 것이 도덕·윤리교육이 추구하는 바이다. 이를 위해 개개인의 자아실현, 인격 함양이 우선되어야 하며, 개인들의 삶이 조화되어 공동체적 삶이 영위되는 것이다. 따라서 무엇보다 개개인의 건강하고 안정적인 삶이 중요하게 된다. 윤리상담은 이러한 개인들의 건강한 삶을 영위하는 데 유용한 방법으로 기여할 수 있다.

윤리상담은 한국윤리교육학회 학술대회에서 이론적 토대가 마련되면서 학문적 담론이 시작되었고,[415] 이후 다양한 관점에서 논의가 활발하다. 적극적으로는 윤리상담교사 운영을 제도화 하자는 주장이 있고[416] 주제나 방법 중심에서 윤리상담을 하나의 지식 구조화하여 도덕·윤리수업 방안에 적용하기도 한다.[417] 이와는 달리 보다 적극적 입장으로, 치료나 임상 개념을 윤리교육과 연계시켜 심리적 문제 혹은 정신적 문제 해결을 위해 도입하자는 주장도 있다.[418] 그 외 기존 학자들의 이론을 윤리상담과 연계시켜 의미를 찾는 논의도 있다.[419] 이처럼 윤리상담이 본

---

415) 박장호, "윤리상담-이론적 토대에 대한 검토", 『윤리교육연구』 제34집(한국윤리교육학회, 2014), pp.1~37.
416) 정탁준, "인성교육의 핵심활동으로서 윤리상담에 대한 연구", 『윤리교육연구』 제34집(한국윤리교육학회, 2014), p.45.
417) 김국현·권미정, "고등학교 수업에서의 윤리상담 실행 이론과 적용 방안", 『윤리교육연구』 제35집(한국윤리교육학회, 2014), pp.27~64.
418) 조수경, "윤리상담과 윤리교육", 『대동철학』 제70집(대동철학회, 2015), p.181.; 김은수, "도덕과 교육에 '치료' 개념 도입을 위한 시론", 『도덕윤리과교육』 제35호(한국도덕윤리과교육학회, 2012), pp.155~177.; 박형빈, "윤리클리닉으로서 윤리상담에 대한 일 고찰", 『초등도덕교육』 제48집(한국초등도덕교육학회, 2015), pp.187~221.; 윤영돈·유병렬, "한국적 가치의 재정립을 위한 인문치료적 접근", 『윤리연구』 제94호(한국윤리학회, 2014), pp.1~38.
419) 김대군, "분노조절에 대한 윤리상담적 접근-세네카의 분노론을 중심으로-", 『윤리교육연구』 제34집(한국윤리교육학회, 2014), pp.61~82.; 조수경, "윤리상담과 윤리교육-후기 푸코와 고대 윤리를 중심으로", 『대동철학』 제70집(대동철학회, 2015), pp.177~196.

격적으로 논의되는 이유는 무엇일까? 세 가지 관점에서 이유를 찾아볼 수 있다.

첫째, 이미 교육 현장에서 실시되고 있는 전문상담의 한계에 대한 대안으로 대두한 것이다. 학생들의 심리적 문제 해결을 위해 학교에 배치된 전문상담교사제—위클래스(Weclass)—의 운영은 기대한 효과에 미치지 못하고 있다.[420] 원인을 보면 이른바 '제도화의 역설'(paradox of institutionalization)로 설명할 수 있는데, 효과 있던 교육 방법을 공식적인 제도로 만들어 운영하게 되면 오히려 본래 의도했던 효과에 미치지 못하고 이전의 긍정적 효과마저도 상쇄(相殺)해 버리는 것이다.[421] 그것은 경제적·공식적·제도적 지원을 위해 교육의 질보다 형식적 측면을 강조한 결과 나타나는 것이다. 전문상담교사의 상담은 학생들의 자발적 상담 요청에 의하기보다는 담임이나 학교의 요구에 의해 공식적 절차에 따라 이루어진다. 상담이 '문제 상황에 처한 학생'들을 위해 하나의 '업무'로 실시되는 것이 된다. 상담교사들은 당연히 최선을 다하여 학생들을 만나고, 상담 과정에서는 교육받은 대로 다양한 기법을 활용하여 최선을 다해 상담에 임할 것이다. 상담교사는 상담 과정과 결과를 공식문서로 남겨야만 한다. 학생들의 입장에서 전문상담을 부담스러워하는 이유는 그 사실이 일종의 문제아라는 '낙인'이 될 것을 우려하기 때문이다. 그래서 일반적인 학생들은 삶에서 느끼는 고민이나 해결해야 할 문제들을 전문상담교사에게 상담받기보다 수업 시간을 통해 신뢰 관계가 형성되고 믿을 수 있다고 판단한 교사들을 찾아가 상담을 요청하게 되는 것이다.

둘째, 윤리상담의 대두는 수업 위주로 이루어졌던 소극적 윤리교육에서 벗어나 수업 이외의 활동을 활용한 적극적 윤리교육으로 전환하고자 하여 윤리교육계가 채택한 방안이다. 이 관점에서는 학생들의 윤리적 문제를 수업에서는 다 다루지 못하기 때문에 윤리교사들이 상담을 활용하여 적극적으로 교육하여 윤리교육의 외연이 확대되기를 기대한다. 수업 시수의 제한, 공식적 수업 형태의 한계 등, 수업을 통한 윤리교육의 한계를 상담을 도입하여 극복하고자 한 것이다. 이

---

420) 2005년부터 지역교육청, 2007년부터 단위학교에 배치되기 시작한 전문상담교사는 그 성과가 일선학교나 교육청의 기대수준에 미치지 못하여 제도의 폐지에 대한 염려도 일고 있다고 한다.: 이시희 외, "전문상담교사의 전문성 증진을 위한 교육요구분석", 『상담학연구』, 제13권 1호(한국상담학회, 2012), pp.194~210.
421) 이 개념은 필자가 본 연구의 논의를 전개하면서 '윤리상담교사제도'의 부작용의 하나로 생각한 것이다.

에 학문적으로 이미 논의되고 있는 심리상담, 철학 상담, 윤리상담의 제반 방법들을 수용하여 윤리교육과 연계시키고자 노력하고 있는 것이다. 또한 윤리 교과교육의 효과에 대한 부정적 평가, 인지적 도덕교육에 대한 비판, 인성교육진흥법의 제정과 예체능을 통한 인성교육의 강조 등 최근 윤리교육의 정체성과 위상이 낮아지는 분위기를 전환시키기 위한 대응책이기도 하다. 교육과정 개정 때마다 도덕 수업 시수가 축소되고, 고등학교 '생활과 윤리' 과목을 제외하고는 교과 위상이 현저히 축소되고 있는 상황에서, 적극적 윤리교육을 위한 방법으로 윤리상담을 도입한 것이다.

셋째, 오늘날 급변하는 사회구조와 학생들의 미래에 대한 불안에서 윤리상담이 필요해진 것이다. 클라우스 슈밥의 이른바 '제4차 산업혁명'에 의해 다가올 산업구조 및 직업의 변화는 예측이 불가능할 정도이며, 이러한 상황은 청소년들에게 미래에 대한 불안감을 가중시키고 있다. 지식의 반감기는 채 10년이 안 될 정도로 지식은 놀라운 속도로 변하여[422] 단순한 지식 공부는 더 이상 의미가 없다. '뛰면서 저글링을 할 줄 아는 인재'가 필요하며 전통적 고용 양식이 변하여 시간 근로제, 계약 근로제 등 다양한 고용 형태의 등장으로 현재 청년들은 평생 많게는 6개 직업을 가질 수 있을 것이라 한다.[423] 청소년들이 볼 때 지금처럼 공부하는 것이 과연 미래를 대비하는 것이 맞는가를 고민하며 자신의 진로선택에 대하여 확신하지 못하고 있다. 역사적으로는 급변하는 현대 문명과 미래에 대한 불안이 더해지면서 개인과 사회 모두 정신적 혼란을 겪고 있는 것이다. 맞벌이와 가족해체로 인해 삶에서 느끼는 소소한 문제에 대해 이야기하고 그 속에서 자연스럽게 해결책을 찾던 밥상머리 교육이 사라지고 있다. 사회구조의 변화와 전통적 가족 관계의 붕괴로 정서적 안정과 갈등 해결의 통로는 찾기 어려운 오늘날 학생들은 과거 어느 때보다 더 상담을 필요로 하고 있다. 게다가 인터넷과 스마트폰의 사용으로 이전과는 달라진 소통 방식과 새로운 관계 형성 방법이 요구되지만 자연스러운 교육의 장이 형성되지 못하고 있다. 그 결과 청소년들은 갈등 상황에서 선택과 판단,

---

422) 사무엘 아베만, 이창희 역, 『지식의 반감기』 (서울: 책 읽는 수요일, 2014).
423) 『한국경제신문』, 2016년 11월 4일. A35면 사설, "정규직 사라지고, 전공 무의미 … 세계 고용시장 급변"

감정의 조절과 표현, 관계 형성과 유지에 어려움을 느끼면서도 어떻게 해결할지의 문제에 대해 자기 주변에서 도움을 요청할 사람을 찾지 못하고 있다.

이처럼 개인과 사회가 모두 불안한 상황에서 교육에서는 심리 치료를 넘어, 철학 상담, 정신 치료에 관심을 갖고, 심지어 윤리교육에서는 임상과 치료 개념을 도입하여 방향을 모색하고 있다. 임상과 치료 개념을 윤리교육에 도입하는 것은 조심스러운 관점이다. 임상(臨床)은 "실제로 환자를 접하여 병의 치료와 함께 의학의 연구를 하는 것"이고, 치료(治療)는 "병을 낫게 하기 위한 여러 가지 일"이란 의미로, 이 용어들은 질병(疾病)을 전제로 한 것이다. 윤리교육에 임상, 치료란 용어가 등장하는 이유는 그만큼 우리 마음에 문제가 있기 때문이지만, 윤리교육의 관점에서는 그런 용어들을 본격적으로 도입함으로 인해 초래될 결과가 우려스러울 수밖에 없다. 윤리교육에서 임상 내지 치료란 용어를 사용하게 되면 의학과 연계되고 이는 인간의 행동이나 신체 기능을 자연 상태로부터 질병 상태로 변환하는 '삶의 의료화(medicalization of life)'의 부작용을 벗어나기 어렵기 때문이다. 삶의 의료화는 세 가지 의미를 갖는데, 첫째, 삶 혹은 인간의 문제, 의료와 무관한 문제를 의료 문제로 해석하거나 정상적인 인간의 변화를 병적인 변화로 해석하는 '범주의 오류'에 빠지는 것이다. 둘째, 의료기관이 인간을 하나의 사물(객체)과 같이 보게 되어 우리 자신을 주체로 보지 못하게 하는 '의료화 과정'을 낳게 된다. 셋째, 의료 처방이 고통을 줄이기 위해 개인의 신체를 변화시키게 됨으로써 그러한 고통을 야기하는 사회적 구조와 기대에 대한 주의와 관심을 간과하게 되는 것이다.[424] 물론 정신적 문제로 인해 상담치료와 임상이 필요한 학생은 윤리교육을 넘어 치료적 접근을 적용해야 하며 결코 그것을 도외시해서도 안 될 것이다. 최근 '신경정신과'에 대한 지금까지의 부정적 인식이 변화하여 '우울증'을 '마음의 감기' 정도로 인식하고 있다. 정신과 치료가 큰 문제가 아닌 것으로 인식하는 분위기로 변화하였다. 그럼에도 불구하고 치료와 임상 개념은 윤리교육에 보완적 의미로만 사용되어야지 윤리교육과 결합시키거나 윤리교육=치료·임상으로 인식되는

---

424) Erik Parens, "On good and bad forms of medicalization", *Bioethics*, Vol. 27 No.1, 2013, pp.28~35. 박장호(2014), 위의 논문, p.3 각주 3)에서 재인용.

점은 조심스럽다.

　윤리상담에서 '윤리'가 핵심이 되기 위해서는 치료에 의존하기보다 자기 성찰과 인식 전환에 의해 소아(小我)에서 대아(大我)로의 성장에 초점을 두어야 한다. 상담의 대상을 환자로, 상담을 치료로 인식해서는 안 될 것이다. 만약 윤리교육에서 치료적 관점이 강화되면 내담자가 궁극적으로 자신의 노력에 의한 변화보다 의학적 방법인 약물과 기계에 의한 정서적·심리적·신체적 변화를 추구하여 수동적으로 될 우려가 있기 때문이다. 이에 비해 치유(治癒)는 "몸이나 마음의 병이나 아픔이 낫는 것"이란 의미로, 질병을 대상으로 하는 치료나 임상 개념과는 달리 몸과 마음을 대상으로 한다는 점에서 '치유' 개념은 조심스럽지만 사용하는 것도 가능할 것이다.

　최근 학교상담의 역할이 중요해지고, 상담 기법이 보편화되고 있는데도 윤리상담이 강조되는 이유는 무엇일까? 무엇보다 윤리교사의 상담사례에서 답을 찾을 수 있을 듯하다. 윤리 교과는 다른 어떤 교과들보다 인간 삶의 내면을 깊이 있게 다룬다. 어떻게 살 것인가, 무엇을 추구할 것인가, 행복이란 무엇인가 등 누구나 고민하는 문제를 다루는데, 물론 이와 무관한 교과는 하나도 없다. 그러나 삶, 가치, 행복 그 자체를 직접 다루는 교과는 윤리가 유일하다. 이 점에서 윤리상담의 활발한 논의들은 윤리교육 관점에서는 매우 긍정적이라 할 수 있다. 필자가 분석한 선행연구들을 보면, 심리 상담과 철학 상담의 이론을 바탕으로 윤리상담의 정립, 치료 혹은 임상, 지도, 치유 등의 개념들을 도입한 논의들로, 대부분은 이론적 단계의 것들로 구체적인 적용 사례 연구도 한정적이라고 할 수 있다.

　윤리상담의 방향 설정을 위해 윤리교사들의 실제 사례보다 좋은 것은 없다. 현장 윤리교사들이 윤리상담을 어떻게 수용하여 적용하고 있는지, 실제 상담자로서 윤리교사들의 상담사례에서 시사점을 찾을 필요가 있다. 본 연구는 윤리상담의 방향 설정을 위해 현직 윤리교사 세 분의 윤리상담 사례를 분석하였다. 그들의 사례에서 구체적인 내용과 방법을 분석하여 보편화할 수 있는 윤리상담의 특성을 통해 방향을 모색해 보았다. 이는 윤리상담의 목표, 내용, 방법의 정립을 위한 토대로서 의미를 지닌다.

II. 윤리상담의 의미와 윤리교사의 특수성

윤리교육은 항상 상담과 함께 존재해 왔다. 수업 시간에 교사는 윤리에 대해 조언하고 직간접 경험과 사례를 통해 삶의 원칙과 기준, 방향을 제시한다. 구체적 문제들의 해결을 위해 다양한 갈등 사례들을 제시하고 가치 선택의 과정에서 무엇을 중시할지에 대해 고민하도록 한다. 그 과정에서 자연스럽게 교사의 관점과 조언이 녹아들고 이를 통해 학생들의 관점을 정립하도록 해주기 때문에 윤리교육에는 항상 상담이 공존하고 있었던 것이다. 또한 윤리교사들은 항상 상담교사였다. 담임으로 상담하고, 학생들은 다른 교과 교사들에게 하지 못하는 이야기도 윤리교사에게 상담하면서 해결 방법을 찾기도 한다.[425] 교육대학과 사범대학 학생들에게 "진로에 가장 많은 영향을 미친 사람이 누구인가?"를 물어보면 교사라는 대답이 많고, 특히 윤리교사라는 응답이 많았다. 이를 통해 윤리교사들은 다른 교사들보다 학생들에게 상대적으로 더 영향을 미치고 있음을 알 수 있었다. 윤리상담(ethics counseling) 논의를 위해, 우선 윤리상담에 대한 개념 규정이 필요하다. 이전의 학문적 논의를 차치하고, 본 연구에서는 교육적 입장에서 윤리상담을 규정해보자. 우선 "윤리상담은 윤리적 문제에 대한 상담이다."라는 진술에 대해 대답은 "그렇다."이다. 여기서 '윤리적'이라고 할 때 그 범위와 대상이 어디까지인지가 문제된다. 우리 삶은 교과서처럼 윤리영역과 윤리 아닌 영역이 명확히 구분되지 않는다. 윤리가 배제된 삶은 존재하지 않기 때문이다. 피상적으로는 윤리와 무관하게 보이는 문제도 궁극적으로 윤리적 선택과 연계되지 않을 수 없다. 따라서 '윤리상담' 개념에서 주제를 중심으로 놓기보다 상담관계의 주체로 상담자가 보다 중요해진다. 일반적으로 교사라면 누구나 윤리적 문제들에 대한 상담이 가능하고 반드시 윤리교사여야 할 필요는 없다. 어떤 교사라도 윤리적인 문제에 대한 현명하고 지혜로운 답을 제시할 수 있으며 그것은 교과와는 무관하다. 그런데 왜

---

425) 필자도 중고등학교 교사 경험 18년 동안 담임으로서 상담도 많이 했지만 비담임일 때 도덕 혹은 윤리를 담당할 때 상담을 많이 한 경험이 있다.

윤리상담에서 상담자는 윤리교사가 주가 되어야 하는가?

　초등학교는 교육대학 졸업자 중 초등임용고시에 합격한 교사가 도덕 및 전 교과를 가르친다. 중등은 사범대학 윤리교육과 혹은 일반대학의 윤리교육 전공자 중 임용고시 합격자들이 윤리교사가 되어 윤리 교과를 가르치고 있다. 윤리상담에 대한 규정은 폭넓게 이루어지지만 필자의 관점에서는 도덕 윤리교사들에 의한 상담을 윤리상담의 중요한 부분으로 규정하고 싶다. 윤리상담은 윤리적 주제에 대한 상담과 함께 상담자로서 윤리교사에 초점을 맞출 수도 있다는 것이다. 그렇다면 이 경우에, 윤리교사는 다른 교사에 비해 특별해야 하는가? 필자의 의견으로 윤리상담에서 윤리교사에 초점을 두기 위해서는 상대적으로 특별해야 한다고 본다. 그렇다면 다른 교사와 비교하여 윤리교사들만의 차별성은 어디서 찾아야 하는가? 그것은 수업, 관계, 가치관의 세 가지 측면에서 찾아볼 수 있다. 즉, 윤리수업에서 다루는 주제의 특수성, 수업 시 교사-학생 관계 형성의 친밀성, 교사 자신의 삶과 가치관의 건전성이다. 이에 대해 자세히 살펴보자.

　첫째, 도덕·윤리수업은 존재와 삶, 가치와 선악, 인생과 행복에 대해 다룬다. 초등학교의 '바른생활'에서 고등학교 '생활과 윤리'에 이르기까지 지식 구조의 심화, 내용의 체계에서 차이가 있지만 모두 개인과 공동체에서 살아가면서 겪는 '생생한 현실 문제'들을 다룬다. 그것은 지식이나 이론일 수도 있고, 문제 사태나 갈등 상황일 수도 있으며, 일화나 교훈적 이야기일 수도 있다. 모든 것들은 지금 나의 삶과 직접 관련되는 혹은 관련될 문제들이기 때문에, 학생들은 수업에서 나의 삶과 인생을 다룬다고 여기게 된다. 이러한 수업 주제의 구체적 현실성 때문에 학생들은 그 주제들을 자신의 삶과 직결시키게 되는 것이다.

　둘째, 수업에서 이루어지는 관계의 친밀성이다. 교사의 기질과 성격에 따라 다르겠지만 윤리교사라면 성선설적 믿음을 바탕으로 학생들을 만난다. 교육대학과 사범대학에서는 다양한 인성론 관점을 배우지만 궁극적으로 교사 준비과정에서 성선설에 근거한 인격적 교사상을 교육받는다. 교사교육에서도 지식 전달과 대화·토론 과정에서 경청과 인내, 격려와 조언의 태도를 배우고, 그것을 학교 현장에서 실천하고자 노력한다. 그래서 다른 교과의 교사들에 비해 학생들로부터 신뢰를 얻고, 학생들은 그 신뢰적 관계를 믿고 자신만의 고민과 이야기를 상담하고자 한다.

셋째, 윤리교사는 다른 교사들과 달리 '윤리교사이기 때문'이라는 일종의 사명감을 지닌다. 그것은 삶의 영위에서는 하나의 굴레가 되기도 하지만 한편으로는 자신을 성찰하는 엄격한 기준으로 역할하기도 한다. 다른 교과 지식은 완성된 지식을 다루지만 윤리 교사는 완성된 인격자가 아니므로 지식의 완성도에 차이가 있다는 주장도 있다. 윤리교사들은 비록 완벽한 인격자는 아니지만 언제나 자신의 인격 완성을 위해 노력하며, 다른 어떤 교사들보다 더 자신을 성찰하는 인격자들이다.

윤리교사들은 동일한 상황에서 죄책감을 더 많이 갖거나, 타인에 대한 공감을 더 많이 하거나, 불의에 대해 더 크게 울분을 토하는 경우를 보곤 한다. 교육받은 것과 교육하는 내용들이 올바른 가치관과 세계관과 관련되어 항상 타당하고 올바른 기준에 의거하여 자신과 사회를 평가하고자 하기 때문이다. 그래서 다른 교사들에 비해 윤리적 문제 해결과 관련된 이론에 대해 윤리교사들이 더 많이 알고 이에 근거하여 상담 상황에서 지혜로운 방안을 제시할 수 있는 것이다. 학생들은 이처럼 다른 교과의 교사들과 차별화된 윤리교사들에게 자신의 이야기를 자연스럽게 꺼내고 조언을 듣고 삶의 방향을 찾고자 한다. 학생들은 수업 시간에 자신의 삶의 문제와 관련하여 다양하게 논의하는 과정에서 교사들의 가치관과 세계관이 드러나는 수업 내용을 통하여 교사에 대한 신뢰를 지니게 되고, 교사의 말과 행동 나아가 삶의 태도를 보면서 닮고 싶어 하기도 한다. 그런 교사와의 상담에서는 기존의 상담에서 겪는 두려움이 문제되지 않는다. 자연스러운 만남과 대화가 이루어지고 그 과정에서 자신의 고민하던 문제들에 대한 답을 찾아갈 수 있게 되는 것이다.

Ⅲ. 상담사례에서 찾아본 윤리상담의 본질

    윤리교사들의 상담사례는 2016년 11월 교사별로 2시간 면담한 후 작성한 설문지의 조사 내용을 정리하여 분석한 것이다. 개인 정보는 최대한 삭제하고 교사들의 허락 하에 정리한 내용임을 밝혀둔다. 교사들의 윤리면담 사례를 생생하게 전달하기 위해 형식적 조정 외에는 내용을 수정하지 않고 최대한 그대로 담고자 노력하였다. 윤리교사들의 교육적 특성을 파악하기 해당 교사들의 정보를 제시하였다. 구체적인 상담사례에서는 학생들에 대한 자세와 윤리교사로서의 전문성, 교육철학과 상담철학이 묻어나는데 이는 10년 이상의 경력에 기인하는 것만은 아니며, 윤리교사로서 자기 성찰과 일상생활에서의 수양을 위한 노력에 기인함을 알 수 있다. 상담사례를 제공해주신 세 분 선생님은[426] 성별도 경력도 근무지역도 다르지만 모두 윤리교사로서 소명감과 자부심을 가지고 교육하시는 분들이었다.

<윤리교사들의 경력>

구분		성별	학교		경력
교사	A	남	고등학교	전체 15년, 담임 8년, 부장 5년	학교폭력전담교사, 교무기획
	B	남	고등학교	전체 30년, 담임 23년, 부장 4년	3년(교과전담)
	C	여	고등학교	전체 18년, 담임 14년, 부장 2년	2년(비담임)

    A교사는 학생과 교사들로부터 학생을 존중한다는 평을 듣는 선생님으로 항상 타인의 감정을 이해하고 배려하며 예의바르게 행동하려 하며, 학생들을 인격적으로 존중하고자 노력하시는 분이었다. B교사는 학교뿐만 아니라 삶 자체가 성

---

426) 본 논문을 위해 기꺼이 면담에 응해주시고, 관련 설문지에 성실히 답변해 주셨을 뿐만 아니라 조심스럽지만 교육적 차원에서 상담사례를 제공해주신 세 분 선생님께 진심으로 감사의 마음 전합니다.

직자와 같은 분으로 두루 존경받는 분임을 알 수 있었다. C교사는 밝고 따뜻하며 재미있으신 선생님으로 학생들이 닮고 싶어 하며 유능한 교사로 인정받으시는 분이었다. 개성도 성향도 다르지만 삶의 중심에 윤리교육과 학생들이 있다는 것이 공통점이었다. 모두 매우 겸손하게 면담 사례에 대해 말씀해주셨는데 행복한 미소로 추억을 끌어내는 데서 제자들에 대한 사랑을 느낄 수 있었다. 면담을 마치고 이 선생님들을 만나 배워간 제자들은 참으로 운 좋은 학생들이라는 생각이 들었다.

1. 윤리교사들의 교육철학과 상담철학

교사들의 상담사례를 파악하기 전에 교육철학, 상담철학과 관련하여 알아보았다. 아래 내용은 교사들과의 면담과 설문지 답변을 정리한 것이다. 우선 "교육이란 무엇인가?"에 대한 다섯 자 답변이다. "바라봐주기"라고 대답한 A교사는 "교사는 학생들과 함께 하며 그들이 불편함 없이 자신들의 생활을 잘 영위하고 있는지 바라봐주는 사람이며, 자그마한 도움이지만 줄 수 있다면 도울 수 있는 사람"이라고 하였다. B교사는 "사람 키우기"라고 하였는데, 이유를 뒤의 상담일지에서 파악할 수 있다. C교사는 "인간을 사랑"하는 것이라고 규정하였다. 교육철학에 대해서는, A교사는 "존중 배우기"라고 하여 "신규교사 때는 학생들을 지도하고 가르쳐서 어떤 방향을 정해 이끌어야 한다고 생각했지만, 교직생활을 경험하면서 또 결혼 후 가정을 이루고 아이를 기르며 점점 변하였다고 한다. 교육은 학생들과 함께 생활하는 것, 이야기를 함께 나누는 것, 서로가 서로에게 의지하고 배우는 것이라고 생각하게 되었다. 특히, 사람을 존중하는 것을 배우는 것"이라고 답변하였다. B교사는 "부모 맘으로"라고 하였는데, 대학 때 상담학을 공부하면서부터 부모의 자식 사랑하는 마음으로 학생을 대하는 것이 필요하다고 생각하여 교사가 되었다고 하였다. C교사는 "자존애 쌓기"라고 하였는데, 내담자 학생들이 자신을 존중하고 사랑하는 사람들이 되기를 바라며, 자신은 교육 활동을 통해 학생들이 자신을 존중하고 나아가 자신을 올바로 사랑하는 데까지 나아가도록 돕고 싶다고 하였다.

"네 이웃을 네 몸처럼 사랑하라."는 성서 구절은 "네 이웃을 사랑하라."에 초점을 두지만, 이웃을 내 몸처럼 사랑하려면 먼저 자신을 올바로 사랑할 줄 알아야 한다. 자신을 올바로 사랑하는 사람만이 자신과 동등하게 이웃을 올바로 사랑할 수 있다고 하였다. 또한 인생에서 어쩔 수 없는 상황에 직면하게 될 때, 무너지지 않을 수 있는 마음의 힘은 자존애라고 강조하였다.

상담철학을 알아보기 위해 우선 "상담이란 무엇인가"에 5자로 답변하도록 하였는데, A교사는 "공감해주기"로, 상대방의 이야기를 들어주고 공감하는 것, 이것 이외는 아무것도 아니며 그 이상도 그 이하도 아니라고 답변하였다. B교사는 "마중물 붓기"로, 문제 해결을 위해 피상담자 스스로 물을 퍼 올릴 수 있는 계기를 만들어 주는 것이 상담이라고 하였다. C교사는 "자아와 대면"이라고 하여, 학생 스스로 자아를 대면하도록 돕는 활동이라고 답하였다. 여기서 상담이 학생들에게 직접 답을 주기보다 자율적 힘을 길러주는 계기를 마련해주거나 돕는 활동이라고 한 데서 교사들의 상담에 대한 관점을 알 수 있다.

1년에 몇 명 정도 몇 회에 걸쳐 상담하는지에 대한 질문에, A교사는 담임으로 일반적인 상담은 전체적으로 하지만, 특별하게 관심을 가지고 지속적으로 만나는 학생은 한 해 동안 2~3명 정도이며, 학생들이 서로 친하면 함께 진행하기도 하는데, 식사하면서 즐겁게 대화 나누는 방식을 선호한다고 답변하였다. 윤리교사로서는 수업시간에는 모두 친하게 지내며, 특별하게 관심을 가지고 지속적으로 만나는 학생은 2~3명 정도이며, 마찬가지로 식사하면서 즐겁게 대화 나누는 방식을 선호하였다. B교사는 담임으로 평균 연 100명, 1인 평균 3~4회, 윤리교사로는 평균 연 20명, 1인 1~2회 상담을 한다고 하였다. C교사는 담임으로 30명(개인별로 5번 내외) 윤리교사로 20명(개인별로 5번 내외) 상담한다고 답하였다. 교사들의 역할과 업무에 따라 내담자의 수와 상담 회수는 달랐지만 학생들과 지속적으로 만남을 유지하고 있음을 알 수 있었다.

학생들 외에 교사들이 상담을 요청한 적이 있는지 묻는 질문에는 세 명 모두 "있다"라고 답하였다. A교사는 어떤 담임교사가 학생과 갈등이 심해지고 학부모와도 감정이 악화되어 막말까지 오가게 된 상황에서, 자신이 중간에 중재해도 되는지 양해를 구하고, 학부모와 통화하고 담임교사와 대화하고 학생과 이야기 나누며 그들의 감정을 누그러뜨리고 서로 이해하도록 도운 경험이 있는데 이후 잘 마무리하였다고 답변하였다. 그리고 종종 동료교사들이 가정에서의 힘든 일이나 고민을 상담하여 들어주고 공감해주곤 하였다는 데서 평소 교사들과 상담을 많이 함을 알 수 있었다. B교사는 후배교사들로부터 지도가 어려운 학생의 지도 방법에 대한 조언을 구하거나 개인적 고민과 관련된 조언을 구하는 상담을 한 적이 있다고 답변하였다. 경험 많은 교사로서 학생과 동료교사들로부터 존경과 신뢰를 받고 있음을 알 수 있었고, 주변 교사들로부터도 직접 그런 표현을 들을 수 있었다. C교사는 교사의 교육 활동을 받아들이지 않는 학생들을 지도하는 방법, 교과 시간에 수업을 원활하게 진행하는 방법, 또는 교재 연구하는 방법 등 구체적인 교육 활동 및 방법에 대한 상담이 많았다고 한다. C교사는 "이럴 경우 저는 제가 겪은 어려웠던 상황들과 대처했던 방법들을 제시하지만, 무엇보다도 교사에게 학생을 사랑하는 마음이 기본적으로 갖추어져 있다면 제 방식을 따라하는 것보다는 교사 자신에게 맞는 방법을 찾아 시도하는 것이 최고의 교수, 지도 방법이라고 말합니다."라고 답변하였다. 전문적 지식과 방법에서 학생들과 동료 교사들에게 인정받고 있음을 알 수 있었다.

2. 윤리교사들의 상담사례와 특징

1) A 윤리교사의 상담사례: 자연스러운 만남의 상담

A교사가 근무하는 고등학교는 교장의 개방적 교육관의 영향력이 큰 학교였다. 교장실을 개방하고 문턱을 낮추어 어떤 학생들도 언제든지 교장실에 찾아와 교장 선생님과 대화할 수 있도록 했다고 한다. 실제로 학생들 중에는 교장실에 찾아가 교장 선생님께 자신의 이야기를 하거나 스스럼없이 고민을 털어놓곤 한다는 것이었다. 이러한 학교 분위기 때문에 A교사는 평소 교장 선생님과 전문상담교사 등 동료 교사들과 돈독한 관계를 유지하고 있었다. 그리고 대부분 교사들이 학생들에 대한 관심이 많고 학생들의 문제를 함께 해결하는 분위기가 형성되어 있었다.

A교사는 평소에도 어려움에 처한 학생들에게 깊은 관심을 가지고 드러나지 않게 지켜보는 스타일이었다. 상담 형태를 보면, 상담교사나 담임교사가 학생에 대한 상담을 부탁해오면 학생과의 자연스러운 만남을 만들어 식사하면서 대화하는 방식을 선호하였다. 학생의 고민을 들어주지만 부담스러운 개입은 자제하고, 학생 스스로 해결할 수 있도록 최대한 편안한 만남과 대화가 되도록 배려하는 것이 상담 특징이었다.

〈A교사의 상담사례 1〉

구분		A교사의 상담사례 (1)
상담사례 1	면담 시기	200□년 신규교사 때 학기 초
	상담교사의 역할	담임교사로서
	면담의 계기	친구들과 잘 어울리고 지각, 무단결석, 무단조퇴 없이 학교생활할 수 있도록 담임으로서 돕기 위해.
	학년과 학생 특성	중학교 1학년 남학생, 공부에 관심 없고, 조용한 학교생활, 부모가 새벽에 일찍 일터로 가면 깨워주는 사람이 없어 늦게까지 잠. 지각이 초등학교 때부터 지속적 습관이 된 상태. 특별히 좋아하는 것도 없는 상태.
	주제	무단 지각, 무단 조퇴 등 부적응 학생에 대한 지도 면담
	면담 과정	200□년 처음 중학교 1학년 담임이 되어, 아직도 초등학교 학생처럼 마냥 귀엽고 예쁜 학생들을 만남. 중학교라는 새로운 환경에 적응하지 못하여 힘들어하는 남학생 K군은 지각과 결석, 심지어는 학교생활 중에 아무 말 없이 가방과 실내화 주머니까지 놓고 몸만 사라지기를 수시로 함. 담임으로서 학부모님께 연락을 드리고 학부모님께서 학교로 내방하여 면담도 하고, 어떻게든 방법을 찾고자 협의함. 학부모도 자녀에게 좀 더 신경 쓰겠다고 말함. ○○이와 면담하고 싶어 종례 때에 "○○아 우리 같이 이야기 좀 할까?" 하면, 정색하고 싫은 표정으로 "무슨 이야기 하려구요? 저는 빨리 집에 가고 싶은데." 하며 ㉠ 면담 거부함. ㉡ 그래서 다른 방법을 생각해 보았는데. 학급 친구들에게 도움을 청하는 것.

구분		A교사의 상담사례 (1)
상담사례1	면담 과정	"우리가 ○○이를 어떻게 하면 학교생활을 잘할 수 있게 도울 수 있을까?" 몇 가지 좋은 아이디어들을 찾아서 함께 실행하기로 함. 먼저, 적극적이고 활발했던 부반장이 짝꿍으로서 역할을 해주기로 했고, 친구들은 아침에 등교하면 ○○이에게 인사도 하고, 쉬는 시간 및 수업 시간에도 관심가지고 도와주고, 점심식사 시간에는 함께 모여서 식사도 함. 어느 정도는 효과가 있다가 시간이 흐를수록 약발이 떨어지는 것을 느낌. 다시 지각, 무단 조퇴 발생. 이렇게는 안 되겠다는 생각에 다시 한번 ○○이에게 "○○아 선생님하고 잠깐 이야기 좀 할까?" 이때도 종례를 마치고 난 후라서 이전과 마찬가지로 ○○이의 얼굴에는 싫어하는 표정이 가득했죠. "음, 저 빨리 집에 가고 싶은데… 싫은데…" 그래서 저는 아~ 이렇게 하면 안 되겠다 싶은 생각에 마음을 바꿔 먹음. ⓒ **"그래 무슨 이야기하려고 하는 거 아니야. 그냥 ○○이 너 먹고 싶은 게 있으면 선생님이 한 번 사줄까 해서…"** 라고 함. 그랬더니 조금 전까지만 해도 짜증나고 싫다는 표정이 빵긋해지면서 ○○: "뭐 사줄 건데요?" 교사: "너 먹고 싶은 걸로, 말해봐" ○○: "음…. 그럼 햄버거요" 교사: "그래 햄버거 먹으러 가자. 매점에서 파는 거 같은데 그지?" ○○: "하나 말고 두 개 사주세요." 교사: (좀 당황하면서도 웃으면서) "그래 두 개 사줄게 오케이" ○○: "아니요. 열 개 아니 백 개 사 주세요." 교사: (좀 더 당황하면서도 웃으면서) "그래 백 개도 사줄게. 네가 먹을 수 있을 만큼" 이렇게 ○○이와 아이들이 다 귀가하고 조용한 매점으로 가서 햄버거, 백 개는 아니고 단 2개와 우유 1개를 사고(막상 매점에 가서는 2개면 충분하다고 하더라구요) 속으로 이 놈이 나를 시험하는 것 같았음. ○○: (햄버거 2개와 우유 1개를 들고서 웃으며) "선생님. 집에 가서 먹을래요." 교사: (태연한 척하며) "그래~ 잘 가구. 내일 보자" 쿨 하게 보내주고, ⓔ **학교생활이나 지각, 무단조퇴, 결석 등에 대한 이야기를 한마디도 나누지 않음.**

구분		A교사의 상담사례 (1)
상담사례1	면담 과정	그다음, 언제부터인지는 모르겠는데 ○○이의 표정도 밝고, 말도 걸어오고, "선생님. 맛있는 거 사 주세요." 하면서 농담 비슷하게 던지게 됨. 그러면 "당연하지. 언제 먹을래."하면서 응답. 이후에도 지각, 결석, 조퇴 등이 무단으로 있었지만, 아침이면 출근길에 ○○이의 집에 들러 함께 등교하고, 퇴근길에 들러서 ○○이와 부모님과 이야기도 나누고, 때로는 친구들을 통해 등교할 때 함께 해 줄 것을 부탁하기도 하면서 다행히 유급되지 않고 2학년으로 진급할 수 있었음. 그리고 ⓒ ○○이의 새로운 담임 선생님께도 ○○이의 상황과 성향 등을 말씀드리고 잘 부탁드린다는 말씀을 드림.
	성공적이었다면 그 이유는	① 면담이나 상담에서 내담자의 자발성이 중요하구나. 내담자의 자발성이 없이는 상담이나 면담은 이루어지기 어렵겠구나. ② 선생님은 학생의 말도 안 되는 이야기이지만 들어주고 이해하려고 노력하는 모습을 보여야 하는구나. ③ 나 혼자서 해결하려하지 말고 학부모님은 물론이고 같은 반 학생들의 도움을 받으면 정말 더 좋아질 수 있구나. ④ 학생과 면담하기 위해서 책상을 사이에 두고 마주 앉아서 이야기를 시작하는 것은 학생과 면담하기에는 오히려 더 어색한 상황이 되는구나. 상황이 자연스러워야 하는구나. 무엇인가를 먹든지, 마시든지. 편안한 상황, 특히 학생이 즐거워하는 상황이어야 하는구나. ⑤ "이 학생은 말이 안 통해.", "이 아이는 꽉 막혔어.", "대화가 안 돼. 소용 없어"라는 생각은 너무 성급한 판단이구나.
	면담 스타일	처음(신규 교사로서)에는 당연히 선생님께서 부르는 학생은 와야 하고, 면담 및 상담에 응해야 하는 것이라고 생각했습니다. 하지만 그러한 생각은 옳지 않다는 것을 배우게 된 큰 경험이었죠. 학생은 부르면 오고 가라면 가는 그런 존재가 아니라는 것을. 학생이 원할 때만이 상담이라는 것이 이루어질 수 있다는 것을.
	면담을 하면서 가장 어려운 점은?	학생에게 강압적이거나, 학생이 짜증나는 상황이 되지 않도록 하는 거, 선생님은 담임으로서 말은 해야 되겠고 그냥 두고 볼 수는 없고. 그렇지만 학생에게 상처를 줘서는 안 되고 배려해 줘야 하는데 어디까지 해야 할지 신규교사로서 많은 고민이 있었습니다. 이제는 그것이 아름다운 추억이 되어, 이렇게 즐겁게 이야기 나눌 수 있게 되네요

구분		A교사의 상담사례 (1)
상담사례 1	나에게 그 학생은 이유	햄버거 백 개: 어느 때부터인가 저도 햄버거를 좋아하게 되었죠.ㅎㅎ
	면담의 보람	○○이가 무사히 2학년으로 진급하였고, ○○이의 어려워하는 학교생활을 돕기 위해 똘똘 뭉쳤던 200□년 우리 반 학생들의 모습이 참 예뻤습니다. 교직을 시작한 저에게는 잊지 못할 제자들입니다. 일 년 동안 함께 해 줘서 너무 고마웠죠. 감사하구요. 지금은 학생들이 어떻게 지내는지 궁금하네요.

　가정환경이 어렵고 삶이 무기력한 학생을 변화시키고자 노력하는 담임교사의 지혜로운 상담 기법이 잘 드러난다. 신규교사이지만 신중하게 접근하면서 문제 학생을 대하고자 고심하는 흔적들이 보인다. 학생이 면담을 거부함에도[㉠] 그것에 대해 기분 나빠하거나 권위적으로 대하지 않고 의견을 존중하였다. 또한 전체 학급 친구들의 협조를 이끌어내어[㉡] 학급 학생들이 자발적으로 돕도록 하는 교육적 접근을 시도하였다. 포기하지 않고 다시 자연스럽게 만남을 시도하였다[㉢]. 학생이 부담스럽지 않도록 최대한 배려하면서[㉣] 스스로 변화하기를 유도하고 기다려 주었다. 또한 새 학년이 되어서는 새 담임에게 그 학생의 정보를 제공하여 교육적 관심을 부탁하고[㉤] 마지막까지 책임을 다하지만 그 이상 지나치지 않으려는 노력도 보인다. 면담 성공 이유의 진술들을 보면, 초임교사가 아니어도 유념해야 할 내용들이다.

⟨A교사의 상담사례 2⟩

구분		A교사의 상담사례 (2)
상담사례 2	면담 시기	200□년
	상담 교사의 역할	윤리교사로서
	면담의 계기	윤리수업에 참 성실하게 임하는 학생이었고, 중간고사나 기말고사 때는 궁금한 점을 많이 체크해서 질문하는 학생이었습니다. 어느 날인가. 자습감독을 위해 5층 정독실에 올라가서 인원 체크를 하는데. 뭔가 이상한 느낌이 들었습니다. 학생은 있는데. 고개를 숙이고 있고 뭔가 흐느끼는 듯한. 그래서 저는 △△아! 출석을 확인하는데 "(힘없는 목소리로) 네!" 하고 대답했다. 뭔가 이상했지만, 일단은 모른 척하고 출석을 다 부른 후 △△를 따로 상담실로 불렀습니다. *교사*: "왜 그래? 무슨 일 있어?" △△: (울면서) "아니에요. 괜찮아요." *교사*: "무슨 일 있네. 무슨 일이야 선생님이 도울 수 있으면 도와줄게. 말해봐." △△: (눈물을 흘리며) "다름이 아니라 윤리노트 필기한 것을 잃어버렸어요. 어떻게 해요." *교사*: "책상이랑 사물함이랑 다 잘 찾아봤어?" △△: "네. 다 찾아봤는데. 없어요. 아무리 찾아도…" *교사*: "그래, 그럼 일단은 친구에게 노트 필기한 거 좀 빌려서 복사하고, 혹시 이해 안 가는 것은 나한테 물어보면 되잖아. 아직 시험 날이 며칠 남았으니까. 그지?" △△: "선생님께 죄송해서요…" *교사*: "뭐가 죄송해. 질문할 것 있으면 교무실로 언제든지 와. 걱정 말고." △△: (눈물을 닦으며) "네. 감사합니다." 다음날 질문할 것을 가지고 와서 친절하게 설명해주었고, 학생은 시험을 무사히 잘 치렀습니다. 항상 예의가 바른 학생이었고 밝은 성격이었기 때문에 큰 걱정이나 고민 없이 경제적으로 여유 있는 가정에서 자란 학생이라고 생각하고 있었죠. ⓑ **어느 날 담임과 이야기 나누다가 △△의 가정형편이 많이 좋지 않음을 알았고 이렇게 성실한 학생에게 어떻게 하면 도움을 좀 줄 수 있을까 고민하게 되었죠.**

구분		A교사의 상담사례 (2)
상담사례 2	학년과 학생 특성	고등학교 3학년 여학생, 성실하고 밝은 성격의 학생이지만 가정 형편은 많이 좋지 않았습니다. 아버지는 안 계시고, 어머니와 남동생이 함께 생활했으며, 특히 어머니는 지병이 있으셔서 병원비에 항상 쪼들리는 힘든 상황이었습니다. 그래도 △△에게는 어두운 면을 찾아볼 수 없을 정도로 밝았습니다.
	면담 주제	어려운 가정환경에서도 이렇게 밝고 명랑하며, 성실하게 생활하는 학생, 기특한 (윤리를 선택하여 배우는) 학생에게 무엇이라도 도움을 주어야겠다. 그게 선생님의 도리겠다고 생각했습니다.
	면담과정 (상세히)	△△와는 윤리수업을 통해서 선생님과 제자로서 끈끈한 정이 있었습니다. 윤리수업의 내용을 함께 배우면서 공감하고 느끼는 부분이 많았으리라고 생각합니다. 그래서 그런지 교무실과 상담실에 대화를 나누는 것에 큰 어려움은 없었습니다. 면담은 학교 생활하면서 수시로 이루어졌습니다. 장소는 교무실 또는 정독실 안에 있는 상담실에서 했습니다. 대부분 특별한 일이 있어서 라기보다는 "그냥 별일 없지?" "네. 별일 없어요." 하는 정도의 이야기를 나누었습니다. 가끔은 대학 진학 및 진로에 대한 고민이 있으면 들어봐 주고, 담임 선생님이 계시기 때문에 교과담당교사로서만 일반적이 이야기와 △△가 하고 싶은 것을 선택할 수 있도록 용기를 주는 정도였습니다. "△△ 넌 성격이 밝고 다른 사람과 잘 어울려 지내는 능력이 있으니까, 또 다른 친구들 이야기도 들어주고 상담해주는 것도 좋아하니까. 청소년상담이나 사회복지 등도 참 잘 어울릴 거야." 본인이 희망하는 진로를 잘 할 수 있음을 긍정하고 격려했습니다. ⓐ **또한 △△의 가정 형편이 좋지 않아 필기구를 사기 어려워하는 것 같아서 문구류가 생기면 챙겨뒀다가 "△△야! 이거 선생님 안 쓰는데. 너 한번 쓸려면 써봐." 하면서 털털하게 전달하기도 했습니다. 당연히 다른 학생들은 모르게 했죠.** 학생들이 알면 못 받은 학생들은 서운해 할 수 있으니까요. 그럴 때마다 △△는 "오! 정말요. 감사합니다." 기쁜 마음으로 받았습니다. 고등학교 3학년이라서 평일 밤에는 11시까지 자습을 했고, 토요일과 일요일에도 등교하여 자습을 했기 때문에 항상 보고 이야기 나누고 그러다가 질문하면 답변해주고, 이야기 나누고 편하게 상담 아닌 상담이 진행되었습니다. 대학입시를 마칠 때쯤, 교무실로 달려와서 대학에 합격했다고 말하면서

구분		A교사의 상담사례 (2)
상담사례 2	면담과정 (상세히)	△△: "선생님 덕분이에요. 그 대학에서는 윤리 성적도 사회교과로 반영을 해줘서, 합격했습니다. 감사합니다." 교사: "그래. 잘 됐다. 고생했다." 넌, 대학가면 더 잘할 수 있을 거야. 그래 이렇게 즐거운 소식 줘서 고맙다."
	성공적이었다면 그 이유는	윤리라는 교과목을 학생과 함께 하면서 자연스럽게 옳고 그름에 대한 정신을 공유하고 그 신뢰관계가 조성됨을 느끼게 되었습니다. ① 윤리수업을 통해 형성된 신뢰 관계를 통해 (상담, 면담을 위한) 대화가 참 편하고 자연스럽게 진행될 수 있구나. ② 졸업한 이후에도 고등학교 때 자신을 믿고 응원해줘서 너무 고맙다는 이야기를 듣고 그래 상담은 무엇인가를 지도하는 것이 아니라 학생이 하고 싶어 하는 것을 응원하고 격려하는 것이겠구나. ③ 상담을 할 때 학생의 어려운 가정 형편을 고려하여 심각하게 접근해서는 안 되고 편안하게 접근해야 하는구나. 모르는 척 털털하게... ④ 도움을 줄 수 있을 때도, 자연스럽게 학생이 불편해하지 않게... 불편하면 거부할 수도 있게 도와주어야 하는구나. ⑤ 어려운 가정환경 속에서도 밝고 명랑하게, 씩씩하게 살아가는 학생을 상담하면서 오히려 내가 더 긍정적인 에너지를 얻을 수도 있구나.
	면담 스타일	ⓞ 윤리 교과를 선택하고 함께 배움을 가지며 수업을 통해 말하지 않아도 어느 순간에 신뢰관계가 형성되었고, 이를 통해 학생은 편안하게 자신의 이야기를 꺼낼 수 있는 상황이 만들어졌습니다. 특히, ⓧ 수업 시간에는 어렸을 때부터 겪었던 저의 경험을 솔직하게 소개하고 이야기 나누었던 부분이 신뢰관계 형성에 도움이 되지 않았나 생각해 봅니다.
	면담을 하면서 가장 어려운 점은?	윤리수업을 통해서 배우면서 공감하는 부분이 많아서 그런지 대화를 나누는 것에 큰 어려움은 없이 자연스러웠습니다. 대신, 여학생이기 때문에 항상 조심스럽게 대해야 하는 점이 어렵다면 어려웠다고 생각합니다.
	나에게 그 학생은 이유	그래도 밝음: 나도 모르게 내 생활에 긍정하고 감사하고 세상을 밝게 바라보게 됨.
	면담의 보람	아직도 잊지 않고 연락을 주고 있으며, 이제는 대학을 졸업하여 당당한 사회인이 되었고, 사회생활하면서는 가정의 경제를 이끌어가고 있는 모습을 보면서 대견하다는 생각을 해봤습니다. 그래도 여전히 가정 형편은 어렵지만 이 또한 잘 극복할 거라 믿습니다. 내면에 강한 힘이 있는 학생이거든요.

윤리면담의 전형적 사례로, 교과 수업을 통해 이루어진 교사의 신뢰에 토대한 만남[ㅇ]을 계기로 하여 이루어진 상담에서 학생을 존중하면서 배려하는[ㅅ] 상담기법이 잘 드러난다. 또한 담임교사와의 협조를 통해[ㅂ] 학생과 관련된 특징을 파악하고, 그 학생의 입장과 처지에 적합하게 자연스럽게 배려하는 교사의 스타일이 드러나는 면담이다. 특히 수업에서 교사의 경험을 통한 공감[ㅈ]은 윤리교사들만이 지니는 장점이 아닌가 여겨진다.

〈A교사의 상담사례 3〉

구분		A교사의 상담사례 (3)
상담사례 3	면담 시기	201□년
	상담교사의 역할	비담임교사로서 (담임도 아니고 윤리교사도 아니고)
	면담의 계기	교육박람회를 위해 밤늦게까지 열심히 준비하고 있는데. 담당선생님을 열심히 도와주고 있는 학생이 있어 담당부장인 내가 너무 기특하고 고마워서 "너무 고맙다. 이름이 뭐니?" 묻고, "□□입니다." "그래? 이렇게 선생님을 도와주고 너무 고마운데, 다음에 맛있는 거 쏠게" □□: 진짜요? 네. 좋죠."
	학년과 학생 특성	고2 남학생, 담임교사와의 관계는 좋았고, 친구들과도 문제없이 생활하는 조용한 학생. 아버지와 단 둘이 생활하는 가정으로, 아버지의 폭력, 진로 의견의 차이로 갈등을 겪고 있었다. 빨리 커서 어른이 되어 독립하고 싶어하는 마음이 컸다.
	면담 주제	**ⓒ 특별한 주제 없이 자습 시간에 담임교사를 도와주는 착한 마음이 고마워 밥 한 끼 하고, 만나면서 편하게 대화를 나누면서 편안한 마음을 가지게 해주고 학교에 정 붙이는 '끈'으로서 자연스럽게 대화할 수 있는 상대가 되어주는 것이었다.**
	면담과정 (상세히)	면담은 상담실, 교무실 등 공식적 공간이 아닌 학교 밖에서 시험 마친 오후에 학생과 담임교사와 함께 식사를 하면서 편하게 대화를 하였다. 처음은 나와 담임 선생님, 학생 셋이 함께 했습니다. 교사: "지난번에 담임 선생님을 도와줘서 너무 고맙다." □□: (미소를 지으며) "별말씀을요. 당연히 할 수 있는 일인데요."

구분		A교사의 상담사례 (3)
상담사례 3	면담과정 (상세히)	담임교사: "□□가 착해서 그런지 평소에도 많이 도와줘요." 교사: (음식이 나오고) "와~. 그랬구나~. 맛있게 먹자." 셋이서 식사하며 대화하는 시간을 가졌다. 이후에 담임교사로부터 □□의 아버지와 갈등이 심하다는 가정환경을 들었고, 담임 선생님께서 학생이 너무 괴로워하고 힘들어하는데 뭘 해야 할지 모르겠다는 말과 면담도 해주면 좋겠다는 부탁을 들었다. 복도에서 우연히 만난 □□에게, 교사: "시험공부는 잘하고 있어? 중간고사 끝나고 맛있는 거 한 번 먹을까?" □□: (웃으면서) "좋죠." 교사: "뭐로 할까?" □□: "선생님. 피자, 햄버거, 치킨, 콜라... 이런 거 좋아하신다고 했잖아요. 그런 걸로 해요. 저도 다 좋아해요." 교사: "그래? 그럼 **리아로 하자. 그동안 열공. 파이팅!!!" □□: (웃으면서) "네. 선생님도요." 중간고사 마지막 날 오후 함께 점심을 했다. 식사하면서 학교생활이나 휴대폰 이야기, 일상적 이야기는 나누었고, 절대 가정 관련 이야기나 아버지 이야기는 하지 않았다. 그럴 필요가 없다고 생각했다. 이후도 함께 식사하였는데 □□는 맛있는 음식이 생기면 자신이 먹지 않고 나를 위해 가져오거나, 병원에 외출을 다녀오면서도 간단한 음료를 사서 책상에 놓고 가기도 했다. 그렇게 서로 챙겨주며 돈독해졌다. ㉠ **가정에서는 힘들고 어렵지만 학교에서만큼은 누군가와 연결되어 있다는 조그마한 안정감을 느낀 듯하다.** □□는 담임 선생님으로부터 많은 관심을 받을 수 있었고, 교장 선생님과도 수시로 대화를 나누어 주셨다. 전문상담교사와 보건교사, 외부 전문가와도 상담이 진행될 수 있었다.
	성공적이었다면 그 이유는	위의 사례처럼 상담이 성패보다는 학생과 신뢰관계를 형성하여 학생이 학교생활에 조금의 위로와 의지가 되었으면 하는 바람이었다. 특별히 무언가를 이루거나 목표를 정하지 않고 만난 것이 아니라 학생과의 만남 자체를 통해 다음과 같은 배움이 있었던 것 같다. ① 학생과 만남(식사와 대화)에서 일상의 주변적인 것들에 대한 이야기가 신뢰 형성에 더 중요한 것 같다. 해결해야 할 중요한 문제를 상정해 놓고 하는 대화가 오히려 학생에게 부담일 수 있겠다는 생각이 든다.

구분		A교사의 상담사례 (3)
상담사례 3	성공적이었다면 그 이유는	② 교사는 학생에게, 학생은 교사에게 서로 위로가 될 수 있다는 생각이다. 학교에서 교사는 동료로부터 응원과 격려를 필요하며, 더불어 학생으로부터의 존중과 사랑, 관심이 필요하고 이것이 힘이다. □□와 함께 식사하고 대화하며 저도 학생으로부터 큰 위로와 격려를 받은 듯하다. ③ 절대 위기에 처한 학생은(학교폭력, 자살충동 등) 전문상담과 치료가 이루어져야 한다. 상담은 큰 사건 후 해결을 위한 것이 대부분인데, 오히려 절대 위기에 처할 수 있는 학생을 사전에 예견하고, 학생에게 관심과 배려를 베푼다면 특별한 목적 없는 만남과 대화가 오히려 나을 수도 있겠다는 생각이다. ④ ⓔ **교사로서 학생에게 도움을 주고 가르쳐 주어야 한다고 생각하며 만남과 대화를 가진다면 상담 결과는 오히려 학생과의 거리를 멀게 할 수도 있겠다는 생각이다.** 교사가 교과서에 나오는 성인(군자)의 이야기만 하는 것은 만남과 대화에서 마이너스가 되겠다는 생각이다. '내가 선생님이다.', '내가 나이 더 먹었다.', '내가 너보다는 지적으로, 생각하는 면에서 더 나은 사람이다.', '내가 더 알고 있는 사람이다.'라는 생각은 학생들과의 상담에서 가장 버려야 할 태도이다. 이런 태도는 일상에서 누구에게도 버려야 할 태도일 것이다. 자녀를 키우면서도 내가 아빠니까, 내가 엄마니까. 너는 자식으로서 말을 잘 들어야 하고, 예의 바르게 행동해야 하며 부모의 뜻을 받들어야 한다는 것은 언뜻 보기에 당연한 도리라고 생각되지만, 오히려 자녀가 겉으로는 부모 뜻을 따르는 것 같지만 크게 어긋날 수 있겠다는 생각이 들었다. 이런 아집은 사람과 사람의 관계에서 꼭 버려야 할 태도이다. ⑤ 학생을 돕는 방법으로서 상담을 생각한다면, ⓟ **학생의 이야기를 들어주는 것이 기본이고, 함께 공감해주는 것이 끝이다. 도움을 줄 수 있다면 그 도움이 작아도 충분하며, 선생님에게는 부담이 없는 것이어야 한다.** 학생이 교사에게 너무 의존하면 홀로서기가 힘들 수 있다. 또한 ⓖ **교사가 부담되면 매몰될 수도 있으므로 학생과 편하게 대화하고 들어주고 공감해주는 것만으로도 충분하다는 생각이 든다.** 필요할 때 "선생님. 함께 밥 먹을까요?"라고 자연스럽게 이야기할 수 있으면 그것으로 족하구나.
	면담 스타일	특별한 주제나 해결해야 할 문제를 상정하고서 학생과 만나지는 않습니다. 서로에게 조그마한 위로가 되어 줄 수 있고 쉽게 이야기할 수 있는 그런 관계를 학생과 맺어가고 싶습니다.

구분		A교사의 상담사례 (3)
상담사례 3	면담 스타일	제가 학창 시절에 선생님과 함께 밥을 먹거나 대화를 나눠본 적은 없지만, 입장을 바꿔서 생각해보면 선생님과 함께 밥을 먹고 편하게 일상적인 이야기를 나눌 수 있었다면 더없이 행복하지 않았을까 생각해봅니다.
	면담을 하면서 가장 어려운 점은?	어려운 점은 없었다. 대신 가정에서 힘들어하는 부분을 직접적으로 아는 척하지 않기 위해 조심했고, 가정에서 힘들어하는 부분을 학생이 이야기를 꺼낼 때도 가볍게 공감해주며 교사의 경험을 이야기해주는 정도였다.
	나에게 그 학생은	밥 한번 먹자
	면담의 보람	□□에게 고2~고3으로서 학교생활 중 자그마한 위로가 되었다면 좋겠고, 졸업을 한 이후에 준사회인으로서 잘 생활해 나가는 모습을 보면서 감사한 마음을 가지게 됩니다

위의 상담은 윤리교사도 담임도 아니지만 어떻게 학생을 지도할 수 있는지 보여주는 좋은 사례이다. 어려운 환경에 처한 학생의 학교생활에서 교사가 하나의 '끈'이 되어 존재 자체가 의미를 가지는 경우이다. 힘든 가정환경에서 "밥 한번 먹자"라는 교사가 학교에 존재할 때 얼마나 큰 힘이 되었을까 싶어 훈훈해지기도 한다. ㉢에서 어떤 목적이 없이도 학생과 함께하는 만남 그 자체가 의미가 있을 수 있고, 학생이 느끼는 안정감[㉣]은 인생을 살아가는 큰 힘이 될 것이다. 교사로서 가르쳐야 한다는 생각을 내려놓고[㉤] 친구처럼 만나는 것도 유익한 상담인 듯하다. 그리고 교사의 상담 태도와 자세[㉥], 그리고 교사가 상담에 매몰되거나 부담이 되어서는 안 된다는 점은[㉦] 앞으로 윤리상담의 방향을 잡는 데 중요한 시사점을 준다.

2) B 윤리교사의 상담사례: 교단일기에 나타난 담임상담

B교사와의 면담에서는 교육에 대한 신뢰, 교직에 대한 소명감을 느낄 수 있었는데 80년대 혼란한 사회를 겪으면서 구체적인 사회 변혁의 일환으로 인간 존엄의 실현 방법으로 교육을 택하였고, 승진에 대한 관심보다 학생들과의 만남을 통해 참교육 실천을 추구한 분임을 알 수 있었다. 그러면서도 끊임없이 공부하고 노

력하는 자세를 지니고 있었으며 성실성은 꾸준히 쓰는 교단일기에서 잘 드러나는 바이다. 보직을 맡기보다 담임을 맡아 학생들을 지도하고 바른 길로 이끌어주는 것을 소명으로 여긴다는 점을 알 수 있었다.

〈B교사의 상담사례: 교단일기 1〉

구분		B 교사의 상담사례: 교단일기 (1)
상담사례 교단일기 1	면담 시기	201□년
	상담 당시 교사의 역할	담임교사로서 (□고교 2학년 □반)
	○월○일	- 담임 반 박○○이 사고를 쳤다. 담배를 피운 혐의로 학생부에 불려온 녀석이 냄새 이외의 증거가 없는데 왜 진술서를 쓰라고 하냐며 담당 선생님께 대들었다. 나는 못 본 척하면서 녀석의 동태를 주시했다. 그런데 녀석은 담당 선생님과 옥신각신하면서 목소리를 키우더니 급기야 선생님과 드잡이라도 할 것 같은 자세를 취했다. 그 순간 나는 곧바로 뛰어가 녀석을 크게 야단치고 손바닥으로 등을 내리쳤다. ⓐ 나라는 것을 확인한 녀석은 아무런 저항도 하지 않고 끌려왔다. 교무실 밖으로 데리고 나가 진정을 시켰다. 작년과 비교해 볼 때 올해엔 완전히 사람 됐다고 여러 선생님들께서 칭찬을 했던 것이 바로 얼마 전인데. 한 순간에 다 까먹었다. 녀석에게 그 사실을 알려주고 이런 말도 했다. ⓑ "너는 자신에게 위협이 된다고 생각하는 타인의 언행에 대해 방어를 하는 것일 뿐이라고 주장하지만, 오늘의 너의 방어는 단순한 방어가 아니라 상대에게 큰 위협이 되는 심각한 파울이다. 구체적으로 말하자면 오늘의 네 행위는 퇴장은 물론이고 추가 징계까지 받아 마땅한 위험한 반칙이다. 물론 축구를 할 때 상대 공격수를 막기 위해 태클을 할 수는 있다. 하지만 오늘의 너의 태클은 상대를 크게 다치게 할 수 있는 매우 위험한 태클이거나 백태클에 해당하는 것이다." 내일 차분한 마음으로 와서 담당 선생님께 사과드리고 진술서를 쓰라는 말도 했다. - 저녁때 담임 반의 △△이 전화를 했다. 녀석이 물었다. ⓒ "아까 학생부실에서 선생님이 ○○을 때려준 건 걔를 보호하려고 그러셨던 거지요?" 거 참, 당돌하다고 해야 하나 귀엽다고 해야 하나!

구분		B 교사의 상담사례: 교단일기 (1)
상담사례 교단일기 1	○월○일	- △△ 모친이 전화를 했다. △△이가 아파서 오늘 쉬겠다고. 그렇게 하는 것이 좋겠다고 말했다. - 아침 자습시간에 박○○을 면담했다. 그리고 조퇴를 시켰다. 1. 어제의 사건 진행 과정 확인: 김△△이 집에 도착한 후 ○○에게 전화해서 분하고 억울한 마음 표현 ⇒ ○○이 △△에게 만날 것 제안 ⇒ 둘이 만나서 3학년 □□의 전화번호 확보 후 그 녀석과 통화, ○○이 욕설을 퍼붓고 6교시 마친 후 교문 앞으로 나올 것 요구 ⇒ 교문 앞에서 멱살잡이, ○○ 얼굴과 목에 상처 발생, △△과 ○○이 □□를 넘어뜨림 ⇒ 지킴이 선생님과 학생부 선생님들이 말려서 싸움 중단⇒학생부로 올라가서 진술서 작성 ⇒ 귀가 2. ⓓ 야단과 충고: "너는 지금 지난번 일로 인해 근신 기간 아니냐? 그런데 어째서 그렇게 어리석은 짓을 저질렀는가? 그 상황에서 너처럼 행동하는 게 친구에 대한 의리를 지키는 것인가? 전혀 아니다. 너는 어제 이렇게 행동했어야 한다. 전화를 받았을 때 일차적으로는 위로를 했어야 한다. 필요할 경우 그보다 더 흥분한 척하면서 말로 편을 들어줬어도 된다. 그러나 다음으로는 그의 마음을 진정시켰어야 한다. 지금은 마음이 상하고 흥분된 상태이니 어떻게 하는 것이 좋을지 생각해보자고 권유했어야 한다. 필요할 경우 그의 집을 찾아갔어도 된다. 거기서 끝냈어야 한다. 그리고 다음날 나를 찾아오거나 현명한 해결책을 모색했어야 한다. 네가 처한 상황을 고려해서 안 때렸으니까 괜찮지 않으냐고? 그렇지 않다. 최악의 상황이 돼버렸다. 너는 판을 깔았고 상황을 확대시켰다. 불법 도박장을 개설한 자는 직접 도박을 하지 않았더라도 유죄다. 아직 학생부장님과 이야기를 나눠보지 못했다. 그러나 매우 안 좋은 상황인 것만큼은 분명하다. 조퇴해서 상처를 치료하고 생각을 가다듬어 보거라." 녀석은 이번에도 판단을 잘못했다며 후회했다. 왜 그랬는지 모르겠다며 자책을 했다. 나에게 몇 번이나 죄송하다고 말하기도 했다. - 1교시가 담임 반 수업이었다. 아이들에게 ○○이와 △△이에게 했던 말을 들려주고 당부를 했다. "다음 차례는 누구냐? 또 다른 사고를 치고 싶은 놈이 누구인지 내게 말하라. 제발 어리석은 짓 좀 하지 말라. ⓔ 내가 보기에 △△이는 '사소한 일에 목숨을 건 잘못'을 저질렀다. 물론 사건이 생기기 전부터 녀석의 감정 상태나 컨디션이 좋지 않았을 수도 있다.

구분		B 교사의 상담사례: 교단일기 (1)
상담사례 교단일기 1	○월○일	하지만 그렇다고 해서 그의 행위가 정당화될 수는 없다. 녀석의 말대로 지질한 3학년 놈 하나가 장난삼아 물 풍선 하나를 던졌다. 그리고 그것이 터져 물방울이 옷에 튀었다. 역시 녀석의 말대로 그 물방울에 좋지 않은 감정이 섞여 있을 수도 있다. 그러나 그렇다고 해서 그렇게 지질하고 사소한 일에 자신의 전부를 걸고 덤벼야 하는가? 그렇게 하는 건 참으로 어리석은 행위가 아닌가? ○○이의 경우는 어떤가? 내가 보기에 녀석은 '의리의 개념을 이해하지 못하고 경거망동한 잘못'을 저질렀다. 어째서 그런가? 그는 어제 이렇게 행동했어야만 했기 때문이다.(이하 ○○이에게 했던 말과 거의 유사) ⓕ 다시 한번 더 부탁한다. 아무 생각 없이 학교에 오지 말라. 제발 학교에서 할 일을 만들어라. 꼭 교과 공부와 관련된 것이 아니어도 괜찮다. 자신이 미래에 하고 싶은 일과 관련된 것이라면 그 무엇이어도 좋다. 때로는 그냥 책을 읽거나 무엇을 만들어도 괜찮다. 종일 엎드려 자거나 뚜렷한 이유 없이 여기저기를 배회하거나 휴대전화에 코를 빠뜨린 채 시간을 때우지 말라. 사실 아무것도 하지 않으면서 하루를 보낸다는 게 참으로 힘든 일이 아니냐? 그렇게 시간을 때우는 동안 어깨에 내려앉고 가슴에 쌓이는 스트레스가 참으로 크지 않느냐? 그래서 누군가가 혹은 무엇인가가 마음을 건드릴 경우 쉽게 폭발하는 것 아니겠느냐? 심각하게 위험한 행동은 아무것도 하지 않은 채 시간을 때우는 것과 매우 가까이 붙어 있다는 점을 명심하라. 그리고 전에도 몇 차례 강조했듯이 행동하기 전에 세 번만 생각하라. 뭔가가 치밀어 오를 땐 참을 인(忍)자를 세 번만 써라." - 2교시에 어제 사건의 다른 주인공인 3학년 □□과 면담을 했다. 우리 반 두 녀석의 특징과 그날 처했던 상황에 대해 설명해주었다. 세 가지를 당부했다. 첫째, 두 녀석과 관련된 말을 3학년 친구들에게 하지 말라. 괜스레 2, 3학년 간에 감정 대립이 생길 수 있기 때문이다. 둘째, 녀석들이 원해도 밖에서 별도로 만나지 말라. 서로에게 큰 위험이 될 수 있기 때문이다. 셋째, 학교에서 녀석들을 만나면 어깨 한 번 두드려주면서 "물 풍선 던진 직후 곧바로 사과하지 못해 미안하다. 앞으로 잘 지내자."라고 말하라. 네가 선배이기 때문이다. 녀석은 살 알겠답니다 쇠송하다는 말을 몇 차례 했다. - 수업이 없던 7교시에 △△ 모친께 전화를 했다. 오전 내내 자다가 일어나 방금 전에 죽을 먹었다고 했다. 녀석과 통화를 했다.

구분	B 교사의 상담사례: 교단일기 (1)	
상담사례 교단일기 1	○월○일	"내일 등교할 때 반성문을 써 가지고 와라. 죄목이 무엇인지 아느냐? 첫째, 사소한 일에 목숨을 건 죄, 둘째, 학교 선생님께 불손하게 대하고 상처를 입혔으며 기물을 파손한 죄, 셋째, 나의 말을 듣지 않고 친구를 동원해 사건을 걷잡을 수 없게 키운 죄." 녀석은 알겠다고 했다. ○○이는 통화가 되지 않았다. 그래서 문자를 보냈다. "나에게 보내는 반성문을 작성해서 내일 가지고 등교해라. 네 죄목이 무엇인지는 알고 있겠지? '의리의 개념을 제대로 이해하지 못하고 경거망동한 죄', '부모님과 담임 선생님께 거듭해서 실망을 드린 죄'이다." - 담임 반의 ▽▽이 오늘도 2~4교시 무단 결과를 했다. 집엘 다녀왔는데, 그 사실이 모친을 통해 부친에게도 알려진 것 같다. 부친이 전화를 했다. 마침 잘 됐다고 생각하고는, 목표 없이 학교를 다니고, 그렇기 때문에 지루하고, 그래서 자주 땡땡이를 치는 녀석과 술 한 잔 나누면서 진지하게 마음 속의 이야기를 들어볼 것을 권유했다. - 종례시간에 담임 반 아이들을 야단쳤다. 학급에 큰 일이 생겼는데, 친구 두 명이 큰 사고를 쳤는데 느끼고 배운 것이 전혀 없는 것 같은 모습을 보였기 때문이었다. 정신 차리고 살 것을 다시 당부했다. - 정신 차리고 살아야 할 것 같다. 학급에 바람 잘 날이 없다.

담임교사로서 교단일기에 나타난 상담사례로 주로 문제를 일으킨 학생을 지도하는 과정과 방법에 대한 내용들이다. 학생들로부터 어느 정도 신뢰를 얻고 있는지를 ⓐ,ⓒ를 통해 알 수 있고, 학생들을 지도하는 사례와 표현을 보면 애정과 함께 윤리교사로서의 특성[ⓑ, ⓓ, ⓔ]이 잘 드러남을 알 수 있다. 또한 사건의 순서대로 기록된 일지를 보면서 담임교사의 업무와 노고를 파악할 수 있다. 학생지도, 학부모와의 전화 상담, 한 명 한 명에 대한 언급을 통해 담임의 업무를 알 수 있을 뿐만 아니라 담임 역할이 쉽지 않음을 엿볼 수 있다. 그럼에도 불구하고 이처럼 학생과 학부모 사이에서 노심초사하면서도 적극적으로 노력하고 교훈적인 가르침[ⓕ]을 주는 교사들이 있기에 한국 교육이 바른 길로 가는 것이 아닌지 감탄스럽기조차 하다.

〈B교사의 상담사례: 교단일기 2〉

구분	B 교사의 상담사례: 교단일기 (2)	
상담사례 교단일기 2	○월○일	- △△이 내게 쓰는 반성문을 제출했다. 충분하지는 않지만 녀석을 위한 변론에 도움이 될 수 있을 만큼은 되었다. ○○도 한 쪽짜리 글을 써 왔다. 그런데 녀석은 나의 말을 전혀 이해하지 못한 것 같았다. 반성문이라기보다는 자기 변론서 같았다. 누나가 그렇게 쓰라고 했단다. 참으로 어이없고 답답했다. 하지만 내색하지 않고 녀석이 뭘 써야 하는지를 다시 조근조근 말해주었다.
	○월○일	- ○○이 반성문을 써 왔다. 내용이 부실해서 다시 써 오라고 했다. - 학생부 선생님들과 점심을 같이 했다. ○○이, △△이 사건이 화제가 되었다. 주로 듣기만 했던 나도 한마디 했다. "나는 아이들을 변호해야 하는 입장이지만, 지금 드리고 싶은 말은 전후좌우를 잘 살펴서 신중하게 접근을 하면 좋겠다는 것입니다. 아주 복잡하고 어려워질 가능성이 있는 사건이기 때문입니다. 법률 전문가의 조언을 받아 볼 필요가 있다고 생각합니다. 그리고 가해자에 대한 처벌 결과가 생기부에 기록되는 폭대위(학교폭력대책위원회)보다 한 단계 낮은 수준에서 사건을 다루는 것이 더 좋지 않을까 생각되기도 합니다."
	○월○일	- 방과 후에 폭대위가 열렸다. △△, ○○을 위해 열심히 변론을 했다. 1. 인사말: 이번 일로 인해 이런 자리가 만들어지게 된 것에 대해 많이 죄송스럽고 마음이 아픕니다. 2. △△을 위한 변론: 사건 당일 1차사건 직후 학생과 학부모에게 집으로 가서 절대 밖으로 나오지 말 것을 신신당부 ⇒ 2차사건 발생 ⇒ 다음날 (△△이 아프다고 해서 학교에 오지 말 것 당부) 전화 면담(사소한 일에 목숨을 건 것, 학교 선생님께 상처를 입혔으며 기물을 파손한 것, 담임의 당부를 무시하고 친구가 개입하게 해서 사건을 걷잡을 수 없게 키운 것 등이 잘못의 핵심임을 알려 줌) 후 담임에게 쓰는 반성문을 제출할 것을 요구함 ⇒ 다음날 반성문 제출 ⇒ 분노조절 능력이 없거나 매우 약한 상태임. 1학년 때도 유사한 상황이 여러 번 있었고, 지난 6월 학급에서도 사소한 일로 몹시 흥분하고 화를 낸 적이 있음. 모친께 외부 전문가의 도움을 받아볼 것을 당부하기도 했음. ⇒ 그러나 본인 책임이 분명히 있는 것임. 본인도 뭘 잘못했는지 충분히 이해하고 반성문을 작성했음 ⇒ 실제로 자신을 개선하기 위해 노력하고 있음.

구분	B 교사의 상담사례: 교단일기 (2)	
상담사례 교단일기 2	○월○일	2학년 때의 성취도는 1학년 2학기보다 더 좋아진 편임 ⇒ 학생이 쓴 반성문과 생활기록부를 참고 차료로 제출함 3. ○○을 위한 변론: (사건 당일 오후에 출장이 있어서 박○○은 면담을 하지 못했음) 사건 다음날 ○○ 면담. 그 학생이 처해 있는 상황을 상기시키고 무엇을 잘못했는지 지적해 줌. 진정한 의리의 개념을 제대로 이해하지 못하고 경거망동한 것이 핵심임을 알려줌 ⇒ 학생이 깊이 후회하고 반성함 ⇒ 담임에게 쓰는 반성문을 작성해서 제출할 것을 요구함 ⇒ 반성문을 제출함 → 1학년 때에도 담임을 했던 학생임. 부모의 별거로 인한 상처가 매우 큼. 첫 면담을 할 때 학교 선생님은 모두 나의 적이라고 강하게 말하기도 했음 ⇒ 2학년이 되어 생활 자세의 변화가 나타남. 1학년 때 무단결석 43일, 무단 지각 24회, 무단조퇴 8회, 무단결과 1회였지만, 2학년이 되어서는 6월 말 현재 무단결석, 무단지각, 무단조퇴, 무단결과가 한 번도 없음. 질병으로 인한 결석 3일과 조퇴 9회가 있음. 진로를 명확하게 설정하고 필요한 준비를 열심히 하고 있음 ⇒ 학생이 쓴 반성문과 생활기록부를 참고 차료로 제출함. 4. 사건 다음날 또 다른 당사자인 3학년 학생을 상담함: 우리 반 두 녀석의 특징과 그날 처했던 상황에 대해 설명해 주고 세 가지를 당부함. 첫째, 이번 사건과 관련된 말을 더 이상 3학년 친구들에게 하지 말라. 괜스레 2, 3학년 간에 감정 대립이 생길 수 있기 때문이다. 둘째, 녀석들이 요구하더라도 밖에서 별도로 만나지 말라. 서로에게 큰 위험이 될 수 있기 때문이다. 셋째, 앞으로 학교에서 녀석들을 만나면 어깨 한 번 두드려주면서 "물 풍선 던진 직후 곧바로 미안하다고 하지 못해 미안하다. 앞으로 잘 지내자."라고 말하라. 네가 선배이기 때문이다. 그 학생은 잘 알겠다며 죄송하다는 말을 몇 차례나 했음. 5. 최종 변론: ⑨ "여기 계신 위원님들께서도 다 아시겠지만 생떽쥐뻬리의 소설 『어린왕자』에는 가시를 달고 있는 장미와 관련된 이야기가 나옵니다. 어린왕자는 이렇게 말합니다. '장미가 가시를 달고 있는 것은 누굴 해치기 위해서가 아니라 자기를 방어하기 위해서야. 가시를 달고 있으면 자기를 무서워할 줄 알고 그러는 거지.' 마찬가지인 것 같습니다. 이 학생들이 가끔씩 뾰족한 가시를 세우는 것은 남을 해치거나 문제를 일으키기 위함이 아니라 어리고 어설프고 연약하기 짝이 없는 자기를 방어하기 위함이라고 보아야 할 것 같습니다. 그리고 그들의 가시는 그들 내면에 뿌리 깊이 박혀 있는 여러 개의 옹이들이 밖으로 표출된 것이라고 할 수도 있습니다.

구분		B 교사의 상담사례: 교단일기 (2)
상담사례 교단일기 2	○월○일	그런데 그 옹이들은 왜 생겨난 것일까요? 그것이 전적으로 그들의 탓일까요? 혹시 그들의 부모와 우리를 포함한 많은 어른들, 그리고 이 사회에는 아무런 책임이 없는 것일까요? 조금만 진지하게 생각해보면 절대로 그렇지 않다는 것을 누구나 알 수 있습니다. 그래서 감히 말씀드립니다. 이 학생이 스스로 쓴 반성문을 실천할 수 있는 기회를 주시면 좋겠다고 말입니다. 물론 저도 옆에서 열심히 돕겠습니다. 한 가지만 더 말씀드리겠습니다. 이 사건의 가해자와 피해자를 엄격히 가리고 가해자의 행위 내용을 생활기록부에 적는 일은 생기지 않으면 좋겠다는 것입니다. 그렇게 하는 대신 이 사건을 학생들이 잘못을 깨달을 수 있게 하고 서로 화해할 수 있게 하며 다시는 비슷한 일이 재발되지 않을 수 있게 하기 위한 교육적 차원의 선도 위원회에 넘길 수 없는지를 다시 한번 깊이 고려해 주시길 부탁드립니다."

B교사가 사건에 대한 '폭대위'에서의 변론은 이후 대상 학생들이 전해 듣고 변화의 계기가 되었다는 점을 면담에서 듣게 되었는데, 소설 "어린 왕자"의 내용을 바탕으로 학생들의 존재적 이유에 대하여 접근하고 성장 과정의 특성을 교육적으로 의미를 부여하여 설득하는 과정에서 연륜 있는 철학자로서의 교사상을 엿볼 수 있다[ⓖ].

〈B교사의 상담사례: 교단일기 3〉

구분		B 교사의 상담사례: 교단일기 (3)
상담사례 교단일기 3	○월○일	- 말라죽은 줄 알았던 천리향 나무에 새순이 돋았다. 여름 내내 에어컨 실외기 근처에서 살아온 우리 집의 천리향 나무. 여름을 지나면서 일부 가지의 물기와 윤기가 사라졌고 잎들도 바짝 말라버렸다. 가지를 잘라낼까 망설이다가 그냥 둔 채 일주일 간격으로 물을 주었다. 줄기와 잎에도 물을 뿌렸다. 그런데 오늘 자세히 들여다보니 말라죽은 잎이 달려 있는 가지 끝에서 초록빛 잎이 돋아나고 있었다. 코끝이 시큰했다. 우리 반 사고 뭉치들도 그렇게 다시 태어날 수 있을까. ⓗ <u>열악한 환경에서 자라느라고 거칠고 메말라진 우리 아이들도 희망을 가지고 정성을 기울이면 새롭게 태어날 수 있을까. 그럴 것이다. 진정 그러할 것이다.</u>

구분	B 교사의 상담사례: 교단일기 (3)	
상담사례 교단일기 3	○월○일	- 오늘은 담임반의 ▲▲이 한 난리를 쳤다. 이☆☆이 녀석의 치명적인 부분을 건드린 것 같다. ▲▲이는 스스로 주체할 수 없고 어느 누구도 통제하기 어려울 만큼 흥분했다. 사고를 치지 않은 것이 천만다행이었다. 마음을 추스르게 한 다음 사연을 말할 수 있게 했다. - ⓙ **우리 반의 많은 녀석들, 평상시 조용히 지내는 여러 아이들의 마음에도 커다란 고름집이나 옹이가 박혀 있다. 참으로 가슴 아픈 일이다. 나름대로 애는 쓰지만 크게 도움이 되지 못하고 있는 것 같아 마음이 더 아프다.**
	○월○일	- 종례시간에 이런 말을 했다. "여러분 중의 여러 친구들이 나에게 내년에도 담임을 해 달라고 말합니다. 그래서 한 친구에게 물었죠. 왜 그러길 바라느냐고. 그 친구는 우물거리며 명확한 답을 하지 못했어요. 내가 다시 물었죠. 올 한 해처럼 편하고 싶어서 그런 것 아니냐고. 간섭받거나 닦달을 당하거나 무시나 차별을 당하거나 심하게 야단을 맞거나 하는 일 없이 편하게 하고 싶은 대로 하면서 생활하려고 그러는 것 아니냐고. 그 친구는 절대 아니라고 했지요. 내가 좋기 때문에 다시 만나고 싶다고 했지요. 그래서 내가 다시 말했죠. 그렇다면 나를 만나서 무엇을 배웠느냐고. 어떤 점이 좋아졌느냐고. 만약 나로부터 한 해 동안 진정한 인정과 존중 또는 사랑을 조금이라도 받았다면, 그걸 양식 삼아 자신을 개선해 나가려는 노력을 조금이라도 했느냐고. 또한 남에게 조금이라도 인정과 존중 또는 사랑을 베풀기 위해 노력했느냐고. ⓛ **나는 벌을 주거나 매를 대서 사람을 바꾸기는 어렵다고 믿습니다. 실존적 위기를 겪고 크게 자각하거나 누군가로부터 진정한 감화를 받아야 비로소 참된 변화와 발전이 이루어질 수 있다고 생각합니다. 그래서 나는 여러분 모두를 동등한 인격체로 인정하고 존중하고자 했으며, 내 자식을 대하는 마음으로 여러분을 대하고자 했습니다.** 그래서 여러분에게도 똑같은 질문을 합니다. 여러분은 나로부터 무엇을 배웠으며 어떤 점이 좋아졌습니까? 여러분은 자신을 개선하려는 노력을 조금이라도 했습니까?" 아이들이 숙연해졌다. 물론 나는 아이들의 마음을 안다. 또한 ⓚ **이 아이들에게는 아직도 더 많은 인정과 존중과 사랑이 필요하다는 것도 안다.** 그들이 나의 알량한 인정과 존중과 사랑에 힘입어 그동안 부모와 학교와 선생과 기성세대와 이 사회로부터 받은 상처를 조금이라도 치유할 수 있다면 그것만으로도 참으로 고마운 일이라는 것도 아주 잘 안다. 그렇지만 거기에 머물러서는 안 되지 않는가? 한 발짝이라도 앞으로 나아가야 할 것이 아닌가? 부디 그들이 그렇게 되면 좋겠다.

구분		B 교사의 상담사례: 교단일기 (3)
상담사례 교단일기 3	○월○일	- 종업식을 했다. 담임반 아이들에게 작별 인사를 했다. ⓛ "한 명의 낙오자도 없이 여기까지 와 줘서 정말 고맙습니다. 참으로 수고 많이 했습니다. 혹시라도 내게 받은 관심, 배려, 사랑 등이 있다면 일단은 그것으로 여러분의 상처를 보듬으십시오. 그러고도 남는 게 있거든 자신 이외의 단 한 사람에게라도 관심, 배려, 사랑을 베풀면 좋겠습니다. 여러분 모두가 좋은 사람이 되고 자기 삶의 떳떳한 주체가 되길 기원하겠습니다. 3학년이 되거든 3월 한 달 동안은 나를 찾아오지 말길 바랍니다. 새 학년, 새 선생님, 새 친구들에게 적응하려고 노력하기 바랍니다."

경험 있는 윤리교사는 아마도 자연을 보더라도 관조하면서 아이들과 연계시키지 않을까? ⓗ, ⓘ에서 드러나는 C교사의 사색은 인생의 지천명(知天命)을 넘기고 삶을 관조하는 나이에 느끼는 인생에 대한 초연함이 묻어난다. 그것이 단순히 자기 연민이 아닌 학생들의 존재에 대한 성찰이기에 교사로서의 아름다운 위상이 드러나는 것 같다. ⓘ, ⓙ, ⓚ에서는 교사의 교육철학과 경륜이 묻어 있는 소신이 드러나고 학생들의 존경을 바탕으로 한 권위의 힘이 느껴진다. 마지막 ⓛ은 담임을 마치면서 누구라도 하고 싶은 말이지만 적절한 소회(所懷)를 표현함으로써 학생들의 한 단계를 넘어가는 과정에서 성장하는 밑거름이 되는 교훈이 되는 말이다.

3) C 윤리교사의 상담사례: 학생 특성을 반영한 윤리상담

C교사는 고등학교 때 이과를 선택하여 공부하였고, 또한 성악을 공부하여 진학하고자 하다가 늦은 나이에 윤리교사가 된 특이한 케이스였다. 성악을 전공하여서 예술적 감수성이 풍부할 뿐만 아니라 이과여서 논리성과 분석력이 다른 윤리교사들보다 뛰어난 분이었다. 지적 탐구열이 높아서 윤리 교육과정의 내용을 철저히 분석할 뿐만 아니라 학문적으로 조금이라도 궁금증이 생기면 다양한 도서를 파악하여 학생들에게 온전한 지식을 전달하고자 노력하는 분이었다. 질 높은 수업을 진행하여 학생들과 동료교사들로부터 신뢰가 높은 듯하였다.

⟨C교사의 상담사례 1⟩

구분		C교사의 상담사례 (1)
상담 사례 1	면담 시기	199□년 (첫 담임)
	상담 교사의 역할	담임교사로
	면담의 계기	학생의 도움 요청
	학년과 학생 특성	중 2, 사교성이 좋은 학생
	주제	알코올 중독자 삼촌과 단 둘이 생활해야 하는 고충
	면담 과정	학기 초 상담을 통해 부모님이 이혼하고 부모님이 각각 재혼을 한 상태에서 알코올 중독자 삼촌과 단 둘이 생활하고 있음을 파악하고 주시하고 있었음. 6월 즈음 삼촌의 증상이 갑자기 나빠지자 집에서 생활하기 어렵다고 학생 스스로 찾아옴. 아버지와 어머니께 연락을 했으나 응답이 없어서, 공무원으로 근무하는 큰아버지에게 면담을 요청함. 이혼 사실을 숨기고 재혼을 한 어머니의 사정 상 당장은 어머니와 살 수 없어 큰아버지가 보살피기로 하였고, 이후 재혼한 어머니와 함께 살게 됨. 어머니와 살게 되기까지 6개월 이상이 소요됨. (1) 학생의 상황을 파악하고 항상 주시하고 있었음. (2) 학생에게 학교에서는 담임이 엄마임을 주지시킴. 둘이 있을 때는 엄마라고 불러도 된다고 함. **(3) 담임도 아버지를 일찍 여의고 결손 가정에서 자랐음을 얘기하며 마음을 나눔.** (4) 체면과 품위가 중요한 직업을 가진 큰아버지를 사건 해결 주체로 내세움. (5) 재혼한 어머니의 사정을 충분히 공감하고 어머니를 설득함.
	나의 면담 스타일	**(개) 공감과 교사가 겪은 슬픈 일을 얘기해주며 마음을 나눔. 자신의 편이 최소한 한 명은 있음을 믿게 하려고 애씀.**
	면담 시 어려운 점은?	6개월 동안 문제가 해결되지 않을 때, 학생에게 문제가 생길 것을 염려하며 해당 학생과 함께 살아야 하는지를 고민함
	나에게 그 학생은	아프고 다행
	면담의 보람	학생이 완전한 환경은 아니지만 정상 범주 안에서 생활하게 되어 다행이라고 생각함.

담임으로서 학생의 어려운 상황을 파악하여 상담의 필요성을 알고 학생의 도움 요청에 적극적으로 부응하여 지도한 사례이다. 문제 상황의 파악부터 해결까지 6

개월의 긴 시간 동안 하나의 문제를 해결하는 과정에서 교사의 사례를 제시하여 학생의 공감을 끌어내고[(3)] 이를 바탕으로 학교에 자신의 편인 사람이 한 명이라도 있다는 존재 자체에 대한 위안㉮을 주도록 노력했다고 하였다. 학생의 어려운 상황을 해결하는 문제해결식 상담이지만 교사의 경청과 공감의 자세를 통하여 성공하였다고 보인다.

〈C교사의 상담사례 2〉

구분		C교사의 상담사례 (2)
상담사례 2	면담 시기	201□년
	상담 교사의 역할	담임으로
	면담의 계기	동료 교사에게 불손한 태도를 보임.
	학년과 학생 특성	고3, 학생, 교사와 교우들에게 매우 거칠고 불손하게 행동함.
	주제	학교생활의 정상화
	면담 과정	해당 학교에 부임한지 한 달이 안 된 3월 초에 우리 반 학생 중 한 명이 영어 수업 시간 중 교사에게 욕설을 했음을 신고 받음. 신고한 학생은 이런 일이 고1~2 동안 여러 차례 발생했으나 학교에서 별다른 처벌을 내리지 않았다며 적절히 조치해달라고 요청함. 해당 영어 교사에게 사실을 확인한 후 학생과 면담을 시작함. 학교 교칙 상 학부모를 학교에 소환해야 함을 통보하니 해당 학생이 자퇴를 하겠다고 하며 교무실을 뛰쳐나감. 함께 따라 나가 붙잡으니 복도에서 몸부림치며 "선생님 지금 저 자퇴시키려고 그러잖아요, 다 알아요."라며 울부짖음. 울부짖는 학생을 안으며 선생님은 네 편이라고 말해 줌. 하지만 학생은 "거짓말하지 말아요. 제가 사라지길 바라잖아요." 라고 말하며 주먹으로 벽을 치기까지 함. ㈏ **학생의 행동을 저지하며 내가 네 편임을 못 믿게 한 것은 나의 잘못이라고 말해주며 안아줌.** 학생은 점차 진정이 되었고 이후 정상적으로 상담을 진행함. 학교 교칙대로 어머니는 학교에 오셔 담임과 면담하셨고, 학생과 함께 해당 영어 교사에게 찾아가 정중히 사과드림. 추후 이런 일이 다시 발생할 경우 교칙에 따라 징계가 내려질 것을 주지시킴. 이후 졸업할 때까지 욕설을 하는 등의 불손한 태도는 보이지 않음.
	성공적이었다면 그 이유는	(1) 해당 학생의 입장을 믿지 들어주고 스스로 자신의 잘못을 찾고 인정하게 함.

구분		C교사의 상담사례 (2)
상담사례 2	성공적이었다면 그 이유는	(2) 해당 학생과 해당 영어 교사의 진술이 다를 때에도 최대한 해당 학생의 진술을 신뢰하고자 함. (3) **담임교사가 해당 학생의 편에 서 있음을 믿도록 장시간에 걸쳐 신뢰를 쌓으려고 노력함.** (4) 사과드리기 전, 사과를 드린다고 해서 교사가 쉽게 받아들이지 않을 수 있음을 주지시키고, 끝까지 사과의 태도를 유지할 것을 다짐하게 함. (5) 학생이 사과드릴 때, 학생의 손을 잡고 함께 찾아뵙고 담임교사가 먼저 고개를 숙이고 사과드린 후 조금 떨어진 곳에서 사과드리는 학생을 지켜봐 줌.
	나의 면담 스타일	공감과 스스로 문제를 해결하도록 독려함
	면담을 하면서 가장 어려운 점은?	(다) **불손한 태도를 지닌 학생이라 하더라도 그 학생에 대한 사랑의 마음을 잃지 않는 것**
	나에게 그 학생은	밉지만은 않은 학생
	면담의 보람	학생 행동의 변화

담임교사로서 불손하고 부정적인 학생이라도 기다리면서 신뢰를 얻고자 노력하고[(3)] 학생의 편에서 이해하려고 노력한 사례이다. 교사와 친구들에게 불손한 태도를 보이는 것이 단순히 자신이 문제가 아니라 상처가 있는 학생임을 직감하고 학생의 마음을 공감하고[(나)] 이를 바탕으로 정서적 안정을 유지하도록 노력하고 학칙에 대한 주지 및 다른 교사들에 대한 예절과 표현 방법을 지도하며 격려해 주고 지지해주는[(5)] 방법을 볼 수 있다. 어떤 학생이라도 선입관이나 편견에 의한 섣부른 판단을 하지 않으려는 판단중지의 윤리적 자세[(다)]를 볼 수 있다.

〈C교사의 상담사례 3〉

구분		C교사의 상담사례 (3)
상담사례 3	면담 시기	201□년
	상담 교사의 역할	윤리교사로서
	면담의 계기	학생의 도움 요청
	학년과 학생 특성	고3, 학생의 특성: 철학적 감수성이 높은 학생
	주제	대학교 수시전형 준비

구분		C교사의 상담사례 (3)
상담사례 3	면담 과정	내신이 3등급 내외인 학생이 ○○대에 수시 원서를 제출하겠다고 했고 이를 담임교사와 부모님이 반대함. 반대에도 불구하고 수시 원서를 준비하던 중 자기소개서에 자신을 뽑지 않는 ○○대는 여전히 편견에 사로잡힌 것으로 생각하겠다는 등의 다소 과격한 표현을 사용했고 이를 수정해야 할 것을 담임교사가 지도했으나 학생은 수정하기를 완강하게 거부함. 갈등 상황에서 학생이 면담을 요청함. 면담 과정에서 그런 표현을 사용한 이유와 표현을 어떻게 하느냐에 따라 자신이 표현하고자 했던 본래의 의도가 왜곡될 수 있음을 <u>스스로 파악하게 유도함</u>. 또한 (라) **전반적으로 탁월한 성적의 소유자는 아니었으나 철학적 감수성과 사고 특히 정의로운 분배와 관련된 감수성과 사고가 해당 학교 내 누구보다도 뛰어났던 학생이었기에 그 학생이 원하는 세무 관련학과가 해당 학생에게 매우 적합함을 공감해줌.** 해당 학생은 스스로 자기소개서를 수정함.
	성공적이었다면 그 이유는?	(1) 학생의 속상한 마음에 먼저 공감한 후, 교사가 학생과 갈등 관계에 있는 사람의 입장도 고려하고 있음을 알림. (2) 학생 스스로 자신이 처한 상황에 대면하게 함. (3) **학생 스스로 자신의 장점과 한계를 동시에 대면하게 함.** (4) 학생의 장점을 말해주고, 학생의 한계는 언급하지 않음(누구보다 자신의 단점은 자신이 잘 알기 때문) (5) 학생이 자존애를 잃지 않도록 면담 후 지속적으로 응원해 줌.
	나의 면담 스타일	대면하기와 공감
	면담 시 어려운 점	(마) **학생에게 현실을 대면하도록 하는 것.**
	나에게 그 학생은	대견한 학생
	면담의 보람	자신이 처한 상황을 대면하고 학생 스스로 자신의 문제를 해결하고자 노력하는 모습을 지켜보는 것.

위의 상담은 윤리교사로서의 전문성을 바탕으로 한 상담으로, 교과 수업을 통해 학생의 기질과 성격을 파악하였기에 가능한 상담이었다. 단순히 이렇게 해야 한다는 식의 면담이 아니라 학생의 성향을 파악하여[(라)] 그에 적합한 윤리 교과의 지식 내용을 근거로 학생을 설득하였다. 그 과정에서 교사는 학생의 입장을 공감하고 입장을 이해하도록 노력하였고, 특히 학생으로 하여금 자신의 장점과 한계

를 인식하여[(3)] 현실을 제대로 파악하고 대면하게 한 것[(ㅂ)]은 한 차원 높은 면담인 듯하다.

2차 상담에서 C교사가 들려준 교직 7년차에 여중 3학년 담임을 하면서 클럽 활동의 하나로 뮤지컬부를 운영한 사례는 의미 있는 윤리상담 사례로 볼 수 있다. 당시 18명이 뮤지컬부에 가입했는데 의도치 않게 일진 13명이 들어왔는데, 지도교사가 윤리교사여서 자신들을 이해해줄 것이라고 하여 가입한 것이라고 한다. 처음 성원을 보고 교감 선생님과 동료교사들이 우려 속에서 출발하였는데, 아는 목사님 특강과 노래의 기본 발성 공부를 바탕으로 2학기 학교 축제에 뮤지컬을 올리기로 하였다. 한 명 한 명이 주인공이 되는 뮤지컬을 구상하고 자기 이야기를 풀어가도록 극본을 창작하였는데, 대본은 목사님이 구성하여 4조로 나누어 각 조의 군무와 노래를 구성하고 자신들의 상황에 맞는 노래와 춤을 만들었다. 당시 학생들의 자살 문제가 심각해지는 상황에서 자살 예방을 주제로 하여 자신을 사랑하는 방법 찾기, 과연 나는 어떻게 해야 행복한가에 초점을 두고 나 자신을 소중히 하는 것, 나를 사랑하기를 주제로 하여 '자존애 쌓기'를 구현하여 교사들로부터 극찬을 받았다고 한다. 교감 선생님께서 감사를 표하고 놀랍다고 하였다고 한다.

세 분 교사의 윤리상담은 교사들의 성격과 기질에 따라 내용과 방법이 동일하지는 않다. 그럼에도 사례에서는 윤리상담이 지니는 공통된 특성을 찾아볼 수 있다.

첫째, 윤리교사들로서의 인격과 전문성을 바탕으로 하고 있다는 점이다. 개성은 다르지만 학생들에 대한 믿음과 윤리성에 대한 확신에 근거하고 있다. 그리고 윤리교사로서의 전문지식에서도 끊임없이 노력하는 분들이다. 학생들의 문제 사태에 대한 분석을 보아도 단견(短見)이 아니라 장기적 비전에서 학생들을 위하여 대안을 모색하고 있다. 이러한 능력은 윤리교사로서 경험과 경력에서 나오는 지혜와 통찰력의 힘이 아닌가 여겨진다.

둘째, 상담자로서 기본 자질과 능력을 갖추고 있다는 것이다. 학생들과의 면담에서 대화하는 용어와 기술적 측면에서도 노력하는 것이 보였고, 소크라테스식 발문을 활용하고 학생들의 생각을 끌어내어 자신을 성찰하도록 하는 대화법을 사용하고 있었다. 또한 모든 경우에 학생의 입장에서 경청하고, 어떤 학생이든 현재 드러나는 모습만으로 판단하거나 평가하지 않고 본질을 보고자 하는 태도가 강하였다. 불교에서 말하는 상(相)에 집착하지 않는 관조적 자세에서 학생의 본래면목(本來面目)을 보고자 하는 노력한다는 점이 공통점이었다. 이러한 점은 하나의 사물을 다양한 관점에서 파악하고자 노력하는 전공인 윤리교육의 특성에서 나오는 것이다.

셋째, 교사 자신이 지적인 측면이나 인간관계나 자기 계발을 위한 노력을 게을리하지 않고 있다. 세 분 모두 자신을 성찰하는 데 치열하고, 학생들 앞에서 겸손하고자 하며, 다른 사람들과의 관계에서 최선을 다하고자 노력하는 모습을 볼 수 있었다. 즉 학생들을 지도하기 위해 스스로 교사로서 한 인간으로 부끄럼 없이 살기 위해 노력한다는 것이다. 면담하는 과정에서도 자신의 행동에 대해 돌아보고 타인을 배려하는 모습이 몸에 배었음을 알 수 있었다.

Ⅳ. 사례를 통한 윤리상담의 방향 탐색

윤리상담은 윤리교육의 지평을 넓히고 적극적으로 학생들에 대해 교육할 수 있다는 점에서 매우 긍정적으로 평가할 수 있다. 현장 윤리교사들의 윤리상담 사례를 분석하며 그러한 노력들이 축적된다면 윤리교육의 성공적 평가에도 기여하리라 기대하게 된다. 윤리상담의 성패가 방향성 설정에 있으며 이를 위해 목표, 내용, 방법의 정립이 필요하다. 여기서는 이에 대해 살펴보고자 한다. 특히 윤리상담의 방향은 윤리교육의 지향과 맥을 같이 해야 한다. 또 아무리 윤리상담의 취지가 좋아도 현실적 여건을 고려하지 않는다면 긍정적 효과를 기대하기 어렵다. 윤리교사들의 윤리상담에 대한 우려도 이러한 현실적 여건과 제도화의 역설에 있음을 알 수 있다.

1. 윤리상담의 목표와 방법

1) 목표: '나에 대한 윤리'의 정립

학생들이 교사들과의 상담을 통해 얻고 싶은 것은 격려와 희망일 것이다. 학교생활을 잘하는 학생들도 스스로 문제해결 방법을 찾고 노력하다가 절망하거나 자신감이 없을 때 상담을 필요로 한다. 문제에 직면하거나 고민이 있는 학생들은 해결책 모색과 함께 교사의 격려를 얻고자 한다. 사실 '격려'(encouragement)는 보상과는 다른 개념으로 시점과 효과에서 차이가 있다. 즉 보상은 무엇인가를 달성할 때 주어지는 것인 반면 격려는 실패했을 때 필요하다. 사람들은 위기에 처했을 때 삶의 확실성과 내적 버팀목을 느끼고 싶어 하는데 그때 바로 격려가 필요한 법이다.[427] 학생들이 교사와의 상담을 통해 얻고자 하는 것은 일말의 희망일 것이다.

---

427) 김희진 역, 잉게 파슈, 『직감: 인생을 지배하는 자기 신뢰의 힘』(파주: 청아출판사, 2008), pp.36~37.

희망은 격려라는 토대 위에 성장하며, "희망은 행동이나 노력을 통해 얻을 수 있는 것은 아니지만, 이 세상에 사람 이외에도 많은 생물들이 살고 있는 것만큼 확고부동하게 존재한다."[428] 이처럼 희망은 편견을 버리고 자신의 감각에 대한 믿음을 싹틔울 때 성장하는 것이다. 상담을 통해 학생들에게 필요한 것은 자신을 제대로 바라보고 긍정하고 이를 바탕으로 자신을 존중함으로써 희망을 가능하게 하는 '나에 대한 윤리'를 정립시켜 주는 것이다.

'나에 대한 윤리'(ethics to myself)는 자신을 객관화함으로써 자신을 존중하고 책임을 다할 수 있도록 하는 것이다. 윤리교사들의 상담사례를 통해 볼 때 A교사는 학생에게도 교사에게도 상담이 부담이 돼서는 안 된다고 하였고, B교사도 담임상담을 통해 학생들이 스스로 역할과 책임을 자각하여 성장하기를 바라며, C교사도 학생들이 스스로를 해결할 수 있도록 현실을 직시하도록 지도하였다고 하였다. 즉 상담은 교사에 대한 의존을 길러주는 것이 아니라 학생 스스로 자율적 독립을 할 수 있는 힘을 길러주는 것이다. 이를 위해 타인을 위한 윤리가 아니라 '나를 위한 윤리'(ethics for myself)가 필요하다. 타인을 의식하기보다 훗날 젊은 나(myself)에게 미안하지 않기 위해 노력해야 한다는 점이다. 그것은 결국 '나에 의한 윤리'(ethics by myself)는 학생 스스로 자신의 삶의 방향을 설정하고 실천하도록 하는 것이다. 교사는 이를 위해 학생의 결정과 선택을 존중하고 격려하는 역할에 국한해야 한다. 교사가 만남과 대화를 통해 경청하고 조언을 하면서 궁극적으로 도달하고자 하는 지점은 스스로 선택하여 책임지고 노력하는 모습이며 그 결단을 학생 자신이 자율적으로 하도록 해야 한다.

이 과정에서 윤리상담은 결코 수단이 되어서는 안 된다. 윤리를 주제로 하든 윤리교사가 상담자가 되던지 상담 주체는 내담자인 학생이 되어야 한다. 윤리교육의 외연 확대를 위한 제도화에 조심스럽게 접근해야 하는 이유이다. 전문적인 윤리상담교사를 두는 순간 윤리상담의 도구화 가능성이 존재한다. 윤리교사들이 윤리상담자로서 의미가 있기 위해서는 윤리교사의 특수성을 강조해야 하며, 이는 성직자적 교사관과 교사의 삶에 대한 책임과 의무가 더 요구된다. 이를 위해 교사

---

428) 위의 책, pp.149~150.

양성기관은 교사의 인성, 자질과 역할에 대한 교육, 임용고시 과정에서 철저히 검증할 수 있어야 할 것이다.

2) 방법: 다양한 윤리상담 모색

윤리교사들에게 "윤리교육이란 무엇이라고 생각하는가?"에 대한 5자 답변을 보면, A교사는 "삶 공감하기"라고 하였는데, "수업 시간에 다루는 사상이나 이야기들이 삶에 대한 이야기이며, 이를 함께 공유하면서 공감하고 자신의 삶도 되돌아볼 수 있기 때문"이라고 답변하였다. B교사는 "영혼 돌보기"라고 하였으며, C교사는 "인간성 실현"으로 "인간이 인간답게 살아가도록 돕는 활동이 윤리교육"이라고 답변하였다. "학생들이 윤리교사에게 상담을 원하는 이유는 무엇인가?"에 대한 질문에 대해, A교사는 윤리교사가 "수업을 진행하면서 학생들과의 공감대가 잘 형성되기 때문에 그들이 윤리 선생님을 존경할 수 있는 상황이 되는 것이다. 단, 존경만 가지고서는 안 되며, 학생들이 존중하면서 마음을 열 수 있을 만큼 편한 사람이 되어야 한다."고 답변하였다. B교사는 "학생들이 윤리교사에게 감화를 받거나 신뢰감을 갖게 되며, 그로 인해 문제 해결에 대한 학생들의 기대치에 부응해주기 때문 혹은 좋은 선생님과 교류하고 싶은 마음이 작동했기 때문"이라고 답변하였다. C교사는 "학생들이 인생의 큰 그림을 그리고 싶을 때" 윤리교사에게 상담을 요청한다고 답변하였다.

① 윤리수업의 신뢰에 토대한 자연스러운 윤리상담

특히 윤리교사에게 윤리상담이 적합한 이유는 윤리수업에서 삶의 다양한 주제들에 대한 윤리적 문제 해결 과정에서 교사들과의 친밀한 관계가 형성되기 때문이다. 만약 윤리수업이 지식 전달로만 이루어진다면 그러한 관계 형성은 불가능할 것이다. 윤리교사는 수업 과정에서 자신의 경험, 삶의 가치관, 세계관, 윤리적 태도와 자세를 드러내어 이야기할 수밖에 없다. 만약 교사가 단순히 지식의 전달만으로 수업을 이끌어 간다면 그것은 죽은 수업으로 끝날 것이다. 수업에서 이루어진 교사의 지적 능력, 인격, 성품에 대한 존경, 믿음, 확신이 전제되기 때문에 윤리교사에게 찾아와 자신의 이야기를 할 수 있는 것이다. 즉, 윤리수업이 윤리상담의 통로를 제공하는 것이라고 할 수 있다.

이렇게 이루어진 면담의 형식과 방법은 학생들의 직면한 문제의 성격, 기질과 성격에 따라 동일하지는 않을 것이다. 그럼에도 무엇보다 학생들의 자발적인 면담 요청, 교사들의 자연스러운 만남, 교사와 학생 간의 자연스러운 대화와 경청의 과정을 중시하였다. 학생에게나 교사에게 상담 자체가 족쇄가 되거나 부담이 되지 않아야 한다는 전제이다. 만약 한 명의 상담에만 매몰되면 수업이나 다른 학생들에 대한 고려가 없어질 수 있고, 또 다른 학생들과 차별되게 하는 결과가 되기 때문에 교사들이 조심하는 바였다.

대화에서도 학생 입장에서 생각하고 경청하지만 반드시 자율적인 선택과 결정이 되는 '마중물' '끈' 혹은 '편'이 되어주는 선에서 그치고, 그 선을 넘지 않도록 노력하였다. 학생들이 학교생활을 하면서 교사의 존재 자체에 힘을 얻고 끈이 되어주기는 하지만 결코 교사에게 전적으로 의존하거나 자율적 힘을 상실하게 하지 않도록 해야 한다는 것이다. 결국 윤리상담의 목적은 학생 스스로 '나에 대한 윤리', '나를 위한 윤리', '나에 의한 윤리'를 정립하여 자존감과 책임감을 느끼게 하는 것이었다.

② 담임역할을 통한 효과적인 윤리상담

자연스러운 만남과 윤리교사가 윤리상담을 위한 가장 좋은 방법은 윤리교사가 담임을 맡아 학급을 경영하면서 학생들과 상담하고 학생들을 성찰하여 발전하도록 하는 것이다. 특히 윤리교사로서 학급의 윤리수업을 할 수 있기에 담임인 윤리교사는 윤리상담 효과가 더 클 수밖에 없다. 다만 이 경우 교사의 업무 과다로 윤리상담이 부담되어서는 안 될 것이다. 따라서 담임을 맡을 경우 수업시수에 대한 배려, 다른 업무 부담을 줄여주어 윤리상담 시간을 확보하도록 해줄 필요가 있다. 요즘 학교현장에서는 담임역할이 쉽지 않음을 B교사의 상담일기에서 파악할 수 있다. 시도 때도 없이 사건 사고가 발생하고, 학부모들과 전화 상담하고 면담하고, 학급의 수업을 남녀고 동료 교사들과 조율하고 협력해야 하는 번거롭지만 반드시 필요한 과제들이 산적해 있음을 알 수 있다. 학생들에게 하는 아침 조회 내용, 종례 내용 모두 윤리상담의 의미를 지니며, 교사는 그 계기를 통하여 학생들을 성찰하도록 하고 성장하도록 한다.

③ 주제와 학생의 특성에 따른 특성화된 윤리상담

지금까지 윤리상담에 대한 논의들은 이 세 번째 방법에 초점이 맞추어진 것 같다. 수업에서 다루는 윤리 주제들을 중심으로 학생들의 윤리적 문제에 대해 상담하는 방법, 학생들이 고민하는 개인적 사회적 윤리 문제에 대한 갈등 상황에서 어떻게 선택할지 방법을 가르쳐 주는 것들이다. 윤리교사가 수업에서 함께 공부한 윤리 이론과 윤리학자, 쟁점들에 대한 논의들을 바탕으로, 학생들이 직면한 문제에 대한 해결방안의 근거를 제시해주는 것이 첫 번째 방법이다. 또 학생들이 자신의 경험을 가지고 와서 고민을 말하거나 조언을 구할 때 윤리에서 공부한 윤리 이론을 근거로 문제의 갈등을 분석하여 대안을 찾도록 도울 수도 있을 것이다.

초등학교와 중학교의 학생들의 관심을 갖는 윤리적 주제들이 차이가 있을 것이다. 일상생활과 관련하여 친구 관계와 진로 문제 등 교사의 도움을 필요하여 면담을 요청할 경우, 주제와 학생의 특성에 맞도록 대화의 방법 대안의 제시에서도 다양하게 접근할 것이다. 자료를 통해 조언을 하더라도 스스로 선택하여 행동하게 하도록 하는 것이 중요하다. 사유가 심화되고 확대되는 고등학생들은 자신의 문제를 넘어 사회문제에 관심을 갖고 어떻게 볼 것인지에 대해 윤리교사들에게 질문을 던지곤 한다. 그 경우 교사의 가치관에 의거한 답변보다는 다양한 관점과 대안을 제시해주고 학생 스스로 고민해보고 자율적으로 선택하도록 지도해야 한다. 특히 정치적인 문제에서는 다양한 관점의 장단점을 통해 스스로 가치판단을 하도록 해야 할 것이다. 학생들이 성장하면서 다양한 경험을 통해 스스로 관점을 성숙시키거나 바꿀 수 있기 때문이다. 수업을 통한 상담은 집단 상담의 형태를 띠게 될 것이다. 특히 문제 상황에 접한 학생이 속한 학급에서의 윤리수업을 진행할 때에는 특정 문제보다는 보편적인 문제를 다루면서 문제의 관점과 갈등 상황을 조심스러운 예시로 제시함으로써 성찰의 기회를 주어야 할 것이다. 특정 학생을 언급하거나 사태를 언급하는 것도 유의해야 할 점이다.

2. 제도화보다 자율상담

 교사들에게 전문상담교사의 상담과 윤리교사 상담에 차이가 있는지를 물었더니, 모두 차이가 있다고 답변하였다. 윤리교사들의 상담의 차이점을 A교사는 수업을 통한 신뢰 관계 구축을 바탕으로 한 자연스러운 대화, B교사는 문제해결의 모범 제시를 통한 조언 및 자발적 상담의 수용, C교사는 인생관, 세계관에 초점을 둔다는 점에서 찾고 있었다. 모두 교과 특성에서 오는 관계성 형성, 윤리적 안목과 내용에 차이가 있다고 봄을 알 수 있다.

〈전문상담교사와 윤리교사 상담의 차이에 대한 의견〉

교사	차이	전문상담교사와 윤리교사 상담의 차이
A	있음. 업무와 역할의 차이	전문상담교사는 수업보다는 학교생활에서 어려움을 겪고 있는 학생들을 파악해서 직접적인 상담 실시. 필요하면 치료까지도 겸해야 하며, 외부 기관과 연계해서 도움을 주어야 할 직접적 임무.
		윤리교사는 수업시간에 학습활동을 통해 학생들과 자연스럽게 신뢰를 형성하여 유대관계를 구축할 수 있고, 이를 바탕으로 학생들과 자연스러운 대화 분위기 조성될 수 있는 점이 긍정적임.
B	있음	윤리교사는 학생들에게 문제 해결과 관련된 구체적인 전범(典範), 모범(模範)을 근거로 조언을 할 수 있음. 그리고 자발적으로 찾아오는 학생들을 대상으로 하므로 학생들의 수용도가 높음.
C	있음	윤리교사는 학생의 근본적 생각 예를 들어 학생의 인생관, 세계관 등을 파악하는 데 초점을 두는 것으로 보임.

〈윤리상담교사 제도화에 대한 의견〉

교사	차이	윤리교사 수업 시수를 줄이고 상담을 담당하는 것에 대한 생각
A	반대	윤리교사라고 해서 특별하게 상담을 잘할 수 있는 것은 아니며, 다른 교과목을 가르친다고 해서 상담을 못하는 것은 (절대적으로) 아님. 체육, 음악, 미술, 국어, 영어, 수학, 사회 교사도 충분히 학생들의 사소한 부분까지도 신경을 쓰고 배려하며 관심을 가질 수 있음. 상담을 잘할 수 있다, 없다는 학생을 존중하는 태도를 지녔는지가 관건으로 교사 특성에 따라 달라짐. 전문상담교사도 개인적 특성에 따라, 일반 교과목을 가르치는 교사도 그 개인의 특성에 따라 달라짐.
B	현재 상황에서는 반대	장점은 윤리교사의 역할 범위 확대에 도움이 된다는 점이고, 단점은 윤리교과 교육에 대한 편견을 조장하고 윤리 교과 교육의 위상을 약화시킬 수 있다는 점임.
C	반대	장점은 상담하는 시간이 확보된다는 점이고, 단점은 생활 속에서의 자연스러운 상담이 단절될 수 있다는 것.

윤리상담교사의 제도화에 대해서는 모두 반대하는 입장이다. A교사는 상담은 교사의 개인 특성이 가장 중요하므로 윤리상담이 윤리교사에 국한되어서는 안 된다는 입장이다. B교사는 윤리교사 역할의 확대에는 긍정적이지만 윤리 교과에 대한 편견을 조장하고 교과 위상을 약화시킬 수 있다는 점을 우려하였다. C교사는 상담시간의 확보는 장점이지만 생활 속 자연스러운 상담이 단절된다는 문제점을 지적하였다. 여기서 윤리상담교사의 제도화에 대해 조심스럽게 접근할 필요가 있다고 생각하게 되었다. 제도적으로 도입되면 그에 따라 결과를 요구하고 질적 효과보다 형식적 결과에 치중하게 될 것이기 때문이다. 현재 전문상담교사들은 상담이 업무의 하나이며 학생 하나하나에 대한 상담이 한 건 한 건이 결과론적 평가를 받기 때문에 질적 측면보다 양적 결과에 치우칠 수 있다. 윤리상담의 제도화 혹은 윤리상담교사의 배치에 대한 부정적 견해가 나오는 이유가 여기에 있다.

이러한 의견들을 반영하여 윤리상담의 방향을 찾아보면, 제도화보다는 자연스러운 윤리상담이 가능하도록 여건 개선이 무엇보다 중요하다. 최근 학교 현장에서는 '업무보조사'를 채용하여 교사들의 업무를 줄이고 교육에 전념할 수 있게 하는 방안이 확대되고 있다고 한다. 윤리교사들에게 필요한 것은 자연스러운 상담을 가능하도록 수업 시수의 축소를 통한 상담시간의 확보, 상담 관계 형성을 위한 재정적 지원, 공식적 보고나 기록에 의하기보다 상담 경험의 공유인 듯하다. 또한 담임교사에 대한 수업시수의 감축과 상담 시간의 확보가 무엇보다 선행되어야 할 것이다.

또한 윤리상담을 수업의 연장으로 보는 것에 대해 필자는 부정적이다. "도덕과 교사가 학생들을 만나는 모든 순간과 모든 장소가 곧 도덕 수업의 연장선일 수 있어야 한다."는 주장은[429] 일견 타당하지만, 자칫 학생들과의 만남을 업무로 인식하여 부담을 느낄 수 있기 때문이다. 수업 자체에서 자신의 모든 것을 드러내는 교사라면 수업의 연장이라는 것을 즐길 수도 있겠지만, 모든 교사가 만남을 수업의 연장으로 인식한다면 학생과의 만남이 부담이 될 수 있기 때문이다. 수업에서의 관계 형성이 신뢰의 바탕이 되지만 수업과 무관하게 삶의 하나로 인식하여 대화의 기회가 되는 것이 긍정적일 것이다. 학생들에게 교사의 존재는 수업을 하는 교사로서 보기보다는 자신의 삶에서 찾는 조언자와 지지자로 그들의 삶을 지탱하는 하나의 '끈'이자 학교생활을 유지하게 해주는 '힘'으로 의미를 지니지 않을까 싶다.

---

[429] 박형빈, "윤리클리닉으로서 윤리상담에 대한 일 고찰", 『초등도덕교육』 제48집(한국초등도덕교육학회, 2015), p.188.

V. 결론: 행복교육을 위한 시사점

지금까지 세 분 윤리교사의 윤리상담 사례를 통하여, 윤리상담이 나아갈 방향에 대하여 논의하여 보았다. 지금까지 이론 중심의 윤리상담 연구와 달리 매우 구체적인 사례들이어서 논의 전개도 조심스러웠고, 교사들의 본래 의도와 다르지 않은지 점검하지 않을 수 없었다. 윤리교사들은 학생들과의 만남 자체에 의미를 크게 두지만 그렇다고 문제 해결을 전제로 한 상담도 거부하지도 않는다. 그들은 학생들과 '상담'을 한다는 의식보다는 오히려 '면담(面談)' 혹은 '대화(對話)'를 한다고 생각하고 있었다. 학생들과 자연스럽게 '툭 툭 던지는 화법'이나 '소크라테스의 대화법'을 활용하면서 자연스럽게 학생들 스스로 생각하여 자기 문제에 접근하기를 기대하는 듯하였다. 또한 학생들이 교사에게 의지하기보다는 교사를 통하여 자기 삶을 들여다보고 스스로 삶의 주체가 되기를 원하기 때문에, 교사나 학생 모두 만남과 대화가 결코 부담이 되지 않아야 한다고 생각하고 있었다.

학생들을 대상으로 한 윤리면담의 목표는 궁극적으로 교사의 격려와 지지에 의해 학생들이 희망을 찾고 '자아 정립'의 계기가 되어야 한다. 그것은 앞에서 언급하였던 '나에 대한 윤리', '나를 위한 윤리', '나에 의한 윤리'이다. 윤리상담이 궁극적으로 목표하는 것은 교사의 도움을 받아 소아(小我)에서 대아(大我)로 성장하는 것이기 때문이다. 학생들은 상담을 통해 교사들에게 전적인 도움이 아니라 흔들리면서도 스스로 서는 것을 곁에서 보아주기를 원하다. 교사들은 학생들의 인생의 과정에서 희망을 찾는 하나의 '끈'이자 '마중물'로서 스스로 자립하는 힘을 얻는 계기일는지 모른다.

학생들이 겪는 문제는 다양하지만, 인지적 측면에서는 진로 혹은 자기 인식, 문제 상황에 있어서 대한 인식의 부족, 관점의 차이에 기인하는 경우가 많다. 정의적 측면에서는 정서 불안, 감정의 처리와 조절, 자존감과 관계에서의 표현 문제 등이 있으며, 행동적 측면에서 이것을 어떻게 드러내어 표현할 것인지 아니면 행동하지 않으면서 유지할 것인지에 대한 문제들이다. 직면한 문제의 종류는 다양하겠지만 인지적, 정서적, 행동적 측면의 문제 중 하나 혹은 복합적으로 작용하여 학생들의 삶을 힘들게 하므로 윤리교사와의 대화를 통해 해결책을 찾고자 한다. 학생의 관점에서는 '문제'이지만 그 문제는 결국 생각의 차이, 관점의 차이, 인식의 부족에 원인이 있음을 통찰하고 상담을 통해 학생들이 문제가 아닌 것으로 인식하고 문제를 해결하도록 돕는 것이 윤리교사의 역할이다.

사범대학의 한 교수께서 자신이 대학생 때 전혀 관심이 없던 강의에서 교수가 자신의 이름을 다정하게 부른 것을 계기로 그 수업을 빠지지도 소홀히 하지도 못하였다고 한다. 또 초등학교 1학년 때 어떤 선생님께서 '여생도' '남생도'라고 호칭하신 것, 그분이 학생들을 아주 존중하며 대한 것이 그 어린 나이에도 느낄 수 있었다고 말씀하셨다. 지금은 강의 전 고등학교 때 존경하던 수학 선생님을 떠올리며 그 선생님의 하신 말씀, 강조한 교육철학을 되새기고 강의실 문을 연다고 하셨다. 가르치는 사람의 칭찬 한마디, 행동 하나가 얼마나 큰 영향을 주는지 겪어본 사람들은 알 것이다.

가르치는 사람들이 가끔은 그런 교육자의 힘을 잊어버린다. 격려 한마디가 얼마나 학생들을 크게 하고, 조소하는 사소한 표현이 얼마나 학생들에게 상처를 주는지를 잊어버린다. "교사는 태어나는 것이 아니라 만들어지는 것이다."라고 하지만, "교사는 머무는 것이 아니라 성장하는 것이다."라고 하고 싶다. 본 논문을 쓰면서 세 분 교사들과 면담하고 내용을 정리하며, 가르친다는 그 무한한 책임의 무게를 다시 되새기게 되었다.

제8장

원효의 지관명상을 통한 인성과 행복의 추구

I. 서론

최근 명상 콘텐츠들은 대부분 종교적·사상적 깊이를 덜어내어 쉽고 친근해진 반면, 내용에서 차별성이 없어졌거나 지나치게 전문적이어서 이해가 쉽지 않다. 서구 명상, 인도 명상, 티베트 불교명상, 선(禪) 명상, 걷기 명상, 먹기 명상, 태교 명상 등 종류도 너무 많아 무엇을 선택할지 고민될 정도이다. 명상의 인기는 최신 음악인 랩(rap)에 접목될 정도이며 학문 영역에 명상을 접목하는 것도 이상하지 않다. 심리학은 물론이고 의학도 치료 방법으로 명상을 적극 수용하고 있으며, 초·중·고·대학교육은 물론 유치원 아동들에게도 명상을 실시하고 있다.[430] 이러한 명상 보편화 경향이 반갑기도 하지만, 명상이 마음의 안락 수단, 난세의 도피처, 나아가 자기 홍보의 도구 등 피상적으로만 인식될까 우려되기도 한다. 명상이 초보인 사람이야 쉽고 간략한 데서 출발하더라도 어느 정도 익숙해진 사람들은 목적과 방향성을 성찰해볼 필요가 있다. 명상은 평안을 위한 수단을 넘어[431] 가치관과

---

430) 재단법인 한마음선원 부설 한마음유치원에서는 특색교육으로 유아명상을 실시하고 있었다.(http://blog.naver.com/PostView.nhn?blogId=hanmaumkg&logNo=220836046482, 검색: 2018.05.29.)
431) 초등학교 도덕 교과서 심의 과정에서 '명상' 용어를 비판한 내용이 있었는데, 명상이 상업화에 편승한다는 것이 주된 이유였다. 이를 계기로 필자는 명상 상업화의 문제점, 방향과 본질에 대해 성찰해보게 되었다.

세계관 등 삶의 궁극적인 목표 추구와 연계되기 때문이다. 번역서 중심으로 소개된 서양명상들이 과연 한국인들에게 적합한지, 한국적 명상은 무엇인지 성찰해볼 시점이다. 한국명상을 찾는 것이 타당한지 의문을 갖는 사람도 있겠지만, 필자는 한국적 명상이 필요하다고 본다. 보편적 삶의 형식 안에서도 한국인들의 삶과 가치관 특성이 존재하며, 명상도 그에 적합할 필요가 있기 때문이다.

한국 불교는 선과 밀접히 관련되는 선종 위주로, 언어도단(言語道斷)을 강조하는 선종의 특성상 화두 중심의 수행과 깨침, 선지식의 가르침과 전승을 중시한 조사선 특징이 강하였다. 이에 회자되는 선승들의 깨달음과 관련된 일화들도 많지만 방법들이 잘 알려지지 않아 일반인들과 멀어진 듯하다. 이에 필자는 한국 불교 명상을 파악하기 위하여 원효에 주목하여 보았다.[432] 한국 고승으로서 원효는 지명도가 높을 뿐만 아니라 일화와 일심(一心)·화쟁(和諍) 사상도 알려져 있지만, 그의 지관(止觀)명상은 전문가들 외에는 잘 모르는 듯하다.

본 연구는 한국의 불교명상에 대하여 파악하기 위하여 대승경전을 종합한 논서인 『대승기신론(이하 기신론으로 칭함.)』, 그에 대한 원효의 탁월한 주석서인 『대승기신론 소·별기』를 중심으로, 우리나라에 불교가 수용·정착되던 시기의 지관명상에 초점을 맞추었다. 우선 불교명상의 토대인 초기불교 사마타와 위빠사나 명상을 살펴보고, 동아시아 불성사상의 특성을 중심으로 불교명상의 발전에 대해 간략히 파악하였고, 본론에서는 기신론과 그에 대한 원효의 이해를 바탕으로 지관명상의 목적, 의미와 방법을 분석하여 청소년들을 위한 윤리교육적 시사점을 다섯 가지로 도출하여 보았다.

---

[432] 372년 불교가 고구려를 통해 우리나라에 전파된 후 신라에서는 527년(법흥왕 14) 이차돈(異次頓)의 순교로 공인되었다. 원효의 대승기신론소·별기가 쓰인 650년 중반은 불교정착을 위해 노력하던 시기이다.

Ⅱ. 초기불교명상과 불교명상의 발전

1. 사마타와 위빠사나

초기불교의 명상 이해를 위해 불교사상의 구조 파악이 우선되어야 한다. 붓다가 여러 수행 과정을 거쳐 마지막에 명상으로 연기법과 사성제 등을 깨달았기 때문이다. 붓다의 가르침은 인간 존재의 실상에 대한 분석에서 출발하였는데, 인간의 삶은 괴로움[苦]이며 그것을 어떻게 극복하여 행복에 도달할 것인가 하는 이고득락(離苦得樂)이 핵심이다. 괴로움을 극복하여 행복에 이르는 과정에서 필요한 수행 방법이 바로 명상이었으며, 붓다가 직접 깨달음을 얻을 때 활용하였다는 점에서 의미가 크다.

불교사상의 핵심인 계정혜(戒定慧) 삼학(三學)은 수행자가 지켜야 할 규칙, 깨달음에 도달하기 위한 수행 노력, 그리고 깨달음의 내용이다. 붓다는 초기경전에서 자신이 깨달은 내용을 37보리분법[혹은 37조도품]으로 제시하였는데, 네 가지 마음 챙김의 토대[四念處], 네 가지 바른 노력[四正勤], 네 가지 성취 수단[四神足], 다섯 가지 기능[五根], 다섯 가지 힘[五力], 일곱 가지 깨달음 요소[七菩提分], 여덟 가지 성스러운 도[八正道]이다.[433] 초기불교의 명상은 사마타와 위빠사나로 요약할 수 있는데, 이들은 불교사상 전체구조 속에서 유기적으로 연계되어 있으면서 수행의 핵심 방법으로 존재하는데, 내용과 방법이 분리되지 않는 불교 깨달음의 특성에 기인한다.

초기경전에서 붓다는 제자들에게 사마타와 위빠사나를 인간이 지닌 명지(明知 혹은 靈知)[434]의 일부라고 하여 그 효과를 강조하고 있다. '명지'란 인간이 지닌 마음과 머리로 얻을 수 있는 뛰어난 정신적 능력을 총칭한다. 그의 말을 살펴보자.

---

433) 와타나베 후미마로 지음, 김한상 역, 『니까야와 아담바의 철학과 그 전개』(동국대학교 출판부, 2014), pp.27~32.
434) 처음 번역에서는 영지(靈知)였던 것을 명지(明知)로 바꾸었다. 대님스님 역, 『앙굿따라 니까야 1』(울산: 초기불전연구원, 2011), p.212. 둘의 모음〉제3장 어리석은자 품〉10 영지(靈知)의 일부 경에서.

비구들이여, 두 가지 법은 명지(明知)의 일부이다. 무엇이 둘인가? 사마타와 위빠사나이다. 비구들이여, 사마타를 닦으면 **어떤 이로움**을 경험하는가? 마음이 개발된다. **마음이 개발**되면 어떤 이로움을 경험하는가? **욕망이 제거**된다. 비구들이여 위빠사나를 닦으면 어떤 이로움을 경험하는가? 통찰지가 개발된다. **통찰지가 개발**되면 **어떤 이로움**을 경험하는가? **무명(無明)이 제거**된다.[435]

붓다에 의하면, 수행자는 사마타를 닦으면 마음이 개발되고 욕망을 제거할 수 있으며, 위빠사나를 닦으면 통찰지가 개발되고 무명(無明)이 제거된다. 여기서의 무명은 붓다가 설한 가르침에 대한 무지(無知)를 말한다.[436] 여기서 지(知)란 단순한 지식이 아닌 붓다가 제시한 진리[法]를 말하며, 무지란 이 세상의 모든 것들은 인연생기하며 연기에 따라서 무상하며 영원을 갈망하는 인간 존재는 괴롭고 나라고 할 만한 실체도 없다는 것-무상·고·무아-을 모르는 것이다. 위빠사나를 통해야만 통찰지를 얻어 무명을 극복할 수 있다. 붓다는 또 말한다.

> 탐욕에 오염된 마음은 해탈되지 못하고, 무명에 오염된 통찰지는 개발되지 못한다. 비구들이여, 탐욕이 제거되어 마음의 해탈이 있고, 무명이 제거되어 통찰지를 통한 해탈이 있다.[437]

인간이 괴로운 이유는 탐욕과 무명 때문이며 이 둘을 제거하기 위해 사마타와 위빠사나가 필요하다. 사마타를 통해 탐욕이 제거되면 마음의 해탈[心解脫]인 삼매[定]가 이루어지고, 위빠사나를 통해서 무명이 제거되면 지적 해탈[慧解脫]로 통찰지[慧]가 획득된다.[438]

---

435) 대림스님 역, 『앙굿따라 니까야 1』, p.211.
436) 무명에 대한 이해는 불교 이해의 기준 관건이며 무명의 성격 규정에 따라 해탈의 개념도 달라진다. 초기불교의 무명은 대승기신론의 무명 개념과 차이가 있다. 정영근, 「『대승기신론』의 무명 이해」, 『태동고전연구』 제4집(태동고전연구소, 2001), p.200.
437) 대림스님 역, 『앙굿따라 니까야 1』, p.212.
438) 위의 책, p.211. 사마타는 삼매[定] 위빠사나는 통찰지[慧]라는 것은 『디가 니까야』에서도 명시되어 있다. 각묵스님 역·편, 대림스님 역, 『니까야 강독 II』, p.469, 각주 479) 참고할 것.

여기서 사마타와 위빠사나의 어원을 통하여 의미를 살펴보자. 사마타란 말은 '√śam(to be quiet)'에서 파생된 남성명사로 원래는 '고요함, 맑음'의 의미이다. 모든 해로운 상태[不善法]가 가라앉고 그친다는 의미에서 중국에서는 지(止)라고 옮겼으며, 삼매(三昧)와 동의어로 간주되기도 한다. 아비담마에서 사마타는 8가지 선정의 경지[等持]-네 가지 색계 선(禪)과 네 가지 무색계 선-에서 '마음의 집중'[心一境]으로 정의된다. 마음이 한끝으로 집중되어 마음의 떨림이나 동요가 가라앉았고 끝이 난 경지이기 때문에 고요함(사마타)이라 불리는 것이다.[439] 위빠사나(Vipaśyanā)는 'vi(분리해서)+√dṛs(to see)'에서 파생된 여성명사로서 '분리해서 다르게 본다'인데 '그냥 보는 것(sight)'이 아니라 '더 깊이 보는 것(in-sight)'이란 의미이다. 중국에서는 관으로, 어원에 충실하여 내관(內觀)이라고도 옮겼다.[440] 위빠사나는 마음을 하나로 집중[專心]하여 지혜로써 무상·고·무아나 불·법 등을 염상(念想)·관찰하여 깨달음을 체득하는 것으로[441] 모든 존재는 무상·고·무아임을 통찰하는 반야[慧] 수행이다. 이에 반해 사마타는 대상(표상)에 대하여 집중하는 삼매[定] 수행이다. 이들의 어원적 의미에 근거할 때, 사마타는 인간의 감정과 정서를 내포하여 '마음(mind)'과, 위빠사나는 본다는 작용에 초점을 두어 눈[目]과 직결되지만, 위빠사나는 봄으로써 인식하고 이해한다는 점에서 궁극적으로 '이성[reason]'과 연관된다.

초기불교에서 사마타와 위빠사나는 '마음'과 '통찰지'로 구분되는 것 같지만 실은 방편일 뿐 명확히 둘을 구분하기는 쉽지 않다. 사마타 대상이 마음인 것은 맞지만 마음의 변화는 인식과 통찰로도 가능하기 때문이다. 지와 관은 별개의 수행법이 아니라 '하나의 통합된 수행법(one unified practice)'인데 청정도론을 비롯하여 이후 논서들이 이 둘을 분리하여 잘못 보고 있다는 주장이[442] 타당한 듯하

---

439) 대림스님·각묵스님, 『아비담바 길라잡이(하)』(울산: 초기불전연구원, 2002), p.730.
440) 위의 책, p.731.
441) 김승동 편저, 앞의 사전, p.838. "산스크리트어 빠슈(Paś, 보다)에서 파생된 말로, 어떤 것을 봄이라는 의미이다. 한역으로는 관(觀)·관찰(觀察)로서 통찰지를 뜻한다. (…) 일상관(日想觀), 월륜관(月輪觀), 구상(九想觀)처럼 각종의 구상적인 모습을 마음에 떠올려 관하는 초보적인 것에서부터 교의나 불교 철학적 사변을 관하는 것에 이르기까지 그 내용이 다양하다."
442) 김종수, "지관(止觀, samatha-vipasanā)에 관한 연구-초기경전(Nikāya)을 중심으로-", 『유학연구』 제43집 (충남대학교 유학연구소, 2018), p.299.

다. 명상대상인 마음과 통찰은 밀접히 연계되며, 하나만으로는 명상이 제대로 될 수 없기 때문이다. 방편적 구분에 의하면 사마타는 정서적인 평안, 위빠사나는 올바른 앎을 통한 지혜의 획득이라 할 수 있으며, 여기서 중요한 것은 이 둘의 조화이다. 그렇다면 사마타와 위빠사나의 구체적 방법은 무엇이며 어떻게 조화되어야 할까?[443] 붓다의 말을 살펴보자.

> (1) 위빠사나의 높은 통찰지를 얻었지만 안으로 마음의 사마타를 얻지 못한 사람은 안으로 마음의 사마타를 얻은 사람을 찾아가서 이렇게 물어야 한다. '도반이여, 어떻게 마음을 **하나에 고정시켜야** 합니까? 어떻게 마음을 **안정시켜야** 합니까? 어떻게 마음을 **하나가 되게** 해야 합니까? 어떻게 마음이 **삼매에 들게** 해야 합니까?'라고.[444]
> (2) 사마타를 얻었지만 위빠사나의 높은 통찰지를 얻지 못한 사람은 위빠사나의 높은 통찰지를 얻은 사람을 찾아가서 이렇게 물어야 한다. '이미 형성된 것[行, sankhra]들을 어떻게 **보아야** 합니까? 형성된 것들을 어떻게 **명상해야** 합니까? 형성된 것들을 어떻게 **깊이 관찰해야** 하는가?'라고.[445]

(1)은 사마타를 얻지 못한 사람, (2)는 위빠사나를 얻지 못한 사람이 그 방법을 찾는 내용이다. 사마타의 방법은 마음을 하나에 고정시키고 안정시켜 하나가 되게 함으로써 삼매에 드는 것인데, 이는 4선 중 초선에서 가능하며 2선 3선 4선으로 갈수록 높은 경지에 이르게 된다.[446] 위빠사나의 대상인 '형성된 것들'이란 오온과 모든 존재들을 말하는데, 이른바 '법'이다. 이것들을 참으로 무상하다고 보아야 하고, 무상하다고 명상하고, 무상하다고 깊이 관찰하여, 그것이 괴로움이고 무아임을 보아야 하는 것이 바로 위빠사나의 방법이다.[447] 이와 같이 무상·고·무아, 사성제에

---

443) 사마타와 위빠사나는 『앙굿따라 니까야 2』(울산: 초기불전연구원, 2011)의 『삼매경(Samdhi Sutta)』 1, 2, 3에 잘 드러난다.
444) 대림스님 역, 『앙굿따라 니까야 2』, pp.241~242.
445) 위의 책, pp.240~241.
446) 각묵스님 역·편, 대림스님 역, 『니까야 강독 II』, p.475의 각주 485) 참고.
447) 대림스님 역, 『앙굿따라 니까야 2』, p.240. 각주 257) 참고.

대한 통찰의 기본이 되는 것은 모든 것들이 연기에 의한 것임을 아는 것이다.

요약하면 사마타와 위빠사나는 '마음 안정'과 '제법 알기'이며, 이것을 오늘날 윤리교육에 적용하면 정서와 인지에 해당된다. 정서와 인지의 두 가지 수행이 바로 사마타와 위빠사나이며, 이 둘은 연계되어 있는 것이다.『쌍윳다 니까야』〈쌍경〉에 의하면, 사마타 혹은 위빠사나를 먼저 닦을 수도 있고 이 둘을 함께 닦을 수도 있다. 그것은 개인의 기질 차이로, 먼저 닦아야 할 것이 정해지지는 않았다.[448] 붓다는 수행자를 네 부류, 사마타를 얻었지만 위빠사나를 얻지 못한 자, 위빠사나를 얻었지만 사마타를 얻지 못한 자, 사마타와 위빠사나를 모두 얻지 못한 자, 둘 모두를 얻은 자로 구분하였다. 하나가 부족한 수행자들은 부족한 것을 수행(yoga)하면 모두 얻을 수 있지만,[449] 모두를 얻지 못한 자는 더욱 노력하여 수행해야 한다.

> 비구들이여, 이 가운데 안으로도 마음의 사마타를 얻지 못했고, 위빠사나의 높은 통찰지도 얻지 못한 사람은 [번뇌의 소멸로 인도하는] 이러한 유익한 법들을 얻기 위하여 아주 강한 의욕과 노력과 관심과 분발과 불퇴전과 마음 챙김과 알아차림을 행해야 한다. (…) 그러면 그는 나중에 안으로 마음의 사마타도 얻고 위빠사나의 높은 통찰지도 얻을 것이다.[450]

여기서 '함께 닦는다'란 의미를 들여다보자. 주석서에 따르면, '사마타와 위빠사나를 쌍으로 닦는다'를, 사마타 즉 본삼매에 든 상태에서 무상·고·무아를 통찰하는 위빠사나를 '동시에 닦는 것'으로 파악하는 것은 잘못이다. 왜냐하면 사마타의 대상은 표상이라는 개념이며, 위빠사나는 일어나고 사라지는 법이 그 대상이기 때문에 서로 대상을 달리하는 사마타와 위빠사나는 결코 동시에 함께 일어날 수 없다는 것이다.[451] 이른바 쌍수(雙修)는 시간적 동시가 아니라 '함께'라는 병행의 의미이다. 다른 대상을 동시에 함께 관한다는 것은 불가능하기 때문이다. 마음챙김

---
448) 각묵스님 역·편, 대림스님 역,『니까야 강독 II』, p.477.
449) 위의 책, pp.237~242.
450) 대림스님 역,『앙굿따라 니까야 2』, p.239.
451) 위의 책, p.478.

으로 마음의 사마타를, 알아차림으로 위빠사나의 통찰지를 얻을 수 있다. 이것은 도덕교육에서 이른바 정서와 인지에 해당되며, 인간이 지닌 명지의 요소이다. 어느 것이 먼저인가 보다 둘 모두를 얻는 것이 중요한 것이다.

2. 불교명상의 발전과 불성(佛性)사상

초기불교 이후 아비담마와 부파, 중관과 유식, 중국 선종 등 불교의 발전과 더불어 불교명상도 변화를 거쳤다. 불교명상의 거대한 스펙트럼에서 그 특징을 명확히 제시하기 쉽지 않지만, 핵심은 사마타와 위빠사나이다. 지와 관으로 번역되어 고르게 닦을 것을 강조하여 지관겸수라 칭하였고, 이 둘의 조화를 강조하여 수행 목표로 정혜쌍수를 강조하기도 하였다. 이후 전개된 다양한 불교에서도 명상의 뿌리는 지관이다.

존재론·인식론 차원에서 불교명상이 심도가 깊어진 것은 중관과 유식 이후이다. 중관학파는 초기불교의 무(無)와 설일체유부의 유(有)를 비판하며 중도(中道)와 공(空)을 강조하였고, 유식학파는 마음[心]의 무의식을 분석하여 말나식, 아뢰야식에 대한 이해를 넓혔다.[452] 한편, 초기불교 명상을 이은 남방 상좌부불교는 37보리분법 중 사념처[453] 위빠사나를 강조하였는데, 서양에서 우리나라로 수용된 명상의 종류이다. 이것은 북방 대승불교에서 불성을 강조하는 특성과는 차이가 있다.

어떤 점에서 차이가 있는지 알아보자. 아비담마에서는 사마타의 목적은 수행 자체는 아니라고 하며, 생사윤회의 근본인 번뇌는 정신집중이나 마음의 고요함만

---

452) 초기불교에서 무상·고·무아의 진리에 근거하면 인도 전통적인 브라만교의 아트만의 존재는 잘못된 것이며, 고정된 실체로서 자아는 존재하지 않는다. 그러나 업의 상속과 윤회의 주체에 대한 논란에 응답하기 위해 노력하는 과정에서 유식에서는 6식인 의식에 더하여 7식인 자아집착식인 말나식, 종자식이자 장식(藏識)인 아뢰야식이 설정되었다. 이들의 작용에 의하여 인간의 마음과 의식 저변을 설명할 수 있게 되었다.

453) "신념처(身念處)·수념처(受念處)·심념처(心念處)·법념처(法念處)를 말하는데, 이 사념처를 통한 수행은 지혜가 바탕이 된다. 신념처는 부모에게 받은 육신이 부정하다고 관하는 것이고, 수념처는 우리의 마음에 낙(樂)이라고 하는 것은 참 낙이 아니라 모두 고통이라고 관하는 것이며, 심념처는 우리 마음은 항상 그대로 있는 것이 아니라 늘 변화 생멸하는 무상이라고 관하는 것이다. 법념처는 위의 셋을 제외하고, 실로 자아인 실체가 없으며, 또 나에게 속한 물건을 나의 소유물이라고 하지만 실상 모두 일정한 소유자가 없다는 무아관을 하는 것이다.": 김승동 편저, 『불교사전』(서울: 민족사, 2011), p.440.

으로는 끊지 못한다고 본다. 즉 번뇌의 끊음은 사마타가 아니라 위빠사나의 지혜에 의해서만 가능하다. 인식적 통찰이 아니고서는 번뇌의 뿌리를 자르거나 꿰뚫지 못하며, 뿌리를 자르지 못하면 번뇌가 일어나지 않을 수 없다는 것이다.[454] 이 같은 위빠사나의 힘에도 불구하고 그것의 한계는 이른바 소승에 머물고 만다는 것이다. 물론 위빠사나 명상에도 대승적 특성이 존재하기는 한다. 상좌부 명상의 근거인 『청정도론』의 40가지 명상 주제에는 자애·연민·더불어 기뻐함·평온의 자비희사-'네 가지 거룩한 마음가짐'[梵住]-이 포함된다.[455] 그러나 그것은 명상 대상일 뿐이지 논의가 확대되지 못하였고, 반면 대중부불교에서 이어진 대승불교는 명상 내용과 대상이 대승적으로 확대되어 발전되었다.

대승불교 명상은 출가자 중심에서 재가자들에게로, 법(法)을 넘어 일상 영역으로까지 대상이 확대되었다. 중국 선종은 불립문자, 교외별전, 언어도단 등 언어·문자·개념을 부정하지만 그것을 방편으로 활용하여 선정에 대하여 다양한 의미와 해석을 시도하였다. 선정(禪定)이란 원래 'jhāna'의 음사어인 '선(禪)'과 번역어인 '정(定)'이 결합된 말이다. 팔리어 'samādhi[定·定意·靜慮·思惟修]', 'jhāna[禪·禪那·靜慮·思惟修]', 'samapātti[定·三摩鉢底·等至]', 'samatha[止·三摩地]', 'cittekaggatā[心一境性]', 'yoga[瑜伽]' 등의 용어가 있는데, 선정의 어원인 'jhāna'와 'samādhi'는 공통적으로 '명상하다'·'마음을 한 대상에 집중하다'는 의미로, 선정은 내적 통찰력을 중시하는 수행법임을 잘 보여주고 있다.[456] 천태지의(天台智顗, 538~597)가 사마타를 지로 위빠사나를 관으로 번역한 후 지는 정(定), 관은 혜(慧)와 연계되었으며, 이후 선을 중심에 둔 선종은 화두(話頭)와 만나 화두선이 되었고 조사(祖師)와 만나 조사선으로 발전하였던 것이다. 종파가 발전하며

---

454) 대림스님·각묵스님, 『아비담바 길라잡이(하)』, pp.728~729.
455) 붓사고사 스님, 대림스님 역, 『청정도론 1』(울산: 초기불전연구원, 2004), p.317. 『청정도론』은 붓다고사가 5세기에 편찬한 책으로 남방 상좌부 불교의 준거가 되는 초기불교 경장 주석서이다.
456) "선정을 의미하는 팔리어 'jhāna'와 'samādhi'의 어원을 살펴보면 먼저 'jhāna'는 'jhāyati'와 'jhāpeti'의 두 어원을 가지고 있는데 전자는 '생각하다'·'명상하다'·'불태우다'라는 의미이고, 후자는 '불태워 버리다'·'불을 놓다'·'요리하다'라는 의미이다. 여기서 '불태워 버리다'라는 것은 집중과 통찰을 방해하는 '정신적 더러움'을 불태워 없앤다는 상징적 의미를 담고 있다. 이에 반해 'samādhi'의 어원은 'sam-ā-dhā'로부터 비롯되었다고 하는데, 어근 'dhā'는 '마음이나 주의를 대상으로 향하게 하거나 고정시키는 것'·'숙고하다'라는 의미이므로 '마음의 통일 또는 집중'을 가리킨다.": 김승동 편저, 앞의 사전, pp.587~588.

지관의 내용과 방법은 다양해졌지만 핵심은 여전히 지와 관이었다.[457] 선종의 육조 혜능(638~713)은 좌선과 선정에 대한 개념을 다음과 같이 정립시켰다.

> 선지식들이여, 무엇을 좌선이라 말하는가. 우리 문중에서 내세우는 좌선은 어느 것에도 막힘이 없고 방해도 없다. 밖으로는 일체의 선과 악의 경계에 대하여 마음에 망념이 일어나지 않는 것을 좌(坐)라 하고, 안으로는 자성을 깨쳐 부동의 경지가 되는 것을 선(禪)이라 한다.[458] (…) 선지식들이여, 무엇을 선정이라 말하는가. 밖으로는 형상을 초월하는 것이 선이고, 안으로는 산란하지 않는 것이 정이다.[459]

명상의 기본은 좌선이다. 그런데 선종에서는 좌선이 수행의 자세뿐만 아니라 선 수행 나아가 깨침으로 해석하여 새로운 의미를 부여하고 있다.[460] 육조단경의 자성법문(自性法門)에서 선정, 정혜, 좌선, 참회 등의 개념은 이후 조사선의 사상적 바탕을 제공하였다. 뿐만 아니라 육조단경의 좌선에 대한 입장은 기존의 인도 선법에서 보여준 명상의 수행 측면을 넘어 깨침 및 구체적 실천으로까지 의미가 확장되고 있다.[461] 여기서 자성(自性)은 바로 불성이며, 이는 기신론의 일심 곧 중생심과 상통하는 것이다. 이것은 이른바 소승을 넘어 대승 수행의 특성을 보여주는 것으로, 나를 넘어 타인과 세상에 대한 이해에까지 이르러 궁극적으로 실천을 강조한 것이다.

동아시아 불교의 가장 큰 특성은 인간의 마음을 무한히 긍정하는 불성-여래장-사상이다. 불성(佛性, buddha-dhatu)이란 부처가 될 수 있는 혹은 깨달음을 성취할 수 있는 가능성으로, 여래가 될 수 있는 바탕을 지니고 있다는 뜻에서 여래장

---

457) "선(禪)은 인도에서 발생한 것이지만 선사상(禪思想)은 중국에서 형성되었다. 이에 따라 중국선, 중국선, 한국선이 있다. 선불교(禪佛敎)는 중국 선승들의 예지로 이루어진 조사선의 불교사상이다.": 정성본, 『선의 역사와 사상』(서울: 불교시대사, 1994), pp.15~16. 참고.
458) 『육조대사법보단경』〈좌선품〉: "善知識, 何名坐禪. 此法門中, 無障無礙. 外於一切善惡境界, 心念不起名爲坐. 內見自性不動名爲禪."
459) 『육조대사법보단경』〈좌선품〉: "善知識, 何名禪定. 外離相爲禪, 內不亂爲定."
460) 김호귀, 『육조대사법보단경』(한국학술정보, 2015), p.6.
461) 위의 책, p.3

(如來藏, buddha-dhatu)이라고도 한다.[462] 선종의 시조인 달마가 혜가에게 여래장 사상이 포함된 『능가경』[463]을 전수한 후 선종에서는 불성이 핵심 요소가 되었고, 이후 불교수행에서는 매우 중요한 의미를 지니게 되었다. 기신론에서는 그것을 본각(本覺)이라 칭하였는데, 원효는 본각을 마음의 본성, '불각상(不覺相)을 여읜 것', 진제가 말한 이른바 '제9식'[464] 혹은 아마라식이라고 하여 각조(覺照)의 성질이 있다고 중시하였다.[465] 이 본각은 아뢰야식 중 순선한 것만을 의미하기도 하며, 유교의 천명지성과도 유사하다. 불성 혹은 여래장은 원효가 말하는 제9식 아마라식과도 통하는데, 이는 불교가 중국에 유입되어 유교적 사유와 합해지면서 성선설의 특성이 강해진 듯한데, 궁극적으로 수행에서 어떻게 불성을 회복할 것인가가 관건이 된다.

---

462) 김승동 편저, 앞의 사전, p.408.
463) "달마대사는 혜가에게 법을 전하면서 "내가 중국의 모든 경전을 보았지만 오직 『능가경』 네 권만이 심인(心印)으로 삼을 수 있다."고 하였으며, 수행의 경지가 높았던 인도인인 달마의 평가에서 능가경의 가치를 알 수 있다. 불교경전 중에서 능가경은 난삽한 경전에 속하는데 후대에 결국 『금강경』에 자리를 내주고만 것도 이 때문이며, 우리나라에서 능가경을 생소하게 여기는 것도 이와 무관하지 않다.": 남회근, 신원봉 역, 『능가경 강의』 (서울: 부키, 2015), pp.6~7. 참고.
464) "아마라식(阿摩羅識, Amala-vijñāna), 무구(無垢)·백정(白淨)·청정(淸淨)이라고 번역. 중국의 번역가 가운데 신 역가는 우주현상을 설명하면서 8식을 들어 제8식 아뢰야로써 미계(迷界)·오계(悟界)를 전개하는 근본이라 하므로 제8식 이외에 따로 9식을 인정하지 않고, 정계(淨界)의 제8식을 아마라식이라 한다. 이에 비해 구 역가에서는 이것을 따로 세워 제9식이라 하며, 아마라식이라 한다.": 김승동 편저, 앞의 사전, p.979.
465) 조수동, "원효의 본각과 여래장", 『동아시아불교문화』 제10집(동아시아불교문화학회, 2012), p.113.

Ⅲ. 『대승기신론』과 그에 대한 원효의 이해

　대승불교로의 발전은 인도라는 제한된 지역, 출가자 중심의 협소한 불교, 교단 중심의 폐쇄된 불교가 확대되고 보편화되는 과정이었다. 경전 편찬도 필요와 요구에 부응한 결과로, 동북아시아에 큰 영향을 준 기신론은 대승불교 경전들을 종합한 논서이다. 이것은 중국 선종 사상 형성에 결정적 역할을 담당하였고, 대승경전의 불성사상과 번뇌와 보리의 구조를 새롭게 체계화시켰지만466) 저자·시대에 대한 논란은 지금도 존재한다.467) 그럼에도 다양한 교리적 입장을 포용하는 이론적 토대 마련, 여래장 개념으로 동아시아 불성사상의 정립 등 그 의미가 크다. 수나라의 혜원, 당나라의 법장과 함께 해동소(海東疏)를 지은 원효(617~687)야말로 최고의 주석자라 할 만하다. 원효는 8종(혹은 9종)의 기신론 연구서를 낼 정도로 심취하였는데 현존하는 것은 『기신론소』와 『기신론별기』 2종뿐이다.468) 그의 기신론 연구가 워낙 체계적이고 깊이가 있고, 그의 주석에 대한 연구와 영향력이 지대하여 기신론 사상 자체의 의미가 상대적으로 소홀히 다루어졌다고 할 정도이다.469)

　기신론의 중요한 개념은 일심(一心), 이문(二門), 삼대(三大), 사신(四信), 오행(五行) 등인데, 이것은 불교의 목적인 이고득락을 위하여 근기의 차이에 따라 어떻게 대승의 이치를 올바로 알고 믿음을 지녀 수행할 할 것인가를 위한 구조화로, 대승에 대한 이론과 실천을 체계화한 것이다.470) 기신론 인연분에서 마명은, "사람들로 하여금 모든 고뇌를 떨쳐버림으로써 행복을 누리고 대승에 대한 바른 이해와 깊

---

466) 정성본, 앞의 책, pp.122~123. 지관의 실천으로 주장한 일행삼매(一行三昧)를 근거로 4조인 도신(道信)도 일행삼매의 좌선을 주장했다.
467) "기신론은 1,2세기경 인도의 마명이 저술했다고 전해지지만 산스크리트 원본이 전해지지 않아 6세기 중엽 중국에 등장했을 때부터 인도 찬술과 중국 찬술이 문제되었고, 저자가 과연 마명인가에 대한 논의도 그치지 않았다. 한역본은 구역(舊譯)이라 불리는 진제(眞諦)가 553년에 번역한 것과 신역(新譯)이라 불리는 실차난타(實叉難陀)가 695~704년간에 번역한 것이 있다.": 은정희(2017), 앞의 책, p.20.
468) 위의 책, p.24. 기신론의 주석서와 원효의 기신론 주석서와 관련하여 같은 책, pp.24~26을 참고할 것.
469) 이수미, "동아시아에서의 『대승기신론』 해석의 전개", 『철학사상』 제60집(서울대학교 철학사상연구소, 2016), p.40.
470) 은정희(2017), 앞의 책, p.27. "〈표5〉 『대승기신론』의 구조" 참고할 것

은 신심을 가지게 하려는 이유에서 간명한 글을 좋아하는 이들을 위하여 논을 짓는다."라고 밝혔다.[471] 원효는 마명대사가 기신론을 쓴 이유를 다음과 같이 파악하셨다.

> 마명보살이 무연대비로써 저 무명의 헛된 바람이 마음바다를 요동시켜 떠다니기 쉬움을 불쌍히 여기고, 이 본각의 참된 성품이 긴 꿈에서 잠들어 깨어나기 어려움을 가엾게 여기어, 이에 동체지력(同體智力)으로 이 논을 지어서 여래의 깊은 뜻을 담은 경의 오묘한 뜻을 찬술하여 배우는 자로 하여금 한 두루마리의 책을 잠시 열어서 삼장(三藏)의 뜻을 두루 탐구하게 하고, 도를 배우는 사람으로 하여금 온갖 경계를 길이 쉬어서 드디어 **일심(一心)의 근원**으로 돌아가게 하려는 것이다.[472]

기신론의 핵심 개념은 일심(一心)이며, 원효의 일심사상도 여기서 유래한다. 여기서의 일심은 우주만유의 근본원리로, 절대무이인 심성을 말한다. 일심에는 두 가지가 있는데, 하나는 심진여와 심생멸의 두 문을 합한 중심생으로서의 일심, 다른 하나는 심생멸 중 화합식인 미세념에서 생멸문을 제거한 불생불멸문, 즉 심원(深源)으로서의 일심이다.[473] 기신론을 이해하는 관점은 학자들마다 다양한데,[474] 은정희는 원효의 기신론관의 특징을 3가지로 제시한다. 즉 기신론의 성격을 중관

---

[471] 글을 쓴 동기는 8가지로 제시했는데 총괄적 동기로는 이고득락(離苦得樂)이며, 나머지는 이후 내용과 관련된 동기들로, 정해불류(正解不謬), 감임불퇴신(堪任不退信), 수습신심(修習信心), 방편선호기심(方便善護其心), 수습지관(修習止觀), 전념방편(專念方便), 권수행(勸修行)이다. 구체적인 내용은 한자경, 『대승기신론 강해』(불광출판사, 2016), pp.60~69. 참고.

[472] 『대승기신론별기』: "所以馬鳴菩薩, 無緣大悲, 傷彼無明妄風 動心海而易漂, 愍此本覺眞性. 睡長夢而難悟, 於是同體智力堪造此論, 贊述如來深經奧義. 欲使爲學者暫開一軸, 遍探三藏之旨, 爲道者永息萬境, 逐還一心之原."

[473] 은정희(2017), 앞의 책, p.54의 각주13.

[474] 한자경은 대승기신론을 초기불교 무아(無我), 설일체유부의 아공(我空) 법유(法有), 대승 중관의 법공(法空), 대승 유식의 유심(唯心)의 연계상에서 설명하면서 유식의 아뢰야식이 생멸의 특징만을 갖는 염오식인 반면 이를 넘어 자체 염정화합식으로서 의미를 지닌다고 보고, 아뢰야식에 포함되어 아뢰야식이 생멸과 불생불멸을 포함한다고 하면서도 기신론을 유식의 관점에서 이해한다.: 한자경, 앞의 책, p.28. 참고 / 박태원은 원효의 일심(一心) 사상의 중심원리가 기신론 사상에 의존하고 있다고 보고 학계의 두 가지 관점, 원효가 여래장 사상의 연장선 위에서 이해하는 입장, 그리고 굳이 여래장 사상을 전제로 하지 않는 입장을 모두 제시하고 있다.: 박태원, "『대승기신론』 사상을 평가하는 원효의 관점", 고영섭 편저·예문사상연구원, 『원효』(예문서원, 2002), p.384. 참고.

사상과 유식사상의 지양·종합이라고 보았고, 이러한 중관과 유식의 지양 종합의 성격을 구체적으로 삼세(三細)·알라야식설을 통하여 주장하였으며, 수행으로 청정심에 이르러 나타나는 본각(本覺)의 성격인 지정상(智淨相)과 부사의업상(不思議業相)을 자리(自利)와 이타(利他)로 배대시킨다는 것이다.[475] 원효의 지관명상의 논의를 위해 세 번째 특성에 초점을 두고 접근해 보자.

원효는 무명의 삼세-무명업상, 전상, 현상-에서 수행으로 염오심을 제거하여 청정심에 이르면 나타나는 본각의 성격이 바로 지정상과 부사의업상인데, 이것을 자리와 이타로 배치시키고 있다. 원효에 의하면, 지정상이란 자신의 이익을 성취하는 것이다. 즉 번뇌를 없애고 장애를 벗어 청정한 법신을 얻은 해탈의 경지로, 이는 초기불교의 아라한과에 해당된다. 반면 부사의업상은 타인의 이익을 성취하는 것으로, 이미 자신의 이익을 성취하였으면 자연히 세간에 자비한 위력과 행위로 중생을 이롭게 해야 하는 것이다. 원효는 이와 같은 여래의 지혜를 "심식에 의하여 사량하여 헤아릴 수 있는 것이 아니기 때문에 부사의업(不思議業)"[476]이라고 하였다.

이에 대하여 자세히 알아보자. 심진여문과 심생멸문 모두 진여[본각]가 있다. 심생멸은 인간의 마음에서 진여가 현실에서 여러 모습으로 전개되는 양상이며, 심진여는 일체의 법이 모두 평등하고 진실한 본각의 세계로 잠재되어 있는 것이다. 본각에는 자성청정한 성정본각(性淨本覺)과 생멸문에서의 본각인 수염본각(隨染本覺)이 있다. 수염본각은 세속에서 작용하는 본각의 모습으로 우리가 드러내는 심식(心識)의 모든 상은 무명에 의한 불각이며, 수행에 의하여 무명은 없어지고 본각만 남게 되는 것이다. 기신론의 무명은 초기불교의 무지로서의 의미가 아닌 '홀연히 그릇된 생각을 일으키는 것[忽然念起]'이다.[477] 수염본각에 있는 지정상과 부사의업상은 청정한 본각으로 돌아온 업상인데 원효는 『보성론(寶性論)』을 인용하여 이 둘을 자리행과 이타행으로 설명한다.

---

475) 은정희, 위의 책, pp.30~31 참고.
476) 『대승기신론소』: "此非心識思量所測, 是故名爲不思議業也."
477) 무명에 대한 심화된 논의는 정영근(2001), pp.206~215 참고할 것.

무엇이 자신의 이익을 성취하는 것인가? 해탈을 얻는 것을 말함이니 번뇌장과 소지장을 멀리 여의고 장애가 없는 깨끗한 법신을 얻는 것을 자신의 이익을 성취한다고 이른다. 무엇이 타인의 이익을 성취하는 것인가? 이미 자신의 이익을 성취하고 나서는 무한한 과거로부터 자연히 저 두 종류의 불신(佛身)[478]에 의하여 세간의 자재한 위력과 행위를 나타내는 것을 타인의 이익을 성취한다고 이른다.[479]

기신론에서 중생심[一心]을 이루는 진여문과 생멸문은 같지도 다르지도 않은 불일불이(不一不異)의 관계이다. 기신론의 목적은 인연생멸의 현실에서 일심의 본체[體]와 공능[相]과 드러남[用]이 위대하다는 것, 일심인 중생심의 본질이 진여임을 알아서 궁극적으로 행복에 이르고자 한다. 이를 위해 일심, 이문, 삼대, 사심, 오행 등의 핵심 개념들을 배치시켜 대승불교의 궁극 목적인 자리이타를 추구한다. 자리란 깨달음을 얻는 것이고, 이타란 깨달음을 얻고 난 후 타인의 이익을 성취하게 하는 것이다. 인연생멸상이 드러나는 현실에서도 수염본각이 있어서 자리를 넘어 지혜를 발휘하여 이타에 이르고자 하는 것이 기신론의 추구하는 바이다.

---

478) 붓다의 몸을 말하는데, 이신설(二身說)로는 『대지도론(大智度論)』의 법신(法身)과 생신(生身), 『영락경(瓔珞經)』의 무극신(無極身)과 응화신(應化身), 『대승의장(大乘義章)』의 법성신(法性身)과 실보신(實報身) 등이 있다.: 은정희(2017), 앞의 책, p.230. 각주 9) 참고.
479) 『대승기신론소기회본』: "寶性論云. 何者成就自身利益. 謂得解脫, 遠離煩惱智障, 得無礙淸淨法身, 是名成就自利利益. 何者成就他身利益. 旣得成就自利利益已, 無始世來, 自然依彼二種佛身, 示現世間自在力行, 是名成就他身利益.": 은정희(2017), 앞의 책, p.230.

VI. 『대승기신론』과 원효의 지관(止觀)명상 분석

기신론은 "대승(大乘)에 대한 믿음을 일으키는[起信] 론"으로, 불교경전의 일반적 형식인 서분·정종분·유통분의 체계를 따르고 있다. 서론인 인연분과 결론인 권수이익분 사이, 본론인 정종분은 입의분·해석분·수행신심분으로 구성되었다. 지관명상은 수행신심분에 포함되는데 기신론 전체 논리와 체계적으로 연계되어 있으며, 이에 대한 원효의 상세한 주석은 당시 명상을 이해하는 데 도움을 준다.

1. 지관명상의 목적

기신론에서 진여는 믿음을 일으키는 중생심의 핵심으로, 수행의 출발점이자 동시에 수행을 통해 증득해야 할 목표점이기도 하다.[480] 수행신심분에서는 깨달음에 이르기 위한 수행 방법으로 '네 가지 믿음'[四信]과 '다섯 가지 실천'[五行]을 제시했는데, 오행 중 하나가 지관이다.[481] 네 가지 믿음은 불·법·승 삼보와 진여법에 대한 믿음인데, 진여법에 대한 믿음은 앞의 세 가지에 선행한다. 보시·지계·인욕·정진·지관의 오행은[482] 육바라밀 중 선정·반야를 지관으로 합한 것이다. 앞의 네 가지 실천은 궁극적으로 지관 실천을 위한 보조로,[483] 먼저 수행해야 할 네 가지 실천 내용은 다음과 같다.

---

480) 한자경, 앞의 책, p.351.
481) 『대승기신론』, 〈수행신심분〉: "略說信心, 有四種. 云何爲四. 一者信根本, 所謂樂念眞如法故. 二者信佛有無量功德, 常念親近供養恭敬, 發起善根, 願求一切智故. 三者信法有大利益, 常念修行諸波羅蜜故, 四者信僧能正修行自利利他, 常樂親近諸菩薩衆, 求學如實行故." (이하 기신론 원문은 한자경의 『기신론 강해』에서, 원효의 주석 원본은 은정희의 『대승기신론소·별기』 및 『대승기신론소회본』에서 가져왔으며, 번역은 이 둘의 번역 중 적합한 것을 선택하여 사용하였음.)
482) 『대승기신론』, 〈수행신심분〉: "修行有五門, 能成此信. 云何爲五. 一者施門, 二者戒門, 三者忍門, 四者進門."
483) 정성본, 앞의 책, p.123.

- 시문(施門): 물질적으로 필요한 재물을 주는 재시(財施), 심리적으로 두려움과 공포, 우울함·불안을 덜어주는 무외시(無畏施), 정신적으로 불법 내지 진리를 깨우쳐주는 법보시(法布施)
- 계문(戒門): 섭율의계(攝律儀戒), 십선법계(十善法戒), 섭중생계(攝衆生戒) 및 10악업[484]을 행하지 않는 것
- 인문(忍門): 인욕(忍辱) 수행[타인이 주는 불이익을 참음, 편안하게 받아들여 참음]. 이익과 손해, 비난과 명예, 칭찬과 기롱, 고와 락 등의 팔법을 마음의 동요 없이 편안하게 받아들여 참는 것
- 진문(進門): 마음이 게을러져 물러나지 않게 함, 뜻을 굳건히 함, 과거의 허망한 고통을 생각함, 공덕을 쌓아 자리이타(自利利他)를 행함[485]

위의 보시·지계·인욕·정진은 일상에서 자신 및 타인을 위한 노력인데, 지관은 초기불교 사마타·위빠사나를 계승하면서도 대승적 의미로 확대되고 있다. 지관의 내용은 수행신심분에만 국한되지 않고 지는 진여문, 관은 생멸문에 연계되어 기신론 전체 구조와 맞물려 있다. 태현은 "교문이 많지만 처음 수행에 들어가는 데는 오직 두 문이 있으니, 진여문에 의거하여 지 수행을 닦고, 생멸문에 의거하여 관 수행을 일으키는 것이다. 지와 관이 함께 운행되면 온갖 수행이 여기에 갖춰지고 이 두 문에 들어가면 모든 문을 다 통달하게 된다."[486]라고 주석하였다. 기신론에서 말하는 지관을 먼저 살펴보자.

[1] 어떻게 지관문을 수행하는가?
㉮이른바 '지'란 일체 경계상을 그치게 것을 말하니, ㉯사마타관을 수순하는 의미이기 때문이다. ㉰이른바 '관'이란 인연생멸상을 분별하는 것을 말하니, ㉱비파사나관을 수순하는 의미이기 때문이다. 어떻게 수

---

484) 불교에서 말하는 열 가지의 악(惡)이다. 구체적으로 몸으로 짓는 살생(殺生), 도둑질[偸盜], 사음(邪淫)의 세 가지, 입으로 짓는 업인 이간질[兩舌], 험악한 말[惡口], 겉만 번드레한 실속 없는 말[綺語], 망령된 말[妄語] 네 가지, 뜻으로 짓는 탐욕[貪], 성냄[瞋], 어리석음[痴] 세 가지를 합한 열 가지를 말한다.
485) 한자경, 앞의 책, pp.354~362.
486) 태현 지음, 박인석 역, 앞의 책, pp.60~62.

순하는가? 이 두 가지 의미를 점차적으로 닦고 익혀 서로 버리거나 여의지 않으면 쌍으로 현전하기 때문이다.[487]

㉯, ㉰를 보면 지란 마음이 일체 대상에 대해 흔들리지 않는 것이고, 관은 인연이 생멸하는 현실을 바르게 분별하는 것이다. 원효는 "먼저는 분별함에 의하여 모든 바깥 경계를 짓다가 지금은 각혜(覺慧)로 바깥 경계상을 깨뜨리는 것이다. 경계상이 이미 그치면 분별할 것이 없기 때문에 '지'라고 한 것이다."[488]라고 하였는데, 지란 마음 밖의 대상에 대한 분별경계가 그친 상태인 것이다. 관에 대해 원효는 "생멸문에 의하면 법상을 관찰하기 때문에 분별한다고 말한 것"[489]이라 하였다. 지에서는 진여를 파악하기 위한 무분별지(無分別智)를, 관에서는 생멸현상에 대한 분별지(分別智)를 강조한 것이다.[490] 이처럼 원효는 지관을 진여와 생멸에 연계시키고, 나아가 그것의 목표가 무분별지와 분별지의 획득임을 밝혔다. 원효는 이문의 관점에서 지에 의해 마음이 흔들림이 없어진 후 관에 의하여 세상의 인연 생멸현상에 대한 관찰과 생각으로 이치를 깨치는 것이 중요하다고 본 것이다. 지에서는 무분별지가 중요하고 관에서는 분별지가 중요한데 분별지란 수행하여 연기법을 통찰하여 이루는 후득지(後得智)인 지혜라고 할 수 있다.

원효는 [1]에서 지관을 설명하며 사마타[㉰]와 위빠사나[㉯]를 방편과 정관(正觀) 개념으로 접근하고 있는데, 그의 주석을 보자.

> [2] 사마타는 지라 번역하고 비발사나는 관이라 번역한 것이다. 기신론 번역자가 방편과 정관을 구별하기 위해 정관에는 그대로 범어를 쓴 것이다. 만일 한자를 썼다면 응당 '지관을 수순하는 뜻', '관관을 수순하는 뜻'이라고 하였을 것이다. 지와 관이 모두 작용할 때가 바로 정관임을 나타내려고

---

487) 『대승기신론』, 〈수행신심분〉: "云何修行止觀門. 所言止者, 謂止一切境界相, 隨順奢摩他觀義故. 所言觀者, 謂分別因緣生滅相, 隨順毘鉢舍邪觀義故. 云何隨順. 以此二義漸漸修習, 不相捨離, 雙現前故."
488) 『대승기신론소』: "先由分別作諸外塵, 今以覺慧破外塵相. 塵相旣止, 無所分別, 故名爲止也."
489) 『대승기신론소』: "依生滅門, 觀察法相, 故言分別."
490) 『대승기신론소』: "是知依眞如門, 止諸境相, 故無所分別, 卽成無分別智. 依生滅門, 分別諸相, 觀諸理趣, 卽成後得智也."(진여문에 의하면 모든 경계상을 그치게 하는 것이니 그러므로 분별할 바가 없으면 곧 무분별지를 이루는 것이요, 생멸문에 의하면 모든 상을 분별하여 모든 이취(理趣)를 관찰하면 곧 후득지를 이루는 것임을 알 것이다.)

지관과 관관이라 말한 것이다. 방편일 때는 모든 경계상을 그치게 하여 정관의 지에 따르기 때문에 '지관을 수순하게 하는'이라고 했고, 또 능히 인연상을 분별할 수 있기 때문에 정관의 관에 따를 수 있기 때문에 '관관을 수순하는'이라고 말한 것이다.[491]

 여기서 원효의 이른바 방편이란 사마타와 위빠사나 수행 중 어느 하나라도 익숙해지는 과정에서 활용하는 방법으로서의 지관이다. 지관에 익숙해져 모두 활용하게 되면 정관으로서의 지관이 되는 것이다. 기신론 지관에 대하여 태현-법장과 원효의 두 관점을 종합하였다[492]-의 표현을 보면, 대승기신론 대의는 의혹과 사집(邪執) 때문에 깨달음에 이르지 못한 중생을 교화하기 위함이다. 중생들은 두 종류의 의심-하나는 발심을 장애하는 법에 대한 의심, 다른 하나는 수행을 장애하는 문(門)에 대한 의심-을 지니는데 이 의심 때문에 깨달음에 이르지 못한다. 그것은 대승으로서의 중생이 불성을 지니고 있다는 것에 대한 의심, 수행을 통해 그러한 법에 이를 수 있다는 가능성에 대한 의심을 말한다. 대승의 법에는 오직 일심만 있는데, 중생이 이 육도에서도 동체대비를 일으킬 수 있고 발심할 수 있는 것은 이 일심, 즉 중생심 때문이라는 것이다. 이러한 관점에서 불성[여래장]에 대한 동아시아 대승불교의 독특한 특성이 잘 드러난다.

 그렇다면 기신론에서 추구하는 수행의 궁극적 도달점은 무엇이며, 수행의 대상은 누구일까? 수행의 목적은 궁극적으로 동체대비를 통한 자비의 실천이며, 대상은 정정취(正定聚)에 들어가지 못한 중생들이다.[493] 기신론에서는 불교수행의 대

---

491) 『대승기신론소』: "彼云奢摩他, 此翻云止. 毗鉢舍那, 此翻云觀. 但今譯此論者, 爲別方便及與正觀, 故於正觀仍存彼語. 若具存此於者, 應云隨順止觀義, 及隨順觀觀義. 欲顯止觀雙運之時卽是正觀, 故言止觀及與觀觀. 在方便時, 止諸塵相, 能順正觀之止, 故言隨順止觀. 又能分別因緣相故, 能順正觀之觀, 故言隨順觀觀."
492) "태현의 대승기신론내의약탐기(大乘起信論內義略探記)는 한국의 기신론 주석서 중 가장 이른 시기의 것으로, 원효의 『대승기신론소』와 법장의 『대승기신론의기』를 참고하여 이 둘을 참고하면서도 자신의 독자적인 관점을 보여주고 있다.": 태현 지음, 박인석 역, 『대승기신론내의약탐기』(서울: 동국대학교출판부, 2015), pp17~18. / "이 저술은 태현 자신의 해설이나 설명이라기보다는 원효와 법장의 주석서 및 저술의 편집으로써 구성되어 있다. 이러한 집필 태도로 인하여 『약탐기』는 태현 자신의 견해가 아니라 단지 원효와 법장의 『기신론』 해석을 그대로 수용하고 있는 것이라고 해석되기도 한다.": 이수미, "동아시아에서의 『대승기신론』 해석의 전개", 『철학사상』 제60집(서울대학교 철학사상연구소, 2016), p.49.
493) 『대승기신론』, 〈수행신심분〉: "時中依未入正定聚生, 故說修行信心."

상을 세 종류로 분류하고 있다. 불교 가르침을 믿는 신심이 돈독한 정정취(正定聚) 중생, 이와 정반대로 불교 가르침을 전혀 믿지 않을 뿐만 아니라 거부하는 사정취(邪定聚) 중생이다. 또 아직 불교 가르침에 대한 확신이 없어 믿음이 정해지지 않은 부정취(不定聚) 중생들이 있는데, 이들은 정정취의 가능성을 지니고 있다. 인연분에서는 중생의 근기에 따라 상중하로 구분하여 적합한 방편을 제시한다고 하였다.[494] 기신론은 부정취중생 중 선근이 성숙한 중생을 위해 '분별발취도상(分別發趣道相)'에서 "중생 가운데서 근기가 영리한 자가 일심대승법에서 결정적인 믿음을 발기하고 대승의 도로 진취하여, 대승의 도를 감당하면서 불퇴신에 안주하려 함"이라고 하였다. 반면, 수행신심분은 부정취 중생 중 중품에 해당되는 선근이 미소한 중생들을 위한 것이라고 하였다. 원효도 부정취에서도 열등한 이와 수승한 이가 있어서, 수승한 이를 위해 발취(拔取)를 말하였고, 부정취 중 열등한 이들로 하여금 퇴보하지 않도록 한 것이 사신과 오행이라고 강조하였다.[495]

기신론에 의하면, 일반적으로 중생들은 일심에 대한 믿음이 없어서 발심을 못한다. 따라서 진여의 본질과 생멸의 실제를 파악하는 수행으로 중생은 자신의 마음-중생심[일심]-과 불법에 대한 믿음으로 동체대비의 발심을 할 수 있다. 이것이 바로 대승에 대한 믿음을 일으키는 큰 뜻이다. 이처럼 기신론은 누구나 노력하면 불성을 지닐 수 있다고 본다. 이것은 이른바 천명지성을 지닌 군자(君子) 나아가 성인(聖人)이 될 수 있다는 유교의 맥락과도 상통한다. 결국 일심은 관념과 현상, 즉 이상과 현실의 괴리에서 요동치지만 본래는 순선하고 완벽한 진여이며, 처절하고 힘든 현실일지라도 그에 대한 확신과 믿음으로 끊임없이 노력하면 깨달음을 얻을 수 있다는 것으로 이는 성선에 대한 믿음이 드러난 것이다. 그렇다면 지관수행의 효과는 무엇일까? 기신론에서는 다음과 같이 말한다.

> 만약 지를 닦으면 범부의 세간에 대한 집착을 다스리고 이승(二乘)의 겁약한 견해도 버릴 수 있다. 만약 관을 닦으면 대비심을 일으키지 못하는 이승

---

[494] 『대승기신론』, 〈인연분〉: "三者, 爲令善根成熟眾生, 於摩訶衍法, 堪任不退信故. 四者, 爲令善根微少眾生, 修習信心故. 五者, 爲示方便, 消惡業障, 善護其心, 遠離癡慢, 出邪網故."
[495] 『대승기신론』, 〈수행신심분〉: "爲其劣者故說發修信, 所謂四種信心五門行等. 爲彼劣人信不退故也."

의 좁고 못난 마음의 과오를 다스리고 선근을 닦지 않는 범부의 과오도 멀리 여읜다. 이런 의미 때문에 이 지와 관의 두 문은 함께 서로 도와 완성되며 서로 버리거나 분리되지 않는다. 만약 지와 관이 함께 갖추어지지 않으면 지혜의 도에 들어갈 수 없다.[496]

지 수행은 범부의 집착과 성문·연각 이승의 얄팍한 견해를 버리게 하며, 관 수행은 이승들이 좁은 마음을 버려 대비심을 일으키게 하고 범부들이 선근을 닦아 과오를 범하지 않게 한다. 지관이 궁극적으로 지혜에 이르는 방법임을 알 수 있는데, 구체적으로 살펴보자.

2. 지명상의 의미와 방법

지관명상은 학파와 종파, 심지어 논자나 학자에 따라 의미와 해석이 같지 않다. 기신론에서의 지는 일체경계상을 그치는 뜻이다. 이것은 마음-심·의·식(心·意·識)-이 대상들에 대한 집착과 분별의식, 거기서 오는 번뇌를 없애는 것을 말한다. 유식에서는 심·의·식의 명칭과 작용으로서 집기·사량·요별 등은 다를지라도 본체는 동일하다고 본다.

> 심의식은 본체가 동일하다. '(…) 집기하기 때문에 심이라고 한 것이고, 사량하기 때문에 의라고 한 것이고, 요별하기 때문에 식이라고 한다. (…) 그러므로 심의식의 세 가지 이름은 비록 의미는 다를지라도 그 본체는 동일하다.'고 하였다.[497]

이것은 6식, 7식, 8식의 본질은 동일하다는 말이다. 유식에서는 아뢰야식 속 종자의 성격에 따라 선으로도 악으로도 될 수 있다고 본다. 인간은 7식인 말나식의

---

496) 『대승기신론』, 〈수행신심분〉: "若修止者, 對治凡夫住著世間, 能捨二乘怯弱之見. 若修觀者, 對治二乘不起大悲狹劣心過, 遠離凡夫不修善根. 以此義故, 是止觀二門, 共相助成, 不相捨離. 若止觀不具, 則無能入菩提之道."
497) 『구사론』, 大正藏29, 21下18-25: "心意識体一 (…) 集起故名心, 思量故名意, 了別故名識. (…) 義雖有異而体一."

자아집착으로 아견(我見), 아치(我癡), 아만(我慢), 아애(我愛) 등이 생겨서 사량하고 요별하여 번뇌가 생긴다. 인간의 마음은 7식으로 집착이 생겨서 6식으로 드러나는데, 6식의 번뇌를 제거하는 것이 바로 수행이다. 업에 의하여 이루어진 종자식인 8식은 선과 악을 갖추고 있어 수행 여부에 따라 선으로도 악으로도 변할 수 있다는 것이다. 아뢰야식은 업종자를 저장하고 있다가 대상을 만나면 6식으로 드러나며, 6식은 7식의 작용으로 허망분별이 생기고 수행 여부에 따라 선업과 악업으로 갈리게 된다. 궁극적으로 인간이 수행하여 없애고자 하는 것은 마음속 아뢰야식의 업종자이다.

앞에서 기신론의 지는 심의식의 작용이 중지된 것임을 보았다. 원효에 의하면, "무분별지로 본각을 증득하여 들어가 모든 잡염을 떠났기 때문에 구식이 깨끗하다고 하여 본각이 바로 구식"[498]이다. 심의식의 작동이 중지된 데서 본각이 드러나며 그것이 9식인 아마라식이라는 것이다. 그는 바다의 바람과 물결에 비유하여 "마음에 분별이 없어져 경계에 의하여 동요되지 않기 때문에 '바람이 움직이게 할 수 없다'고, 움직이게 할 수 없으므로 모든 7식이 일어나지 않아 '물결이 일어나지 않는다.'라고 하였다."[499] 지 수행의 단계에서는 마음작용을 멈추어 일심의 진여를 볼 수 있는 본각의 회복이 중요하다는 말이다.

그렇다면 어떻게 지를 닦아야 하는가? 기신론에서는 지를 닦기 위한 조건으로 고요한 곳에 머물고, 단정히 앉고, 뜻을 바르게 하는 환경적·신체적·정신적 세 가지 조건[㉮]을 제시하고 있다. 구체적인 방법을 살펴보자.

> ㉮ 만약 지(止)를 닦는다면 고요한 곳에 머물러 단정히 앉아서 뜻을 바르게 하되, ㉯기식(氣息)을 의지하지 않고, 형색(形色)을 의지하지도 않으며, 공(空)을 의지하지도 않고 지(地)·수(水)·화(火)·풍(風)을 의지하지도 않으며, 나아가 견문각지(見聞覺知)를 의지하지도 않아야 한다. 일체의 모든 상념을 생각을 따라서 다 없애고 또한 없앤다는 생각마저도 없애야 한다. 모

---

498) 『금강삼매경론』: "無分別智, 證入本覺, 地地增長, 離諸雜染, 故言九識流淨, 本覺正是第九識故,": 은정희·송진현 역주, 『원효의 금강삼매경론』(일지사, 2000), p.406.
499) 『금강삼매경론』: "心無分別, 非境所動故, 風不能動, 不能動故, 染七不生, 故言波浪不起.": 위의 책, p.406.

든 법이 본래 형상이 없기 때문에 생각이 나지 않으며 생각이 멸하지 않으며, 또한 마음을 따라 밖으로 경계를 생각하지 않은 후에 마음으로 마음을 제멸(除滅)하는 것이다. 마음이 만약 흩어져 나간다면 곧 거두어 와서 정념(正念)에 머물게 해야 할 것이니, 이 정념이란 오직 마음뿐이요, 바깥 경계가 없음을 알아야 할 것이다. 곧 또한 이 마음도 자상(自相)이 없어서 생각 생각을 얻을 수가 없는 것이다. 만일 앉은 데서 일어나 가고 오고 나아가고 머무는 데에 행위하여 짓는 바가 있더라도 이 모든 때에 항상 방편을 써서 수순·관찰하여 오래 익혀 익숙하게 되면 그 마음이 머물게 된다. 마음이 머물기 때문에 점점 예리해져서 ㉯**진여삼매**를 따라 들어가게 되어 번뇌를 완전히 조복(調伏)하고 신심(信心)이 증장하여 속히 불퇴전(不退轉)의 경지를 이룬다. ㉰**오직 의혹하고 불신하고 비방하고 중죄업장(重罪業障)을 짓고 아만(我慢)을 갖고 게으른[懈怠] 사람은 제외되나니, 이러한 사람들은 들어갈 수 없는 것이다.**[500]

지명상의 준비단계에서 원효는 환경적 조건과 몸의 자세를 바로잡는 방법, 그리고 마음의 자세를 세밀하게 설명한다. 원효가 강조한 환경적 조건은 고요한 곳에 한거함, 지계가 깨끗함, 의식이 구족함, 선지식을 얻음, 반연하는 일을 쉬는 것으로[501] 이것은 천태지의의 『수습지관좌선법요(修習止觀坐禪法要)』(=『소지관(小止觀)』)에서 유래한 것인데, 원효가 당시 중국 선종이 아닌 천태의 가르침에 근거하여 좌선(명상)의 조건을 수용하였음을 알 수 있다. '단정히 앉아서'[㉮]란 우선 앉는 곳을 편안하게 하여 오래 동안 방해받지 않도록 자리를 만들고,[502] 반과부좌 혹은 가부좌를 함으로써 몸을 바르게 하는 방법이다. 원효는 단계별로 자세히 설명하고 있는데 내용을 살펴보자.

---

500) 『대승기신론소』: "若修止者, 住於靜處, 端坐正意, 不依氣息. 不依形色, 不依於空, 不依地水火風, 乃至不依見. 聞覺知, 一切諸想, 隨念皆除, 亦遣除想. 以一切法本來無想, 念念不生, 念念不滅, 亦不得隨. 心外, 念境界後, 以心除心, 心若馳散, 即當攝來. 住於正念, 是正念者, 當知唯心無外境界. 既復此心亦無自相, 念念不可得, 亦從坐起. 去來進止有所施作, 於一切時, 常念方便, 隨順, 觀察 久習淳熟, 其心得住, 以心任故, 漸漸猛利. 隨順得入眞如三昧, 深伏煩惱, 信心增長. 速成不退, 唯除疑惑, 不信誹謗, 重罪業障. 我慢懈怠, 如是等人, 所不能入."

501) 『대승기신론소』: "必具五緣. 一者閑居靜處謂住山林. 若住聚落, 必有喧動故. 二者持戒清淨, 謂離業障. 若不淨者, 必須懺悔故. 三者衣食具足. 四者得善知識. 五者息諸緣務."

502) 『대승기신론소』: "云何調身. 委悉而言. 前安坐處. 每令安穩. 久久無妨."

다음에는 옷의 띠를 풀어 느슨하게 하되, 앉을 때 떨어지지 않게 한다. 다음에는 손을 편안하게 해야 하니 왼손바닥을 오른손 위에 두고 손을 겹쳐서 서로 대하여 왼쪽 넓적다리 위에 가지런히 두며 몸 가까이 끌어당겨 중심에 두어 편안하게 하는 것이다. 다음에는 몸을 바로잡는 것인데, 먼저 몸과 팔다리의 마디를 움직여 7, 8번 반복하여 안마하는 법처럼 수족을 어긋나지 않게 하고, 몸을 바르게 하여 단정하고 똑바르게 하여 어깨의 뼈가 양쪽 바르게 하고 구부러지지도 솟지도 않게 해야 한다. 머리와 목을 바르게 하는 것은 코와 배꼽을 바르게 하여 올리지도 내리지도 말고 평면으로 바르게 머물게 하는 것이다. 이것이 단정히 앉아서의 뜻이다.[503]

원효의 자세한 설명에서 당시 명상의 자세를 살펴볼 수 있을 뿐만 아니라 명상을 위한 몸과 마음, 주변 환경 등 명상의 기본자세에 대해서도 파악할 수 있다.[504] 원효는 『유가사지론』을 인용하며 지관을 선정의 다른 이름인 심일경성(心一境性)으로 이해하고 있다.

> 이와 같이 심일경성은 혹 사마타이며, 혹 비발사나이다. 만약 아홉 가지 심주(心住)에서라면 심일경성은 사마타품이라 하고, 만약 네 가지 혜행(慧行)에서라면 심일경성은 비발사나품이라고 한다. (…)[505]

위에서 원효는 사마타와 위빠사나 모두를 심일경성[506]에 포함시키고 있는데, 이는 선정 혹은 삼매의 다른 이름으로, 마음을 일정한 경계에 머물게 하는 것이다. 원효는 심주(心柱)를 사마타, 혜행(慧行)을 위빠사나로 이해하고 이를 합하여 심일경성

---

503) 『대승기신론소』: "次解寬衣帶. 不坐時落. 次當安手. 以左手掌置右手上, 累手相對, 頓置右脚上, 牽來近身, 當心而安. 次當正身, 前當搖動其身, 幷諸支節, 依七八反, 如自按摩法, 勿令手足差異. 正身端直, 令肩骨相對, 勿曲勿聳. 次正頭頸, 令鼻與臍相對, 不偏不邪, 不仰不卑, 平面正住. 今總略說, 故言端坐也. 云何調心者. 末世行人, 正顯者少, 邪求者多. 謂求名利, 現寂靜儀. 虛度歲月, 無由得定. 離此邪求, 故言正意. 直欲定心與理相應, 自度度他至無上道, 如是名爲正意也."

504) 불교명상으로 참고할 만한 것으로 남회근, 신원봉 역, 『정좌수도 강의』(서울: 부키, 2014), 남회근, 신원봉 역, 『불교수행법 강의』(서울: 부키, 2010)를 추천한다.

505) 『대승기신론소』: "復次如是心一境性, 或是奢摩他品, 或是毘鉢舍那品. 若於九種心住中心一境性, 名奢摩他品, 若於四種慧行中心一境性, 名毘鉢舍那品."

506) 삼매의 이칭, 즉 마음[心]을 하나의 경[一境, 대상]에 집중한다는 뜻으로서 삼매와 동의어로 쓰임.: 김승동 편저, 앞의 사전, p.672.

이라고 한 것이다. 그에 따르면, 심주는 지에 해당되는데, 한 곳에 마음을 집중시켜 혼란스러운 마음을 멈추어 하나에 머무르게 하는 것이다. 원효는 기신론의 지의 내용[앞의 ㉴]을 위해 『유가사지론』의 구주를 가져와 설명한다.

> 어떤 것을 아홉 가지 심주라 하는가? 어떤 비구가 마음을 내주(內住)[507]하며, 등주(等住)[508]하며, 안주(安住)[509]하며, 근주(近住)[510]하며, 조순(調順)[511]하며, 적정(寂靜)[512]하며, 최극적정(最極寂靜)[513]하며, 전주일치(專住一趣)[514]하며 및 등지(等持)[515]하게 됨을 말하는 것이니, 이러한 것을 아홉 가지 심주라 하는 것이다.[516]

---

507) 『대승기신론소』: "云何內住. 謂從外一切所緣境界, 攝錄其心, 繫在於內, 不外散亂, 故名內住."('내주(內住)'란 바깥에서 반연하는 모든 경계에서 마음을 거두어 안으로 묶어 어지럽지 않도록 하는 것이다.)

508) 『대승기신론소』: "云何等住. 謂即最初所繫縛心, 其性麤動, 未能令其遍住故, 次即於此所緣境界, 以相續方便, 澄淨方便, 挫令微細, 遍攝令住, 故名等住."('등주(等住)'란 치달리는 번뇌에 묶인 마음은 그 성품이 거칠어 모든 경계에 두루 평등하게 머물게 할 수 없기에, 차례대로 이것이 인연한 경계에 마음의 집중이 이어지게 하는 방편과 맑게 하는 방편으로 거친 마음을 미세하게 하며 두루 감싸 머물게 한다.)

509) 『대승기신론소』: "云何安住. 謂若此心雖復如是內住等住. 然由失念, 於外散亂, 還復攝錄安置內境, 故名安住."('안주(安住)'는 마음이 '등주' 했더라도 집중력을 잃게 하는 마음작용으로 밖으로 어지럽게 되면 다시 그 마음을 거두어 안의 경계에 편안히 두는 것이다.)

510) 『대승기신론소』: "云何近住. 謂彼先應如是如是親近念住. 由此念故, 數數作意內住其心, 不令是心遠住於外, 故名近住."('근주(近住)'란 먼저 '내주'와 같은 마음에 맞추고 생각을 모아 머무는 마음가짐을 가까이 하고, 생각을 모은 마음으로 자주자주 주의를 기울여 안에 그 마음을 머물게 하며 바깥으로 멀리 나가지 않게 하는 것이다.)

511) 『대승기신론소』: "云何調順. 謂種種相, 令心散亂, 所謂五塵三毒男女等相, 故彼先應取彼相爲過患想, 由如是相增上力故, 於彼諸相折挫其心不令流散, 故名調順."('조순(調順)'은 온갖 모습이 마음을 어지럽게 하니, 말하자면 온갖 색깔·소리·냄새·맛·느낌의 경계와 탐욕·성냄·어리석음의 마음과 남녀와 같은 모습이다. 그러므로 저 모습들이 모두 근심이라고 생각하고, 이런 생각이 커짐으로 모든 모습에서 마음을 한결같이 하여 흐트러지지 않게 하는 것이다.)

512) 『대승기신론소』: "云何寂靜. 謂有種種欲恚害等諸惡尋伺, 貪欲不善等諸隨煩惱, 令心擾動, 故彼先應取彼法爲過患想, 由此增上力故, 於彼心不流散, 故名寂靜."('적정(寂靜)'은 온갖 욕심, 성냄, 해치려는 마음들과 같은 나쁜 모든 심사(尋伺)와 탐욕과 같은 모든 수번뇌(隨煩惱)가 마음을 움직이므로 먼저 그 모든 법들이 근심이라고 생각하고, 이런 생각이 커짐으로 나쁜 심사와 수번뇌에 마음이 흐트러지지 않는 것이다.)

513) 『대승기신론소』: "云何最極寂靜, 謂失念故. 即由二種暫現行時, 隨所生起, 然不忍受, 尋即反出, 故名最極靜寂."('최극적정(最極寂靜)'이란 집중력을 잃게 하는 마음에 있는 작용으로 나쁜 심사와 수번뇌가 잠깐 일어날 때 마음이 일어나는 곳을 따르지만 이 번뇌를 받아들이지 않고 바로 물리치는 것이다.)

514) 『대승기신론소』: "云何名爲專住一趣. 謂有加行有功用無缺無間, 三摩地相續而住. 故名專住一趣."('전주일취(專住一趣)'란 열심히 수행하는 힘이 있어 틈이 없이 마음이 집중이 이어지고 있는 것을 말한다.)

515) 『대승기신론소』: "云何等持. 謂數修數習數多修習, 爲因緣故. 得無加行無功用, 任運轉道. 故名等持."('등지(等持)'는 자주 닦아 익힌 공부의 인연 때문에 열심히 수행한다는 생각도 없이 흘러가는 인연 속에 도가 굳어지는 것을 말한다.)

516) 『대승기신론소』: "云何名九種心住. 謂有苾芻, 令心內住, 等住, 安住, 近住, 調順, 寂靜, 最極寂靜, 專住一趣, 及與等持, 如是名爲九種心住."

지명상의 단계별 과정이 자세히 나타나 있다. 이와 같은 아홉 가지의 '마음 멈춤'과 '마음 챙김'은 마음과 생각을 흐트러지지 않도록 하는 삼매인데, 원효는 기신론의 진여삼매(眞如三昧)[㉣]가 번뇌를 깊이 조복시키고 신심이 증장시켜 불퇴전의 경지에 이르게 한다고 높이 평가한다. 또 기신론의 일행삼매(一行三昧)[517]는 삼매에 들어 법계(法界)가 일상(一相)인 것을 아는 것인데, 부처와 중생이 평등하여 둘이 아님을 의미하는 것으로,[518] 원효는 이것이 바로 진여삼매의 수승한 공능이며 진여삼매여서 일행(一行) 등 모든 삼매를 낼 수 있는 것이라 하여 높이 평가하였다. 진여에 대한 삼매가 근본이고, 그것으로 일행삼매 등 무량한 삼매를 낼 수 있다[519]는 것이다. 여기서 일상, 진여, 일행 등 삼매의 이름은 별 의미가 없다. 삼매를 통하여 차별적 분별지가 사라져 모든 것이 평등하다는 것을 아는 것이, 진여법계의 평등성을 인식하는 것이 중요하다. 그것은 분별지를 버림으로써 가능하며, 여기서부터 수행은 시작되는 것이다.

3. 관명상의 의미와 방법

남방 상좌부불교의 『청정도론』에서 말하는 위빠사나가 관인데, 기신론의 관은 그것과는 차이가 있다. 그들 수행자들의 제일 관심은 오직 법이지 결코 중생이 아니었기 때문이다. 그들에게 중생이니 인간이니 하는 것은 법이 아닌 개념(pannatti)일 뿐이었다. 그들은 법을 배우고 연구하고[pariyatti, 교학], 그것을 다 삶에 적용시켜 도를 닦고[patipatti, 도닦음], 그래서 무상·고·무아의 법의 실상(보편적 성질)을 꿰뚫고 통찰하여(pativedha) 부처님이 보이신 해탈열반을 실현하기

---

517) "① 일상삼매(一相三昧), 진여삼매(眞如三昧)로 법계는 모두 평등한 모양이라고 관하는 삼매. ② 천태에서는 초문의 지관행을 행주좌와(行住坐臥)에 따라 넷으로 나누는데 이것을 4종삼매라고 한다. 행주와(行住臥)의 셋은 정지시키고, 좌(坐)의 일행(一行) 만으로 90일간 좌선입정(坐禪入定)하여, 법계의 평등한 이치를 관하는데, 이것을 상좌삼매(常坐三昧) 또는 일행삼매(一行三昧)라 한다.": 김승동 편저, 앞의 사전, p.930.
518) 『대승기신론』,〈수행신심분〉: "復次, 依是三昧故, 則知法界一相. 謂一切諸佛法與眾生身, 平等無二, 即名一行三昧."
519) 『대승기신론소』: "第二明眞修止如勝能, 是明依前眞如三昧, 能生一行等諸三昧. (…) 眞如三昧能生於此等無量三昧, 故言眞如是三昧根本也."

위해서 일생을 다 바쳤다.[520] 청정도론의 위빠사나 수행 방법은 칠청정으로 요약되는데 ①계청정, ②마음청정, ③견청정, ④의심을 극복함에 의한 청정, ⑤도와 도 아님에 대한 지견청정, ⑥도 닦음에 대한 지견청정, ⑦지견청정이다. 이는 계(戒, sila), 정(定, samadhi), 혜(慧, panna)로 요약할 수 있으며, 특히 ③~⑦의 다섯 가지가 바로 위빠사나에 해당된다.

기신론에서 '지'가 일체경계상을 그치는 것이라면, '관'은 인연생멸상을 분별하는 것이다.[521] 기신론이 일심의 두 문 중 진여문보다 생멸문에 중심이 있음은 분량이나 내용에서도 알 수 있다. 유위법(有爲法)으로서 인연생멸상은 중생들의 희로애락이 드러나는 현실로, 기신론은 진여를 중심에 두고 중생들이 현실을 어떻게 극복하여 행복에 이르는가에 초점이 있기 때문에 이처럼 생멸문을 강조한 것이다. 그러나 진여와 생멸은 둘이면서 하나이고 다른 것 같지만 결코 다르지 않다. 인연생멸상으로 드러나기는 하지만 이미 진여의 본질이 그 안에 내포되어 있어 사라지지 않기에 결코 불이(不異)이며 불이(不二)인 것이다. 그럼에도 기신론은 인연생멸의 현실을 중시하였기에, 보는[見] 대상은 확대되었고 통찰[觀]의 영역은 넓어졌던 것이다.

지관에 대한 원효의 해석-앞의 [2]-을 보면 방편으로서의 지와 관, 정관으로서의 사마타관과 위빠사나관을 구분하고 있다. 초기불교에서는 사마타와 위빠사나 어느 것이든 먼저 닦는 것은 기질에 따라 다르므로 순서는 중요하지 않고 함께 닦는 것[雙修]이 중요하다고 하였다. 반면, 원효는 방편과 정관을 구분하여 정관은 지관쌍운(止觀雙運)을 말하고, 방편으로서의 지와 관은 그 둘을 함께 닦는 정관을 고려하지 않고 단순하게 방편상 그 둘을 구분하여 각각 지와 관이라고 부른다.[522] 즉 둘을 함께 닦는 지관쌍운인 경우에야 제대로 된 지관이며 관관이라는 것이다. 기신론에서는 지와 관에 대하여 다음과 같이 말한다.

> 사람이 오직 지만을 닦으면 곧 마음이 가라앉거나 혹은 게으름을 일으

---

520) 붓사고사 스님, 대림스님 역, 『청정도론 1』, p.26.
521) 『대승기신론』, 〈수행신심분〉: "所言止者, 謂止一切境界相. (…) 言觀者, 謂分別因緣生滅相."
522) 한자경, 앞의 책, p.364.

켜 선을 즐기지 않고 대비를 멀리 여의게 되니, 이러므로 관을 닦는 것이다.[523)]

사람이 지명상을 하면 마음이 가라앉고 편안해지지만 거기에만 머물면 자기만족에 그쳐 게을러질 수 있다는 말이다. 즉 지에 의해 마음의 안정과 정서적 평안을 찾는 데서만 그치면 게을러져서 대상, 타인, 세상에 대해 무관심할 수 있다. 그 결과 소아에만 머물러 대아로 확산되지 못하여 진정한 도덕적 실천 수행은 불가능해진다. 이 때문에 선(善)과 자비(慈悲) 등 도덕적 실천 수행이 되려면 반드시 관을 해야 한다. 앞에서 쌍운의 의미가 동시가 아니라 병행임을 보았다. 기신론에서는 관의 방법을 다음과 같이 제시한다.

> ① ⓐ일체 세간의 유위법이 오래 머무를 수 없으며, 잠깐 사이에 변하여 무너진다는 것을 마땅히 관찰해야 한다. ⓑ일체 마음의 행은 생각마다 생멸하며 이 때문에 고(苦)라는 것을, ⓒ과거의 생각되었던 모든 법이 황홀하여 꿈과 같음을, 현재 생각되는 모든 법들이 마치 번개 같은 줄을, 미래에 생각될 모든 법이 마치 구름과 같이 홀연히 일어남을 마땅히 관찰해야 한다. ⓓ세간에서 몸을 가진 모든 것이 다 깨끗하지 않고 갖가지로 어염되어 즐거워할 만한 것이 없음을 마땅히 관찰해야 한다.[524)]
> ② 중생이 이처럼 가련한 것임을 늘 생각해야 한다. (…) ③일체의 고뇌하는 중생을 구원하여 그들에게 열반·제일의락(第一義樂)을 얻도록 바라는 것이다. ④ 모든 곳에 있는 여러 선을 자기 능력에 따라 버리지 않고 수학하여 마음에 게을리 함이 없으니 ⑤ 오직 앉았을 때 지(止)에 전념하는 외에는 나머지 일체에서 다 행해야 할 것과 행해지 말아야 할 것을 관찰해야 할 것이다.[525)]

---

523) 『대승기신론소』: "復次, 若人唯修於止, 則心沉沒, 或起懈怠, 不樂眾善, 遠離大悲, 是故修觀."
524) 『대승기신론소』: "修習觀者, 當觀, 一切世間有為之法, 無得久停, 須臾變壞, 一切心行, 念念生滅. 以是故苦. 應觀, 過去所念諸法, 恍惚如夢. 應觀, 現在所念諸法, 猶如電光. 應觀, 未來所念諸法, 猶如於雲, 忽爾而起. 應觀, 世間一切有身, 悉皆不淨, 種種穢污, 無一可樂."
525) 『대승기신론』 (수행신심분): "(…) 眾生如是, 甚為可愍. 作此思惟, 即應勇猛立大誓願, 願令我心離分別故, 遍於十方修行一切諸善功德, 盡其未來, 以無量方便救拔一切苦惱眾生, 令得涅槃第一義樂. (…) 以起如是願, 於一切時一切處, 所有眾善隨己堪能, 不捨修學心無懈怠, (…) 唯除坐時專念於止, 若餘一切, 悉當觀察應作不應作."

원효는 이러한 기신론의 관법을 법상관(法相觀)[①], 대비관(大悲觀)[②], 서원관(誓願觀)[③], 정진관(精進觀)[④]으로 구분하였다. 법상관은 초기불교의 위빠사나와 상통하는데, 사성제에 대한 통찰, 인간 존재의 괴로움, 무상함, 고정된 실체가 없음을 꿰뚫어 앎으로써 고집멸도의 성스러운 진리를 통찰하는 것이다.[526] 이것은 붓다가 말한 인간 존재의 실상을 고라고 전제한 불교의 기본 논리와 맞닿아 있다. 여기서 기신론의 대승적 성격에 주목할 필요가 있다. 인간 존재의 실상을 일체개고에서 출발하는 초기불교와 달리, 기신론은 여래장에 대한 믿음, 즉 대승[一心, 衆生心]에 대한 무한한 긍정에서 출발한다. 이전의 부정적 상락아정(常樂我淨)의 의미는 열반의 상태를 의미하는 긍정적 상락아정으로 변화되는데, 이는 인간의 마음에 대한 긍정과 통한다. 기신론의 지관도 진여에 대한 지의 집중과 생멸에 대한 관의 살핌을 통하여 소아에서 대아로 확장되고 있는 것이다. ②~⑤의 내용에 나타나는 중생에 대한 대비, 그들을 구하고자 하는 서원, 이를 위한 실천 노력으로 확대되고 있다. 기신론의 여래장은 생멸문에 속한 진여성이며, 사마타 즉 진여삼매를 통하여 평등성에 대한 믿음이 확고해진다. 또한 확장된 위빠사나를 통하여 동체대비로서의 자비에 이르게 되는 것이다.

원효는 위빠사나의 방법으로 『유가사지론』〈성문지(聲聞地)〉의 사혜(四慧)를 제시한다. 그것은 사마타에 의지하여, 대상들을 바르게 생각하여 판단하며[能正思擇], 가장 지극하게 생각하여 판단하며[最極思擇], 빠짐없이 두루 살펴 생각하며[周遍尋思], 빠짐없이 두루 대상에 대하여 그 뜻과 이치를 대강 심구하는 심사(尋思)보다 한 단계 더 나아가 세밀하고 분별하고 살피는 것[周遍伺察]이다.[527] 구체적으로 살펴보면 다음과 같다.

무엇을 '능정사택'이라고 하는가. 청정한 행위가 반연하는 경계, 혹은 선하

---

526) ⓐ는 일체의 모든 것들은 인연 화합에 의한 것으로 생멸 변화하여 영원한 것이 없다는 무상관(無常觀), ⓑ는 이 세상 모든 것이 찰나 생겨나는 마음에 의한 것으로 이들도 영원한 것이 없으므로 모두 괴로운 것이라는 고관(苦觀), ⓒ는 나라고 할 만한 변하지 않는 실체는 존재하지 않는다는 무아관(無我觀), ⓓ는 지수화풍(地水火風)으로 이루어진 인간의 신체는 물론 모든 몸을 가지는 존재들의 노폐물들을 보면 오염되어 있다는 부정관(不淨觀).

527) 『대승기신론소』: "云何四種毘鉢舍那. 謂有苾蒭依止內心奢摩他故, 於諸法中, 能正思擇, 最極思擇, 周徧尋思, 周徧伺察, 是名四種.": 은정희(2017), 앞의 책, pp.444~445.

고 공교하게 방편으로 반연하는 경계, 청정한 계행이 반연하는 경계에 대하여 어디에서나 현상계의 모든 차별상 전체를 감싸는 궁극적인 성품을 바르게 깊이 생각하고 판단하는 것을 말한다. 무엇을 '최극사택'이라고 하는가. 인연 경계에서 존재자의 궁극적인 본질인 진여를 가장 잘 생각하고 판단하는 것을 말한다. 무엇을 '주변심사'라고 하는가. 인연 경계에서 지혜로운 행으로 분별하는 마음을 가져 그 모습을 취하여 두루 살피고 잘 생각하는 것을 말한다. 무엇을 '주변사찰'이라고 하는가. 인연 경계에서 잘 살피고 따져 두루 세밀하게 분별하여 살피는 것을 말한다.[528]

여기서 관은 대상에 대한 생각과 숙고, 세밀한 관찰과 이성적 판단을 포함한다. 이러한 관은 지가 선행되어야 가능하지만, 이 둘은 같이 가야 한다. 원효의 『금강삼매경론』에서 수행목표로 제시되는 '일미(一味)'란 현상[事]과 본체[理]가 두루 평등하여 차별이 없다는 의미이다.[529] 그는 참선과 지혜 둘의 상호의존의 중요성에 대하여 '한 맛으로 참되게 보아 행하는 수행'이라는 '일미관행(一味觀行)'이라는 말을 쓰는데, 이것은 관은 참선 수행과 지혜 수행 두 측면이 종합된 것이자 '하나가 된 마음자리와 불가분의 관계라는 것이다.[530] 그에 의하면, "이처럼 사마타를 얻은 사람은 다시 네 가지 주의 기울이는 마음을 지녀 위빠사나를 익힐 수 있는데 이것이 위빠사나에 들어가는 방법이다."[531] 즉 위빠사나 단계는 사마타를 얻은 이후에 가능하다는 말이다. 이것은 먼저 자기 마음을 다스린 후에야 인연생멸상을 두루 생각하고 살필 수 있다고 본 것으로, 윤리교육에서 정서와 인지의 관계와 조화를 위해 시사해주는 바가 크다. 아는 것과 느끼는 것이 마땅히 조화해야 하지만, 우선적으로 정서적 안정이 이루어져야만 자아를 성찰할 수 있고 주변을 살필 수 있으며 이를 통하여 지혜가 발휘되어 세상에 대한 통찰이 제대로 발휘될 수 있기 때문이다.

---

528) 『대승기신론소』: "云何名爲能正思擇. 謂於淨行所緣境界. 或於善巧所緣境界. 或於善行所緣. 能正思擇盡所有性. 云何名爲最極思擇. 謂卽於彼所緣境界. 最極思擇如所有性. 云何名爲周遍尋思. 謂於彼所緣境界. 由慧俱行. 有分別作意. 取彼相狀. 周遍尋思. 云何名爲周遍伺察. 謂卽於彼境. 審諦推求. 周遍伺察. 乃至廣說."
529) 은정희·송진현 역주, 앞의 책, p.24.
530) 박태원, 「원효의 선(禪)사상-『금강삼매경론』을 중심으로-」, 『철학논총』 제68집(새한철학회, 2012), p.20.
531) 『대승기신론소』: "又如是得奢摩他者, 復卽由是四種作意. 方能修習毘鉢舍那. 故此亦是毘鉢舍那品."

V. 지관명상의 윤리교육적 시사점

지금까지의 논의를 윤리교육에 접목시켜 교육적 의미를 찾기 위해 불교명상을 종교적 관점이 아닌 사상적 관점에서 접근하는 것이 전제되어야 한다. 윤리교육에서 접근하는 명상은 종교적 깨달음이 목적이 아니라 도덕적 삶의 방향 설정과 연계되기 때문이다. 필자가 논의를 위해 불교 용어를 사용하였지만 이는 방편일 뿐이며, 궁극적인 목표는 윤리교육적 의미를 찾는 것이다. 지금까지 논의를 윤리교육의 관점에서 정리하며 다음 다섯 가지를 제시할 수 있다.

첫째, 대승(大乘)을 의미하는 일심(一心) 즉 중생심(衆生心)의 강조이며, 그것은 인성에 대한 긍정과 신뢰라고 할 수 있다. 남방 상좌부불교에서는, 사마타는 불교 이외 다른 학파에서도 활용하므로 불교만의 특성은 위빠사나 통찰지라고 본다. 이들이 주로 인간 존재의 괴로움[苦]의 실상을 드러내는 부정관(不淨觀)에 초점을 두는 반면, 동아시아 불교는 여래장[佛性]을 강조한다. 이는 유교에서 태극과 천명 지성의 강조와 유사한 것으로 인간의 성선에 대한 믿음을 토대로 한 것이다. 이처럼 중생심[일심]에 대한 믿음과 확신은 기신론과 원효의 지관명상의 가장 큰 특징으로, 도덕적 판단과 실천 주체인 인성을 선으로 보고 긍정하고 신뢰한다고 할 수 있다.

둘째, 불일불이(不一不異)의 논리에서 드러나는 이상과 현실의 조화 추구이다. 일심이 드러내는 진여문과 생멸문의 두 문은 둘이지만 본질은 하나이다. 진여가 이상이라면 생멸은 현실이며, 이 둘은 결코 하나이지만 같지 않고 또 그렇다고 다르지도 않다. 우리의 삶은 이상과 현실의 갈등이며 사람들은 이 둘의 괴리를 힘들어하면서도 언제나 '희망'을 버리지 않는 것은, 일심의 핵심인 진여의 존재를 믿기 때문이다. 원효가 진여문보다 생멸문에 더 많은 주석을 기울이고 있는 것은 중생구제를 추구한 그의 동체대비의 실천적 삶에서 이유를 찾을 수 있다. 궁극적으로 진여를 추구할지라도 중생들은 현실을 살아내야 하므로 그들을 먼저 생각하였던 것이 그의 실천 방법이었던 것이다.

셋째, 기신론 지관명상의 대상이 부정취(不定聚) 중생이라는 데서, 지관명상은 보통사람이라면 누구나 할 수 있는 내용과 방법임을 알 수 있다. 기신론은 진리에 대한 신념이 부족한 부정취 중생들을 위한 것이며, 이들을 상중하로 나누어 상근기인 사람들에게 분별발취도상의 수행, 중근기에게는 지관 중심의 수행신심분의 수행, 하근기에게는 결과와 이익에 초점을 둔 권수이익분의 수행을 제시하였다. 지관명상의 내용과 방법은 결코 특수한 것이 아니라 보통사람이라면 누구나 닦을 수 있는 명상의 기본이라고 볼 수 있다.

넷째, 기신론의 대승적 확대에서 드러나는 것으로, 명상 대상이 나에서 타인과 세상으로 확대되어 대아(大我)를 지향한다는 것이다. 기신론과 원효의 지관명상은 대승불교의 특성을 반영하여 명상의 초점과 대상이 확대되어 중생의 현실과 그 극복에 초점이 있다. 남방 상좌부불교의 명상은 주로 개인의 해탈에 초점을 둔 위빠사나에 초점이 있다면 대승불교는 나를 넘어 중생과 세상으로 확대되었다. 물론 『청정도론』[532]에서 자비희사(慈悲喜捨)의 사무량심(四無量心)이 명상 주제로 등장하긴 하지만 핵심은 아니었다. 반면 기신론의 지관에서는 모든 인간에게 갖추어진 소아를 넘어 확대된 대아를 추구하고 있으며, 궁극적으로 자리이타와 궁극적으로 동체대비의 도덕적 실천을 강조하고 있다.

다섯째, 지관쌍운(止觀雙運)에서 드러나는 정서와 인지의 조화 추구, 그리고 궁극적으로 도덕적 실천을 목표로 하는 점이다. 기신론에서는 "걷든 머무르든 눕든 일어나든 모든 경우에 마땅히 지관을 함께 행해야 한다."[533]라고 하였다. 원효도 방편으로서의 지와 관, 정관(正觀)으로서의 지관을 구분하여 함께 닦을 때에만 정관이라고 하였다. 이와 같은 지와 관의 조화를 통한 도덕적 실천의 추구는 윤리교육의 방향과 맞닿아 있다. 윤리교육은 인지적·정서적·행동적 도덕성의 통합을 추구하는데, 궁극적으로 자아실현을 통한 개인의 인격 완성과 사회적으로 타인과의 조화와 도덕적 실천을 통한 바람직한 공동체를 추구하기 때문이다.

---

532) 붓다고사 스님, 대림스님 역, 『청정도론 1』, p.317.
533) 『대승기신론』〈수행신심분〉: "若行若住, 若臥若起, 皆應止觀俱行."

Ⅵ. 결론

지금까지 『대승기신론』과 원효를 중심으로 불교 지관명상의 특성을 파악하여 윤리교육적 시사점을 찾아보았다. 현대사회에서 명상은 자신을 돌아보고 성장하는 데 필요한 성찰방법이다. 추사가 『종정록』을 읽고 『안반수의경』으로 명상하며 유배시절을 견디었다는 편지글을 본 적이 있다. 명상을 생활화하였던 선조들의 삶에서 한국인들에게 적합한 명상을 찾아볼 필요가 있다. 필자는 한국인들에게 적합한 명상이 필요하다고 판단하여 원효에게서 찾아보았다.

지관명상의 목적은 자신의 정서적 안정을 통하여 세상에 대한 올바른 통찰을 하는 것이다. 윤리교육적 시사점은 일심에서 드러나는 인성에 대한 긍정과 신뢰, 이상과 현실의 조화 추구, 일반인을 위한 명상 방법, 소아에서 대아로의 명상 지향점 확대, 정서와 인지의 조화와 이를 통한 도덕적 실천으로 정리해보았다.

오늘날 한국명상담론이 지나치게 상업적으로 흘러 가볍게 인식되고 있는 이유를 찾아보면, 현재 많이 보급된 남방불교 명상에서 추구하는 주된 방법인 위빠사나 명상이 비록 유용하고 가치도 있지만, 그것이 대승적 차원으로 확대되지 못한 것도 주된 원인인 듯하다. 본 연구에서 논의된 기신론 지관명상의 도움을 받는다면, 명상을 통하여 사유의 지평을 소아에서 대아로 확대시키는 것이 가능할 것이다. 인간은 혼자 사는 존재가 아니며 더불어 사는 사회적 존재임을 염두에 둘 때, 윤리교육 관점에서 나의 정서적 평안에만 머물지 말고 이상과 현실의 조화를 위하여 세상을 통찰하여 도덕적 실천을 추구하는 노력이 중요하기 때문이다. 기신론 지관명상의 도움으로 명상을 접하는 사람들이 자신의 자아 확립에서 출발하더라도 궁극적으로는 타인에 대한 배려와 도덕적 실천이라는 확대의 과정을 경험할 수 있기를 기대해본다.

참고문헌

원전 및 경전관련

- 각묵스님 역·편, 대림스님 역, 『니까야 강독Ⅱ』(울산: 초기불전연구원, 2013).
- 각묵스님 역a, 『디가 니까야 1-3』(울산: 초기불전연구원, 2006).
- 각묵스님 역b, 『상윳따 니까야 1-6』(울산: 초기불전연구원, 2009).
- 각묵스님, 『초기불교이해』(울산: 초기불전연구원, 2013).
- 각묵스님, 『초기불교입문』(서울: 이솔, 2014).
- 곽철한 편저, 『시공 불교사전』(서울: 시공사, 2008).
- 김용옥a·b·c 『노자와 21세기 1·2·3』(서울: 통나무, 1999·1999·2000).
- 김학목 역, 『노자 도덕경과 왕필의 주』(서울: 홍익출판사, 2012).
- 김호귀, 『육조대사법보단경』(파주: 한국학술정보, 2015).
- 대림스님 역, 『맛지마 니까야 1-4』(울산: 초기불전연구원, 2012).
- 대림스님 역, 『앙굿따라 니까야 1-6』(울산: 초기불전연구원, 2006b).
- 대림스님 역, 『앙굿따라 니까야 2』(울산: 초기불전연구원, 2011).
- 대림스님 역, 『청정도론 1-3』(울산: 초기불전연구원, 2004).
- 대림스님·각묵스님 역, 『아비담바 길라잡이(상)』(울산: 초기불전연구원, 2002).
- 대림스님·각묵스님 역, 『아비담바 길라잡이(하)』(울산: 초기불전연구원, 2002).
- 마명 지음, 감산대사 풀이, 송찬우 역, 『대승기신론』(서울: 세계사, 1991).
- 마명 지음, 지안 역, 『대승기신론』(서울: 지식을 만드는 지식, 2011).
- 문화추진회, 『국역 다산시문집 Ⅴ』(서울: 민족문화추진회, 1983).
- 민족문화추진회, 『국역 다산시문집 Ⅰ,Ⅱ』(서울: 민족문화추진회, 1994a,b).
- 민족민족문화추진회, 『국역 다산시문집 Ⅸ』(서울: 민족문화추진회, 1986).
- 민중서림편집국 편, 『漢韓大字典』(서울: 민중서림, 1998).
- 성백효 역주, 『논어집주』(서울: 전통문화연구회, 1990).
- 성백효 역주, 『맹자집주』(서울: 전통문화연구회, 1990).
- 성백효 역주, 『대학·중용집주』(서울: 전통문화연구회, 1991).

- 은정희, 『대승기신론소·별기』(서울: 일지사, 1991).
- 은정희, 『대승기신론소회기본』(서울: 동국대학교출판부, 2017).
- 은정희·송진현 역주, 『원효의 금강삼매경론』(서울: 일지사, 2000).
- 최진석, 『노자의 목소리로 듣는 도덕경』(고양: 소나무, 2001).
- 태현 지음, 박인석 역, 『대승기신론내의약탐기』(서울: 동국대학출판부, 2015).
- 한자경, 『대승기신론 강해』(서울: 불광출판사, 2013).
- 허경진 역주, 『공자가어(孔子家語)』(서울: 전통문화연구회, 2018).
- 안병주·전호근 역 a·b·c·d, 『역주 장자 1·2·3·4』(서울: 전통문화연구회, 2001·2004·2005·2006).
- 송재소 역주, 『다산시선』(파주: 창비, 2013).
- 안동림 역주, 『장자』(서울: 현암사, 2017).
- 박석무 역주, 『다산산문선』(파주: 창비, 2013).
- 붓사고사 스님, 대림스님 역, 『청정도론1』(울산: 초기불전연구원, 2004).

단행본 및 번역서

- 가브리엘 외팅겐, 이종인 역, 『무한긍정의 덫』(서울: 세종서적, 2015).
- 고려대 철학연구소a, 『극복대상으로서의 욕망』(서울: 한국학술정보, 2011).
- 고려대 철학연구소b, 『자기실현의 동력으로서의 욕망』(서울: 한국학술정보, 2011).
- 교육부, 고시 제2015-74호, [별책6]『도덕과 교육과정』
- 교육인적자원부, 고시 제2007-79호, [별책6]『도덕과 교육과정』
- 김난도, 『아프니까 청춘이다』(서울: 쌤앤파커스, 2010).
- 김동윤 역, 필립 반 덴 보슈, 『행복에 관한 10가지 철학적 성찰』(서울: 자작나무, 1999).
- 김동일, 『피에르 브르디외』(서울: 커뮤니케이션북스, 2016).
- 김상환, 『해체론 시대의 철학』(서울: 문학과 지성사, 1996).
- 김승동 편저, 『불교사전』(서울: 민족사, 2011).
- 김영옥 역, 슈테판 클라인, 『행복의 공식』(서울: 웅진지식하우스, 2006).
- 김우열 역, 『시크릿(Secret)』(서울: 살림biz, 2007).

- 김인자 역, 마틴 셀리그만, 『긍정심리학』(서울: 물푸레, 2006).
- 김중웅 역, 앨빈 토플러, 『부의 미래』(서울: 청림출판, 2006).
- 김태훈 역, 『누가 내 치즈를 옮겼을까?』(서울: 명문출판사, 2012).
- 김홍규·원애경, 『상담심리학』(파주: 양서원, 2007).
- 김희봉 옮김, 마크 뷰캐넌, 『사회적 원자』(사이언, 2010).
- 김희진 역, 잉게 파슈, 『직감: 인생을 지배하는 자기 신뢰의 힘』(파주: 청아출판사, 2008).
- 나인호, 『개념사란 무엇인가』(서울: 역사비평사, 2013).
- 남회근 지음, 신원봉 역, 『능가경 강의』(서울: 부키, 2015).
- 남회근, 신원봉 역, 『불교수행법 강의』(서울: 부키, 2010).
- 남회근, 신원봉 역, 『정좌수도 강의』(서울: 부키, 2014).
- 대림스님 역, 『들숨날숨에 마음챙기는 공부』(울산: 초기불전연구원, 2003).
- 류시화 역, 『영혼을 위한 닭고기 수프1』(서울: 푸른숲, 2001).
- 민족문화추진회 편역, 『유배지에서 보낸 편지와 교육』(파주: 문장. 2016).
- 바버라 에런라이크, 전미영 역, 『긍정의 배신』(서울: 부키, 2011).
- 박병준 외, 『코로나 블루, 철학의 위안』(서울: 지식공작소, 2020).
- 박전주 역주, 『능가경 역주』(서울: 운주사, 2011).
- 박한신·이수인 역, 로널드 W. 드워킨, 『행복의 역습』(서울: 아로파, 2014).
- 배인섭 역, 하랄드 빌렌브록, 『행복경제학』(서울: 미래의 창, 2007).
- 사마천, 김원중 역, 『사기열전(하)』(서울: 민음사, 2007).
- 사무엘 아베만, 이창희 역, 『지식의 반감기』(서울: 책 읽는 수요일, 2014).
- 성현영, 최진석·정지욱, 『노자의소: 도교, 불교와 만나다』(서울: 소나무, 2007).
- 와타나세 후미마로, 김한상 역, 『니까야와 아비담마의 철학과 그 전개』(서울: 동국대학교 출판부, 2014).
- 우문식, 『긍정심리학의 행복』(안양: 물푸레, 2012).
- 윌리엄 데이비스, 황성원 역, 『행복산업』(파주: 동녘, 2015).
- 유발 하라리, 조현욱 역, 『사피엔스』(서울: 김영, 2016).
- 윤미영, 『인문학으로 마음의 병 치료하기』(파주: 이담북스, 2018).
- 윤인숙 역, 대린 맥마흔, 『행복의 역사』(서울: 살림, 2008).
- 이경아 역, 리즈 호가든, 『행복: 영국 BBC 다큐멘터리』(서울: 예담, 2006).
- 이덕남 역, 조지 베일런트, 『행복의 조건』(서울: 프런티어, 2010).

- 이덕일a, 『정약용과 그의 형제들 1』(파주: 김영사, 2010).
- 이덕일b, 『정약용과 그의 형제들 2』(파주: 김영사, 2010).
- 이세진 역, 로랑 베그, 『도덕적 인간은 왜 나쁜 사회를 만드는가』(서울: 부키, 2013).
- 이종인 역, 가브리엘 외팅겐, 『무한긍정의 덫』(서울: 세종서적, 2015).
- 장 뤽 낭시, 박준상 역, 『무위의 공동체』(파주, 인간사랑, 2010).
- 장샤오헝, 최인애 역, 『느리게 더 느리게: 하버드대 행복학 명강의』(파주: 다연, 2014).
- 전경갑, 『욕망의 통제와 탈주』(서울: 한길사, 1999).
- 전남대학교 호남학연구원, 『국역 여유당전서』(광주: 전남대학교출판부, 1986).
- 전미영 역, 바버라 에런라이크, 『긍정의 배신』(서울: 부키, 2011).
- 전병근 역, 유발 하라리, 『21세기를 위한 21가지 제언』(파주: 김영사, 2018).
- 정민, 『다산의 지식경영법』(서울: 김영사, 2005).
- 정민, 『삶을 바꾼 만남』(파주: 문학동네, 2011).
- 정성본, 『선의 역사와 사상』(서울: 불교시대사, 1994).
- 정재서, 『한국 도교의 기원과 역사』(서울: 이화여대출판부, 2006).
- 정종진, 『행복수업』(대구: 도서출판그루, 2014).
- 정준영·한자경 외, 『욕망: 삶의 동력인가 괴로움의 뿌리인가』(운주사, 2008).
- 정호영, 『여래장 사상』(서울: 대원정사, 1993).
- 조성을, 『연보로 본 다산 정약용』(파주: 지식산업사, 2016).
- 조윤제, 『다산의 마지막 공부』(서울: 청림출판, 2018).
- 조한경 역, 조르주 바타유, 『저주의 몫』(서울: 문학동네, 2000).
- 지관 편저, 『가산 불교대사림 1』(서울: 가산불교문화연구원, 1998).
- 질 들뢰즈, 이정우 역, 『의미의 논리』(서울: 한길사, 1999).
- 질 들뢰즈·펠릭스 가타리a, 김재인 역, 『천개의 고원』(서울: 새물결, 2001).
- 질 들뢰즈·펠릭스 가타리b, 김재인 역, 『안티오이디푸스』(파주: 민음사, 2014).
- 한국도덕윤리과교육학회, 『2015 문·이과 통합형 도덕과 교육과정 개정 시안 공개 토론회 자료집』, 2015.04.17.
- 한국불교대사전편찬위원회, 『한국불교대사전(七)』(서울: 명문당, 1995).
- 황성원 역, 윌리엄 데이비스, 『행복산업』(파주: 동녘, 2015).

논문류

- 고승학, 『『대승기신론』에서 여래장의 수행론적 의미』, 『불교학리뷰』 10(금강대학교 불교문화연구소, 2011).
- 고승환, "다산 정약용의 감정론(情) 연구-불안과 두려움을 중심으로-", 『철학논집』 54(서강대학교 철학연구소, 2018).
- 孔泳立, "제례의 기원과 본질", 『동양철학연구』 23(동양철학연구회, 2000).
- 구재선·서은국, "한국인, 누가 언제 행복한가?", 『한국심리학회지』, 25(2)(한국심리학회, 2011).
- 권선중·김교헌·이홍석, "한국판 감사 성향 척도(K-GQ-6)의 신뢰도 및 타당도", 『한국심리학회지: 건강』, 11(1)(한국심리학회, 2006).
- 권지성·정선욱·정해식·김성아, "한국인들이 경험하는 행복의 맥락과 패턴", 『한국사회복지질적연구』, 14(3)(한국사회복지질적연구학회, 2020).
- 김 기, "장자 수양론의 구조적 특성 연구-노자의 복귀(復歸)사상과 관련하여-", 『유학연구』 40(충남대학교 유학연구소, 2017).
- 김경미 외, "삶의 의미가 노년기 행복과 건강에 미치는 영향: 천년기와 노년기의 비교를 중심으로", 『한국심리학회지』 30-2(한국심리학회, 2011).
- 김국현·권미정, "고등학교 수업에서의 윤리상담 실행 이론과 적용 방안", 『윤리교육연구』 제35집(한국윤리교육학회, 2014).
- 김대군, "분노조절에 대한 윤리상담적 접근-세네카의 분노론을 중심으로", 『윤리교육연구』 제34집(한국윤리교육학회, 2014).
- 김덕삼, "한국에서 도가 문화의 수용과 창조", 『한국학연구』 68(고려대학교 한국학연구소, 2019).
- 김덕진, "강진의 학풍과 향리, 그리고 다산", 『다산과 현대』 11(연세대학교 강진다산실학연구원, 2018).
- 김봉남, "다산 정약용의 시문에 나타난 고뇌와 회환-유배 이전 시기의 사건과 교유를 중심으로-", 『한국한문학연구』 70(한국한문학회, 2019).
- 김성동, "인간의 행복에 대한 새로운 접근", 『대동철학』 41(대동철학회, 2007).
- 김용남, "유교의 행복관", 『동양철학연구』 21(동양철학연구회, 1999).
- 김은미·최명구, "청소년의 여가활동과 행복과의 관계", 『아동교육』 16(1)(한국아동교육학회, 2007).

- 김은수, "도덕과 교육에 '치료' 개념 도입을 위한 시론", 『도덕윤리과교육』 제35호(한국도덕윤리과교육학회, 2012).
- 김정현, "유가의 마음치유술과 그 현대적 의미-다산 정약용의 『신경밀험』을 중심으로", 『공자학』 38(한국공자학회, 2019).
- 김종수, "지관(止觀, samatha-vipasanā)에 관한 연구-초기경전(Nikāya)을 중심으로-", 『유학연구』 43(충남대학교 유학연구소, 2018).
- 김지영·권석만, "성격강점의 인식과 활용이 정신건강에 미치는 효과", 『한국심리학회지: 임상』 32(4)(한국심리학회, 2013).
- 박경일, "해체철학의 선구들-붓다, 노자로부터 엘리엇, 데리다까지", 『시와 세계』 15(시와 세계, 2006).
- 박명호·박찬열, "행복지수를 활용한 한국인의 행복 연구", 『한국경제포럼』, 12(4)(한국경제학회, 2020).
- 박원재, "노장철학과 해체론", 『오늘의 동양사상』 14(예문동양사상연구원, 2006).
- 박장호, "윤리상담-이론적 토대에 대한 검토", 『윤리교육연구』 34(한국윤리교육학회, 2014).
- 박태원, "원효의 선(禪)사상-『금강삼매경론』을 중심으로-", 『철학논총』 68(새한철학회, 2012).
- 박태원, "『대승기신론』 사상을 평가하는 원효의 관점", 고영섭 편저·예문사상연구원, 『원효』(서울: 예문서원, 2002).
- 박형빈, "윤리클리닉으로서 윤리상담에 대한 일 고찰", 『초등도덕교육』 48(한국초등도덕교육학회, 2015).
- 박홍식, "『논어』의 행복론", 『유교문화연구』 17(한국유교학회, 2010).
- 성혜영, "깨달음 체험과 완성의 의미", 정준영·박찬욱 외, 『깨달음, 궁극인가 과정인가』(서울: 운주사, 2014).
- 신득렬, "행복과 교육", 『교육철학』 18(한국교육철학회, 2000).
- 신승배, "한국 청소년 삶의 질 결정요인", 『사회과학연구』, 29(1)(충남대학교 사회과학연구소, 2018).
- 안외순, "공자의 행복관: 『論語』를 중심으로", 『동양고전연구』 41(동양고전학회, 2010)
- 안은희 "프랑스 차이담론의 화쟁학적 탐구 차이 개념 자체에 대한 탐구와 차이의 배타적 차별 극복을 위한 방법론 연구", 『화쟁인문학의 전망과 연구방법론(I)』(화쟁연구소 2021 추계학술대회 발표자료집)(영산대 화쟁연구소, 2021.11.6.).

- 엄석인, "유교사상의 덕과 행복 —유교적 공리주의의 탐색—", 『한국동양철학회 학술대회 논문집』(2016).
- 우종인, "원효와 법장의 아뢰야식의 문제", 『남도문화연구』 30(순천: 순천대학교 남도문화연구소, 2016).
- 유장림a, "여가와 심성의 수련: 어떻게 행복할 수 있는가", 『사회사상과 문화』 18(동양사회사상학회, 2008).
- 유장림b, "장자의 행복과 여가", 『사회사상과 문화』 20(동양사회사상학회, 2009).
- 윤영돈·유병렬, "한국적 가치의 재정립을 위한 인문치료적 접근", 『윤리연구』 94(한국윤리학회, 2014).
- 윤지훈, "다산 정약용의 아동 학습서 편찬에 대한 연구", 『동방한문학』 81(동방한문학회, 2019).
- 이미식, "초등학교 도덕과 교육에 활용할 수 있는 윤리상담의 실제", 『윤리교육연구』 35(한국윤리교육학회, 2014).
- 이민정, "한국인의 행복과 종교의 관계", 『사회사상과 문화』 19(4)(동양사회사상학회, 2016).
- 이상호, "오복(五福)개념을 통해 본 유교의 행복론", 『동양철학연구』 6(동양철학연구회, 2009).
- 이석주, "'홀로 있음'과 노년-유가와 도가를 중심으로", 『한중인문학연구』 65(한중인문학회, 2019).
- 이수미, "동아시아에서의 『대승기신론』 해석의 전개", 『철학사상』 60(서울대학교 철학사상연구소, 2016).
- 이영경, "불교교리 비판한 친불 경세가", 『불교평론』 64(불교평론사, 2015).
- 이영의, "인문치료의 이론과 실제", 『제2회 세계인문학포럼 발표자료집』(2012).
- 이용수, "한국인의 행복과 행복 요인", 『보건복지포럼』 265(한국보건사회연구원, 2018).
- 이지희 외, "전문상담교사의 전문성 증진을 위한 교육요구분석", 『상담학연구』 13(1)(한국상담학회, 2012).
- 이진남, "긍정심리학의 행복 개념에 대한 비판적 고찰", 『철학논집』 44(서강대학고 철학연구소, 2016).
- 이현지, "인공지능시대의 행복한 노년을 위한 수행과 낙도로서의 삶", 『사회사상과 문회』19(4)(동양사회사상하희, 2016)
- 이호영, "老莊사상에서 나타나는 마음 관련 용어", 『철학탐구』 33(중앙대학교 중앙철

- 학연구소, 2013).
- 이희경, "부정에서 긍정으로: 심리학의 새로운 접근", 『한국심리학회 학술대회 자료집』 (2006).
- 이희경·이동귀, "긍정심리학적 인간이해와 변화", 『인간연구』 13(카톨릭대학교 인간학연구소, 2007).
- 임정기, "중국고대 천관에서 본 도가의 사상", 『철학연구』 139(대한철학회, 2016).
- 장승희, "초기불교에 나타난 행복의 의미와 추구 방법-니까야 경전을 중심으로-", 『윤리연구』 106(한국윤리학회, 2016).
- 장승희, "불교의 '지혜' 도덕성 탐색을 위한 시론", 『윤리교육연구』 57(한국윤리교육학회, 2020).
- 장승희, "유교행복담론의 도덕교육적 함의", 『윤리연구』127(한국윤리학회, 2019).
- 장승희, "현대행복담론에 대한 비판적 성찰과 윤리교육적 대안", 『윤리연구』 132(한국윤리학회, 2021).
- 정세근, "행복의 상대성과 균등성", 『철학연구』 104(대한철학회, 2014).
- 정세근a, "됐다와 놀자: 노장의 행복론", 『동양철학』 45(한국동양철학회, 2016).
- 정세근b, "의미적 자연과 사실적 자연-노자의 경우", 『동서철학연구』 88(한국동서철학회, 2018).
- 정영근, "『대승기신론』의 무명 이해", 『태동고전연구』 4(태동고전연구소, 2001).
- 정일균, "다산 정약용의 '지식(知識)'론에 대한 일고찰", 『한국실학연구』 37(한국실학학회, 2019).
- 정치영, "조선시대 사대부들의 유람 중의 활동", 『역사민속학』 42(한국역사민속학회, 2013).
- 정탁준, "인성교육의 핵심활동으로서 윤리상담에 대한 연구", 『윤리교육연구』 34(한국윤리교육학회, 2014).
- 정해식·김성아, "한국인의 행복: 소득 및 자산 격차의 영향 분석", 『사회복지정책』 46(1)(한국사회복지정책학회, 2019).
- 정현철, "니체의 불교 비판과 원효의 화쟁사상", 『화쟁인문학의 전망과 연구방법론(II)』, 영산대화쟁연구소 2021 추계2차학술대회 자료집(2021.21.11.).
- 정호영, "여래장의 개념과 전개", 『인문학지』 30(충북대학교 인문과학연구소, 2005).
- 조민환, "도가적 은사의 삶과 웰빙-장자 심은적 삶의 태도를 중심으로-", 『동양철학연구』 53(서울: 동양철학연구회, 2008).
- 조수경, "윤리상담과 윤리교육", 『대동철학』 70(대동철학회, 2015).

- 조수동, "원효의 본각과 여래장", 『동아시아불교문화』 10(동아시아불교문화학회, 2012).
- 조창희, "동양적 즐거움(樂)과 그 추구방식", 『東洋社會思想』 24(동양사회사상학회, 2011).
- 채정호, "긍정심리학과 행복학의 함입을 통한 정신의학의 새로운 패러다임", 『스트레스연구』, 15(3)(한국스트레스학회, 2007).
- 초등도덕교육학회 연차학술대회 자료집, 『대전환기 도덕교육의 패러다임』 (2021.10.15.).
- 최경숙, "자기존중감과 긍정심리학", 『스트레스연구』 15(3)(한국스트레스학회, 2007).
- 최유석, "행복 불평등", 『한국인구학』 41(4)(한국인구학회, 2018).
- 최정락, "다산 정약용의 도덕실천론 연구 - 인간과 상제의 감응을 중심으로", 『국학연구』 39(한국국학진흥원, 2019).
- 추병완, "긍정심리학의 덕 가설에 대한 비판적 평가", 『도덕윤리과교육』 39(한국도덕윤리과교육학회, 2013).
- 탁현숙, "다산 정약용 시에 담긴 '물'의 심상과 그 인식", 『호남문화연구』 62(전남대학교 호남학연구원, 2017).
- 한윤숙, "다산 정약용의 실용적 다(茶)인식에 관한 연구", 『동양예술』 43(한국동양예술학회, 2019).
- 홍경자, "철학상담 관점에서 바라본 행복의 의미와 긍정성의 과잉문제", 『철학논집』 42(서강대학교 철학연구소, 2015).
- 홍승표, "문명의 현 시점에서 마음공부의 함의", 『한국사회학회 사회학대회 논문집』(한국사회학회, 2012).
- Sternberg, R., "Four ways conceive of wisdom as a function of person, situation, person/situation interaction, or action", *The Journal of value inquiry*, Vol. 53-3 (Ohio: University of Akron, 2019), pp.471~485.
- Hays, J. Martin(2017), "Educating for wisdom in the 21 st Century", Gunnlaugson Kuepers, Wisdom Learning: *Perspectives of 'Wising Up' Management Education*, Gower, pp.185~210.
- King, Pamela Ebstyne(2020), "Joy distinguished: Teleological perspectives on joy as a virtue", *The Journal of Positive Psychology*, Vol.15 No.1, Taylor & Francis, pp.33~39.

- Kristján Kristjánsson(2020), "An introduction to the special issue on wisdom and moral education", Journal of Moral Education, Volume 49, 2020 - Issue 1: *Wisdom and Moral Education*, pp.1~8.
- Baldwin, Matthew; Keefer, Lucas A.(2020), "Being Here and Now: The Benefits of Belonging in Space and Time", *Journal of Happiness Study*, Vol. 21, Issue. 8, pp.3069~3093.

기타자료

- [공상가들], EBS SF 토크쇼(2021.12.09. 방영)
- [다음 백과사전], https://100.daum.net/encyclopedia(검색일: 2020.07.30.).
- [한국고전종합DB](http://db.itkc.or.kr)
- http://blog.naver.com/PostView.nhn?blogId=hanmaumkg&logNo=220836046482(검색일: 2018.05.29.)
- http://cafe.daum.net/eastethics(인훈당): 인성과 행복 강좌 인터넷 가페
- http://db.itkc.or.kr/index.jsp?bizName=MM: 한국고전번역원 〉 한국고전종합DB 〉 한국문집총간 〉 여유당전서(與猶堂全書)
- http://jmagazine.joins.com/monthly/view/332669(검색일: 2021.02.04.), 유종일, "[신년특집] 선진국으로 가는 마지막 조건: 경제-발전국가 잔재 치우고 복지국가 완성하는 게 출발점", 『중앙시사매거진』 202102호(2021.01.17.)
- http://news.chosun.com, "친구 사귈 수가 없어요… 코로나 외톨이 'M세대'": (2020/08/05)(검색일: 2020.08.06.)
- http://news.chosun.com/site/data/html_dir/2015/04/24/2015042401366.html, 정상혁, "유엔 세계행복보고서", '한국, 행복도 158개국 중 47위'(검색일: 2015.07.13.)
- http://www.safetimes.co.kr/news/articleView.html?idxno=90136(검색일:2021.01.04.)
- https://biz.chosun.com, "수능 생명과학Ⅱ 20번 오류 명백…세계적 석학도 지적" (검색: 2021.12.13.)

- https://dict.naver.com, "너덜너덜"(검색: 2021.12.9.)
- https://health.chosun.com/site/data/html_dir/2020/12/30/2020123002429. html: 비관이 '감염'되고 있다… '심리 방역' 문제없나?(검색일: 20221.01.04.)
- https://namu.wiki, "아프니까 청춘이다/비판 및 논란"(2021.01.31.수정)(검색일: 2021.02.05.)
- https://news.g-enews.com/view.php?ud=2021012612104925059a1f309431_1&md=20210126133135_R, [글로벌-이슈 24] 코로나19 사태로 글로벌 빈부격차 '사상 최악': 빈곤퇴치 국제단체 옥스팜 보고서 "부자는 이미 회복세, 빈곤층 회복엔 10년 소요 전망"(검색일: 2021.02.10.)
- https://www.etoday.co.kr/news/view/1985222(검색일: 2021.02.10.)
- https://www.joongang.co.kr, "곧 서른 맞는 수능, 일타강사는 왜 '수능 붕괴'를 말했나"(검색: 2021.10.20.)
- https://www.mk.co.kr, "수능 창시자, 수능폐지 주장 왜?"(검색: 2021.10.20.)
- https://www.yna.co.kr/view/AKR20091231074500004, "행복해지려면… 서울대 행복연구센터 설립"(검색일: 2021.02.05.)
- https://www.yna.co.kr/view/AKR20210121107300077?input=1179m, "코로나 1억 명-깊어지는 불평등 구조…바이러스보다 무섭다"(검색일: 2021.02.10.)
- https://www.youtube.com/watch?v=BMnsvH_BBBU, "늦어도 50년 안에 '120세 시대'가 온다?", [미래수업](tvn 2021.4.26. 방영)(검색: 2021.10.20.)
- https://www.ytn.co.kr/_ln/0104_202012040339428236, 국가별 백신 불평등 현실로…주요 선진국 독과점(검식일: 2021.02.07.)
- https://www.chosun.com, "수능평가원장이 '수능 폐기해야' 주장 논란"(검색: 2021.10.20.)
- 『매일경제』, 2020.07.14., "극단적 선택 하루 37.5명…'코로나 블루'로 악화일로"
- 『한국경제신문』, 2016년 11월 4일, A35면 사설, "정규직 사라지고, 전공 무의미 … 세계 고용시장 급변"

글의 출처

제1부 동양의 행복담론과 윤리적 성찰

- 제1장 현대행복담론에 대한 비판적 성찰: "현대 행복담론에 대한 비판적 성찰과 윤리교육적 대안", 『윤리연구』 132(한국윤리학회, 2021.03.)
- 제2장 유교의 행복담론과 윤리교육: "유교행복담론의 도덕교육적 함의", 『윤리연구』 127(한국윤리학회, 2019.12.)
- 제3장 불교의 행복담론과 윤리교육-초기불교를 중심으로: "초기불교에 나타난 행복의 의미와 추구 방법-니까야 경전을 중심으로", 『윤리연구』 106(한국윤리학회, 2016.03.)
- 제4장 도가의 행복담론과 윤리교육-해체론에 근거하여: "해체론에 근거한 도가행복담론의 윤리교육적 함의", 『윤리교육연구』 63(한국윤리교육학회, 2022.01.)

제2부 전환기의 인성교육과 행복담론

- 제5장 다산 정약용의 행복담론과 인성함양: "다산 정약용의 삶에서 행복담론과 윤리교육적 함의", 『윤리연구』 130(한국윤리학회, 2020.09.)
- 제6장 전환기 예비교사들의 행복담론과 인성교육(제주대학교 교육·연구 및 학생지도비 지원 연구결과물, 2020.12.)
- 제7장 윤리상담을 통한 행복추구 사례: "윤리교육에서 윤리상담의 적용을 위한 방향 탐색-윤리교사들의 윤리상담 사례를 중심으로", 『윤리교육연구』 43(한국윤리교육학회, 2017.01.)
- 제8장 원효의 지관명상을 통한 인성과 행복의 추구: "불교 지관(止觀)명상의 윤리교육적 의미 -『대승기신론』과 원효의 지관을 중심으로", 『윤리교육연구』 50(한국윤리교육학회, 2018.10.)

찾아보기

ㄱ

가브리엘 외팅겐 — 34
가치관 — 17, 31, 36, 69, 113, 185, 188, 211, 212, 245, 247, 253, 254
간주관적 보편성(inter-subjective universality) — 38
갈애(渴愛) — 58, 78, 80, 81, 84, 87, 92, 101, 107, 110
감각적 욕망(kāma-guna) — 71, 84~86, 91~93, 97, 103, 105, 106
강박적 운동요법 — 30
강진 — 160, 163~166, 168, 169, 171
강한 희열(balava-pīti) — 93
개념사 — 14, 17, 29
겨울날 용산정자를 지나며[冬日過龍山亭子] — 152
격려(encouragement) — 37, 205, 211, 239, 243, 244, 251, 252
격몽요결 — 55
경(敬) — 64, 70, 73, 161
경기재잠(敬己齋箴) — 161
경안(輕安) — 88, 93, 101, 102
계정혜(戒定慧) — 87, 106, 255
계획(Plan) — 34, 169, 187
고성제(苦聖諦) — 116, 139
고전과 윤리 — 50, 54
고집멸도(苦集滅道)의 사성제(四聖諦, Four Noble Truths) — 81
공(空) — 100, 111, 118, 260, 274
공감주술(sympathetic magic) — 29

공동체적 관점 — 51
공리주의 — 53~56
공모(complicity) — 124
공생자본주의 — 77
공자 — 38, 43, 58, 61~63, 65, 67, 68, 70, 95, 116, 125, 126, 128
관계성 — 28, 38, 39, 41, 59, 64, 68, 69, 70, 73, 89, 124, 127, 140, 141, 248
관직생활 — 149, 151~154, 158, 167, 180
괴(怪)와 졸(拙) — 136
교과지식 — 56, 117
교육과정 내용체계 — 48, 49, 55~57
교육대학 — 185, 210, 211
교육철학 — 213, 214, 236, 252
국민행복도 — 74
국자감 직강 — 152
국제질병분류 — 30
군자삼락(君子三樂) — 95
궁극적 행복(sukha) — 83, 84, 87, 88, 102
권(權) — 71
권도(權度) — 71, 73
권력의지 — 116, 120, 139
권형(權衡) — 162, 173
근접삼매 — 90, 103, 105
글쓰기 — 163, 172, 177, 181
금강삼매경론 — 282
금녹수의 — 53, 54, 56
금잔옥대(金盞玉臺) — 28

긍정찰방 — 150, 152

긍정강박 — 17, 18, 24, 29, 30, 33

긍정과잉 — 22, 37, 38

긍정심리[善] — 15~18, 24~28, 34, 36, 37, 41, 99, 100

긍정심리학(Positive Psychology) — 15~17, 21, 22, 24~28, 30, 32, 34, 37, 41, 44, 68, 78, 110, 114, 123, 145, 146, 148, 188, 203

긍정심리학의 행복공식 — 32, 148

긍정이데올로기 — 24, 28~30, 33

긍정적 공상 — 31, 34

긍정적 방어기제 — 96

긍정적 정서(Positive emotion) — 15, 24, 32, 44, 101, 148, 149, 174

기계적 흐름(machinic flow) — 121

기쁨(somanassa) — 26, 27, 36, 58, 61, 62, 80, 85, 87, 89~95, 101, 102, 105, 110, 155, 173

기신론 — 254, 262~274, 277~281, 283~285

기화(氣化) — 133

길상(吉祥) — 89, 94, 95

까마 수카(kāma-sukha) — 93

ㄴ

나는 자연인이다 — 125

나를 위한 윤리(ethics for myself) — 244, 246, 251

나비꿈[蝴蝶之夢] 우화 — 131

나비효과 — 39

나에 대한 윤리(ethics to myself) — 243, 244, 246, 251

나의 하소연[술지(述志)] — 151

낙관주의 — 24, 29, 33, 37, 68, 74

낙인 — 206

난디(nandi) — 26, 91, 92

남인 — 145, 149, 153, 154, 166

낭시(Jean-Luc Nancy) — 119

네 가지 무량심(無量心) — 109

노년문제 — 66

노론 — 149, 153, 166, 180

노론일파 — 155

노자 — 117, 118, 122~131, 133~137, 157, 166

노자의 해체전략 — 125

논어 — 62, 65, 95

논어집주 — 90

놓아버림 — 99, 100

누가 내 치즈를 옮겼을까?(Who Moved My Cheese?) — 29

능가경 — 263

능폐불성(能蔽不成) — 129, 136

늦은 봄[晚春] — 178

니체 — 14, 116, 120, 139, 140

니코마코스 윤리학 — 50, 54~56, 203

ㄷ

다면적 인간관계 — 69

다문화담론 — 114

다산시문집 — 147

다산초당 — 165, 169

다산화사(茶山花史) — 178

다섯 가지 장애심리[五蓋] — 97, 101

다신계(茶信契) — 169

다행(多幸) — 28, 148, 151, 168

달마 — 263

담마난디(dhamma-nandī) — 91

대교약졸(大巧若拙) — 136
대동사회 — 59, 126
대비관(大悲觀) — 281
대승기신론 — 254, 264, 268, 271, 285
대승불교 — 27, 59, 84, 94, 111, 123, 260, 261, 264, 267, 271, 284
대전환기 — 113, 115, 117, 134, 137, 140, 141
대체의학 — 30, 31
더불어 기뻐함[喜] — 108, 261
덕(arete) — 24, 25, 28, 36, 52~55, 60, 63, 70, 71, 77, 137
덕충부 — 122
데리다(Jacques Derrida) — 118, 119
도교(道敎, Religious Taoism) — 117, 123, 124
도덕경 — 141
도덕적 마비상태 — 31
도덕적 수양 — 65, 67, 68, 74
도올 — 134, 141
도충(道沖) — 126
동림사 — 150
동물복지 — 38
동물해방 — 54, 55
동암(東庵) — 170
동양고전 — 55
동양사상과 현대물리학 — 140
동양적 즐거움 — 60
동양행복담론 — 116
동체대비(同體大悲) — 109, 271, 272, 281, 283, 284
됐다와 놀자 — 116, 129, 134
들뢰즈(Gilles Deleuze)와 가타리(Pierre Félix Guattari) — 117, 120~122, 140, 141
들숨과 날숨 — 92, 99

ㄹ

라띠(rati) — 91
랑시에르(Jacques Rancière) — 119
리터러시(literacy) — 41

ㅁ

마과회통 — 163
마명대사 — 265
마음공부 — 146, 159~162, 172~175, 180
마음의 감기 — 208
마음의 병 — 176, 177, 209
마음의 해탈[心解脫] — 102, 256
마음챙김 — 68, 82, 86, 98, 100~102, 104, 105, 259
마인드 업로딩 — 115
마중물 — 215, 246, 251
마틴 셀리그먼(Martin Seligman) — 24, 34, 78, 175
만물제동(萬物齊同) — 132, 133
말 없는 가르침[不言之敎] — 134
말나식 — 260, 273
망갈라(maṅgala) — 26, 27, 92, 94, 95
매슬로우(Maslow) — 96
매조도(梅鳥圖) — 169
맹자 — 43, 61, 95, 116
명상(冥想, meditation) — 15, 21, 27, 88, 91, 96, 98, 99, 103, 105, 107, 108, 114, 162, 253~255, 258, 260~262, 268, 276, 283~285
명상수행 — 78, 96
몰입 — 24, 27, 32, 65, 100, 136, 148, 149, 162, 170, 175, 176, 180
몰입(Engagement) — 24
몰입(沒入, flow) — 136, 176
몸의 작용[身行] — 98, 99

무디타(muditā) — 26, 27, 89, 92
무명(無明) — 78, 80, 81, 84, 87, 107, 110, 256, 265, 266
무목적적 욕망의 흐름 — 122
무상(無常) — 78, 80, 87, 88, 99, 106, 256~259, 278, 281
무상관(無常觀) — 100
무신계(無信契) — 169
무에의 지향 — 127
무욕(無欲) — 117, 125, 127, 129, 131, 138
무위의 경지 — 135
무위(無爲)의 공동체 — 119
무위이치(無爲而治) — 128
무위(無爲) 정치 — 128
무존재 — 127
무지(無知) — 31, 47, 110, 118, 256, 266
무하유지향(無何有之鄕) — 131
무한긍정 — 31, 34
물의 심상 — 171
물화(物化) — 131
미국의 낙관주의 — 33
미래사회 — 41, 73, 135, 140, 141, 181

ㅂ

바른생활 — 211
바버라 에런라이크 — 24
바타유(Bataille) — 76
반면(反面) 교사 — 182
반열반(般涅槃, parinirvāa) — 105
반자도지동(反者道之動) — 127, 128
반조(返照) — 104, 105
반중용(反中庸) — 71

반회(泮會) 사건 — 153
밥상머리 교육 — 207
방어기제 — 96, 151
방어적 비관주의(defensive pessimism) — 26, 37
백련사 — 170
백세시대 — 73, 116
백신 불평등 — 39
범주의 오류 — 208
법륜공(法輪功) — 123
법상관(法相觀) — 281
법수(法數) — 78, 84, 85
병조참지 — 157
보디 빡키야 담마(bodhi pakkiyādhamma) — 82
보르디외(Pierre Bourdieu) — 124
보성론(寶性論) — 266
보시(布施) — 83, 84, 95, 268, 269
보편적 합의 — 75
복고주의 — 59
본삼매 — 90, 103, 105, 108, 109, 259
부사의업(不思議業) — 266
부사직(副詞職) — 154
부정관(不淨觀) — 283
부정적인 장애심리[不善法] — 98
부정적 정서 — 25, 148, 174
부정취(不定聚) — 272, 283, 284
분별발취도상(分別發趣道相) — 272, 284
분열적 흐름(schiz flow) — 121
불교명상 — 253~255, 260, 283
불교심리학 — 26
불균형 — 17, 56, 57, 77
불성(佛性, buddha-dhatu) — 260, 262, 263, 271, 272

불성(佛性)사상 ― 254, 260, 264
불언지교(不言之敎) ― 117, 134, 135
불일불이(不一不異) ― 267, 283
불화(不和) ― 119
불확정성 원리 ― 29
불환자(不還者) ― 106, 107
비교철학적 독법 ― 118
비류폭포 ― 170
비트겐슈타인 ― 38
비판적 긍정 ― 33
빌헬름 분트(Wilhelm Wundt) ― 39
삐띠(pīti) ― 26, 89~92, 95

ㅅ

사고(四苦) ― 18, 26, 29, 30, 33~39, 41, 47, 56, 58, 71, 80, 124, 174
사념처(四念處) ― 82, 97, 98, 101, 260
사띠[sati] ― 98, 100, 101, 108
사띠[알아챔] ― 101
사마타 수행 ― 82, 85, 86, 88, 96, 100
사무량심(四無量心) ― 27, 89, 284
사생취의(捨生取義) ― 136
사성제(四聖諦) ― 80, 81, 87, 88, 100, 255, 258, 281
사실적 자연 ― 124
사의재(四宜齋) ― 165, 169, 170
사정취(邪定聚) ― 272
삶의 의료화(medicalization of life) ― 208
삼매(samāti, 定) ― 82, 85, 87~90, 92, 93, 101 ~108, 256~258, 276, 278
삼성(三省) ― 63
상담일지 ― 214

상담철학 ― 213~215
상대적 박탈감 ― 74, 77, 111
상대적 상대성 ― 20
상락아정(常樂我淨) ― 281
상례사전(喪禮四箋) ― 154
상윳따 니까야 ― 78
상제천 ― 160
상좌부불교 ― 260, 278, 283, 284
상지(上智) ― 162
색성(賾性) ― 170
생활과 윤리 ― 46, 50, 52, 207, 211
생활습관주의(lifestylism) ― 30
서경(書經) 주서(周書) ― 60
서암(西菴) ― 170
서영보 ― 154
서울대 ― 16, 188
서원관(誓願觀) ― 281
선(禪) ― 85, 89, 99, 103, 253, 257, 261, 262
선비 ― 148~151, 177, 178
성격강점 ― 15, 16, 24, 25, 146, 162, 163, 172, 175, 176, 180
성급한 일반화의 오류 ― 25
성리학 ― 60, 65, 126, 145, 166
성정본각(性淨本覺) ― 266
성취기준 ― 49~51, 53~55, 134
세간을 벗어난 행복(nirāmisa-sukha) ― 105
세계관 ― 17, 134, 136, 176, 212, 245, 248, 254
세속적 조건 ― 60, 61, 159
세속적 즐거움 ― 151
세속적 행복 ― 29, 41, 61, 83, 85
세월호 사건 ― 19, 114, 185
셀리그먼 ― 24, 25, 34, 74, 78, 175

소득 불평등 ― 21
소마나싸(somanassa) ― 26, 91, 92, 94, 105
소원(Wish) ― 34
소학주관(小學珠串) ― 165
쇼핑중독 ― 76
수기이치인(修己而治人) ― 59
수습지관좌선법요(修習止觀坐禪法要) ― 275
수심결 ― 55
수양(修養) ― 59, 64~68, 74, 110, 116, 126, 137, 146, 149, 213
수업의 연장 ― 250
수염본각(隨染本覺) ― 266, 267
수카(sukha) ― 26, 89, 91~93, 95, 105, 110
수행신심분 ― 268, 269, 272, 284
순응하는 삶의 태도 ― 64
스트릿 우먼 파이터(Street Woman Fighter) ― 136
스피노자 ― 116, 120
시경 ― 65
시대정신(zeitgeist) ― 42, 44, 48, 58, 113, 114, 145, 181
시민윤리 ― 46
시중(時中) ― 71, 73
시크릿(Secret) ― 29
신경정신과 ― 208
신도가(申徒嘉) ― 122, 139
신독(愼獨) ― 64, 146, 159~162, 180
신비적 합일 ― 178
신사상 운동 ― 29
신수심법(身受心法) ― 82, 100
신유옥사(辛酉獄事) ― 154
신해교안 ― 154

신해옥사(辛亥獄事) ― 154
실천적 지혜(phronesis) ― 25, 28, 36
심경 ― 173
심경밀험 ― 161, 172
심리 방역 ― 183
심리적 대조(mental contrasting) ― 34, 35
심리치유 방법 ― 171
심소(心所) ― 26
심일경성(心一境性) ― 276
심재(心齋) ― 133
심해탈(心解脫) ― 82, 96, 100~102, 106, 108, 112
쌍수(雙修) ― 259, 279
쌍윳다 니까야 ― 259
쓸모없음[無用] ― 130, 131

ㅇ

아뢰야식 ― 260, 263, 273, 274
아리스토텔레스 ― 15, 27, 28, 36, 43, 45, 53, 54, 56, 70, 114, 203
아마라식 ― 263, 274
아비투스(habitus) ― 124, 125
아프니까 청춘이다 ― 16
아학편(兒學編) ― 165
안반수의경 ― 285
안빈낙도(安貧樂道) ― 65, 66, 68, 73, 116, 125, 159, 178
알라와까 약카 ― 87
알아차림 ― 86, 98, 104, 259, 260
알인욕존천리(遏人慾存天理) ― 66
애태타(哀駘它) ― 137
앨빈 토플러 ― 145

약 캐는 사연[採藥詞] — 177
양극화 현상 — 22
양생(養生) — 117, 130, 133, 137, 138, 140
양자물리학 — 29
양행(兩行) — 132
얕은 희열(truna-pīti) — 93
언어도단(言語道斷) — 254, 261
업 — 81, 83, 84, 88, 94, 95, 106, 274
업무보조사 — 250
여래장[佛性] — 262~264, 271, 281, 283
여성성 — 129
여실지견(如實知見) — 27, 35, 37, 102, 138
여유당(與猶堂) — 137, 156
역겨움[염오(厭惡)] — 102
연기(緣起) — 39, 80, 81, 83, 88, 106, 256, 259
연기적(緣起的) 관계성 — 28
연민[悲] — 108, 236, 261
연을 심는 사연[種蓮詞] — 177
열락(悅樂) — 43, 62, 84, 95, 96, 100
염우부(鹽雨賦) — 161
영감(veda) — 66, 92, 93
영혼을 위한 닭고기 수프(Chicken Soup for the Soul) — 29
예류자(預流者) — 106
오두미교 — 123
오복(五福) — 59~61
오온 — 96, 105, 258
왕부지(王夫之) — 138
왕태(王駘) — 122, 139
왕필 — 134
외경 — 146, 159, 160, 178, 180
외상 후 스트레스 — 44, 146, 159, 174, 180

욕구 5단계 — 96
욕망과잉 — 123
욕망의 이중성 — 115
욕망행복담론 — 140
용문산 — 170
우울증 — 30, 159, 174, 176, 184, 208
우프(WOOP) — 34
우환(憂患) 의식 — 131
울화증 — 171
원숭이 마음 — 155
원효(617~687) — 253, 254, 263~266, 268, 270~272, 274~279, 281~285
위방가(分別論) — 93
위빠사나 — 82, 86~89, 99, 105, 107, 254~261, 269~271, 276, 278, 279, 281~285
위클래스(Weclass) — 206
유가사지론 — 276, 277, 281
유교의 행복 — 59, 60, 67, 70, 73, 95, 151, 159, 188
유마거사 — 35
유목적 흐름(nomadic flow) — 121
유물론적 욕망 개념 — 122
유발 하라리 — 37, 115
유식(唯識) — 30, 260, 266, 273
유약(柔弱) — 122, 127, 128, 157
유엔행복보고서 — 19
유전적 기질 — 148, 156, 181
육바라밀 — 59, 268
육조단경 — 262
육조 혜능(638~713) — 262
윤리상담(ethics counseling) — 36, 74, 181, 204~207, 209~211, 213, 227, 236, 241, 243~247, 249~251

윤리상담교사 — 205, 244, 249
윤리와 사상 — 52, 53, 56
윤리적 특이점(ethics singularity) — 113, 115
윤회(輪廻, samsara) — 81, 83~85, 94, 95, 101, 107
은봉(隱峯) — 170
음복(飮福) — 28
의미적 자연 — 124
이가환 — 153
이고득락(離苦得樂) — 43, 58, 78~81, 110, 116, 255, 264
이기경 — 154
이물급신(以物及身) — 60, 159
이스털린의 역설(Easterlin Paradox) — 19, 20, 77
이승훈 — 153
이신급물(以身及物) — 60, 159
이족(吏族) — 169
인간세(人間世) — 138
인격적 교사상 — 211
인공감정 — 32
인공지능시대 — 121
인공행복(artificial happiness) — 16~18, 24, 29~32, 34, 36
인과응보(因果應報) — 83, 31
인기지리무신(闉跂支離無脤) — 122
인문학적 마음치유방법 — 146, 176
인문학적 심리치유방법 — 180
인성과 행복 — 41, 181, 184~186, 194, 203, 253
인성교육진흥법 — 19, 114, 185, 186, 207
인성담론 — 42, 114
인순(因循) — 117, 133, 137~140
인식의 전환 — 82, 87, 105, 107, 112

일기 — 147, 179
일래자(一來者) — 106
일미관행(一味觀行) — 282
일반상대성 — 20
일심(一心) — 254, 262, 264, 265, 267, 271, 272, 274, 279, 283, 285
일체유심조(一切唯心造) — 78
일행삼매(一行三昧) — 278
임상(臨床) — 205, 208, 209
입신양명(立身揚名) — 149
입정(入定) — 104

ㅈ

자격지심(自激之心) — 175
자기충족형 — 60
자녀교육 — 164
자비(慈悲) — 35, 108, 111, 266, 271, 280, 281
자비희사(慈悲喜捨) — 109, 261, 284
자아실현 — 41, 51, 52, 59, 62, 63, 159, 205, 284
자아확장투쟁 — 172
자애[慈] — 64, 108, 109, 261
자연성(自然性) — 123~125, 128, 129, 134, 135, 137
자연 신비주의(nature mysticism) — 178
자연주의적 오류 — 25
자연초월과의 관계 — 50, 194
자유의 저주 — 31
자유자재(vasī) — 104
자율상담 — 248
자찬묘지명 — 150, 153, 163
자홍(滋弘) — 170

장(champ, 場) ― 124, 125, 207
장마비[苦雨歎] ― 178
장애물(Obstacle) ― 34
장애심리 ― 78, 97, 98, 100~102
장자 ― 117, 122, 129~133, 136~139
전문상담교사 ― 206, 216, 248, 249
전통담론 ― 113
전통윤리 ― 45, 46, 113
절대적 상대성 ― 20
절대화 ― 127, 128
절에서 잠을 자며[宿寺] ― 151
정서적 안정 ― 176, 207, 239, 282, 285
정신의 자유 ― 130, 132
정신작용약물(psychotropic drugs) ― 30
정신적 평온함 ― 105
정약전 ― 169
정재원 ― 150, 154
정정취(正定聚) ― 271, 272
정조 ― 153, 154, 157, 180
정진관(精進觀) ― 281
정학연 ― 170
제9식 ― 263
제도화의 역설(paradox of institutionalization) ― 206, 243
제물(齊物) ― 117, 129, 135
제물론(齊物論) ― 129
제법 알기 ― 259
조도품(助道品) ― 82
조임[緊酬酢]과 품[間酬酢] ― 66
조흘강(照訖講) 고관 ― 155
존 스튜어트 밀 ― 54
종정록 ― 285

좌탈입망(坐脫立亡) ― 84
주관적 웰빙(SWB: Subjective Well-bing) ― 78
주도(酒道) ― 164
주서(周書) ― 60
주역 ― 118, 154, 164
죽림정사 ― 166
중도(中道) ― 72, 97, 118, 137, 260
중심 없는 공동체 ― 119
중용(中庸) ― 27, 28, 68, 70~73, 173, 180
중현학(重玄學) ― 123
지관명상 ― 253, 254, 266, 268, 273, 283~285
지관쌍운(止觀雙運) ― 279, 284
지적 해탈[慧解脫] ― 256
지향성 ― 59, 122, 125~127, 129
직업생활과 행복한 삶 ― 51
진덕수(陳德秀) ― 173
진여삼매(眞如三昧) ― 275, 278, 281
진인(眞人) ― 132
진정한 행복(Authentic Happiness) ― 24, 49, 62, 76, 112, 185
질병코드 ― 30

ᄎ

차마 하지 못하는 마음 ― 70
차연(差延, différance) ― 119
찰나삼매 ― 90
책을 팔아먹고 시를 지어 정곡에게 보여드리다 ― 155
천균(天鈞) ― 132
천리에 대한 존중 ― 65
천인관계 ― 64
천인합일 ― 126

천자문 — 163, 165
천태지의(天台智顗, 538~597) — 261, 275
천하의 계곡 — 129
청정도론(淸淨道論) — 79, 91, 106, 108, 257, 261, 278, 279, 284
청정 범행 — 102, 106
초기경전 — 94, 255
초기불교 행복담론 — 79, 81, 84, 110
초등학교 — 45, 47~50, 211, 247, 252
초봄에 감회를 쓰다[首春書懷] — 152
초선(初禪) — 91, 93, 99, 103, 104, 109, 258
초의 — 170
초인지(超認知, meta-cognitive) — 34, 35
초점집단면접 방법 — 21
촛불혁명 — 19
최대 다수의 최대 행복(쾌락) — 53~55
추조적발(秋曹摘發) 사건 — 153
출리(出離) — 84, 85, 106
출세간적인 행복 — 85
출정(出定) — 91, 94, 104
치유(治癒) — 15, 144, 171, 178, 181, 209
칠각지(七覺支) — 100, 101

ㅋ

카오스의 경지 — 133
칼뱅주의 — 29, 30
코나투스(conatus) — 120
코로나19 — 17, 19, 39, 113, 144, 145, 181, 183, 184
코로나 블루(corona blue) — 144, 183, 184
코칭산업 — 29
쾌감지향형 — 60

쾌락주의 — 26, 27, 53, 54
크리스천 사이언스 — 29
클라우스 슈밥 — 207

ㅌ

탁현숙 — 146, 171
탐욕이 빛바램[이욕(離慾)] — 102
탐진치(貪瞋痴) — 97, 101, 117
통일담론 — 114
통찰력 — 35, 241, 261
통찰명상 — 98
통찰지 — 82, 87, 88, 97, 100, 103, 105~108, 256~260, 283
퇴계 — 65, 66, 173
특수상대성 — 20
특이점(singularity) — 113, 115

ㅍ

파관(罷官) — 155, 180
파시스트적 억압 — 121
판단중지 — 133, 138, 239
팔고(八苦) — 58, 80
팔삭둥이 — 168
팔정도 — 58
팬데믹 — 19, 33, 39, 183, 186
편안함[경안(輕安)] — 84, 90, 100, 102
편지 — 146, 164, 167~169, 179
폐족 — 165
포스트모더니즘 — 120
풍요의 역설(paradox of affluence) — 44
프리초프 카프라 — 140

플로리시(Flourish) ― 24
피터 싱어 ― 54

ㅎ

하우(下愚) ― 162
하피첩(霞帔帖) ― 169
학교상담 ― 209
학교지식 ― 56, 117
학문지식 ― 42, 56, 117
학생 인권 ― 69
학습된 낙관주의(Learned Optimism) ― 74
학습된 무기력(learned helplessness) ― 74, 145
학습요소 ― 50, 53
한국명상담론 ― 285
항심(恒心) ― 61
해남 윤씨 ― 169
해체(deconstruction) ― 78, 80, 117~120, 122 ~127, 130~133, 135~137, 140
해체론 ― 113, 117~119, 121, 128, 132, 140
해체론적 사유 ― 118
해체방법 ― 129, 130, 136
해체에의 지향성 ― 126
해체이념 ― 119
해체적 세계관 ― 136
해체철학 ― 118, 119
해체행복담론 ― 123
해탈락(解脫樂) ― 109
핵심가치 ― 14, 35, 48
행복 10계명 ― 68, 186
행복강박 ― 22, 29, 41, 123
행복경제학 ― 30, 78
행복공식 ― 32, 33, 146, 148, 149, 181

행복교육 ― 14, 15, 17~19, 34, 41, 42, 147, 180, 181, 203, 251
행복 기준점 ― 149
행복도 ― 20~23, 80, 95, 107, 149, 151, 153, 154, 203
행복바이러스 ― 65
행복 불평등 ― 21~24, 33, 39, 41
행복산업 ― 17, 34
행복연구센터 ― 16
행복의 3요소 ― 187
행복의 공식 ― 15, 67, 71, 80, 111, 187
행복의 역설 ― 116
행복의 조건 ― 60~62, 68, 78, 111, 162, 188
행복지상주의 ― 41
행복지수 ― 19, 74, 181
행복추구의 방법 ― 41, 51~53, 181
행복 품(Sukha-vagga) ― 84
행복프로젝트 ― 184~188, 194
행복학 ― 49, 68, 145, 148, 149, 166, 203
행복학개론 ― 48
행복한 삶 ― 44, 46, 47, 49~52, 54, 68, 81, 83, 180, 185
허심(虛心) ― 134
현대행복담론 ― 14, 18, 24, 34, 41, 42, 75
현세적 행복 ― 83, 84
형성된 것들[諸行] ― 107, 258
혜가 ― 263
혜장 ― 170
혜장선사 ― 165
혜해탈(慧解脫) ― 82, 100, 105, 106, 108, 112, 256
호랑이 사냥 노래[獵虎行] ― 1/8
호모 루덴스(Homo Ludens) ― 136

호의(縞衣) — 170
호이징어(Johan Huizinga) — 136
호학(好學) — 62, 65, 146, 162, 163, 180
호흡명상 — 92, 98, 101, 110
혼돈(混沌) — 132, 133
홍낙안 — 154
홍혜완 — 169
화자(話者)의 능력 — 37
화쟁인문학 — 119
환희(pāmujja) — 26, 82, 89, 92, 93, 103
황상 — 165, 169
회복력(resilience) — 149, 174
회복탄력성(resilience) — 68, 74
효경 — 63
흑산도 — 169
희열 — 26, 58, 62, 82, 85, 88~96, 98, 99, 101~105, 110, 153

기타

16가지 통찰관법 — 98, 101
2007 개정 교육과정 — 14, 43, 44, 46, 48, 49, 181
2015 개정 교육과정 — 14, 45, 48, 49, 67
2015 세계행복보고서 — 77
37보리분법(菩提分法) — 58, 78, 79, 81, 105, 110, 255, 260
4C — 37
6남 3녀 — 168
AI윤리담론 — 114, 115
eudaimonia — 27
H=S+C+V — 32, 148
M-세대 — 147, 180, 181
PERMA 덕목 — 25
RJRA 모델 — 36

발행일 2022년 12월 27일
지은이 장승희
발행인 김일환
발행처 제주대학교출판부

등   록 1984년 7월 9일 제주시 제9호
주   소 63243 제주특별자치도 제주시 제주대학로 102
전   화 064-754-2278
팩   스 064-756-2204
www.jejunu.ac.kr

제   작 디자인신우
        제주특별자치도 제주시 연미길82(오라삼동) • 064-746-5030

ISBN 978-89-5971-152-9
ⓒ 장승희 2022
정가 13,000원

※ 이 책은 저작권법에 따라 보호를 받는 저작물이므로 무단 전재와 복제를 금합니다.
※ 파손된 책은 구입하신 곳에서 교환해 드립니다.